向 毛泽东

学读书

孙宝义
刘春增
邹桂兰
编著

台海出版社

图书在版编目（CIP）数据

向毛泽东学读书／孙宝义，刘春增，邹桂兰编著．－北京：
台海出版社，2011.7
ISBN 978-7-80141-817-3

Ⅰ.①向⋯　Ⅱ.①孙⋯　②刘⋯　③邹⋯　Ⅲ.①毛泽东
（1893~1976）－生平事迹②毛泽东（1893~1976）－治
学精神　Ⅳ.①A752

中国版本图书馆CIP数据核字（2011）第 118787 号

向毛泽东学读书

编　　著：孙宝义　刘春增　邹桂兰	
责任编辑：姜　航	装帧设计：飞　鸟
版式设计：牛　牛	责任印制：蔡　旭

出版发行：台海出版社

地　　址：北京市景山东街20号　邮政编码：100009

电　　话：010－64041652（发行，邮购）

传　　真：010－84045799（总编室）

网　　址：www.taimeng.org.cn/thcbs/defauit.htm

E－mail：th-cbs@163.com

经　　销：全国各地新华书店

印　　刷：北京竹曦印务有限公司

本书如有破损、缺页、装订错误，请与本社联系调换

开　　本：710×1000 mm　1/16

字　　数：330千字　　　　　　印　　张：23.5

版　　次：2011年9月第1版　　印　　次：2019年11月第3次印刷

书　　号：ISBN 978-7-80141-817-3

定　　价：39.80元

序

　　众所周知，毛泽东对书的痴迷程度前无古人，他的住所里，到处都放着书，睡床上、办公桌上、休息间里，甚至连卫生间里也都是书。他经常说："书是要读的，不是用来装潢门面的。有些人喜欢把书锁在书橱里，实际上是不看的。我们要做工作，想抽出专门时间读书那是不多的，我到处放书，随手拿来，读上一段，图的是方便！"他的这个读书习惯，一直保持到晚年。即便是在戎马生涯的战争年代，和他辗转南北、形影不离的依然还是书。主席虽然博览群书，但从不囫囵吞枣、不求甚解，而是仔细研读，掌握精髓。以主席这种上等智慧的翘楚人物，对于好书尚多遍研读，足见书对他的诱惑力。他对读书有过精辟论述："对于《红楼梦》，读不了五遍以上，就没有资格评价。"由此可见，主席对好书的阅读层次和挚爱程度。"掌上千秋史，胸中百万兵"就是他最好的注解。

　　也正是因为有了书，才让这个山沟里的农家子弟了解了山外的世界。在翰墨飘香的书堆中，不但满足了他对知识的渴求，走出了精神的沙漠，还让他找到了治国救民的真理。在书中，他和古人对话，和时空连线，继而产生智慧风暴，可以说，主席的文韬武略，都来源于长期的社会实践和书本的滋养。书不但给了他"指点江山，激扬文字"的

洒脱，也给了他"问苍茫大地，谁主沉浮？"的豪迈；书不但给了他"不管风吹浪打，胜似闲庭信步"的优雅，还给了他"九天揽月、五洋捉鳖"的坚毅；并以"试看天下谁能敌"的雄心壮志，走向了他人生的巅峰。因此，是书改变了他的人生，改变了他的命运。当然，他也对书有了无法估量的厚报——改变了中国，征服了世界，成为玉树临风的千古一人。

本书以独特的视角，客观解读了毛泽东与书的不解之缘，以及书对他人生的影响，并通过大量的鲜为人知的阅读故事，还原了一个作为普通读者的毛泽东以及书对他的激励作用和借鉴价值，真实再现了从普通读者到开国领袖的人格升华，从侧面彰显了阅读在人生历程中的重要意义。从中不但可以让人们学到领袖阅读的方法和兴趣，最重要的是还能学到为人之道和精神追求。主席的读书人生，再次提醒人们：阅读不但可以终结愚昧和单纯，还有助于活出人生的尊贵与喜悦、幸福与激情。

本书不但适合普通读者，尤其适合领导干部，因为书中有许多章节再现了日理万机、为国操劳的毛泽东是怎样运用阅读为繁忙的工作减压的。相信，许多人都能从中找到有益的启迪。

书是人类进步的阶梯，书是瞭望世界的窗口，愿每个人都能喜欢本书，并从主席的读书人生中找到答案，这样，提高的不仅仅是人生的品位，还有成功的概率和幸福的指数。

田地

2011.3.15

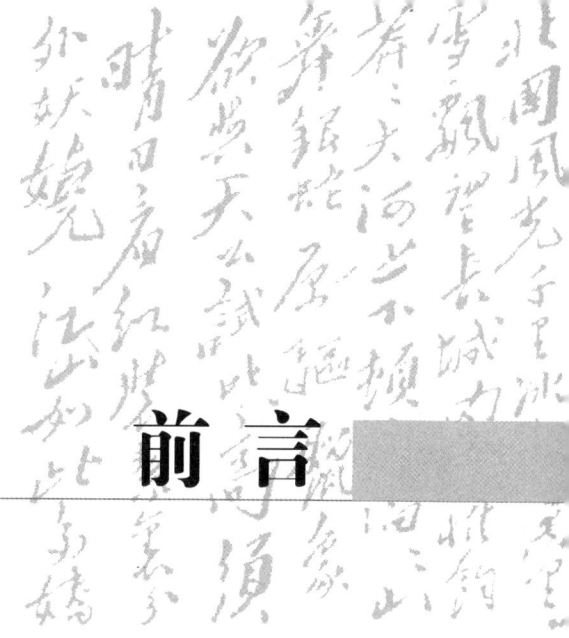

前　言

　　毛泽东为中国人民的解放事业建立了丰功伟绩，献出了毕生的精力。他不仅是一位伟大的政治家、思想家、理论家、军事家、演说家、诗人、书法家，而且还是一位终生治学的学问家、读书家。有人把毛泽东定位为杰出的，最有魅力的特殊的"读书家"，是有一定道理的。据张玉凤说，毛泽东对身边的工作人员讲，"他们封了我许多头衔，这个'家'、那个'家'的，我只承认两个。一个是'导师'，因为我年轻时是个教书的，再一个是'书生'，我是'孔夫子搬家——全是书'"。

　　毛泽东被誉为"最有魅力的读书家"，这是恰如其分、名符其实的评价。

　　在毛泽东的一生中，像他那样酷爱读书，读有所得，得而能用，用而生巧的人，在古今中外的历史上确属罕见。

　　认真读书学习，是毛泽东一生中精神的所在和思想升华的生活常态，是一种"别无选择"的人生需求，他真正做到了真学、真懂、真信、真用，在革命和建设实践中践行了科学的理念，是一位知行一致，对后人有"导师"作用的光辉典范。

　　美国前总统尼克松曾说过："我所有认识的伟大领袖几乎都有一

个共同的特征：那就是他们都是伟大的读书者。"纵观毛泽东一生的读书生活，不难发现他有几个方面鲜明的突出特色，可供我们学习参考。

毛泽东读书不是阶段性的，不是忽冷忽热，而是在一生中一贯地孜孜不倦地读书。青少年时代的毛泽东读书的目的，先是为了"修学储能"，然后说要寻找"大本大源"，最后是为了寻找解放贫苦大众的"真主义"。毛泽东的一生可以说是在读书中渡过的，是在求索中渡过的，是在漫长的读书岁月中，铸造出平凡而又伟大的历程。

毛泽东读书的范围甚广，可以概括为马克思主义、哲学、自然科学、社会科学、政治、经济、军事、历史、文学、书法、报纸杂志、丛书工具书等。尤其是他饱读《二十四史》、《史记》、蔡东藩的《中国历代通俗演义》，一部《资治通鉴》他竟读了17遍，许多残破的书页都用透明胶粘住，他说从中获益匪浅。

毛泽东除了阅读常用的马列主义经典著作和文史哲方面有代表性的作品外，还经常涉猎古人写的随笔、小说、笑话，有关楹联，还研究过宗教经典。

毛泽东读书务求甚解，中央文献研究室的同志们在编辑整理毛泽东的著作和谈话时，遇到一些引文需要作注释，可是他们查阅了许多书，有些仍然很难查到出处。有的稗官野史，甚至一些在特定的历史环境中流传的书，他都翻阅过。

毛泽东一生究竟读了多少书，已经无法统计了，仅就他的秘书张贻玖不完全统计，毛泽东一生中所阅读的诗词就有两千首以上。比"熟读唐诗三百首"要多多少倍。读书中有些不引人注意的细微末节他都注意搜集到了，可谓真正做到钻到深层次了。

毛泽东读书是发自内心对知识和真理的渴求，因此他能一丝不苟地真心用脑，真读、真学，因而能创造出许多新颖的读书方法和艺术。

毛泽东读书的批注，是他读书里程的真实纪录，也是他读书经验的真实映照，这是毛泽东读书艺术之花盛开时留下的最美的影像。毛泽东阅读和批注了大量的马、恩、列、斯的著作，以及其它政治、经济、哲学、历史、文学、军事和不少自然科学书刊。这些都从不同侧面反映了毛泽东读书的内容和心得。

读书时做标记，是读书做学问的人常用的方法、常有的习惯，也是读书艺术的一种重要表现，运用得好，会大大加强读书的效果。因此将读书记符号系统化很有必要。毛泽东读过的书上，除了大量的文字批注以外，就有许多符号标记，如：△、○、一、×、√、□、二、三，以及许多斜线、顿点和问号。毛泽东读书做标记、批注、圈画，涉及面很广，有人说这些是"天书"，只有专业科学工作者能读懂，其实这正是毛泽东读书所得的独到之处。

在长期的读书学习生活中，毛泽东还积累了一整套经验，集中表现在：立志（高尚其理想），修身（懒惰为万恶之渊薮也），奋斗（欲图存，非奋斗不可），杂学（读"禁书"、"杂书"），潜心（闹中求静），择书（汇百家之说而成一学），积累（百丈之台，其始则一石尔），贵问（学与问是不可分的），自学（自修之路），游学（读无字书），三复四温（反复阅读），"挤"和"钻"（抓紧时间），研究学术（使思想进步的唯一方法，是研究学术）等，都是值得后人借鉴的。

毛泽东的读书生活，就像一首动人的诗，一支动情的歌，是那般富有歌情和歌意。他编的书、写的书、荐的书、讲的书如一首交响曲，引人注目，发人深思。

毛泽东是政治领袖，又是"读书专家"，这两种身份的组合，必然会引出特殊的政治领导风格和科学的工作方法。把"书"作为动员和宣传的工具，作为理论创新和思想教育的工具。毛泽东坚信，人们以各种方式接触到的知识、理论、观点，有助于他们在实践行动上的选择，对改造现实社会十分重要。毛泽东更清楚为了培养高素质的领导干部，必须提倡学习，"授人以渔"。因此，他总是能根据现实问题，或需要什么精神力量，及时开列出一些有强烈现实针对性的书目让干部们去读，以便统一思想、凝聚力量，甚至在一些会议上亲自印发他选编的著作篇章，有时候还会在会议上讲解一番，这就是他的比较鲜明的政治领导风格。

毛泽东一生究竟写了多少文章，确切的数字已无法统计全了，在正式出版的毛著中就涉及人物三百零五人，提到的国名、地名有三百一十一个，成语典故三百五十一个。（《党史信息报》1998年12月23日）毛泽东自己作词说，"惜秦皇汉武，略输文采；唐宗宋祖，稍逊风骚。一代天骄，成吉思汗，只识弯弓射大雕。"可以这样说，在中外历史上的伟人著作中还没有人超过他。

毛泽东把读书视为与古人、哲人们进行思想交流、心灵对话，在未知的空间进行充填，实现了心理上的期待和满足智慧上的愉悦，其中的乐趣如鱼饮水，冷暖自知，他把这看作是崇高事业的一部分来认真对待。

读书、编书、写书、荐书、讲书，形成了毛泽东鲜明而独特的先进文化个性，散发出一种令人折服的文化底蕴和智慧力量，反映出他对前人和同时代人创造的思想、提供的知识、积累的经验，是如何吸收、扬弃和发展的。

不难看出，从毛泽东通过读书积累和营造的"胸中日月"，到创造出的"人间天地"，始终贯穿着一条"书"的红线，在起着"桥"和"船"的作用。

毛泽东所以能获得显赫的丰功伟绩和崇高荣誉，除了他天才过人之外，与他善于读书学习继承先哲们的知识宝库和努力创新思维息息相关。毛泽东并没有上过名牌大学，他的才能主要来源于刻苦读书学习。他始终把读书学习作为生命中最宝贵的要件，始终把书籍作为须臾不可离开的精神食粮。真正做到了嗜书如命，以书为伴，生命不息，读书不止。他以废寝忘食、如饥似渴的精神，去涉猎和挖掘古今中外隐藏在各种各样典籍中的无穷无尽的智慧，并转化为自己独有的"透视镜"、"显微镜"、"望远镜"和行之有效的各种"法宝"，从而用自己渊博的知识和杰出的指挥才能，导演出许多威武雄壮的活剧来。他把书读活了，不仅读出了千军万马，而且还读出了一个蓬蓬勃勃的新中国。走出

了一条光明灿烂的读书之路。

在读书学习上，毛泽东是最肯下苦功夫的。在湖南一师读书时，他常拿书本到长沙热闹的南门口去看，任凭人来车往，声音嘈杂，专心致志，旁若无人。目的是锻炼自己在闹中求静的学习毅力。少年毛泽东在家乡放牛时，由于贪婪的读书，牛闯进邻家的菜园惹了祸，结果只好以赔偿了事。在革命战争艰苦的年月里，他委托党内同志为其千方百计搜罗各种书籍。他在马背上，在磨盘上，在陕北阴暗的窑洞中创造条件去读书学习。解放后甚至在国民党飞机空袭中仍坚持读书。他打破了生活常规，不按太阳、月亮的规律办事，经常通宵达旦地读书学习、工作。为此苏联伏罗希洛夫主席和老同学周世钊都曾劝说过他，可是他都没有改过来这个习惯。

1957年在党的八届中央委员扩大会上，他强调指出："我们要振作精神，下苦功学习。下苦功，三个字，一个叫下，一个叫苦，一个叫功，一定要振作精神，下苦功。我们现在许多同志不下苦功，有些同志把工作以外的剩余精力主要放在打纸牌、打麻将、跳舞这些方面，我看不好。应当把工作以外的剩余精力主要放在学习上，养成学习的习惯。"有一次毛泽东外出开会，飞机已在机场停住，下面的领导迎接他下飞机，可是等了很长时间还没见下来。原来毛泽东在飞机上读书已入迷，根本没发觉飞机已着陆。毛泽东常说："饭可以一日不吃，觉可以一日不睡，书不可以一日不读。"毛泽东就是这样执着地追求知识，使他的知识量与日俱增，所以著名物理学家杨振宁说："他是一个领导人，同时又是一位高级学者。"

毛泽东笃志嗜学，活到老学到老，直到逝世前仍坚持要读书，可以说读到生命终止。

现在我们已经跨进21世纪，时代已经大大的向前发展进步了，毛泽东当年喜欢读的书和他所强调读的书，以及他当时发表的有关评论，不一定都要遵循，由于时代的局限性，有些东西不是一成不变的，相对真理与时俱进才能接近绝对真理。但无论怎么讲，毛泽东结合实际的读

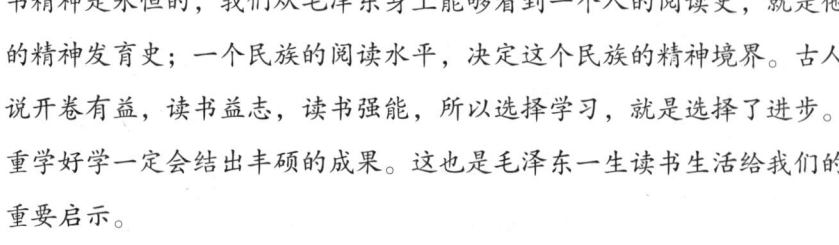

书精神是永恒的，我们从毛泽东身上能够看到一个人的阅读史，就是他的精神发育史；一个民族的阅读水平，决定这个民族的精神境界。古人说开卷有益，读书益志，读书强能，所以选择学习，就是选择了进步。重学好学一定会结出丰硕的成果。这也是毛泽东一生读书生活给我们的重要启示。

谢冕教授说："读书人是世间最幸福的人，因为他除了拥有现实世界之外，还拥有一个更为浩瀚的也更为丰富的世界。现实世界人人都有，而后一个世界却为读书人独有……"通过读书可以进入不同时空的诸多他人的世界，这样就会在无形间获得了超越有限生命的无限可能性。实际上读书学习就是充电。学习是我们的天职，只有读书才能在竞争中成为赢家。只有发奋读书，增长本事，才能在振兴中华事业中，有所作为。在贯彻落实科学发展观中，才能以雄厚的科学技术知识优势，发挥突出的作用，实现人生的价值。

孙宝义、刘春增、邹桂兰三位编著者，为了探讨毛泽东的丰功伟绩与读书学习的深层次关系，将收集到的大量资料，经过理性思维编著成《向毛泽东学读书》，奉献给热心的读者们，期望读者能从中得到一些有益的启迪。

周　军

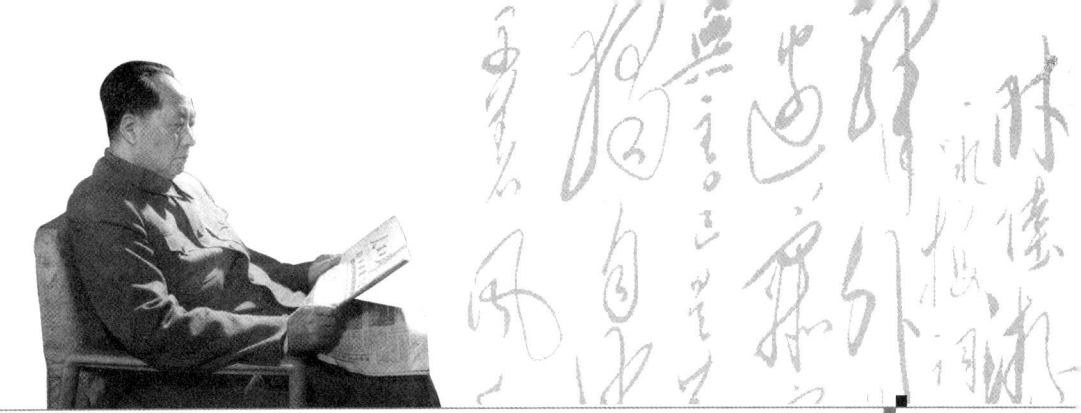

Contents 目 录

壹 一生攻读，谁与比肩

1

贰 以书为枪，横扫千军

叁 书读烂，其义自见

肆 妙文章，扫无敌

伍 藏书中的无限魅力

一生攻读，谁与比肩

壹

为买报纸被父亲骂

毛泽东在湖南第一师范求学时，怀着强烈的爱国心，时刻关注中国和世界局势的发展和变化，他主要依靠报刊了解当时的国际国内形势。第一师范学生自习室的西头，有一间可以容纳几十个人的阅览室，那里有湖南、上海、北京等地出版的报刊。毛泽东天天去看，一看就是一两个钟头。他看报特别认真，常常带着地图、字典和笔记本。凡属重要材料，不论篇幅多长，他总是认真阅读，做出摘记，还把报纸上见到的中外城市、港口、山脉、江河等地理名字，一个个记到笔记本上，然后对照地图，查看清楚，再查出英文名称。

后来，毛泽东对斯诺说："我在长沙师范学校的几年，总共只用了一百六十块钱——里面包括我许多次的报名费，在这笔钱里，想必有三分之一花在报纸上，因为订阅费是每月一元。我常常在报摊买书、买杂志。我父亲责骂我浪费。他说这是把钱挥霍在废纸上。可是，我养成了读报的习惯，从1911～1927年我上井冈山为止，我从来没有中断过阅读北京、上海和湖南的日报。"

1911年武昌起义爆发，毛泽东在长沙报名参加了革命军，被编入湖南新军二十五混成协（旅）五十标第一营左队。那时，每个士兵每月可得薪饷银元七块，毛泽东除了伙食所用二三元之外，其余的全部用来订报纸，一有空闲就认真阅读，养成了从报纸上研究政治问题和观察社会问题的学习习惯。从《湘汉新闻》上，他第一次看到"社会主义"这个名词，还读了一些讨论"社会主义"的报刊文章，这引起了毛泽东的注意，唤起了他追求真理的热望。

1911年4月，毛泽东在为"问题研究会"起草的《问题研究会章

程》中提出："问题的研究，有须实地调查者，须实地调查之；无须实地调查，及一时不能实地调查者，则从书册、杂志、新闻报纸三项着手研究。"

1921年，新民学会在长沙的会员们讨论个人学习计划时，毛泽东提出，在人类知识积累的历史发展中，最先成为科学的是自然科学，然后社会科学才成为科学。只有科学是真学问。因此，他尽可能挤出时间，从书籍、报纸中了解一点世界自然科学学术思想的"大概"。他深有体会地说："两年中求学方面，拟从译本及报纸了解世界学术思想的大概。唯做事则不能兼读书，去年下半年，竟完全牺牲了（这是最痛苦的牺牲）。以后想办到每天看一点钟书，一点钟报。"可见其对报纸的钟爱。

长征到陕北后，毛泽东利用统一战线的关系，通过东北军获得一些图书报刊资料。他曾向张学良借过书籍及地图。1936年3月，在同东北军王以哲商谈停战协定时，王除了掩护红军采购人员到西安买了两批物资外，还收集到一批南京、上海、北平出版的报刊杂志，连同山西、河北、绥远、察哈尔各省的军用地图，一起赠送给红军。由于彭德怀的工作，东北军高福源曾用飞机投下大批报纸刊物。

1941年3月1日，毛泽东给国统区南方局周恩来、董必武写信说："自3月1日起，请代订下列日报各一份：中央日报、扫荡报、新蜀报、新民报、时事报、新中国日报、华光日报、国家社会报及云南各种报纸。"

抗日战争时期，虽然抗日民族统一战线形成了，国民党对边区的封锁有所放松，但是通过正常渠道购买图书报刊资料仍很困难。为解决这个问题，毛泽东亲自开辟各种渠道，他请在国统区工作的同志，通过合法的手段订购大量图书报刊。他曾多次给在重庆的周恩来、董必武发电报，请他们为边区的中央机关和学校订购报刊资料。1942年1月23日，毛泽东、任弼时电告周恩来、董必武，请他们暂订全国各地日报两份，购买各种书籍刊物，"不论普通的、专门的，各买三份"，并指定将这些刊物寄新华书店转胡乔木或者李富春、王首道收。

毛泽东青睐报纸，几十年如一日。1948年4月27日，在邀请蓝公武（察哈尔省政府教育厅厅长，华北人民政府副主席）的信中说："三十年前，拜读先生在《晨报》及《国民公报》上的崇论宏议，现闻先生居所距此不远，甚思一晤，借聆教益。兹派车迎候，倘蒙拨冗枉驾，无任欢迎。"足见毛泽东读报印象极深，三十年后仍记忆犹新。

挑粪不忘读书

青少年时代的毛泽东帮父亲干农活，天天都把书带到田地边，得空便坐到一座古坟后的一棵老树下看书，看得心醉神迷。父亲毛贻昌发现儿子经常溜号，不由得着急起来。一天，他终于当场"捉"住了毛泽东。当时，毛泽东正看书看得津津有味，两只空粪桶安安稳稳地放在他身边。父亲不由得火冒三丈，两人便争吵起来。风波过后，父子俩回家吃午饭，到下午五点钟左右，毛泽东又不见了。这一次，父亲轻而易举地找到了他，两人又争吵起来：

"你真的鬼迷心窍，中了这破书的魔了？我要你一门心思扑在田里，规规矩矩地干活，别再看这些闲书。"

"我会规规矩矩干活的，但我也要看书。我保证先干活后看书。你要我挑的十五担肥我都完成了，要是不信，自己到田地数数去。搞清楚了你再来。现在你还是让我清静一点吧，我要看书了。"毛泽东平静地答道。

毛贻昌慢慢踱到田里，数了数，足足十五担，他目瞪口呆。半天挑十五担粪可真够辛苦了。

生活在书的海洋中

走进丰泽园毛泽东故居，你会因里面那简单的陈设而惊讶。作为一个泱泱大国的最高领导人的住所，这里既没有富丽堂皇的宫殿，也无任何名贵的古玩字画，除了一些朴实无华的生活必需品，就是到处摆放的大量书籍。书架上、桌子上、茶几上，就连睡觉的木床上也有一半码放着一二尺高的书。毛泽东完全生活在书的海洋中。

其实毛泽东的书还远远不止这些。"菊香书屋"的西房，南边过厅的五个书架，是专为毛泽东个人藏书的地方。这里藏书达几万册，是解放后逐渐建成的一个门类比较齐全，又适合毛泽东需要的个人藏书室。毛泽东的藏书，除马克思、恩格斯、列宁、斯大林和鲁迅的全集以外，还有一些著名大部头书，如《二十四史》、《四部备要》、《万有文库》、《古今图书集成》，以及各种世界名著，等等，基本上都配齐了。

这样的藏书室对毛泽东来讲，仍不能满足他那读书的欲望。他还经常让管理

▲ 毛泽东读过的传忠书局版《曾文正公家书》

图书的同志到一些图书馆替他借书。北京图书馆第一号借书证就是毛泽东的。就是在外地也还要借书，杭州、武汉、长沙、上海、庐山等地都有毛泽东借书的记载。

毛泽东酷爱读书，他生活在书的海洋里，这种起居格局，搬到游泳池后依然保持着，给每一位亲眼目睹的人们，特别是到过这里的外国

朋友都留下了深刻的印象。美国前国务卿基辛格对此有过细致的描述。他说："这是一间中等大小的房间，四周墙边的书架上摆满了文稿，桌上、地下也堆着书。这房间看上去更像是一位学者的隐居处，而不像是世界人口最多的大国领导人的会客室。"

毛泽东读书的范围十分广泛。从社会科学到自然科学，从马列主义著作到西方资产阶级著作，从古代的到近代的，从中国的到外国的，包括哲学、经济学、政治、军事、文学、历史、地理、自然科学、技术等方面的书籍，以及报纸、杂志、字帖，还有各种各样的杂书，像小人书、笑林广集、古今滑稽联，等等。只要是书，毛泽东没有不看的。毛泽东看书的速度也是惊人的，且记忆力过人，有时五六百页的书他用不了一天的工夫就能看完。

毛泽东认为了解一个人物，认识一个问题，不要匆忙下结论，而应广泛地阅读有关方面的书籍后再作结论。他曾对工作人员周福明讲："一个人的知识面一定要宽一些，这样看问题就不会停留在一个方面，能够从多角度、多侧面观察问题。"

毛泽东一生不仅读书广泛，喜爱的书籍也不少，像《二十四史》就是毛泽东最喜爱的书籍之一。这套浩瀚的历史典籍从《史记》到《明史》一共八百二十八册，三千零一十九卷，毛泽东从头到尾通读过几遍。这套书平时就摆放在主席饭厅的书架上，毛泽东外出视察工作，有时让身边的工作人员把它们全部带上，有时只带其中的一部分。大概是1973年，毛泽东相对地集中了一段时间，把《二十四史》从头至尾通读了一遍，足见毛泽东对它的偏爱。

还有一些书毛泽东是形影不离的，这就是在他的床上摆着的三排书里紧挨毛泽东睡觉这边的一排。其他两排书过段时间毛泽东就让秘书换一换，唯独这排书他是不让替换的。外出去任何一个地方，无论路程远近，不管时间长短，不用开书单，周福明必须专门用个小箱子单独把它们全部随身带上，每到一个地方首先把它们摊开，像在家一样摆在毛泽东睡觉的床铺上。就连外出坐火车的这段时间，周福明也要把这些书

按次序在卧铺上摆好。

这排书从毛泽东睡觉的枕头旁到脚底的顺序大致是这样的：枕头旁是摞地图，毛泽东阅读古今中外的书籍时涉及地名的，他都要搞清楚地名的方位。《中国地图集》、《世界地图集》、《中国历史地图集》、《中国分省新地图》就是供他随时查找的；接下来是诗词方面的，像《诗韵》、《诗韵释要》、《词综》、《杨万里七绝钞》、《唐诗别裁》、《宋诗别裁》、《元诗别裁》、《明诗别裁》、《清诗别裁》、《清诗评注读本》等；然后是鲁迅的书籍，像《朝花夕拾》、《两地书》、《野草》、《书信》、《故事新编》、《且介亭杂文末编》；最后就是马、恩、列、斯的书和他自己的书，有《共产党宣言》、《家庭私有制和国家的起源》、《国家与革命》、《怎么办》、《论反对派》、《毛泽东选集》、《毛主席的四篇哲学著作》、《毛主席诗词三十七首》、《毛主席诗词三十九首》，等等。

在这里特别要介绍一下的是，紧挨地图集的里面有一个用松紧带勒着的卷宗，里面存放着毛泽东自己的全部诗词手稿。毛泽东一首诗词写完后，他总是要逐字逐句地反复推敲、斟酌，诗词手稿放在床边，就是使他感觉方便，随时随手都能够拿到。

卧室床上的书全部算起来大概有几百册，三排一摞一摞地摆放着，有的足有一二尺高。看书的时候毛泽东又把它们有的摊开，有的堆放，表面看起来似乎显得非常凌乱，其实在毛泽东的头脑里书是怎么码放的，从哪拿这本，从哪拿那本，全都清清楚楚，并然有序。卫士在换床单时要特别仔细，这些书籍一定要按着毛泽东码放的样子，一本不差地恢复原样。否则毛泽东就认为打乱了他看书的程序，引起他的不快。

周福明刚参加卫士值班时就遇到过这么一次。他看见毛泽东的床单该换了，便换了条干净的，但疏忽了把书恢复到原来的位置。毛泽东一上床就感觉到不对劲，对周福明发了火："谁让你动我的书，打乱我的秩序。多此一举！"周福明有了这次教训，以后就十分留意卧室床上码放的书籍，为了跟上毛泽东读书的需要，对紧挨毛泽东身旁的这一排书，他更是牢牢地印在脑子里。毛泽东每到一个地方，周福明都能迅速而准确地把书按原样码放在他睡觉的床上。毛泽东不仅有与他形影不离的书，还有与他形影不离的字帖。毛泽东是中国当代一流书法家，他爱好书法，尤其擅长草书。他喜欢读字帖，特别是草书字帖，这是他的重要娱乐活动，也是最好的休息。在草书中，毛泽东最喜欢怀素的草书，怀素体的《千字文》他老人家爱不释手，天天都要翻一翻。这本怀素体的《千字文》还是田家英为他收集来的，起先它是折子式的，并且破旧不成样子。田家英用精工裱起来，变成现在书的样式。

周福明看着手捧怀素体《千字文》的毛泽东问："主席，您为什么这么喜欢这本书？"

毛泽东显出一种神秘的样子："你不知道哇，这是个和尚写的，这个和尚和我还是老乡呢，他写了一手的好字。"

古人常用"学富五车"来形容一个人的博学，毛泽东所读的书应用多少车来衡量，又怎样来衡量他的博学呢？

毛泽东多次到杭州出差。工作之余，也常从当地借书读，有地方志、当地古人的诗文集。如宋朝林和靖、明朝林谦等的传记、诗文集等，毛泽东都借阅过。诗人林和靖一生不做官，不婚娶，隐居西湖孤山，他爱梅和鹤，被称作"梅妻鹤子"。毛泽东喜爱梅花，也是一位诗人，他曾用自己龙飞凤舞的草书，书写过林和靖《山园小梅》中的诗句："疏影横斜水清浅，暗香浮动月黄昏。"这是毛泽东对千古诗人感情上的沟通和艺术上的欣赏！

毛泽东有两个长方形的大木头箱子，约2尺高，3尺长，1尺多宽，木质粗糙，外面刷了一层清漆，十分笨重，这是他外出时装书用的。每次离京外出，毛泽东都是"兵马未动，粮草先行"，一定要开列一份长长的要携带的书目，装箱带走。他在飞机上、火车上、轮船上总是手不释卷。

新中国成立以后，毛泽东绝大部分的业余时间是用在读书上。当人们在业余时间闲谈、游逛、娱乐的时候，当人们在节假日休息，享受

天伦之乐的时候，当人们在工作一天之后酣然入睡的时候，毛泽东却在繁重工作的间隙，争分夺秒，孜孜不倦地读书学习。即使因公外出、生病休养、出国访问等特殊情况，也无例外。毛泽东外出休养时，在海边湖畔就着水声涛声读书；在山上林间，伴着鸟鸣风啸读书；登上火车、飞机就拿起书本；就连紧张的会议和接见外宾的间隙，他也要翻几页书，看几行字。

毛泽东读起书来那种不顾吃饭睡觉、不顾健康休息的"拼命三郎"作风，使他身边的警卫人员、医务人员、服务人员都为不能保证他有足够的睡眠休息时间、担心他的健康而十分苦恼。毛泽东读书入了迷，每次吃饭，都要催了又催，饭菜热了凉，凉了再热的事是常有的。有时他还一面端着饭碗，一面看报、看小人书。毛泽东睡觉也是这样，再三动员他上床休息，关灯之后，工作人员刚出门不久，他又拉开了灯，捧起了书本，和工作人员们打起了"游击战"。有一次夏天，他在工作人员劝说下，来到院中老槐树下，坐在藤椅上乘凉休息，手中捧着一本书看出了神，当医生过来问候他的健康时，他答非所问地说："郭沫若是很能写书的！"弄得医生摸不着头脑。

为保证他的健康，医生建议他注意休息，并劝他看电影、下棋、打扑克，等等，毛泽东一概没兴趣。医生搬出他在《矛盾论》中提出的"一张一弛"这一辩证法的大道理来说服。毛泽东笑了，说医生"那点辩证法不全面"。毛泽东自有毛泽东的道理，他认为"脑力换体力是休息"，"这种脑力换那种脑力也是休息。看文件累了看报纸，看正书累了看闲书。看大人书累了看小人书，看政治书累了看文艺书"，这都是休息。

毛泽东有一副单腿眼镜。他原来的视力极好，晚年却患有老年性白内障，视力变差，读书吃力。虽然他爱读的一些书不断印出大字本，但也解决不了他这一严重问题。医生不得不禁止他读书。这对读书成癖的毛泽东无疑是最痛苦的"惩罚"。很多人都了解，他的生活信条是："饭可以一日不吃，觉可以一日不睡，书不可一日不读"

呀。他倔犟地不接受这种医嘱，医生们只得为他设计了一副独特的眼镜，当他左侧卧看书时，戴有右腿的眼镜；右侧卧看书时，戴有左腿的眼镜。

当他视力极度下降时，就只能请人来读书给他听了。这个任务落到当时北京大学中文系讲师芦荻身上。从1975年5月29日开始，到同年9月的四个月中，芦荻为毛泽东读《二十四史》、《昭明文选》、诗词曲赋、散文、鲁迅文章及其他一些古典文学作品。毛泽东借助别人的眼睛和声音，沉浸在读书的快乐之中，他随着所读内容的进程，有时发出爽朗的笑声，连声赞好；有时侃侃而谈，畅述对作者、作品的评价和感想；有时纠正读者的发音和提出对读者的要求。

毛泽东的晚年，尽管体弱多病，视力极差，但他仍千方百计，争分夺秒，攻读不辍，他一遍又一遍地读史、读诗、读笔记小说、读鲁迅著作、读科学杂志，等等。为毛泽东治病的医学专家姜泗长说："我看到毛主席在病中依旧日日夜夜地工作和学习，常常持续十几个小时，有时竟达二十几个小时，就连吃饭或量血压时也要抓紧时间做些事。我每次给毛主席治疗，他老人家靠在沙发或躺在床上，总是手不释卷，他那全神贯注的神态，仿佛不是同病魔周旋，而是沉思着怎样指挥一场重大的斗争……"

"昔人已乘黄鹤去，此地空余黄鹤楼"。毛泽东逝世后，当年书房里映照他读书的灯光熄灭了，那张他常年伏案攻读的书桌空闲了，那些他经常用来圈点批注的笔墨干涸了。可是毛泽东勤奋读书的高大形象，却永驻在人民心中。正像杨振宁说的，他不仅是一位政治家，也是一位杰出的学者。

外婆家的"小小陪读郎"

在唐家圫外婆家，毛泽东的八舅文正莹，颇有文才，他在家里办了一个蒙馆。这是一种旧式的学堂，是专门给儿童进行启蒙教育的场所。一般只有一位老师，招收一二十名七八岁至十岁左右的孩子。

那时，蒙馆里教的，不用说四书、五经，就是最初的启蒙书，如《三字经》等也都是古文，言简意深，七八岁的儿童是懂不了的。所以，老师上课只教学生识字、读书、背书，布置的作业是"描红"写字。

当时，毛泽东只有几岁，还不到上学的年纪。每天，当表哥们去上学后，他就常常独自一人跑到门前的小溪里玩水，到屋后的田里去捉蚱蜢。外婆怕心爱的小外孙出什么意外，便让文正莹的三子，比毛泽东大三岁的文南松，把毛泽东带到文正莹的学堂里去玩耍。可是，谁也没料到，这个稚童竟能安然地坐下来听八舅讲课，跟着学生们一起念书。久而久之，耳濡目染，他居然也能把《三字经》、《百家姓》等课文背下来。看到毛泽东读书这样有天赋，文正莹心里特别高兴，充满爱意地称外甥为"小小陪读郎"。

文正莹自幼饱读诗书，精通史籍，深知历代的"神童"都是从小就开始接受教育的，更懂得早期的智力培养对整个人生的重大影响。因此，他有意对聪慧的外甥进行精心培养。就这样，毛泽东这个小小陪读郎，在唐家圫私塾度过了正式延师入学前的那段时光，接受了最初的启蒙教育——拿现在的话说，也就是学前教育。

这期间，文正莹除了在课堂教毛泽东读书识字外，还抽空给外甥教读一些适合幼儿趣味的古诗，像曹植的《七步诗》，骆宾王的《咏鹅》，李白的《静夜思》和李绅的《悯农》等脍炙人口的诗歌名篇，都是他最初教会毛泽东背诵的。后来，文正莹见毛泽东接受能力特别强，就把他在学堂里给学生们讲授的文章也教给小外甥。

数十年后，当年每天带毛泽东上学的文南松，对从师家父门下的这段启迪童蒙生活仍记忆犹新。老先生曾对后辈回忆说，那时父亲对毛泽东的期望值很高，望子成龙之心也太切，有时甚至忘了表弟还是个小孩，常常教一些超出幼儿年龄范围的东西。如教毛泽东和他读难度较高的童蒙诗书《千字文》和《六言杂字》，还讲授过被鲁迅先生称为"夸着读书人光荣"的《神童诗》。据文南松讲，他的父亲很欣赏这部诗作，诗的作者汪洙为宋代神童，九岁善诗，官至观文殿大学士。在这首诗中，汪洙全部用的是五言绝句，篇幅短小而诗味浓郁，音韵和谐而对仗工整，宣扬的是"学而优则仕"的封建正统思想，故而被父亲列为私塾学童习作诗词的教材之一，不仅在课堂里要求学生认真加以研习，还在闲暇时间把它教给"陪读郎"毛泽东。

文南松记得，当时他和表弟毛泽东都还小，不懂诗中的含义，只朦朦胧胧地记得父亲文正莹说过，这是宣讲读书好处的书，就跟着他囫囵吞枣地背诵，由于该诗朗朗上口，易于记忆，竟学会了不少。这首诗中的不少句子，如"少小须勤学，文章可立身，满朝朱紫贵，尽是读书人"和"天子重英豪，文章教尔曹，万般皆下品，唯有读书高"等，到老都铭记于心，很难忘掉。

文正莹虽然是一个没有求得任何功名的"布衣"，但却有着远大的抱负。他常自叹命运不济，此生壮志未酬，故而把满腔的热望寄托在下一代的身上，常教导子侄外甥们从小要树雄心，立大志，学得真才实学，将来建功立业。

文正莹对天资聪颖的小外甥所抱的希望尤大，在教毛泽东读书学字的同时，还经常给他讲述古今中外英雄的故事，像"韩信智胜楚霸王"、"梁红玉击鼓退金兵"、"岳飞大破金兀术"、"林则徐虎门烧鸦片"等名篇，不知讲了多少遍。因此，韩信、梁红玉、岳飞、林则徐

等英雄豪杰的高大形象，深深地铭刻在毛泽东幼小的心田里。

文正莹具有强烈的爱国主义思想，他对当时满清政府腐败无能、投降卖国的行径十分不满，常在课堂向学生讲述国家遭受外侮的事，以激发学生的爱国报国之志。文正莹还教导小外甥毛泽东要好好读书，将来如能考得功名，一定要做个好官，像历代民族英雄那样扬我国威，振兴家邦。

文正莹是一位为人正直，注重节操的乡中儒士，他虽知识不薄，资财不菲，但平素最看不惯那些仗势欺压穷苦百姓的人。有一年，当地一个为富不仁的财东要送自己的儿子到文正莹手下读书，被他以面试不合格为由拒绝。当时，年幼的毛泽东对八舅的这一举动大惑不解：为什么唐家圫好多佃户的伢子都可以免费到八舅的学馆里读书，而却把这个家大业大的富家子弟拒之门外呢？

文正莹事后告诉外甥，这个人先前也通些文墨，后来利用知识挣了不少钱，回过头来又去专门欺侮四乡八村里那些没文化、没钱财的种田人，赚他们的昧心钱。他由此告诫毛泽东：文化知识是帮助人干正事，走正道，成大器的，如若不然，有文化的人变坏则比没文化的坏人更坏。

为了教育毛泽东等子侄们学着"干正事，走正道，成大器"，他曾手抄《家范箴言》一卷，以课学生。《家范箴言》主要内容为文氏家戒和家训，"家戒"有六条，即"一戒游荡，二戒赌博，三戒争论，四戒攘窃，五戒符法，六戒酗酒"。"家训"共有十则，内容颇为细密，其形式和作用与今天的乡规民约有些相似，故照录如下：

一、培植心田。一生吃着不尽，只是半点心田。摸摸此处实无怨，到处有人称美。不看欺瞒等辈，将来堕海沉渊，吃斋念佛也徒然，心好便膺帝眷。

二、品行端正。从来人有三品，持身端正为良，弄文法有何长，但见天良尽丧。居心无少邪曲，行事没些乖张。光明俊伟子孙昌，莫作蛇神伎俩。

三、孝养父母。终身报答不尽，惟尔父母之恩。亲意欣欣子色温，便见一家孝顺。鸟雏尚知报本，人子应念逮存。

四、友爱兄弟。兄弟分形连气，天生羽翼是他。只因娶妇便参差，弄出许多古怪。酒饭交结异姓，无端骨肉喧哗。莫为些小竟分家，百忍千秋佳话。

五、和睦乡邻。风俗何以近古？总在和族睦邻。三家五户要相亲，缓急大家帮衬。是非与他拆散，结好不啻朱陈。莫恃豪富莫欺贫，有事常相问讯。

六、教训子孙。子孙何为贤知，父兄教训有方。朴归陇亩秀归痒，不许闲游放荡。雕琢方成美器，姑息未为慈祥。教子须如窦十郎，舐犊养成无状。

七、矜怜孤寡。天下穷民有四，孤寡最宜周全。儿雏母苦最堪怜，况复加之贫贱。寒则予以旧絮，饥则授之余膳。积些阴德福无边，劝你行些方便。

八、婚姻随宜。儿女前生之债，也宜随分还他。一时逞兴鹜繁华，曾见繁华品谢。韩侯方歌百两，齐姜始咏六珈。大家从俭莫从奢，彼此永称姻娅。

九、奋志芸窗。坐我明窗讲习，几曾挥汗荷锄。驱蚊呵练志无休，诵读不分夜昼。任他三伏数九，我只索典披图。桂花不上懒人头，刻苦便居人右。

十、勤劳本业。天下有本有末，还须务本为高。百般做作尽糠糟，纵有便宜休讨。有田且勤尔业，一艺亦足自豪。栉风沐雨莫乱劳，安用许多技巧。

据文正莹之子文运昌回忆，父亲结合课堂教学，始是教弟弟文南松和毛泽东等学童诵读《家范箴言》，继而要求他们熟记，并引以为为人处世的行动准则。文老先生认为：可以毫不过分地说，在一定意义

上，《家范箴言》规范了包括毛泽东在内的文氏后嗣们的思想、伦理、道德、行为及人生追求。特别是悟性极高的毛泽东，自打幼年时期熟读了八舅文正莹编撰的《家范箴言》起，一个人应当"干正事，走正道，成大器"，"做一个像八舅一样的好人"等朦胧的思想意识，便已经开始在他的大脑中萌生。

自然，最令毛泽东难忘的，还是在八舅身边度过的那段无忧无虑、自由自在的童年时光。从两岁多寄养唐家坨起，"根基不稳"的毛泽东，便得到了外婆外公和舅父舅母的格外看待。特别是文正莹，更是对妹妹文七妹的这个"命根子"视若掌上明珠，疼爱有加。在每天的学习之余，他都要让儿女们带着毛泽东到秀美的山冲里去尽情玩耍。闲暇的时候，他还常常带着毛泽东登上唐家坨对面的龙头山，春采蘑菇，夏摘甜苞，秋打毛栗，然后舅甥二人坐在山顶的大青石上，一边品味着野果，一边远眺着山南麓的韶山冲。有时，在皓月当空的夜晚，舅甥二人在家门前的打谷场上铺一领竹凉席，惬意地躺在上面，一边数天上的星星，一边听文正莹讲述奇妙的天文地理和牛郎织女七夕相会的动人故事……

农家田园生活的浪漫气息和四世同堂大家庭的无穷乐趣，深深地吸引了毛泽东，以致每每父母从韶山来到唐家坨探望外公外婆，他总是避而不见，生怕把自己带回去。

恰在此时毛泽东的父亲毛贻昌来到唐家坨，文正莹对毛贻昌说道："石三虽然年幼，尚未入馆就读，但每日到我的学堂里玩耍，也学得了不少的诗文。不过，老是这样也非长久之事，他已到延师的年龄，你这次就把石三带回去吧！"

眼看就要离开生活了五六年的外婆家，就要离开对自己视若亲生的八舅文正莹，毛泽东不由难过得哭了起来。

文正莹也舍不得这个聪明可爱的外甥走。几年来，他经常与毛泽东食同桌、寝同床，手把手地教毛泽东读书写字，可谓倾注了比自家孩子还要多的父辈之爱、蒙师之情。眼下外甥这一走，便再也不能天天见面了。但他明白，要使外甥成大器，自应让他早些上学堂读书。于是，文正莹一边替毛泽东揩干眼泪，一边含着眼泪劝他跟父亲一道回去。

　　下午，毛泽东就要上路了。临行前，父亲带着他向外公外婆、七舅八舅和舅妈及表兄弟们辞行。八舅文正莹牵着毛泽东的手嘱咐道：回去后要用心读书，要多识字。他还把自己那本心爱的《康熙字典》送给了外甥，告诉外甥只有多认字，才能读好多的书，懂好多的道理。

　　就这样，毛泽东告别了唐家圫，离开了八舅文正莹，回到了韶山，开始了真正意义上的幼学童蒙生活。但是，舅父文正莹的这份珍贵的童年馈赠，毛泽东一辈子都未曾忘却。1951年，他在北京同文正莹之子、表兄文运昌见面时，还饶有兴味地谈起童年时在唐家圫当"小小陪读郎"的趣事，称道八舅文正莹"他才是我真正的启蒙老师哩"！

天资聪颖的私塾生

　　1902年春，毛泽东刚满8岁，开始在韶山南岸读私塾。启蒙老师是邹春培。

　　毛泽东也是从读《三字经》开始，继而点读《论语》、《孟子》和《诗经》等。据毛泽东的弟媳王淑兰（毛泽民元配）回忆：邹春培对我母亲说：三伢子有些特别，他读书从不读出声来，我给他点书，他就说：春培阿公，你老人家不要点，省得费累。邹先生就说，你特来读书，不点书何理要得？他就讲，你不要点，我都背得。原来先生没有点的

▲ 南岸私塾旧址

书，他也能认得、懂得，因为他开始学会翻《康熙字典》。还有填红蒙字，他就不填，要自己放手写。他写的比一般学生照着填的还要好些。大家就给他起了个浑名，叫"省先生"。他在家里，除了劳动，就是看书。热天，晚上蚊子多，他就在床头放一条凳，凳上放一盏灯，头伸到帐子外面看书；冷天，就干脆不放帐子，困在床上看。

毛泽东小时候很调皮，但很诚实。他的族兄毛宇居回忆说，毛泽东在南岸读书时，一次，他和一些小朋友同到一个农民菜园里去摘黄瓜吃，主人发现了，别的小孩一个个跑了，他却不走，忙给主人赔不是。主人倒很赞赏他，说他是个"好诚实的孩子"。还有一次，邹春培的母亲晒盐姜，小朋友好玩，喜欢拿点吃。她就

▲ 毛泽东小时候的座位

把盐姜放到屋上晒，然后把梯子搬走，并生气地说，看你们哪个还能吃到。毛泽东轻声地笑着说，我们不吃多的啰。他叫同学们拿来一根竹竿和一根长线，自己捉来一只螳螂，把它系到线上，又把线扎在竹竿上，手举着竹竿一抛，螳螂被抛到姜盘里，再轻轻地一拉，螳螂锯齿般的脚即将片片盐姜带了下来。春培的母亲怀疑从哪里来的"天兵天将"，吃了她的盐姜。

毛泽东从小酷爱游泳。有一次，邹先生因事外出，嘱咐学生温书。当书读熟后，毛泽东和几个同学到校前的池塘戏水。先生回校后，见此情景，非常生气，要学生对对子，对不出就用楠竹板打手心。对子出的是"濯足"，毛泽东不假思索，对以"修身"。先生不禁连连点头。

1904年秋，毛泽东转学到韶山关公桥私塾。塾师是毛咏生。

1905年春至1906年夏，他在韶山桥头湾、钟家湾私塾读书。塾师是周少希。

据当年同学贺福祥回忆，毛泽东读书很认真，不仅能背，还能默写出来。学习时从不到别人桌上去看，不东逛西走。放了学，在回家的路上，有的同学喜欢抢头，他却一步一步地慢慢地走，显得文质彬彬，10多岁就有大人风度。这时，他开始致力于书法，初习欧阳询字，后习钱南园体，这为他后来兼采各家笔法，尤得力于怀素狂草，打下了基础。

1906年秋，毛泽东转学韶山井湾里私塾，塾师是毛宇居。因离家较远，就读寄宿。据同学刘授洪、郭梓材回忆，毛泽东读书时，"记忆力特强，过目不忘"。"老师出'破题文章'要大家作，他作得快，总是交头卷，还常常帮别人作"。他对人很有礼貌，但对无聊捣蛋的人，则力主制伏。他常对人说："逢恶就莫怕，逢善就莫欺。"

毛宇居回忆：毛泽东在这里读的是《公羊春秋》、《左传》等经史书籍。他最喜欢看的是《精忠传》、《水浒传》、《隋唐嘉话》、《三国志》和《西游记》等中国古典小说。"当时私塾的规矩，认为小说是杂书，不准学生看，因此，他总是偷着看，见我来了，就把正书放在上面。后来我发觉了，就故意多点书，叫他背，但他都背得出来。"毛泽东自己回忆说："我熟读经书，可是不喜欢它们。我喜欢看的是中国的旧小说，特别是关于造反的故事。""许多故事，我们几乎背得出，而且反复讨论了许多次。关于这些故事，我们比村里的老人知道得还要多些。他们也喜欢这些故事，常常和我们互相讲述。我认为这些书大概对我影响很大，因为是在容易接受的年龄里读的。"

毛泽东是尊师的。对他的私塾老师邹春培等都很怀念。1959年他回到韶山时，曾用自己的稿费备餐，邀请毛宇居等老人在一起吃饭。席间，他举杯一一敬酒。当敬到毛宇居时，毛宇居立即起立，说："主席敬酒，岂敢岂敢。"毛泽东即席对答："敬老尊贤，应该应该。"

1906年秋至1909年夏，毛泽东停学在家。除白天参加繁重的体力劳动，晚上帮父亲记账外，还坚持自学，经常在小油灯下读书至深夜。据王淑兰回忆，凡是在韶山冲能够借到的书，他都借来读了，连和尚的经书也读。他不仅刻苦攻读，博览群书，而且善于思考。

他在读中国旧小说时，发现"这些小说有一件事情很特别，就是里面没有种田的农民"，为什么这些书里的主人公都是帝王将相、才子佳人，而没有种田的农民？为什么种田的农民当不了书中的主人公？他带着这个问题，询问了很多人，有同学、有老师，有少者、也有长辈，大家都回答不出来，觉得这是一个从来没有人提出过的怪问题。

对于这个问题，他纳闷了两年，后来他分析小说的内容，发现颂扬的全部是文官、武将，人民的统

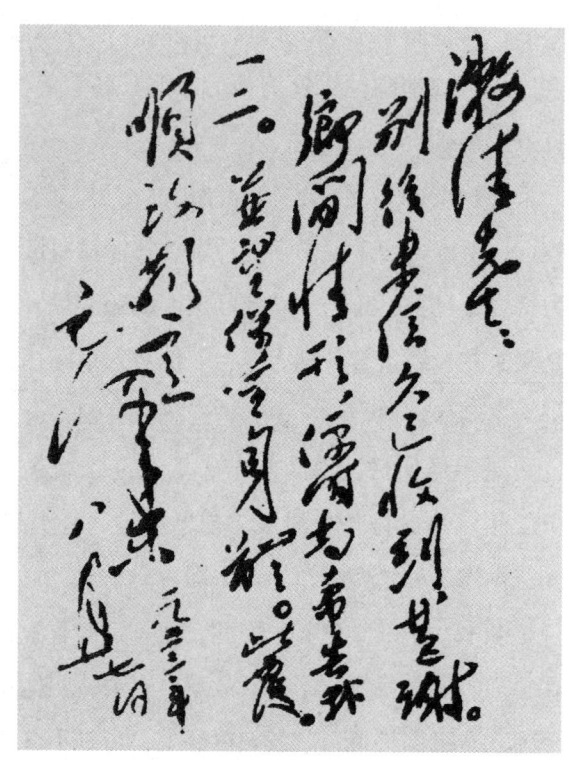

▲ 毛泽东致塾师李漱清信手迹

治者，而这些人是不必种田的，因为土地归他们所有，让农民替他们耕种。种田的农民终年劳累，吃不饱，穿不暖，哪有条件和机会读书识字？就是识了几个字的农民，又哪能写书立说？所以写书的一定不是农民。他自己解答了这个问题，并从中得到启示和力量，立志发奋读书。他常对小朋友们说，我们长大了也要写书，写农民的书。

1909年秋至1910年夏，在停学两三年后，他说服了父亲，复学于韶山乌龟井、东茅塘私塾。塾师是毛岱钟和毛麓钟。前者毕业于法政学堂，以讼笔著称于韶山远近；后者是韶山唯一的秀才，又曾在云南蔡锷

部下供过职，见多识广。这期间，毛泽东在其门下读了《汉书》、《通鉴纲目》等古籍，也读了许多时论和新书。

对这六年的读书生活，毛泽东后来概括为"六年孔夫子"。1964年8月18日，他在北戴河《关于哲学问题的讲话》中说："我过去读过孔夫子的书，读了'四书'、'五经'。读了六年。背得，可是不懂。那时候很相信孔夫子，还写过文章。"

六年私塾为毛泽东打下了较为深厚的古文功底。周恩来在《学习毛泽东》一文中说："读古书看你会读不会读。毛主席开始很喜欢读古书，现在毛主席做文章、讲话，常常运用历史经验教训，运用得最熟练。读古书使他的知识更广更博，更增加了他的伟大。"

就读湘乡县立东山高等小学堂

毛泽东的表兄文运昌，名士荇，字运昌，亦作润昌、咏昌，排行十六，是毛泽东的八舅文玉钦（名正莹）之次子，毛泽东称他为"十六哥"。

文运昌早年毕业于湘乡东山高等小学堂和湘乡县立师范学校，任过小学老师和中学庶务。他比毛泽东长九岁，生平赋性刚直，自幼与毛泽东交往亲密，情同手足。1910年，毛泽东辍学在家务农，他的父亲毛贻昌决定送他到湘潭一家与父亲有往来的米店去当学徒。起初，毛泽东并不反对，觉得这也许是有意思的。可就在这个时候，他听说湘乡外婆家那边有一个"非常新式的学堂"，便不顾父亲的反对，要求到那里去读书。

此时，毛泽东的表兄文运昌正在那所学堂上学。文运昌向他介绍了这个学堂的情况及其"新法教育"的改革，说那里不那么注重经学，

21

西方"新学"教得比较多，教学方法也是比较"激进"的，并极力赞成毛泽东到该校读书。这更坚定了毛泽东去那里读书的决心。他与母亲商定，邀了舅父文玉瑞、文玉钦，还有表兄王季范、塾师毛麓钟等人，劝父亲毛贻昌送他去读书，最后终于得到父亲的同意。于是，毛泽东便随文运昌到了那所学堂。文运昌替他办好了入校注册手续，并做了他的入学担保人。表嫂刘氏还将毛泽东从韶山带去的青色蚊帐换成白色蚊帐。

　　这所学堂，便是毛泽东离开闭塞的韶山冲以后，走进的第一个新式学堂——湘乡县立东山高等小学堂。当时，它是远近闻名的一所学校。1905年前称"东山精舍"、"东山书院"，是地主豪绅培养自己子弟的地方，学费和膳费都有相当可观的津贴。可是毛泽东既不是湘乡人，又没有特殊的"背景"，因此，有人不同意录取他。然而他在入学试题中，作了一首《言志》诗："独坐池塘如虎踞，绿杨树下养精神。春来我不先开口，哪个虫儿敢作声。"抒发了

▲ 毛泽东在湘乡东山高等小学堂读过的《新民丛报》目录（局部）

自己求学以救国救民的宏大志向。校长李元圃阅后，大感惊异，兴奋地说："今天我们学堂里取了一名建国材！"后来，毛泽东回忆这段极有意义的生活时说："我随表兄到那所学堂报了名，我说我是湘乡人，以为这所学堂只招湘乡人。后来我发现这所学堂招收各地学生，我就改用湘潭的真籍贯了。我缴纳了一千四百个铜元，作为五个月的膳宿费和学杂费。……这是我第一次到离家五十里以外的地方去。那时我十六岁。"

　　在东山小学堂，毛泽东学到了很多中外文学、历史、地理和自然科学知识，能写一手好古文。他写的《救国图存论》、《宋襄公论》等

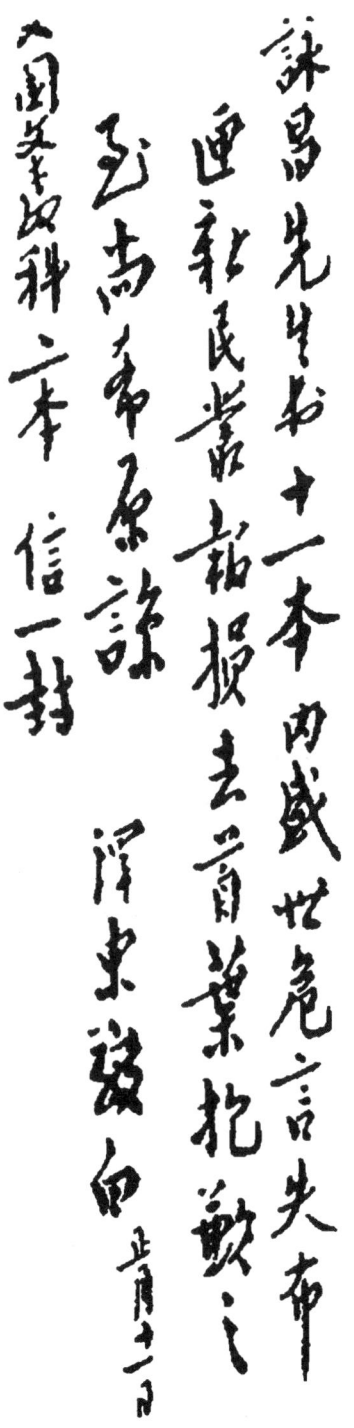

作文，国文老师阅后批道："视似君身有仙骨，寰观气宇，似黄河之水，一泻千里。"

当时，流传到该校的新书报很少，毛泽东经常向表兄文运昌借书。文运昌说："相公借书，老虎借猪，所以还是要先打条子后拿书啊！"因而毛泽东借书有借条，还书有便条。毛泽东常常把卷了角的书放在凳子上，或用手小心地压平，或用屁股坐平，然后"完璧归赵"。

文运昌也多方为他寻找书报，向毛泽东推荐，以满足他的求知欲。在文运昌推荐的书中，令毛泽东爱不释手的有两种，一是郑观应的《盛世危言》，二是梁启超的《新民丛报》。毛泽东说："我在这个学堂里有了不少进步。……但是我无心读古文。当时我正在读表兄送给我的两本书，讲的是康有为的变法运动。一本是《新民丛报》，是梁启超编的。这两本书我读了又读，直到可以背出来。我崇拜康有为和梁启超，也非常感谢我的表兄……"

1915年寒假，毛泽东回家过春节，来到外祖母家，向八舅父、舅母拜年，顺便向文运昌归还了《盛

▲ 毛泽东"还书便笺"手迹

23

世危言》和《新民丛报》。并留下了一张还书便条：

咏昌先生：

书十一本，内《盛世危言》失布匣，《新民丛报》损去首叶（页）。抱歉之至，尚希原谅！

泽东敬白正月十一日（即1915年2月24日）

又"国文教科"两本，信一封。

毛泽东在东山高等小学堂读了半年书，这年期考，成绩优异。校长李元圃和国文老师贺岚纲应聘到长沙湘乡驻省中学堂任教，推荐毛泽东去那里读书。此事受到父亲的阻挠，毛泽东又请八舅父、表兄文运昌及老师们，劝说父亲让他去长沙读书。父亲最终同意了他的要求。临行前，毛泽东抄了一首诗，包上一张相片，夹在一本书内，交给表兄文运昌，请他转交给父亲。诗云："孩儿立志出乡关，学不成名誓不还；埋骨何须桑梓地，人生无处不青山。"

这首诗抄自日本明治维新时期的青年政治家西乡隆盛，又略作改动，以示少年毛泽东求学的愿望和志在四方的决心。中华人民共和国成立后，文运昌把这首珍藏了四十余年的诗，连同一本毛泽东亲笔签名的书和一张照片，一起上交了人民政府，成为研究毛泽东早期生平的宝贵资料。

文运昌既是毛泽东的表兄，又是他启蒙时代的先生，他们之间有着深厚的感情，一生中有过多次接触和书信往来。中华人民共和国成立后，文运昌被选为湘乡县第一届人民代表大会代表。以后又担任了湖南省文史馆馆员。他经常通过书信向毛泽东反映乡间情况，并先后多次进京与毛泽东会晤。毛泽东对这一位表兄十分尊重和关心，开国大典之后，他就向从家乡进京来的堂兄弟毛泽连详细询问外婆家人，尤其是表兄文运昌的情况，并请毛泽连捎去信件和礼物，转达对外婆家人的问候。1950年4月19日，他又给文运昌写信：

运昌仁兄如晤：

　　接到你的许多信，感谢你的好意，因忙迟复为歉。吾兄健存，儿孙众多，可为庆贺。地方工作缺点甚多，应予纠正。

　　如有所见，尚望随时见告。泽民、泽覃均已殉难，知注并闻。

　　顺颂

安吉

毛泽东

　　信发出后，毛泽东仍不放心，担心文运昌收不到，1950年5月7日他在致表兄文涧泉的信中询问道："运昌兄连来数信，已复一信寄白蚌口，不知他接到否？"1950年5月12日在致表兄文南松的信中又一次询问道："运昌兄给我多次信，我回了一信，寄南县白蚌口，不知他收到没有？"事后，直到文运昌给他复信，才算放下心来。

　　毛泽东曾经说过："我为社会出一些力，是把我十分敬爱的外婆家及我家乡一切穷苦人包括在内的。我十分眷念我外婆家诸兄弟子侄，及一切穷苦同乡……"

　　作为一位伟人，毛泽东的思想和活动在一定程度上受他生长的社会环境所影响。他从小就常在外婆家生活，在那里，他有过欢乐的童年，外婆家的成员对青少年时代的毛泽东也有着较大的影响。后来，他能走出韶山冲，走出湖南，走向全中国，在一定程度上，与外婆家有着直接的关系，特别是文运昌表兄，对他更有深远的影响。

府学秀才教"国学"

　　东茅塘私塾是一座中西合璧式的私塾，塾师毛麓钟派名毛贻训，学名绍芳，字麓钟，号云阁，生于清同治五年（1866年）农历十月二十四日。祖居韶山冲茅塘屋场。祖父毛兰芳与毛泽东的曾祖父毛祖人系嫡堂兄弟，是以诗书而振家声的著名士绅，在清朝曾任过几县的县丞，既有文才，又善于辞令诉讼，乡间遇有重大纠纷无不请其到场得以调解。父亲毛鼎臣有五个儿子，毛福深居长，毛麓钟排行老二，还有寿生、喜生、全生。毛麓钟就是生长在这个三世同堂的大家庭里。他从小在祖父的严格教育和影响下，生活节俭朴素，学习勤奋刻苦，终于在清光绪十八年（1892年）"应考经柯学使甄拔补入郡庠"。科举时代称府学为"郡庠"，也就是说毛麓钟是长沙府学秀才，据毛宇居撰《毛麓钟公传》载："毛麓钟对于各经史无不揣摩纯熟，诗赋尤极典丽，每试辄冠其首。"据传，他的诗赋，有人抄去背

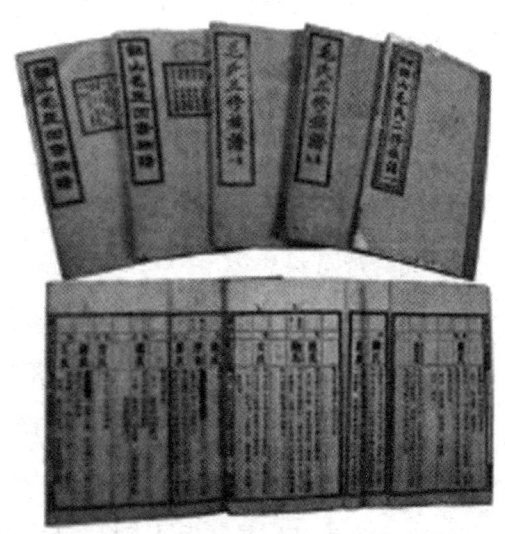

▲ 毛氏族谱

熟，然后去赶考，往往深受考官赞赏，考生多被录取。青年时代的毛麓钟，为了干一番大事业，视国家为家园，四处漂流，"初应江南提督沈茂胜之聘，以其文才襄办军务；继走武陵，为参军何梅岭之书记。"甲

午战争后，因不满清朝政府丧权辱国，腐败无能，愤然辞职回乡，不问政事，闭门隐居，并自诩"韶山小隐人"。

毛麓钟与毛泽东的父亲毛贻昌是五服内堂兄弟，并且家庭关系十分密切。毛泽东的父母，对毛麓钟这位有府学秀才功名的族兄，素来十分敬重。毛泽东初发蒙时，偶有调皮捣蛋，学习不肯用功，他们就常拿这位堂伯做榜样，来教训儿子，指望他能像堂伯那样专心攻读，将来学有所成。由于受父母的影响，毛泽东自幼便格外敬畏毛麓钟。每逢年关，在官衙做幕僚、谋士的毛麓钟回乡，父亲总是带着他去拜见这位堂伯，小泽东总是躲在爹爹的身后，用好奇的眼光打量这个穿将校军服，颇有威严的长辈。在他那幼小的心灵里，最初的目标就是学堂伯的样子，长大以后做一个文武兼备而又受人敬重的人。

毛麓钟辞去军职，回到桑梓之地兴办学堂后，主张废科举，兴学堂，开办新学，学习西方的先进技术，用坚船利炮来富国强兵，表现出一股强烈的爱国思想。毛麓钟办学本不为衣食之虞，而是图培养人才，报效国家，因此所取的学生大多是品学兼优的人才。

毛麓钟的家坐落在韶峰脚下。这里树木葱茂，楠竹青翠，在一片绿荫的掩映下，有一栋不小的瓦房，环境清幽。

毛麓钟是个非常认真的人，他恪守塾师授徒的原则，认为"少则工夫有余，精神足用，自然训诲周详，课程无缺；多则师之精力既疲，而工夫亦有所不及，一切皆苟且简率矣。故生徒以少为贵也"。所以他只收了十来个学生，以精为旨。

正月一过，学生们陆续来到经馆，毛麓钟给他们上了别开生面的第一课："人为何而活着？"

毛麓钟直接切入主题，像是自问又像是问学生："我常常思忖：人，为什么活着呢？"先生提出的问题，学生们意想未到一时都没明白过来。

毛麓钟解释说："我的意思是说，一个人活在世上，到底要做些什么？""人，为什么活着？"这是一个人生观上的大题目！同学们不

知道应该怎样回答才好，只好面面相觑。毛麓钟没等学生们回答，接着讲："我总在想，一个人来到世界上走一遭决不能做行尸走肉，这是为什么呢？难道就是为了'吃穿'二字？就是为了成家立业？为了妻儿老小？"他顿了顿继续说："是呀，'人在世上走，为了身和口'，许多人都这么说，而且也是这样做的。可是，吾辈莘莘学子也能像如此生活着吗？我已年近五旬，多年戎马征战，四处漂泊，一不求高官厚禄，二不为荣华富贵，生平最大的嗜好是置书、读书。这些年来，我每天襄办军务，总要读书至更深人静。这些书本，引起了我许多的感慨！你们看，史书上、小说里，那些忠臣义士、英雄豪杰，都是十分了不起的风流人物！他们或公正廉明，解民倒悬；或血洒疆场，为国立功；或立一家之言，成百世圣哲。因此，他们名垂青史，辉同日月，为后世的人们所钦佩、所纪念，并且一代又一代地流传着他们的英雄事迹，生命力极强，成为永垂不朽的人物。你们都是家乡孔门弟子中的佼佼者，是韶山的骄子，当你们在书本中和历代英雄豪杰、圣人先哲会晤时，你们的对话将是什么呢？"

毛麓钟激动了，他向在座的学生们扫了一眼，讲堂里鸦雀无声，学生们正聚精会神地听着。只见他面色绯红，胸脯起伏，拿起粉笔"刷刷"地在黑板上写下：

"旷观宇宙，竖画天地，前因后果，无一可恃；而可恃者唯在我横画山川。古往今来，一无可恋；而可恋者，唯在目前。目前之事为何？即美雨欧风向我神州冲激，唯有迎头赶上，才能自树立于世界之林。"

毛麓钟接着又讲道："如今，国家多难，外贼逞凶，中华民族处于危亡之时，黎民百姓沦陷水深火热之中，像尔等七尺男儿，一介书生，正在有为之年，理当为国尽忠，为民造福，岂能株守家园，无所作为？古人云：'大丈夫当雄飞，安能雌伏？'依为师所见，雄飞的翅膀就是知识，知识犹如农民的土地，渔夫的网罟，骑手的骏马，勇士的刀剑。望你们趁大有作为的年纪，认认真真读书，扎扎实实求知识，练出一身真本事来！”

毛麓钟教导说：“志向，乃人之灵魂。人不知道为什么而活，为什么而学，就没有目标，没有动力，好比盲人骑瞎马。志向与理想即主义。人无高尚之主义，即无生活之意义；事无高尚之主义，即无存在之价值；团体无高尚之主义，即无发展之能力。至于勤奋刻苦，则是读书求知的根本。今朝大学问家王国维在《人间词话》中采撷宋词三首中的各一句，用来形容读书做学问的三种境界，窃以为极是生动贴切，恰当好处。王国维说：古今之成大事业大学问者，必须经过三种境界：‘昨夜西风凋碧树，独上高楼，望断天涯路’，此第一境也。‘衣带渐宽终不悔，为伊消得人憔悴’，此第二境也。‘众里寻他千百度，蓦然回首，那人却在灯火阑珊处’，此第三境也。王国维选择三首词的三句话集在一起，选得很巧，集得很妙，给三句古词注入了新的生命，道出了读书的真谛。古往今来，‘成大事业大学问者’，为了读书求知，谁开始没经历‘为伊消得人憔悴’，‘众里寻他千百度’的艰苦探索，最后才能到达‘蓦然回首，那人却在灯火阑珊处’的佳境呢？这种求得真知灼见的愉悦，豁然开朗的欢乐，不亲身经历由淡到苦，由苦到甜的全过程，是无法真正体会到的。”

毛麓钟认为，学习还要不耻相师、不耻下问：“韩愈的《师说》大家读过吗？韩吏部说得好：‘生乎吾前，其闻道也，固先乎吾，吾从而师之；生乎吾后，其闻道也，亦先乎吾，吾从而师之。吾师道也，夫庸知其年之先后生于吾乎？是故无贵无贱，无长无少，道之所存，师之所存也。’这段话是什么意思呢？拿平常的话说就是，生在我前面的人，他懂得的道理比我早，我就向他学习；生在我后面的人，他懂得的道理要是比我早，我也要向他学习。我要学习的是道理，哪管他是生在我前或是生在我后呢？所以不论尊卑贵贱，不论年长年幼，谁懂得道理，谁就是我学习的老师。韩愈的见解相当精辟，大凡是有学问的人都不以拜师求学为耻。你们都在蒙馆读了《论语》，可否记得书中记载着这样的一件事：孔子刚刚做了鲁国小吏的时候，到太庙去助祭。进了太

庙，他每件事都向别人请教。祭祀的礼节他在书本上不是没学过，但是因为没有实际演习过，他还是样样都要问个明白。旁边有人看到他这样，就讥笑说：入了太庙每事问，谁说他是知礼的呢？孔子听了说：每事问才正是知礼呢！这个故事说明了一个什么问题呢？求知要诚心诚意，不耻下问，如果没有求知的渴望，没有放下臭架子，甘当小学生的度量，是学不到真正的知识的。试想昂首向天，除了几片浮云之外还能看到什么呢？……"

这堂课毛麓钟从早饭后一直讲到正午。对于毛泽东和他的同学们来说，开学第一课给他们的启示太大了。不少道理是他们过去从未听到过的。这一课虽然在形式和内容上是"务虚"的，但它足以使学生们认识了自己的先生，大家深为能选择到这样一位思想、学识、品格都在上乘的先生而感到荣幸，一股对明师的崇敬之情在他们稚嫩的心田里涌动着。

毫无疑问，这一课对毛泽东的启迪，远比其他同学们要深刻得多。当时他已到了懂事的年龄，老师提出的"人，为什么要活着"的问题，强烈地撞击着他的心扉。他曾长期思考过但未得到结论。今天堂伯父终于把答案给了自己。人，并非仅仅是为自己而活着，也不是为他人活着，是为国家民族和黎民百姓这个"大我"而活着。毛泽东思考，既然此身并非一己之私，那么就应该将它奉献给公众，去奋斗，去创造，像历代英雄豪杰那样去追求人生的最高价值。他在心里暗自发誓：为了在此生干一番轰轰烈烈的大事业，为了像毛麓钟先生所言的那样，使祖国不再因国力羸弱而受到列强欺侮，中华民族能够真正"自立于世界之林"，从今往后一定要树立远大志向，勤奋刻苦学习，掌握过硬本领，以图日后效力于国家，服务于民众。这次讲课给毛泽东留下了终生不忘的记忆，1959年当毛泽东回到阔别32年的故乡韶山，曾深情地回忆这段往事："那时我能读书，可能是不好好读，后来在家种了两年田，到了东茅塘麓钟二伯父手下读书，才晓得用功了。我二伯不愧是韶山的秀才，教书育人很有办法哩！"

　　毛麓钟自从给学生们讲了第一课后，逐渐发现在众弟子中，毛泽东禀性最聪明，记忆力最强，诗文也作得最好，因此自然格外关注这位学生，他以特定的眼光认定：自己的这个学生加侄儿极有发展前途，将来在自己所教的学生中，最有出息的当非他莫属，就是毛氏家族中兴的希望，恐怕也要寄托在他身上。从这个时候开始，毛麓钟就抱定了一个心愿：精心培育毛泽东，用自己的全部心血去浇灌这棵幼苗，使他长成参天大树。用全部知识与智慧去开启这块价值连城的美玉。

　　毛麓钟除经常向毛泽东讲述古人立志成才，以图报效国家民族的大道理外，还以他特有的思维定式，把"大道理"与"小道理"结合起来，不时地向毛泽东讲述毛氏家族的兴衰史。

　　毛泽东饶有兴趣地阅读着由毛麓钟保存的那部本房的《毛氏家谱》，从这部编修于乾隆二年的族谱中，他了解了毛氏的渊源。

　　知道了毛氏家族的历史后，毛泽东这才明白，老师为什么让自己看那昏黄的族谱。他恍然大悟：家庭和宗室同是人生的两个支撑点，有家才有族，有族才有民族和国家。只有全家团结和睦，家庭才能兴旺；只有全体族人的齐心协力，家族才能昌隆，像毛姓这样华夏最古老的氏族才能经千百年而不绝；只有全民族人民的共同奋斗，国家才能够繁荣富强！懂得这些道理之后，毛泽东正像老师所希望的那样，学习热情更加旺盛了，读书也更加自觉了。

　　当然，毛麓钟花费心血最多的，还是毛泽东的学习和进步。他除了在课堂上传道授业解惑外，还十分注意指点他在课外如何读书，悉心引导毛泽东阅读了大量古籍。

　　我国古代常把图书分成经、史、子、集四个大类：经部，包括历代儒家的经典著作，如《诗经》、《论语》、《孟子》等，以及研究文字音韵的书；史部，包括各种历史、地理、传记等书；子部，包括古代诸子百家学说和科技著作，像农家、医学、天文、历法、算法、艺术等；集部，包括文学的总集和专集等。为了指导毛泽东系统地读书，毛麓钟按照传统的图书分类办法，有计划、有步骤地给他点读了历代名家

的传世之作。

《史记》是毛麓钟先生给毛泽东点读的第一本史学著作。毛麓钟告诉他：在中国古代史学上，可与太史公司马迁相提并论的只有二人，一是与他时代较近的班固，史称"马班"，二是跟他时代较远的司马光，史称"两司马"。历来人们都认为，司马迁的《史记》与司马光的《资治通鉴》、班固的《汉书》，是史学界呈鼎立之势的三部大书，故而有读史必读《史记》之说。受老师的熏陶，毛泽东花了很大工夫读《史记》。这本书使他对中国历朝历代之事有所了解，并从中懂得一些兴衰与得失的道理。与此同时他还按老师要求，阅读《纲鉴类纂》和《日知录》等书。《纲鉴类纂》是明人王世贞依据朱熹的《通鉴纲目》而编写的一种通俗历史课本，《日知录》则是顾炎武精著之书。毛麓钟点读这些书，大大开阔了毛泽东的视野，丰富了他的精神食粮，使他收益颇丰，对他正在形成的世界观有了质的变化。

毛麓钟酷爱历代著名诗词辞赋，尤其喜爱宋词元曲，往往一时兴起，以手击节，低头吟咏，不能自已。他的这一爱好自然而然地感染了学生们。毛麓钟见毛泽东对诗词辞赋也有极大的兴趣，便专心教他朗读、背诵，习诗作赋。

毛麓钟让毛泽东认真地背诵陈子昂的《登幽州台歌》："前不见古人，后不见来者，念天地之悠悠，独怆然而涕下。"仔细体味其中的意境和缭绕的余音。

毛麓钟又点读唐代大诗人杜甫的《赠卫八处士》，他认为它反映了古人珍视友情的主题，很适合青少年学习和模仿。他要毛泽东学习这首诗：

<blockquote>
人生不相见，动如参与商；

今夕复何夕，共此灯烛光。

少壮能几时，鬓发各已苍。

访旧半为鬼，惊呼热中肠。
</blockquote>

焉知二十载，重上君子堂。

昔别君未婚，儿女忽成行！

怡然敬父执，问我来何方？

问答乃未已，驱儿罗酒浆。

夜雨剪春韭，新炊间黄粱。

主称会面难，一举累十觞；

十觞亦不醉，感子故意长！

明日隔山岳，世事两茫茫！

毛麓钟又将白居易的《长恨歌》抄录给毛泽东：

忽闻海上有仙山，山在虚无缥缈间。

楼阁玲珑五云起，其中绰约多仙子。

在天愿作比翼鸟，在地愿为连理枝。

天长地久有时尽，此恨绵绵无绝期！

由于毛麓钟的严格训练，毛泽东对诗词辞赋的兴趣越来越浓，他不仅能熟读几百首古诗，即使是冷僻的诗句也能熟稔于心，倒背如流。从南宋"将军诗人"辛弃疾的"落日楼头，断鸿声里，江南游子，把吴钩看了，阑干拍遍，无人会，登临意"；到陈亮的"危楼还望，叹此意，今古几人曾会"；再到庾信的"此树婆娑，生意尽矣。至如白鹿贞松，青牛文梓。根抵盘魄，山崖表里。桂何事而销亡，桐何为而半死？……树犹如此，人何以堪？"他都能即兴吟唱，信口诵读毫无差错。他的这种熟读古诗的兴味和超常的记忆力至老不衰，恐怕与这时的基础分不开。

毛麓钟不但精心给毛泽东点读诗书，而且还教给他怎样去读书求学。老先生是见过大世面，有一定自由思想的知识分子，不大搞读死书和满堂灌那一套教育方法，而主张让学生们独立思考，清静无为。平时

一生攻读，谁与比肩

他经常带领学生们走出课堂，来到私塾后面的龙头山上游览踏青，让学生们领略大自然的美妙奇观，省悟人生的真谛。在那块被儿时毛泽东叩拜为"干娘"的观音岩下，毛麓钟把自己在外谋职的曲折经历和所见所闻尽情告诉毛泽东，并向他和同学们介绍祖国的大好河山，教导他们热爱名山大川，在美丽的大自然中陶冶性情，养成高尚的情操、广博的胸襟。

为了启发学生把课堂学习与社会联结起来，也为了使自己不至于培养出四体不勤、五谷不分的书呆子。毛麓钟结合课堂教学，常向学生讲述古人读千卷书、行万里路，探寻世上万事万物奥秘的事例，灌输学以致用，"读书所以明理，明理所以适用"，若不适用"与未尝读书同"的道理。他在给毛泽东点读《史记》和《日知录》时，就曾讲过司马迁和顾炎武的治学精神，认为他们不仅学识渊博，而且提倡实地考察研究，遇事穷源探本，其治学态度堪称一代文人之楷模。毛麓钟对太史公司马迁尤其推崇，要毛泽东多读《史记》，说是"司马迁将其游览四方所得山川浩瀚之气，一以发为文章，故气势奔放，雄视百世"。受老师的影响，毛泽东"迷"上了《史记》和其他典籍，司马迁的文章及其行谊，都使他深为折服、感佩。他在《讲堂录》中写道："司马迁览潇湘、泛西湖，周览名山大川，而其襟怀乃益广。"这大概是毛泽东当时读书的心得吧。

在东茅塘私塾，由于毛泽东学习刻苦认真，又聪明过人，且有超常的理解力，课堂授课已不能满足他的知识需求量，毛麓钟先生只好经常给他"开小灶"单独授课。

单独授课讲什么内容呢？一般的诗书，课堂上已讲过许多篇章，毛泽东在课余时间也自学了不少，毛麓钟不愿再在这方面花费很多工夫，像天下的为人师者都有自己的"绝活"一样，他也想把人世间最深奥的道理讲述给毛泽东，把书海中的精华采撷下来传授给高足。

这期间，毛麓钟根据自己对毛泽东的期望值，辅导毛泽东认真阅读了《资治通鉴》、《孙子兵法》和《贞观政要》等书，并进行了耐心的讲解。

这3本书在中国古代被称为"治乱兴衰之书"，是仕人必读之书。毛麓钟以此授之，足见其良苦用心。毛泽东这一时期所受的教育，不啻是"中国治乱兴衰之学"的启蒙教育。

毛先生多年从军，没有积攒多少家资，却置下为数可观的书籍，其中有不少还是书中珍品。不过嗜书如命的他从不轻易拿出这些书示人。

可是有一天，毛麓钟却破例把毛泽东带进了他的书房。

跨进老师宽敞的书房，看着四周依墙而立的书橱，毛泽东惊异地赞叹道："唉呀，二伯，你这里书可真多呀！"

"嗯！"毛麓钟点了点头说，"石三，坐吧！上次你读了《纲鉴类纂》有什么心得呀？"

"二伯，读了这本书，我以为对中国历朝之事有了些了解，也懂得了些兴衰与得失的道理。只是觉得简要了些，更深的知识不知道。"

"嗯，是的！这是一本根据《通鉴纲目》编写的通俗历史读本，自然写得肤浅了些。今天我准备让你再看一本书。"说着他从一个书橱里抽出一本线装书，递给他的学生。

毛泽东看了看书名，欣喜地问："《资治通鉴》？"

"是的，这是一部很有名的史书。凡二九四卷，另有《目录》、《考异》各三十卷，所记千余年史事，以政治、军事、民族关系等为主，兼及社会生活的其他方面和重要历史人物，而以历代统治的盛衰得失之故为中心。你拿去好好读一读，或许有所裨益。看完后我还想同你探讨一番呢。"

"好的，二伯！"毛泽东高兴地从先生手中接过这本书，恭恭敬敬地向毛麓钟鞠了一躬，告辞了。

三个多月以后，毛泽东把《资治通鉴》通读完毕，当他把书送还给毛麓钟时，他感到自己多有受益。他心中暗想如果再同老师谈起历史，自己不至于一无所知了。

这以后不久，毛麓钟又教毛泽东阅读了堪称"成功宝典"的《贞观政要》。

《贞观政要》是盛唐开创者李世民逝去几十年之后，一个叫吴兢的唐朝史官，以生动真实简洁明了的文风，运用对话夹逸事的形式，追记了这位一代天骄的非凡政绩与生平经验，以及他与他的聪明多谋的大臣们讨论的种种问题，所进行的多番争议与论辩，从而提出了一整套关于如何治理国家、控制权力、调度人事、平衡利害、驾驭臣僚、考察人心、防备腐败、消除隐患等的"统治谋略大全"，并将其命名为《贞观政要》，遂使该书成为"中国兴衰治靡之学"的第一经典。自其问世以来，未有哪一个后世中国皇帝敢不用心拜读之！作为"修身治国平天下"的经验之集成，该书亦系"朝野上下必备"、"入世为人必读"的教材。历代从官僚阶层到草野人士，该书的哲理、教义、格言、名句，俱被反复研讨广泛援用。

毛泽东怀着捧读《圣经》的虔诚心情，阅读着《贞观政要》，很快他就完全被这本书所吸引。

他发觉《贞观政要》十分奇特，它极为朴素平白，却又丰富博大，作为一部忠实的历史文献，它不加修饰地辑录了唐太宗的所说、所为、所想、所感，以及所犯的错误。同样也不带忌讳地记述了一代名臣长孙无忌、房玄龄、魏征等人对唐太宗的规劝，批评甚至指责，以及唐太宗与众大臣之间坦率的讨论与争执。而作为一部政论性的历史读物，它又一反历史传记中通用的编年式的烦琐写法，而对唐太宗的治国经验与思想进行分门别类，共立四十个篇目，多以故事、逸闻等实例为引子，生动有趣，概括集中，清晰明了地进行记叙与评介。这40个篇目，涉及了权力、体制、政策、人事、品德、欲望、名分、淫乐、竞争、奖惩、灾祥等内容，十分广泛。其间涉及的众多唐代名流，俱是富有个性，处处形象鲜明，时时妙语横生，每每机智过人。其取譬之机警，举例之巧妙，诘问之尖锐，立论之精辟，尤其令人叹为观止。

毛泽东反复研读了这部传世千载的实用名著，引起他许多联想，唐太宗李世民不愧为古代历史上少有的圣明之君；太宗时的教化粲然可观，是自古以来未有过的圣明之治。吴兢一区区史官，披览史籍，将太宗垂范后世的典章制度，以及诏诰、谏言、奏疏等文献，详加甄录，按照成规制成体例，写成《贞观政要》，希望执掌国家政权者，能够遵循前代的历史经验择善而从。这样就可以使传之历代的帝业更加光辉昭著，使已取得的丰功伟绩更加发展壮大。当年唐太宗的子孙凭它而获得统治术的精华，继"贞观之治"之后又创造了"开元之治"，把唐朝的繁荣昌盛推向顶峰。由此看来，《贞观政要》真可谓古今治理国家的第一教科书。这时毛泽东又想到《史记·陈涉世家》中陈胜吴广起义时说过的"王侯将相宁有种乎"的话来，如果"学而优则仕"这条人生之路走得通的话，自己将来要称雄，要治国，要创业，要守成，依然离不开《贞观政要》这本古今通用的治乱兴衰之学的大全。

这部书的确给毛泽东留下了极深刻的印象，诸如"明君与昏君之别"、"草创与守成孰难"、"居安思危"、"反对'一言堂'"、"水能载舟，亦能覆舟"、"治国犹如栽树"、"人主严明，臣下畏法"、"知心者智，自知者明"、"防微杜渐"等，都能熟记于心，恒久运用。大唐皇帝和文臣武将"治国平天下"的韬晦、谋略、策略，成了他以后处理党内斗争，对待"反对派"的一个"法宝"。这就是几千年中国封建文化的沉淀，潜移默化地影响着他的社会管理学。

毛麓钟给毛泽东单独讲授的第三本书，是我国最古老并有极高科学价值的一部兵书鼻祖《孙子兵法》。《孙子兵法》诞生在两千多年前的春秋时代，是中外军事学术史上久负盛名的一部兵书。它总结了我国古代战争的经验，揭示了许多具有普遍意义的战争规律，包含着丰富的唯物论思想和辩证观点，是伟大祖国优秀文化宝库中一份珍贵的遗产。早在毛泽东出生前的一百多年前，日、法、英、俄、越等国就有译本问世，在世界兵坛上被誉为"兵经"、"第一部战略著作"。

中国素称文武合一之国，自古以来就把孙子、吴子、六韬、三略等兵法，视为"以武治国，以文修德之枢要"，并将"兵法"与武艺加以区别。历代兵法不论是太平或战时，都是属于仕人所必习的。《论语》说："有文事者必有武备"；《道德经》也说："以正治国，以奇用兵"；孙子也说："令之以文，齐之以武。"这些都是主张文武兼备的，可惜人总难免偏向一边，偏于文则弱，偏于武则暴，唯有文武合一方能如车之双轮，又如手足之左右，临机应变而发挥表里为用的效果。

鉴于这些，毛麓钟认为文武双全的人，必然是钻研学问，备具教养，掌握原理，并经修炼而穷极奥义，臻于无我之境界的。总之，必定是向着人格之形成与人之完成这一目标努力不歇的。因此他要求毛泽东在熟读经史的同时，必须精通兵书，努力做一个文武兼备、智勇双全的人。

毛麓钟本人饱读诗书，又出身行武，对《孙子兵法》自然是喜好，他多年攻读、揣摩，已深谙书中要义，在许多方面已形成了自己的独特见解。这时在向弟子传授时也是轻车熟路，得心应手，十分精辟。于是在布置毛泽东通读完兵法十三篇之后，他专门花了十多个晚上分"概说"、"孙子其人其事"、"十三篇详解"、"战法与计谋"等几个专题，进行了系统而详尽的讲解。在讲解中毛麓钟结合自己十多年的行军作战的亲身经历和战斗实例，向毛泽东阐明了《孙子兵法》中的许多著名观点。比如："兵者，诡道也"和"未战而妙算胜者，得算多也；未战而妙算不胜者，得算少也。多算胜，少算不胜"的计策观；"用兵之法，全国为上，破国次之；全军为上，破军次之；全旅为上，破旅次之；全卒为上，破卒次之；全伍为上，破伍次之"的战争观；"知彼知己，百战不殆"的侦察观；"三军之亲，莫亲于间，赏莫厚于间，事莫密于间，非圣智不能用间，非仁不能使间，非微妙不能得间之宝"的用间观，等等。还有"善动敌者，形之，敌必从；予之，敌必取之，以利动之，以本待之"的作战原则；"避实击虚"、"守其所必攻"、"攻其所不守"、"攻其所必救"、"形人而无形"的指挥艺术；"能而示之不能，用而示之不用，近而示之远，远而示之近；利而诱之，乱而取之，实而备之，强而避之，怒而挠之，卑而骄之，佚而劳之，亲而离之。攻其不备，出其不意"的战争策略；"以治待乱，以静待哗"、"以近待远，以逸待劳，以饱待饥"的军事辩证法。其中不少军事要述，毛泽东都遵照老师的要求，将它们当作格言和口诀背诵并烂熟于心。

古老的兵法赋予了毛泽东一种尚武精神，从此研习《孙子兵法》，聆听老师传授治军为将之道，后来的"枪杆子里面出政权"名言，可说是这种尚武精神的延续。

毛泽东专心采撷品尝了《孙子兵法》中的奇葩硕果，汲取了丰富的军事知识营养，为日后打碎旧世界，开创新天地准备了无与伦比的身手！读"治乱兴衰"之书，毛泽东果未负老师的一片苦心，终于创立了远比秦皇汉武、唐宗宋祖这些古代封建帝王要大得多的文功武治。

杨昌济先生的高材生

杨昌济，字华生，又名怀中，1871年4月21日，出生于湖南省长沙县清泰都隐储山下的板仓冲。因世居板仓，所以杨昌济后来被人称为"板仓先生"、"板仓杨"。

板仓杨家，可谓是书香门第。杨昌济的高、曾祖父都是"太学生"，祖父杨万英是"邑庠生"，但没有做过官，一生在家乡以教书为业。父亲杨书样，字书樵；母亲向氏，平江县石洞人，其父出身进士，做过前清国子监学录，乃诗书世家。向家与杨家世代联姻，对杨家子弟影响甚深。

1912年夏，杨昌济结束了在勒伯丁大学三年的学习生活获得文学学士学位。

归国后，其先后应省立第四师范、第一师范等学校之邀，在长沙任教5年之久。

在此期间，杨昌济与后来成为历史巨人的毛泽东相识了，并建立起亲密的师生情谊。以后，随着时光的流逝，他们之间的情谊日渐加深。杨先生不仅以他的哲学和伦理学思想，熏陶了毛泽东这个农家出身的青年学子，尤以他高尚的人格、廉洁的节操和严谨的治学精神，赢得了毛泽东的衷心敬佩与爱戴。毛泽东日后称他是"给我印象最深的教师"，"一个道德高尚的人"。

杨昌济归国之初，应聘在湖南省第四师范学校任教。这时，结束了定王台半年自学生活的毛泽东，也刚好考入该校。不久后四师与一师合并，杨昌济便到一师任修身教师，毛泽东也转入合并后的一师继续学习。

在第一师范教书期间，杨昌济的学生数以千百计，但却对毛泽东尤其欣赏。在1915年4月的日记中，他对毛泽东的出身、经历，专门作过一段详尽的记载：

> 毛生泽东，言其所居之地为湘潭与湘乡连界之地，仅隔一山，而两地之语言各异。其地在高山之中，聚族而居，人多务农，易于致富，富则往湘乡买田。风俗纯朴。烟赌甚稀。渠之父先亦务农，现业转贩，其弟亦务农。其外家为湘乡人，亦农家也。而资质俊秀若此，殊为难得。余因以农家多出异才，引曾涤生、梁任公之例以勉之。毛生曾务农二年，民国反正时又曾当兵半年，亦有趣味之履历也。

杨昌济写下这样一篇日记实非偶然，他的确十分器重毛泽东。在两年多的教学活动中，杨昌济以他的慧眼，通过对毛泽东深入的观察和了解，发现这个性格潜沉冷静、行为洒脱不羁的湘中青年，却原来是个出类拔萃的学生。毛泽东探求"宇宙、人生、社会"大本大源的执著精神，顽强的意志，非凡的胆识，特殊的领导和组织才能，等等，都令他刮目相看。身为一个以教书育人为己任的老师，杨昌济尤其赞赏毛泽东那独特的为学之道——他在不断的摸索和借鉴中，选定自己的学习目的是探索"人的天性，人类社会，中国，世界，宇宙"之真谛；他认识到学问在于勤学积累，因此严格要求自己刻苦攻读，持之以恒，成为一个"苦读生"；他拜师访友，求学问道，广泛而虚心地向他人求教，探讨问题，交流学习心得；他不动笔墨不看书，自觉养成独立思索的精神，在新学与旧学、中学与西学、博与专的相互关系上，均已形成自己独到的看法；更为可贵的是，他不读死书，而是不断地面向实践，立志读通社会这本"无字之书"……

杨昌济知道，在第一师范还有许多老师和学生对"资质俊秀"的毛泽东甚为器重和钦佩。虽然毛泽东偏重社会科学，不愿意学数学，但数学教师王立庵仍十分喜欢他，常利用节假日让他到家中补课，阅读家里的藏书，还为他提供食宿。国文老师袁仲谦也很赏识他的文学才华，对他精心培养。毛泽东的同班同学彭道良曾由衷地说，"我与二十八画生（毛泽东同志曾经用过的笔名）同班同学，颇知其为人品学兼优，且具独立特行之性格。他常语人：'丈夫要为天下奇。即读奇书、交奇友、著奇文、创奇迹、做个奇男子'……今而观之，此君可谓

▲ 毛泽东和青年时代的老师符定一交谈

奇特之士，因此同学中戏称毛奇，且语意双关。"同学陈赞周亦曾称赞道："润之气质沉雄，确为我校一奇士，但择友甚严，居恒鹜高远而卑流俗，有九天仰视之慨……"透过毛泽东个性中显示出来的许多极富特色的品质，杨昌济认定：毛泽东是个特殊的学生，堪称海内人才，能充

栋梁之任，如多加点化，定会前途无量。故鼓励毛泽东以梁启超等湖南的杰出人物为榜样，努力学习，将来干一番惊天动地的伟业。

此后不久，在毛泽东所在的第八班教室的墙壁正中央，杨昌济亲笔书写了一副对联——"强避桃源作太古，欲栽大木拄长天"，以此抒发他决心以教书育人为天职，培养经国济世之才的激越情怀。

毛泽东后来给已赴京任职的原一师历史教师黎锦熙的信中曾写道："弟观杨先生之涵宏盛大，以为不可及。"杨先生"弘通广大，最为佩服"。

在当时一师的教师当中，论口才，杨昌济并不很好，但他既博学多才，又注重实际，所以授课仍受到广大学生的欢迎。加之他与一师的一些资深教师，如徐特立、方维夏、黎锦熙、王季范、易培基等人过从甚密，这样自然而然地就吸引了一批"尖子"学生聚集在他身边。大家对他心悦诚服，听讲非常用心，并常常利用课余时间到杨昌济家中请教。

尤其是毛泽东，把到"板仓杨寓"聆教看作是比课堂听讲还要重要的一种学习机会。在这里，他或请教治学做人方法，或求解疑难问题，或纵谈天下大事，只要所学，必多裨益。

杨昌济深感这些好学上进的学生十分可爱，很乐意和他们交往。他从毛泽东、蔡和森这批胸怀大志、朝气蓬勃的优秀青年身上，看到了人才脱颖而出的希望，感到无限慰藉，便竭尽心力，加以培养。他除了在课堂讲授"修身"、"教育学"两门课程外，还动手自编了《论语类钞》等教学参考书，还翻译了一部《西洋伦理学史》，将这些书籍和讲义送给前来求教的学生，供大家学习和传抄。如毛泽东就曾手抄《西洋伦理学史》七大本，十余万字。

为了使学生不囿于课堂知识，把学生从"小课堂"引入"大社会"，杨昌济在浏阳正街李氏芋园还组织了一个哲学研究小组，成员有黎锦熙、方维夏、徐特立和毛泽东、蔡和森等人。从1914年冬到1915年秋，每逢星期日，这些人都要到杨先生家中来讨论有关哲学问题。哲学研究小组，主要是介绍读物，讨论读书心得。大家每次碰到一起，就把自己一个星期来读书的心得拿来自由地进行讨论，有时也随手拿起旁边一个人的日记看看。

1915年暑假，毛泽东、陈昌等人没有回家，就住在李氏芋园，由杨昌济和王立庵二先生辅导哲学和数学。通过杨先生悉心而又系统地指导，毛泽东很快"接触到中国知识界的主流"，从他那里"受到融合中西方思想为一体的教育"。

杨昌济的儿子杨开智，也有一段有关毛泽东不辞辛劳到他家拜访请教父亲的回忆：

1916年暑假，怀中先生在板仓家中度假，暑假期间的一天，毛泽东从长沙城出发，步行了一百二十华里，来到我们家中。这是毛泽东第一次来板仓。毛泽东在板仓期间，曾以很大的兴趣浏览了我父亲的藏书，特别是新订的书报刊，和我父亲讨论了一些学术问题……

在一师时，给毛泽东以教诲和影响的老师很多，如徐特立、黎锦熙、袁仲谦、王立庵、方维夏、王季范，等等。但是，对他影响最为直接、关系最为紧密的，当首推杨昌济老师。杨昌济对毛泽东的影响是双重的——既是文化知识的，又是思想人格的。对于毛泽东来说，杨先生诚如他后来赞叹的那样，是"一个道德高尚的人"，是他的道德楷模。

对于毛泽东而言，他从杨昌济那里最大的获益，莫过于理想、志向和抱负的初步确立。

杨昌济常对毛泽东讲，"破坏习惯我，实现理想我"是人生的高境界，要臻此完美地步，就必须"立志"，必须经受住意志的磨炼。他在解释孔子"三军可夺帅，匹夫不可夺志"时，对学生这样讲道："人有强固之意志，始能实现高尚之理想，养成善良之习惯，造就纯正之品性。""意志之强者，对于己身，则能抑制情欲之横恣；对于社会，则能抵抗权势之压迫。道德者克己之连续，人生者不断竞争。有不可夺之志，则无不成矣。"因此，他要求学生树立奋发向上的人生观，经常劝告学生要有远大理想，要精通一门学问艺业服务于社会，不要谋官，不

要混世，不要光为个人打算，真正做一个公正、有道德、有益于社会的人。他认为，为人一定要有理想，要研究哲学，"没有哲学思想的人便很庸俗"。他强调个人应该为社会牺牲自己的利益，但绝不能牺牲自己信仰的主义。他说："近世教育学者之说曰，人属于一社会，则当为其社会谋利益。若己身之利益与社会之利益有冲突之时，则当以己身之利益为社会之牺牲。虽然，牺牲己之利益可也，牺牲己之主义不可也。不肯抛弃自己之主义，即匹夫不可夺志之说也。"

杨昌济的这些见解，给毛泽东以很大影响。他在听课笔记里写下了自己的感想："理想者，事实之母也"，"高尚其理想"；"毒蛇蜇手，壮士断腕。非不爱手，非去腕不足以全一身也。彼仁人者，以天下万事为身，而以一身一家为腕，唯其爱天下万世之诚也，是以不敢爱其身家。身家虽死，天下万世固生，仁人之心安矣。"这表明毛泽东开始懂得"高尚理想"对于人生的重要意义，并已经做好为实现自己的理想而不惜奋勇献身的精神准备。他在1917年8月给老师黎锦熙的书信中，进一步抒发了他确立探索"人的天性，人类社会，中国，世界，宇宙"这些大本大源作为自己奋斗目标的宏图大志："志者，吾有见夫宇宙之真理，照此以定吾人心之所之之谓也。""此志也容易立哉？十年未得真理，即十年无志，终身未得，即终身无志。"从此直至终年，毛泽东一生为追求真理而不懈奋斗——他信仰过孔孟之道、宋明理学，崇拜过康有为、梁启超、谭嗣同，也受过胡适、托尔斯泰影响，他还信仰过自由主义、民主改良主义、无政府主义，以及空想社会主义，等等。然而，当他把这些人物、思想和主义放在改造中国和世界的这个伟大理想的天平上加以衡量之后，如发现违背了自己的初衷，便毅然摒弃，继续探求新的真理。正是这种追求真理的执著精神，支撑他在经过一条崎岖不平的探索道路之后，最终成为一个坚定的马克思主义者。

杨昌济极为注重个人的人格修养和修身，并将仁、义、礼、智、信、恕、诚、忠、敬、静等作为自己的道德行为准则。他认为，待人以诚，律己以严，是修身之本。他在日记中将这种人生态度概括为："余生平待人有五字：一曰恕，犯而不校，躬自厚而薄责于人；二曰介，不尽人之忠，不竭人之观；三曰敬，无众寡，无小大，无简慢；四曰浑（亦可曰下），沉默寡言，不议论人长短，不轻发意见；五曰诚，言而有信，无宿诺，久要不忘平生之意。此五字可配仁、义、礼、智、信五字。"以此为基点，在生活作风上，他主张严谨刻苦；在言行方面，他坚持静坐默思，不说谎话，不涉狎邪等；在生活磨炼方面，他做事勤勉，崇尚劳动，衣食菲薄，珍惜时间，废止朝食，冷水沐浴，长途步行，以及反对无谓应酬，等等。这些在学生中间产生了积极影响，毛泽东和他的同学们争相效仿。

据毛泽东在第一师范的同窗好友周世钊回忆：当时有的同学喜欢在寝室里谈论个人和家庭生活琐事，有的同学喜欢谈论男女之间的事，还有的同学在言谈中羡慕升官发财的人。针对这种现象，毛泽东和同学订下"君子协定"，相约做到"三不谈"，即不谈金钱，不谈男女之间的事，不谈家务琐事，否则就不能做朋友。有一次毛泽东到一个朋友家里做客，原来约定是要讨论社会问题的，不料这个朋友却侈谈生活琐事，并当着毛泽东的面把佣人叫来，为买一点肉的小事仔细吩咐了半天。毛泽东对这件事很生气，认为这样的人不配做他的朋友，以后便不同这个人往来了。在他看来，国家民族的危急是如此严重，青年肩上的责任是如此重大，求学求知的需要又是如此迫切，哪有闲情逸致谈论那些呢？他说："我的朋友和我只乐意谈论大事——人的性质，人类社会的性质，中国的性质，世界，宇宙！"一师学生罗学瓒在一首诗中，描述了毛泽东和他的同学们的这种高尚情趣：

开怀天下事，不谈家与身。

登高翘首望，万物杂然存。

光芒垂万丈，何长鬼妖精。

奋我匣中剑，斩此妖孽根。

立志在匡时，欲为国之英。

　　"格物致用，正心诚意，修身，齐家，治国，平天下"，这是古代读书人奉行的一条出仕入世之道，杨昌济自然也跳不出这个儒家政治文化的框架。所不同的是，他不把修身本身当目的，也不为步入仕途而修身，目的在于实践于社会。这种实践于社会的"力行"，表现在躬行实践的杨昌济身上，便是积极投身于改造社会的潮流之中。正因为如此，他才发出"江山孰主持"的济世感叹。不惜远涉重洋去探求救国救民的真理；也正因为如此，他才积极倡导"改革思想，提倡真理"，"不当迎合恶社会，当创造新社会"，并为此而奔走呼号。当他的政治抱负在腐朽的社会制度下难以施展时，他最后选择的人生之路则是以修身为本，以教育为天职，通过培育长天之才，达到治国的目的。杨昌济的这种榜样，对毛泽东科学世界观的形成，无疑产生了重要影响。后来成为伟人的毛泽东，就像他的老师一样，力求知行统一，言行一致，躬行实践。

　　在治学上，杨昌济注重于博与精两个方面，可以用"贯通今古，融合中西"八个字来加以概括。毛泽东读书之博之勤，以及专心研究问题的执著精神，在读书中旁征博引，食必求化的方法，都是师法于杨先生的。杨昌济虽然出洋留学近十载，但他十分重视中华民族的文化遗产，强调学习外国要结合中国的民情国情。基于这一指导思想，他虽然倡导学习西方的各种思想和制度，借鉴西方的科学和技术，但又要求学生不要忘记自己的民族遗产。杨昌济超越时空界限，提出正确处理中西学关系问题的真知灼见，是难能可贵的。他所"心赏"的毛泽东、蔡和森等人，不仅接受了老师的这些思想观点，而且是青出于蓝而胜于蓝。

　　在学习精神上，杨昌济鼓励学生树立刻苦勤勉的学风，作日积月累的知识储蓄，做到久积成学，以久制胜。他自己率先在这方面给学生做出了样板。在一师执教时，尽管教学任务十分繁重，但他始终没有放弃勤奋读书、写作。即使是学生来家请教学问，待解答完各种难题送走学生之后，他仍要挑灯夜战，读写一阵子方才罢休。就是靠这股钻劲和挤劲，他编写出版了《论语类钞》、《教育学讲义》和《儿童侦探》等著述。此外，还翻译出版了《伦理学之根本问题》和《西洋伦理学史讲义》。

向老师学习，毛泽东也成为刻苦治学的范例。他在一师读书的几年中，写了几网篮的读书札记。在一本不很厚的《伦理学原理》的书上，他写了一万二千多字的评语。在他最喜欢读的《韩昌黎全集》中，圈点、考订、批评和称赞，朱墨纷呈，琳琅满目。因此，他是老师和同学公认的"苦读生"。

此外，杨昌济还非常重视自学。他当时同时兼任三四所学校的课程，教学任务十分繁忙，但仍抓紧时间刻苦自学，并能坚持不懈。他天天写日记或读书笔记，几十年如一日，身体力行，为学生做出了表率。以老师为榜样，毛泽东订立了严格的自修计划，大量古今中外的名著，几乎都是用自习时间阅读的……杨昌济在教学当中，一贯主张德智体"三育并举"、"身心并完"。他认为，一个好学生不仅要有高尚的道德情操和丰富的文化知识，还要有强健的体魄，这样才能在将来担负起改造国家和社会的责任。也就是说，只有德、智、体全面发展的学生，才能担当重任。因而，他非常重视对学生进行加强体格和意志锤炼的教育，要求学生"文明其精神，野蛮其体魄"，刻苦顽强地坚持体育锻炼，不断增强体质。

杨昌济不但是体育运动的热心倡导者，而且是一位体育活动的实践者。他长期以来坚持静坐、冷水浴、长途步行等体育锻炼方法，并收到健身养生的功效。他把这些方法传授给学生，积极指导实行，以此推进学校体育活动的开展。

杨昌济关于"三育并举"、"身心并完"的教育思想以及大力提倡体育活动的做法，很对毛泽东的心路，因之深受他的欢迎和赞同。

毛泽东在十二岁那年，害了一场大病，人变得十分瘦弱。后来辍学在家，从事两年多的体力劳动，身体反倒日见强壮起来。这种亲身体验使他明白一个道理：人的身体全在于锻炼。以后随着年龄的不断增长

和知识的日渐丰富，熟读文书的他，看到历代名贤都很看重身体的锻炼和意志的磨砺。孔子重视体育，"射于矍相之圃"；孟子奉行皮肤哲学；李刚提倡"主文而兼武"；颜习斋推崇"文武缺一岂道乎"；顾炎武力行"以动养生"，年迈而漫游天下。而颜回、贾谊、王勃、卢照邻诸人，虽有才华，却都短命，皆因身体不健之故。出于对前贤的效法，他对身体锻炼也日益重视。进入一师后，由于良师的熏陶，已开始确立以救国救民为己任的毛泽东，受强烈使命感的驱动，对体育的作用看得更清，在认识上又上升到了一个新的高度。他感到如果一个人身体不好，则学问、道德的进修都有困难，一旦身体不存，德智则随之而堕，不把身体锻炼结实，就不配谈救国救民。所以，他认为体育的目的在于使身体平均发达，不仅要强筋骨，还要强意志；不仅在于养生，还在于卫国。为了能够实现生平的抱负和志向，将来承担挽救中华民族危亡、推动中国社会前进的历史重任，一定要像杨昌济要求的那样，努力学习、刻苦锻炼，把自己培养成为一个具有远大理想、高深学问和健壮体魄的德智体全面发展的人。

师法杨昌济先生，毛泽东成为一名体育活动的爱好者和全校最顽强的锻炼者。毛泽东参加的锻炼项目很多，根据他的回忆，主要有远足，爬山，冷水浴及雨浴、日光浴、风浴，露宿，游泳，六段操运动，等等。

经过数年的锻炼，毛泽东感到自己受益不浅——他正朝着"身心并完"的方向发展。但是，正在探求宇宙之大本大源的毛泽东，精神上并不觉得轻松和心安理得，他以其敏锐的眼光看到了另一种现状：整个教育制度存在着德智体三育脱节、"偏于智而略于体"的弊病和"精神身体不能并完"的谬误，学校教育把体育当作"杂科之末"，极不重视体育锻炼。

于是，他产生了从事体育理论研究和著述的念头，以阐明自己通过多年实践总结出来的教育思想。他将这一想法告诉了老师杨昌济，受到杨先生的赞成。杨昌济还和他一起专门讨论了文章的体裁、结构和选材等技巧方面的问题，指导他拓宽思路，放开手脚，结合所学过的修身、教育学、心理学、生理学等方面的知识，以及古今中外名人名言和历史掌故，写好这篇文章。在老师的鼓励和支持下，毛泽东花了几天时间，写就了一篇长达7000余字、题为《体育之研究》的文章，经杨昌济加工润色后，推荐给新文化运动的著名人物陈独秀，于1917年4月1日以"廿八画生"的笔名，发表在《新青年》第3卷第2号上。

《体育之研究》是一篇十分出色的文章，它是毛泽东学生时代最重要的理论成果，它的历史价值不独是学术上的，还在于思想观念上的。

然而，值得提请人们注意的是，当年作为青年学生的毛泽东上述这一切思想框架的构造和产生，是绝非偶然的。在他的身后，有一位比较高明的导师——杨昌济先生。

十年树林，百年树人。从1913年在四师与杨昌济相识至1920年先生谢世，毛泽东承蒙老师长达8年的教诲之恩，良师的谆谆教导如春风化雨，催他成才；再到1949年新中国的诞生，经过28年风风雨雨的磨炼，他终如老师所愿，长成了一株拄天大木——成为中华民族这泱泱大国的主席和数万万中国人民拥戴推崇的伟大领袖！

前人栽树后人歇荫。成功越是巨大，好念旧情的毛泽东越是忘不了杨昌济老师的再造之恩。怀念之情夹杂着些许忧愁和感伤，常常啃噬着他那颗永不安逸的心——杨先生走了，开慧也走了，他们未能等到这一天就都永远地走了！不会也不能同毛泽东一起分享这成功的喜悦，胜利的滋味……每逢思虑到此，杨先生那清瘦的面容，伏案辛劳的情景，便一一浮现在毛泽东眼前。他想，老师毕生事教，为教育事业献出了自己的全部心血，可他积劳成疾，不到50岁就与世长辞了！他就像春蚕一样，取天地万物之精华，经几番生死之蜕变，最后从腹中吐出那晶莹剔透的银丝，来造福于人，而自己却劳累困顿而死……这是一种多么高尚的品格，多么可贵的奉献精神！

毛泽东由杨昌济先生联想到其他许多老师——邹春培、毛宇居、

谭咏春、贺岚岗、符定一、袁仲谦、王立庵，还有徐特立、黎锦熙、王季范，等等，再通过这些老师联想到全中国千千万万的教育工作者，他觉得这些人也和杨昌济先生一样，具有高尚的品格和可贵的奉献精神！他们当中的大多数人新中国成立前后一直是在从事冷冷清清的教育工作，一直是在为教书育人"吃粉笔灰"，这些人今天的生活怎么样了？是否都健康地生活着？看来有必要制定一些政策，要保护这些从旧社会走过来的知识分子文化人，切实保障他们的生活、工作条件，照顾好他们的家属子女，让他们全心全意为新中国的教育事业服务……毛泽东的思绪从国事上又回到家事上来。他想杨昌济先生不愧为一代杰出教育家，他的家属既是毛泽东的至亲，也是人民中的一分子，于公于私他都责无旁贷，当尽心尽意、尽心尽孝地关心照顾他们。

从此以后，毛泽东把对老师杨昌济和妻子杨开慧的怀念和挚爱之情转嫁到他们的亲人身上。

为了保证向振熙老太太安度幸福晚年，毛泽东一直十分关心她的生活，并供给足够的生活费用。全国由供给制改为薪金制以后，毛泽东就用自己的稿费按月给老人寄生活费，哪怕工作再忙，也要亲自过问这件事，有时检查发现秘书忘寄了，他便叮嘱要补寄。就这样一直赡养到老人去世。

1962年11月15日，惊悉老岳母逝世，毛泽东心情十分哀痛。他亲自起草电文，让秘书火速给杨开智致电，表示哀悼。唁电说："得电惊悉杨老夫人逝世，十分哀痛。望你及你的夫人节哀。寄上500元，以为悼仪。葬仪，可以与杨开慧同志我的亲爱的夫人同穴。我们两家同是一家，不分彼此。望你节哀顺变。"字里行间，情真意切，感人肺腑。

毛泽东对岳母杨老太太的一片孝心，寄托了他对夫人杨开慧的满腔炽情，也体现了他对老师杨昌济无比崇敬和不尽的思念之情！

"敬老尊贤"

师承关系，是成才必不可少的条件。毛泽东与他的几位老师有着深厚的感情。

1906年，毛泽东到离家七八里的井湾里私塾读书。这是一个阔人家开的"经馆"，条件比较好，毛宇居在这里当塾师，给学生们讲授《春秋》、《春秋左氏传》等经书。在私塾里，学生应叫老师为"先生"，可毛泽东按辈分叫毛宇居为"大哥"。这使毛宇居非常生气，还动手打了他。

1952年下学期，毛宇居到北京，将韶山小学的情况向毛泽东作了详细汇报，请他题写校名。毛泽东欣然命笔，写下了"韶山学校"4个刚劲有力的大字。毛宇居问他："怎么不写韶山小学呢？"毛泽东笑着说："学校不是还要发展吗？可以办小学，也可以办中学，将来还可以办大学哩！"毛宇居听了，深深敬佩毛泽东的深思熟虑，连连称赞："好！好！"

1958年8月，毛宇居再次赴京，向党中央、毛泽东汇报湘潭大学的创办情

▲ 毛泽东和家乡启蒙老师毛宇居携手而行

况，并请他题写校名。毛泽东说："我的字写得并不好。我小时候读书的那个东山学校几次来信要我写校牌，我都未写。假如我给你们写了，那他们就会有意见啦！"毛宇居说："这个问题好办，你写两张，湘乡东山学校的那张由我替你送去，两县人民不就都满意了吗！"毛泽东笑了。

1959年6月26日下午，毛泽东到韶源一带视察，同毛宇居老人亲切地手拉着手，不时询问稻田管理措施、产量。晚上，毛泽东请毛宇居和韶山的老地下党员、赤卫队员、革命烈士家属及主要亲友来到他的住所座谈、共进晚餐。毛泽东举杯首先给毛宇居敬酒，毛宇居急忙端杯起身，对毛泽东说："主席敬酒，岂敢岂敢！"毛泽东即答："敬老尊贤，应该应该！"

毛泽东在长沙第一师范时，杨昌济先生，即杨开慧同志的父亲，是毛泽东的老师。教伦理学和哲学。中国的宋明理学和德国的康德哲学，是他最为熟悉的。后来杨先生又到北京大学教伦理学。在一师期间，杨先生对毛泽东很器重，杨先生向章士钊举荐时说："吾郑重语君，二子（毛泽东、蔡和森）海内人才，前程远大。吾不言救国则已，救国必先重二子。"毛泽东也极为尊重杨先生："弟观杨先生之涵宏盛大，以为不可及"，"杨先生弘通广大，最为佩服"。毛泽东在长沙第一师范时，正处在世界观逐步形成的阶段，杨昌济对他的影响之大可想而知。后来，毛泽东在回忆一师生活时说："给我印象最深的教员是杨昌济，他是从英国回来的留学生，后来我同他的生活有密切的关系。他教授伦理学，是一个唯心主义者，一个道德高尚的人。他对自己的伦理学有强烈信仰，努力鼓励学生立志做有益于社会的正大光明的人。……在我的青年时代，杨昌济对我有很深的影响。"无论是在毛泽东的思想观点，还是在他的人格磨炼中，我们都可看到杨昌济的痕迹。

袁吉六先生，是湖南宝靖的一位进士，在第一师范教书多年，写得一手好字，做得一手好古文。毛泽东在学生时代练就了一手好文章，他后来回忆说："我能写古文，颇得力于袁吉六先生。"

符定一先生，曾任中国人民政治协商会议第一届委员。后来文史馆成立，他任第一任馆长。当时，在符先生看来，文史馆员不过文、老、贫而已，并没有什么了不起。毛泽东对此则补上一句曰："还要才、德、望。"意即还要有才干、有道德、有威望。这对符老是一种安慰，也足证毛泽东始终尊敬老师。符老至诚拥护共产党，还以一人之力，著出一部三十六卷的大书《联绵字典》。此外，还有方维夏、黎锦熙、王季范等道德高尚、学术渊博、思想开明的老师，都曾对毛泽东有过较大影响。

新中国建立以后，毛泽东已成为全党全国人民的领袖，知识渊博举世闻名，但他仍重视向有专长的人学习。1959年6月，毛泽东回到离别32年的故园——韶山，深有所感地写了《七律·到韶山》，原稿中首句是"别梦依稀哭逝川，故园三十二年前"。完稿后，他虚心请教身边的工作人员梅白，梅白建议将其中的"哭"字改为"咒"字。虽是一字之变，但整篇诗的诗意较前深刻，气势亦更宏大，毛泽东连连称赞道："改得好，改得好！"马上定稿为"别梦依稀咒逝川"。为此，毛泽东称梅白为"半字之师"。从这里可见，毛泽东虚心求学、坦诚待人的博大胸怀和尊师重学的高尚品德。

"一师是个好学校"

湖南省立第一师范学校，坐落在长沙城南门外妙高峰下。它面临湖南最大的河流湘江，与岳麓山隔江相望，东面紧靠京广铁路，东南丘陵参差环列，北边楼房鳞次栉比。那里风景优美，黉舍壮观，滔滔湘江，百舸争流，铁路线上，车来车往，使整个校园充满了强烈的时代气息。学校学术研究之风高涨，教育内容不断创新，学校有丰富的藏书和阅报室，更重要的还有一批道德高尚、思想开明、诲人不倦的教师和志

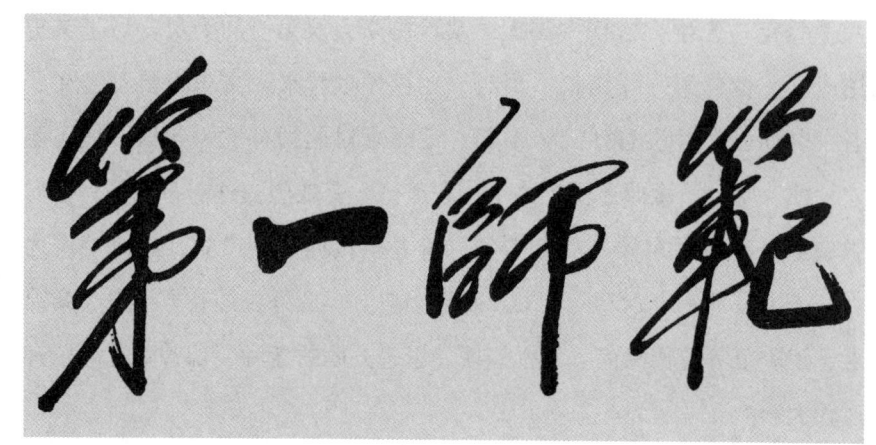

同道合的朋友。这对走出闭塞的韶山小村，迈向广大社会的毛泽东来说，是至关重要的一步。

在这个学校里，毛泽东获得了不少知识，发展了他的某些特长。他的文学功底很好，因此许多国文老师都喜欢他。有一位国文老师还主动借给他一部《御批历代通鉴辑览》，使他大大受益。后来，毛泽东做了一篇《商鞅徙木立信论》，虽然仅有六百字，却受到了国文教员柳潜（字钧湄，湖南湘阴人，前清秀才）的赞誉"才气过人，前途不可限量"，给该文记了一百分，并在文题上方写了"传观"二字，除通篇多处串圈外，还作了七条眉批和文末总评，共计一百五十字。批语认为，文章"实切社会立论，目光如炬，落墨大方，恰似报笔，而义法亦骎骎入古"。"历观生作，练成一色文字，自是伟大之器，再加功候，吾不知其所至"。又盛赞文章"有法律知识，具哲理思想，借题发挥，纯以唱叹之笔出之，是为压题法，至推论商君之法为从来未有之大政策，言之凿凿，绝无浮烟涨墨绕其笔端，是有功于社会文字"。

在第一师范求学期间，毛泽东自觉地经受了各方面的锻炼。他充分利用有利的学习环境，刻苦学习，探索为学之道，专心打好学问的基础；密切联系社会实际，探求人生的价值与救国的根本道路；积极从事社会实践，开展广泛的社会活动；组织同学反对旧的教学制度，驱逐校长张干，领导学生反对窃国大盗袁世凯，率领同学智缴北洋军阀一混成旅部分败兵的枪支，主办学友会和工人夜校，团结一批志同道合的人，组织新民学会；刻苦顽强地进行各种形式的体格锻炼，磨炼坚忍不拔的斗争意志。以后的实践证明，毛泽东在一师的经历，为他后来从事革命活动打下了全面而又坚实的基础。1936年，毛泽东在陕北与美国友人埃德加·斯诺谈话时曾说道："我在这里——湖南省立第一师范度过的生活中发生了很多事情，我的政治思想在这个时期开始形成。我也是在这里获得社会行动的初步经验的。"1949年，毛泽东在北京与当年的老同学谈话时，又说："我没有正式进过大学，也没有到国外留过学，我的知识，我的学问，是在一师打下了基础。一师是个好学校。"

毛泽东非常怀念在一师的那段岁月，1925年，当他回想起自己在一师那丰富多彩的学生时代时，曾满怀激情地写下了《沁园春·长沙》一词。

这首词上半阕着重写景。"独立寒秋，湘江北去，橘子洲头。"一开始，作者便把自己置于秋水长天的广阔背景之中，同时也把读者带进了一个高远的深秋境界里。远看："万山红遍，层林尽染。"作者不仅看到了眼前岳麓山中由绿变红的乌桕、水杉、槭树、櫟树、黄连木……那一重重山，一层层树，让自然之神彩笔一抹，晕染得一片嫣红，比二月怒放的春花还要艳丽，比六月飘舞的彩霞更加瑰奇。近观："漫江碧透，百舸争流。"秋水澄澈，秋江碧波，脚下的湘江，在秋天更加清澈晶莹，如碧绿的翡翠，如透明的水晶。江面上，千帆竞发，百舸争渡，静中有动，生气勃勃。仰视："鹰击长空。"万里无云的秋空，雄鹰奋振健羽，自由飞翔。俯瞰："鱼翔浅底。"因透明而清浅见底的江里，鱼群摆动鳍尾，任意遨游。作者以短短四句诗，描绘出一幅立体的寥廓万里、绚丽多彩的江南秋景，宛如当代著名的岭南画派大家关山月浓墨重彩的彩墨山水图，不愧为"驱山走海置眼前"、"咫尺应须论万里"的大手笔。

这首词的下半阕着重抒情。通过回忆"携来百侣曾游，忆往昔峥嵘岁月稠。"联想到当年作者与同学朋友，在橘子洲头散步、游泳，

畅论天下大事的情景。"恰同学少年，风华正茂；书生意气，挥斥方遒。"在峥嵘岁月里，作者和同学蔡和森、何叔衡、张昆弟等立志救国的知识青年，正值青春年少，神采飞扬，才华横溢，意气风发，情怀奔放。"指点江山，激扬文字，粪土当年万户侯。"面对"万山红遍"的美景，他们既赞叹锦绣河山的壮美，又悲愤大好河山的沉沦。于是，发表激浊扬清的文章，抨击黑暗，宣扬真理，鄙视当时的"万户侯"——军阀如粪土。"携来百侣曾游"到"粪土当年万户侯"，直抒胸臆，尽情倾吐，如长江大河，滔滔而下，气势磅礴，痛快淋漓。一直到"到中流击水，浪遏飞舟"，形象地表达了一代革命青年的凌云壮志。这首词对了解当年毛泽东在一师学习的峥嵘岁月有很大帮助。

中华人民共和国成立后，毛泽东还特地为一师题写了校名，并写了"要做人民的先生，先做人民的学生"的题词。

"在北京遇到了一个大好人"

毛泽东与李大钊神交已久。

他最初知道李大钊的名字，是在1916年的9月。那时，李大钊刚从日本留学回国，担任《新青年》杂志的编辑和撰稿人。

当时，毛泽东的老师杨昌济是《新青年》在湖南最早的读者和支持者，他鼓励一师学生阅读这本杂志，还自己掏钱买了一些分送给他最喜欢的学生，希望他们能够从中受到教益和得到启发。

毛泽东记得，他第一次从杨先生那里看到的那期杂志上，登载有李大钊撰写的一篇文章，题目叫《青春》。文章指出，"青年之自觉，一在冲决过去历史之网罗，破坏陈腐学说之囹圄。"文章号召青年"背黑暗而向光明，为世界造文明，为人类造幸福，以青春之我，创建青春之家庭，青春之国家，青春之民族，青春之人类，青春之地球，青春之宇宙，资以乐其无涯之生"。毛泽东对上述宏论极为赞赏，精神为之振奋。他说："是的，要立一理想，此后一言一行，皆期合此理想。"

于是，毛泽东成了《新青年》杂志的热心读者之一。

毛泽东不仅爱读《新青年》，还积极给它投稿。1917年春，毛泽东在登过岳麓山之后，激情勃发，写下了《体育之研究》一文，寄给了《新青年》编辑部。在这篇文章中，毛泽东介绍了他自己在生活实践中摸索出的一套体育锻炼方法，提出了把"武勇"作为体育之"主旨"的见解，文中不少惊人之语，如"力拔山兮气盖世，猛烈而已！不斩楼兰誓不还，不畏而已！八年于外，三过家门而不入，忍耐而已！"《新青年》编辑李大钊慧眼识珠，很快将此文发表在4月1日出版的《新青年》3卷2号上。

对于景仰已久的《新青年》编辑——李大钊，毛泽东早就希望能到北京一趟，登门拜访和结识，聆听教诲，并亲睹他那令人倾倒的风采。现在，终于可以如愿以偿了！

就这样，在北大图书馆所在地——红楼东南角的一间办公室里，毛泽东第一次见到了李大钊。

极富意味的是，正是由于毛泽东和李大钊这两位巨人在这里相识、握手、工作，使得当年的北大旧址"红楼"，在数十年后被国家列为重点文物保护单位，并辟有纪念性的陈列馆。中华人民共和国成立后，郭沫若先生曾在《咏红楼》一诗中写道：

> 星火燎大原，滥觞成瀛海。
>
> 红楼弦歌处，毛李笔砚在。
>
> 力量看方生，勋勤垂后代。
>
> 寿与人民齐，春风永不改。

图书馆的助理员，是一个暂时安插性的职务，每月工资8块钱。毛泽东的工作室紧靠着李大钊的办公室。房子的中间是长方的会议桌和

许多凳子，他自己就坐在窗下的一张三屉桌前办公。他的具体工作，是登记来馆看报纸的人们的姓名。这虽然是一个微不足道的、被人瞧不起的职位，但是通过每天管理和阅读报纸，他从中吸取了许多新鲜的有益的知识；同时，也给他提供了结识名流学者的便利条件。从那些来阅读书报的人当中，他知道了一些新文化运动的头面人物的名字，如傅斯年、罗家伦等。他对这些著名学者怀有浓厚的兴

▲ 李大钊像

趣，试图与他们就政治和文化问题开展交谈，但他们都是大忙人，无暇去听一个图书助理员说南方话。即使在大学的其他场所，毛泽东也只有在缄口不言时才能去听。在一次旁听教授讲课时，他斗胆向胡适提了一个问题，胡适问提问题的是哪一个，当得知他只是一位没有注册的学生时，竟拒绝回答他的提问。从这些冷遇中他感觉到：即使是高等学府，也是专制的世袭领地。它就像一座耸立云端的金字塔，名流学者高高在上，"下等人"是无法和他们平起平坐的。这也触发了他决心打破旧的传统习惯、变革社会的强烈意念。

尽管如此，毛泽东还是遇上了知音，这就是李大钊。虽然，李大钊也是很有名气的教授，但毛泽东蓬勃的工作热情、认真踏实的办事态度，首先就博得了他的好感。尤其是毛泽东那远大的抱负、横溢的才华、敏捷的思维和锋芒毕露的锐气，更深得他的赏识。平时工作之余，或在他前来阅览室检查工作、翻阅书刊杂志的时候，他们经常在一起畅谈。李大钊以极大的关注，倾听毛泽东讲述他对社会、人生和学术问题的见解，回答对方提出的一个个疑难问题，有时谈话长达四五个小时，而每次交谈总是十分投机，都有新的论题和新的收获。

李大钊感觉到：毛泽东的学识才具、革命气质和思想方向，所树

立的世界观、人生观，尤其是知行结合的实践精神，已经具备了干大事业的良好素质——他不是单枪匹马孤军奋斗，而是结合了一班志同道合的朋友，组成了一个进步的团体，共同追求真理，共同从事战斗，已经体现出"领袖"的风姿。

毛泽东表现出来的不凡的抱负、理想和才干，深得李大钊的赞扬，认为他是"湖南学生青年的杰出的领袖"。和毛泽东在一起，李大钊更为深切地看到"新青年的创造"，仿佛展望到20世纪人类"共同觉悟的新精神"的胜利。

1918年11月15日，北京大学在天安门西侧的中央公园举办演讲会，蔡元培、陈独秀、李大钊、胡适、陶孟和等社会名流出席了这次大会。当李大钊身穿棉布长袍、裹着灰色毛线长围巾，气宇轩昂地登上讲台时，台下数千听众发出阵阵掌声。会上，他作了《庶民的胜利》的著名演说。不久，又发表《布尔什维主义的胜利》、《新纪元》等文章。李大钊这几篇具有崭新观点的战斗檄文，不仅标志着他本人已由激进的民主主义者转变为马克思主义者，同时也标志着马克思主义开始在中国传播。

从此，在李大钊的带动下，北京大学学习和研究马克思主义的活动蓬勃开展。李大钊在北大图书馆收集了许多马克思主义的书籍，包括许多英文、法文、德文本的马克思主义原著。许多进步的青年知识分子，都到这里来寻求真理，他们或者孜孜钻研、刻苦阅读，或者共同研究、交流探讨，或者径直向李大钊质疑、请教。

由于在图书馆工作的关系，更由于李大钊对他的倚重，毛泽东获得了直接向李大钊请教马克思主义的良好条件。这期间，他不仅专程到中央公园聆听李大钊那激动人心的讲演，还及时阅读了李大钊宣传十月革命和马克思主义的一系列文章，透过那惊世骇俗的时代强音，他仿佛看到了中国希望的曙光。在李大钊的帮助下，他"对政治越来越感兴趣，思想也越来越激进"，开始"朝着马克思主义的方向发展"。

为了让毛泽东进一步吸收先进思想，学习新的知识，经受全面锻

炼，以增长社会活动的能力与才干，李大钊引导毛泽东参加了大量的学术活动和广泛的社会活动。经李大钊准许，毛泽东抽出一定工作时间，经常在北大旁听他感兴趣的文化课，如哲学、伦理学、文学、新闻学等。在李大钊的帮助下，毛泽东参加了北京大学的多种学术组织。1918年冬，他参加了新闻学研究会；1919年1月28日，参加了蔡元培、李大钊、杨昌济组织的北大哲学研究会成立大会；2月19日，又出席了新闻学研究会改造大会；3月10日，在理科第16班教室聆听了李大钊对哲学和新闻学两个研究会会员所作的关于俄国革命的演说；还因李大钊的介绍参加了少年中国学会和邓中夏发起的"平民教育讲演团"的活动……在参加这些学会的过程中，毛泽东认识了许多名人学士，像陈公博、谭平山、邵飘萍、张国焘、康白情、段锡朋等。特别值得提出的是，毛泽东还在这时结识了北大的许多进步学生，像邓中夏等人，并成为他们的亲密朋友。参加这些学术团体和结识这样多的朋友，使毛泽东开阔了眼界，吸收了大量新鲜、有益的知识。与此同时，经李大钊引荐，毛泽东还拜访过新文化运动的领袖人物陈独秀、蔡元培、胡适等人，同他们讨论新思潮的各种问题。如：他以新民学会在京会友的名义请蔡元培、胡适、陶孟和作讲演或解答问题；他单独造访了胡适，征询了胡适对是否

▲ 北京大学红楼，1918年8月到1919年3月毛泽东在北京期间，
曾在这里担任过图书助理员

出洋一事的意见，并试图争取他对湖南学生运动的支持；还多次拜会蔡元培、李石岑，接洽、商讨赴法勤工俭学事宜；他还前往陈独秀的寓所，聆听了这位北大文学院院长对社会问题的精辟见解；他还经常到原一师的老师杨昌济、黎锦熙家中，同他们畅谈世界问题，第一次世界大战后巴黎和会中的中国地位问题，还有办报的事情……通过拜访这些名流学者，他广泛地了解各种思想及学说，满足了自己强烈的求知欲望，使知识迅速地增长起来。

在北京，毛泽东虽然只待了六七个月的时间，但他有两个大的收获，对他后来的发展，是一个关键性的转折，或者说是一个决定性的开端，奠定了他事业成功的基础。一是结识了他认为是第一楷模的李大钊先生，并通过李大钊接触了许多思想激进的人物，交结了许多思想进步的青年朋友，参加了许多有意义的活动，使自己的知识和才干有了长足的进步；二是吸收了许多新的思想，也包括马克思主义的粗线条知识，脑中装满了许多社会实际问题。其间最让他震动的是俄国十月革命的胜利，使他看到新的曙光，感到古老的中国会有新的出路。正如他后来对自己这个时期思想历程所叙述的："国家的情况一天一天坏，环境迫使人们活不下去，怀疑产生了，增长了，发展了……十月革命帮助了全世界的也帮助了中国的先进分子……走俄国人的路——这就是结论。"

20多年后，毛泽东在延安的一次讲话中，曾回忆谈到李大钊向他推荐"三本书"的情况："记得我在1920年，第一次看了考茨基著的《阶级斗争》，陈望道翻译的《共产党宣言》，和一个英国人作的《社会主义史》。"

1920年2月，毛泽东在给友人陶毅的信中说："我一己的计划，一星期外将赴上海。湘事平了，回长沙，想和同志成一'自由研究社'，预计一年或二年，必将古今中外学术的大纲，弄个清楚，好做出洋考察的工具。然后组一留俄队，赴俄勤工俭学。至于女子赴俄，并无障碍，逆料俄罗斯的女同志，必会特别欢迎……这桩事，我正和李大钊君等商量。……我为这件事，脑子里装满了愉快和希望。"后来，他果真在

长沙发起成立了"留俄勤工俭学团",认为"俄国学术精神不可不研究"。这时的毛泽东,已感到赴俄学习要比赴法学习迫切得多了。他和李大钊都希望有更多的青年到世界第一个社会主义国家学习,以改造和拯救腐败无能的中国。

1920年4月,毛泽东在北京工作、学习了六七个月,即将离京赴沪。临行前,李大钊对毛泽东说,你不妨再找一下陈独秀先生,他现在上海。他对马克思主义、对俄国革命颇有研究,对中国的现状和前途有独到的见解。5月5日,毛泽东到达上海后,遵照李大钊的嘱咐,多次会晤陈独秀,同他讨论关于马克思主义的一些问题,研究如何在湖南开展革命,通过陈独秀的进一步影响,毛泽东在接受马克思主义思想、坚定共产主义信仰的路上,大大向前跨进了一步。

岁月流逝,毛泽东对李大钊的怀念之情却丝毫未减。1936年,毛泽东在陕北保安的土窑洞里,曾多次饱含感情向埃德加·斯诺谈起李大钊。当回忆起第一次到北京的情景时,他说:"我到京后不得不立即找工作,我在师范学校的伦理学教师杨昌济,这时已成了国立北京大学的教授,我请他帮我找一份工作,他就把我介绍给北大图书馆主任。这人就是李大钊,后来成为中国共产党的创建人,后来被张作霖杀害了。李大钊给了我一份图书馆助理员的工作,月薪8元钱。"他又说:"陈独秀和李大钊,他们二人都是最卓越的中国知识界领袖。我在李大钊手下当国立北京大学图书馆助理员时,就迅速地朝马克思主义发展……"

1949年3月23日,毛泽东和党中央机关从河北省西柏坡迁入北平。将抵达北平时,毛泽东无限感慨地对工作人员说:"30年了!30年前我为了寻求救国救民的真理而奔波。还不错,吃了不少苦头,在北京遇到了一个大好人,就是李大钊同志。在他的帮助下我才成为一个马列主义者。可惜呀,他已经为革命献出了生命。他是我真正的好老师,没有他的指点和教导,我今天还不知道在哪里呢?"

一生攻读马列主义

毛泽东从1920年读第一本马克思、恩格斯著作《共产党宣言》起，始终坚持不懈、孜孜不倦地阅读和研究马、恩、列、斯的著作。马、恩、列、斯的基本著作和重要文章，他读了很多，有的不知读过多少遍。他读马列著作的特点，是有重点地读，认真地反复地读，密切联系中国实际地读。

1920年毛泽东读了《共产党宣言》等两三本书，知道人类自有文字记载的历史以来就有阶级斗争，阶级斗争是社会发展的原动力，初步地找到了认识问题的基本立场和方法。然后，他就老老实实地去开始研究实际的阶级斗争。

在大革命时期，马列著作翻译到中国来的还很少。毛泽东在1926年已经直接或间接从别人的引述那里，读过列宁的《国家与革命》的部分内容。但是问题还不在于读了这本书，可贵的是，毛泽东用《国家与革命》的

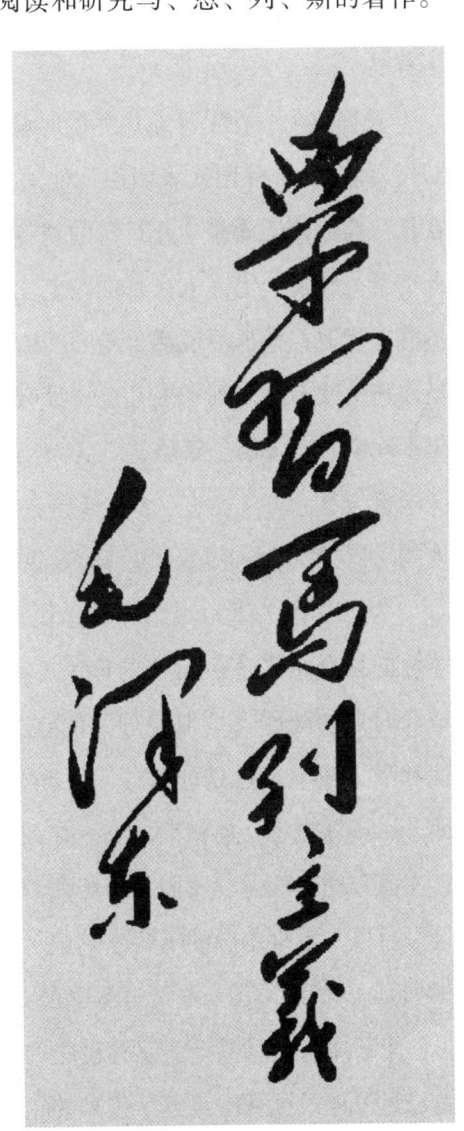

63

理论来说明中国的革命问题，指导中国的革命。

土地革命战争时期，在被国民党反动政府封锁的革命根据地内，要读马列著作十分困难。那个时候，打下一些城市后，才好不容易弄到一点马列主义的书。1932年4月，红军打下当时福建的第二大城市漳州，没收了一批军事、政治、科学的书送到总政治部，其中有一些马列著作。根据彭德怀和吴黎平的回忆，其中有恩格斯的《反杜林论》，列宁的《两个策略》、《共产主义运动中的"左派"幼稚病》。后来，毛泽东在回忆土地革命战争时期的历史时说，那个时候能读到马列著作很不容易。

长征路上，在毛泽东患病的时候躺在担架上还读马列的书。1964年3月，他对一个外国代表团说，他"是在马背上学的马列主义"。当年在长征路上同毛泽东一起行军的刘英曾亲眼目睹毛泽东读马列著作的感人情景。她说，毛泽东在长征路上读马列书很起劲。看书的时候，别人不能打扰他，他也不说话，专心阅读，还不停地在书上画杠杠，有时甚至通宵地读。红军到了毛儿盖，没有东西吃，肚子饿，但他读马列的书仍不间断，有《两个策略》、《共产主义运动中的"左派"幼稚病》、《国家与革命》等。有一次，毛泽东对刘英说："刘英，实在饿，炒点麦粒吃吧！"毛泽东就一边躺着看书，一边从口袋里抓麦粒吃。

为了寻找关于殖民地、半殖民地国家进行民主革命，以及由民主革命向社会主义革命转变的理论，毛泽东喜欢读列宁的著作，特别是革命时期的著作。"他说理，他心交给人，讲真话，不吞吞吐吐，即使和敌人斗争，也是如此。"毛泽东自己曾说过，他是先学列宁的东西，后读马克思、恩格斯的书。在列宁的著作中，《共产主义运动中的"左派"幼稚病》、《国家与革命》、《帝国主义是资本主义的最高阶段》，以及后来出版的《哲学笔记》等，又是毛泽东读得遍数最多的。根据延安时期给毛泽东管过图书的史敬棠回忆，毛泽东在延安经常读《两个策略》、《共产主义运动中的"左派"幼稚病》。他这两本书还是经过万里长征从中央苏区带来的，虽然破旧了，仍爱不释手。毛泽东在这两本书中写了一些批语，有几种不同颜色的笔画的圈、点和杠杠，写有某年某月"初读"，某年某月"二读"，某年某月"三读"的字样。

我们从彭德怀的回忆里，也可以看到毛泽东当时是如何重视这两本书以及对这两本书的看法。彭德怀说："1933年，接到毛主席寄给我的一本《两个策略》，上面用铅笔写着（大意）：此书要是在大革命时读到，就不会犯错误。在这以后不久，他又寄给我一本《共产主义运动中的'左派'幼稚病》，他在书上面写着：你看了以前送的那一本书，叫做知其一不知其二；你看了《共产主义运动中的'左派'幼稚病》才会知道'左'与右同样有危害性。前一本我在当时还不易看懂，后一本比较容易看懂些。这两本书，一直带到陕北吴起镇（现为吴旗镇），我随主席先去甘泉十五军团处，某同志清文件时把它烧了，我当时真痛惜不已。"

到了延安以后，毛泽东广泛地收集马列主义的书籍。他集中精力，攻读马列主义的书，包括马、恩、列、斯的原著和阐述马克思主义哲学、经济学的著作。当时毛泽东阅读、圈画并作了批注的马列著作，主要有《资本论》、《社会主义从空想到科学的发展》、《列宁选集》、《国家与革命》、《理论与策略》、《论列宁主义的几个问题》等几篇斯大林的重要著作和《马、恩、列、斯论艺术》。

解放战争时期，经毛泽东批阅的马列著作有两本，一本是《国家与革命》，一本是《共

▲ 毛泽东在延安抗日军政大学讲课用的《辩证法唯物论》、《矛盾论》、《实践论》，此即其中的一部分

产主义运动中的"左派"幼稚病》。在《国家与革命》的封面上，毛泽东亲笔写上"毛泽东1946"，在扉页上注明："1946年4月22日在延安起读。"翻开书，在《阶级社会与国家》这一章，几乎每句话的旁边都画着杠杠，讲暴力革命的地方画的杠杠特别引人注目。例如革命才能消灭资产阶级国家这一句，关于暴力革命的观点是"马克思、恩格斯全部学说的基础"这一段，杠杠画得最粗，圈圈画得最多，"革命"、"消灭"、"全部学说的基础"这些词和词组的旁边画了两条粗杠。毛泽东读这本书的时候，国民党正在积极准备发动全面内战，国内革命战争已不可避免，用革命的暴力推翻、消灭反动统治的国家

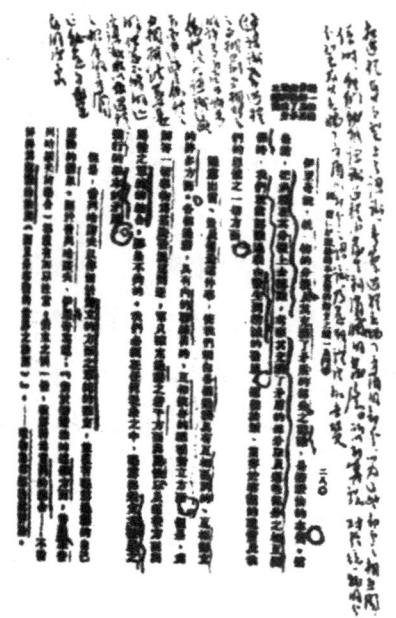

▲ 毛泽东读西罗科夫、爱森堡等著《辩证法唯物论教程》书的批语

机器，已是决定中华民族前途命运的头等大事。1948年4月，中国人民解放战争正在乘胜前进，为了克服革命队伍内部存在的无纪律状态和无政府状态，保证革命战争的彻底胜利，毛泽东重读《共产主义运动中的"左派"幼稚病》第二章《布尔塞维克成功的基本条件之一》，并在书的封面上写了一个批语："请同志们看此书的第二章，使同志们懂得，必须消灭现在我们工作中的某些严重的无纪律状态或无政府状态。毛泽东1948年4月21日。"中宣部于当年6月1日转发毛泽东这一指示，要求全党学习《共产主义运动中的"左派"幼稚病》第二章。

全国解放后，在党的工作重心转到大规模经济建设的时候，1954年，毛泽东又一次阅读《资本论》，以后又多次读《政治经济学批判》、列宁有关政治经济学论文十三篇等经济学经典著作。

在1958年的"大跃进"中，出现了一种否定商品生产的极"左"

观点。毛泽东下工夫研究了斯大林的《苏联社会主义经济问题》。这本小册子，毛泽东读了许多遍，经他批注的就有四个本子。他还在第一次郑州会议上作了长篇评论。毛泽东对《苏联社会主义经济问题》的批注和评论，紧密结合中国当时的实际情况，着重阐述了社会主义条件下发展商品生产的必然性。对该书中斯大林概括的列宁关于社会主义发展道路的5条，毛泽东在批语中指出："列宁是要以全力发展商品，问题还是一个农民问题，必须谨慎小心。"在斯大林批评那种认为商品生产在任何条件下都要引导到资本主义的观点的地方，毛泽东写道："不要怕资本主义，因为不会再有资本主义。"在斯大林讲到商品生产的活动范围只限于个人消费品的地方，毛泽东写道："限于个人消费品吗？不。"这些批注反映了，当时毛泽东对社会主义社会发展商品生产的一些基本观点。毛泽东在郑州会议和武昌会议的讲话中说：现在有不少人向往共产主义，想立即进入，不要商品了，看了商品就发愁，以为这是资产阶级的东西。为什么社会主义社会要搞商品生产？他就没有区别资本主义商品和社会主义商品在性质上的差别。在社会主义阶段，应该充分发展和利用商品生产。为了团结几亿农民，为了换取农民的产品，就要跟他们做买卖，商品生产不是缩小，而是要发展。废除商品，对农民的产品实行统一调拨，就是对农民的剥夺。中国是商品生产最不发达的一个国家。我们要大力发展商品生产，为社会主义服务，不要怕资本主义。毛泽东为解决我国社会主义建设中的问题而研究马克思主义，读斯大林的《苏联社会主义经济问题》是一个典型例子。

　　一直到晚年毛泽东都在钻研马列主义，关于社会主义的论著。坚持用马列主义指导中国的革命和建设。在他的藏书中，马列主义著作占了相当大一部分。

留在嘴里的半块芋头

1957年1月那是毛泽东发表《关于正确处理人民内部矛盾的问题》和召开最高国务会议的前夕。根据周恩来指示，卫士组提前开了每周一次的碰头会。

"这么说，主席两天没睡觉，只吃了一顿正经饭？"卫士长李银桥皱着眉头问田云玉。

"还喝过两缸麦片粥。"张仙朋补充。

李银桥的目光从几名卫士脸上划过，落在封耀松身上："小封，下一班是你吧？"

"嗯。"封耀松愁眉苦脸，压力不小。

"想想办法，要想想办法。"李银桥嘟囔半天，也没说出办法是什么，总不能强迫毛泽东吃饭睡觉，那样毛泽东会发脾气。"你要机灵

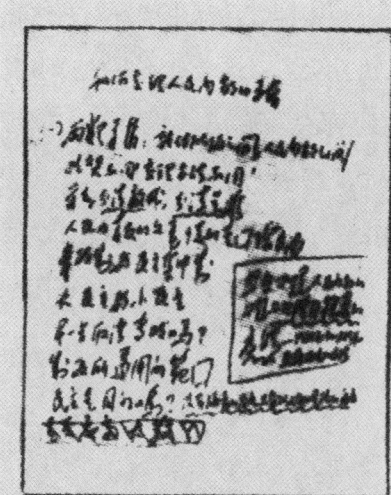
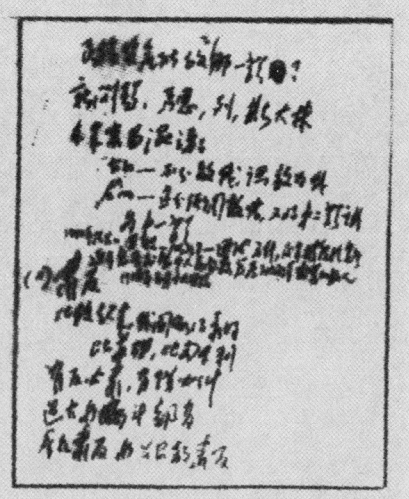

▲ 毛泽东《关于正确处理人民内部矛盾的问题》讲话提纲的手迹

些，要抓机会，随机应变……反正就看你的了。"

卫士值班分正班副班，正班24小时不能离开毛泽东。封耀松面露难色地上了正班，在埋头写作的毛泽东身边侍立七八个小时，除了换茶水，没敢多一句嘴。只是下工夫观察着，寻找着……

凌晨两点，毛泽东忽然扔笔，将头向上仰去。以手按额，揉着、捏着。张开嘴，深深地、深深地呼吸。封耀松抓住机会，上前两步，小声劝："主席，您已经十几个钟头没吃饭了，给您搞点来吧？"

毛泽东拼命伸着懒腰，然后放下手，布满红丝的眼睛望着封耀松，倦容已无法掩饰。刚张嘴，已经接连两个哈欠。他沉重地叹口气，摇摇头又点点头，勉强说："不要搞了，你给我烤几个芋头就行。"

封耀松还想劝，毛泽东已经将手一挥，便低头抓起笔。封耀松不敢言声了，这个时候多一句话也会惹得毛泽东发脾气。

封耀松来到厨房，自己动手烤芋头。在陕北时就是这样，毛泽东怕影响炊事员休息，夜里只让卫士烤馒头片或窝头来吃，不许惊动炊事员。

可是，侯师傅被惊醒了。他眨着两只蒙眬的眼睛嚷嚷："你胡闹！主席一天没吃饭了，你怎么就烤几个芋头？"封耀松摇头苦笑："主席说让烤两个芋头嘛，你不胡闹，你做饭你送。"侯师傅便闭口无言。"交代了的就去办"，这是毛泽东的原则，侯师傅也懂，不照办才是"胡闹"。

封耀松烤熟了6个小芋头，放在一个碟子里端去。一进门，听到鼾声响亮。毛泽东睡觉打呼噜很响。他斜靠床栏上的毛毯，左手拿文件，右手抓笔，就那么睡着了。这种情况不少见，不能叫醒毛泽东。毛泽东睡觉极少极轻，一旦入睡不容惊醒，惊醒了必定发脾气。封耀松把碟子放在暖气上，便退到门口坐等。刚坐下眼皮就发沉，忙又站到门外，冷风吹着可以不打瞌睡。

毛泽东精力超人，他从不遵循大自然的规律办事，所以无法计算他一天睡多少小时，值班日志只计算他一周睡多少小时。李银桥回忆，毛泽东一周睡眠不超过30小时，有时睡了35小时，大家还喝酒庆贺。中央首长里，几乎没有人能与毛泽东比。以精力过人著称的罗瑞卿曾多次感叹："哎呀，这几天累坏了，我陪主席来着。"他也对卫士讲过："你们很辛苦，我知道，陪主席是很辛苦的。他精力超人，我们都比不了。"

封耀松在门外站了十几分钟，听到毛泽东咳嗽一声，忙轻手轻脚进屋，捧起碟子小声说："主席，芋头烤好了。"

毛泽东放下笔和文件，双手搓搓脸说："噢，想吃了。拿来吧。"

封耀松将碟子放在办公桌上，毛泽东走过来坐好。拿起一个芋头认真剥皮。轻轻摇晃着身子，吟诵过去作的一首诗词："东方欲晓，莫道君行早……"

封耀松朝窗外望望，可不是吗？天快亮了。毛泽东剥出半个芋头，便咬下一口，边咀嚼边继续剥皮，嘴里嘟嘟囔囔还在吟。封耀松见毛泽东自得其乐，便悄悄退出屋，继续吹凉风以驱走疲劳。

大约又过了十几分钟，屋里的呼噜声隐隐又起。封耀松轻手轻脚进屋，碟子里只剩一个芋头了。毛泽东头歪在右肩一侧已然入睡。

封耀松踮脚过去，端起碟子准备退出。忽然感觉呼噜声与往常有异。探过头去仔细打量，接着又揉一揉眼……

天哪！毛泽东嘴里嵌着半个完整的芋头！另外半个还抓在手里。嘴里那个芋头随着呼噜声战栗着。封耀松鼻子一酸，眼前立刻模糊，忙将手再揉揉眼，放下碟子，轻轻地、轻轻地去抠毛泽东嘴里的芋头。

芋头抠出来了，毛泽东也惊醒了。

"哪个？"毛泽东一双熬得通红的眼睛迷茫而又愠怒地盯着封耀松，气冲冲大声问，"怎么回事？"

"主席！"封耀松叫喊一声，噎住了，泪如泉涌。他双手捧着那抠出来的半个芋头，嘴唇只是抖，再说不出一句话。

"唉。"毛泽东叹了一口气，"我不该跟你发火。"

"不，不是的。主席，不是因为您……这芋头是从您嘴里抠出来的。您必须睡觉，必须休息了，我求求您，求求您了……"

毛泽东勉强笑笑，抬起右手，手指在头顶上画两个圈："天翻地覆，天翻地覆啰。"他望住封耀松："好吧，小封，莫哭了，我听你的，我休息吧。"

毛泽东就是这样读书写作的。"废寝忘食"这4个字用在他的身上，是最恰当不过了。

看正书累了看闲书

毛泽东嗜书成癖，晚年尤其如此。在运动量减少，整日读书不止的情况下，身边的工作人员都很着急。他的保健医生徐涛想把他从书海中拉出来，劝他休息，他不听。后来，徐涛发现毛泽东喜欢聊天，就找机会拉毛泽东到户外散步聊天，以暂停他的读书，使他得到一点休息。

两人出去散步。毛泽东说："我在湖南读师范的时候，喜欢社会科学。自然科学方面的书读得不多，还得补课。"徐涛说："我正好相反，自然科学的书读得多些，社会科学的书读得太少，现在也得补课。"毛泽东兴致来了："我们以后多聊点自然科学嘛。"后来，他问徐涛："石油怎么开采？怎么炼？有哪些用途？"徐涛回答不了，就去查书，查完书再聊。这样一来，毛泽东常常向他提出新的问题，徐涛只得一次次地去查书。

后来徐涛发现，他读的书，毛泽东也在看，因而问题也越来越深，他被难住的时候就更多了。徐涛问："主席，您是有意考我吧？""哪里是考你哟，你在帮助我读书，帮助我增长知识。"

一听这话，徐涛茫然了：本想劝他少读书，其结果倒逼他多读书

了。于是他趁势说："主席，您读书很多但方法不科学。"毛泽东让他明说。他就说："您这么整天读，不休息，太疲劳，违背辩证法嘛。"又说："主席，您电影不看，对打扑克、下棋没兴趣，体力活动不搞，长时间进行一种劳动，最易疲劳。"

毛泽东却摇头了："叫我看，你那点辩证法不全面，你对事物的理解也有局限。你说脑力换体力是休息。看文件累了看报纸，看正书累了看闲书，看大人书累了看小人书，看政治书累了看文艺书，我这也是一种休息，你不承认？"

毛泽东就是这样执著地从书中吸取知识，并有他的一套独特的读书方法。

一字一句啃英文

在中国共产党第一代领导群体中，周恩来、刘少奇、朱德、邓小平等，他们在早期革命生涯中都曾驻足于国外，或留学，或寻求革命真理。他们都或多或少懂得一点外文。尤其是周恩来，他在同外宾谈话时还能够当场纠正翻译的误译。然而，唯独毛泽东，直到年近花甲，外国语言对他仍是一个神秘的王国。

"世上无难事，只要肯登攀。"毛泽东是中国历史乃至世界历史上都非常罕见的伟大挑战者。他在其一生的实践中不断地寻求值得他挑战的对象。在革命战争年代，他向帝国主义、封建主义、官僚资本主义、国民党反动派及党内假马克思主义者开战；在和平建设年代，他带头并号召人们向大自然开战，向科学开战，向一切胆敢阻挡中国前进的东西开战。他说，我就是不信邪。

当他意识到"外国话"是横亘在他和世界交流中的一大障碍时，毛泽东毫不犹豫地向这个神秘王国发起挑战。就像在20世纪50年代末60

年代初中国经济建设遇到了诸多麻烦和问题时，他带头并号召领导干部啃苏联《政治经济学教科书》一样。

1936年，美国记者埃德加·斯诺和美国医生马海德到达"红色世界"延安。毛泽东在村子里散步第一次路遇斯诺时，便伸出那宽厚有力的大手握住斯诺的手使劲地摇了摇："美国朋友，欢迎你们，一路辛苦了！"

▲ 毛泽东学英语用过的单词卡片

斯诺听不懂毛泽东的湖南腔普通话，也不知道眼前这位披着一头浓密长发，身材高大，穿着朴素得有点简陋的人就是他心仪已久的毛泽东，因而只是望着毛泽东发愣，直到翻译赶来。

然而，当周恩来见到斯诺时，周恩来用流利的英语和斯诺打招呼，并用英语与斯诺交谈。

生性爱挥洒自己个性的毛泽东对要通过翻译才能与外国人对话感到很不习惯。

也许从那时起，毛泽东就萌生出要自学外语的念头，且毛泽东在延安时期确实自学过英语。

但是，由于当时严酷的战争环境，毛泽东自学英语受到很大限制。1970年毛泽东在接见金日成谈到学习外语问题时说："我们这些人呢，主要还是自己不学。那时（指革命战争年月）工作也是紧张了一点，你打仗嘛，哪还有谁去注意学习外国话啊。"

全国解放后，年逾花甲的毛泽东再次提出要自学英语。

1954年，毛泽东提出，要找一个懂英语并熟悉国际问题的人，既教他学英语，又兼做他外事方面的秘书。中共中央组织部通过新华社物

色人选。这样，林克就来到了毛泽东身边，工作了12个春秋。除秘书工作外，林克的大部分时间是帮助毛泽东学英语。

与普通人开始学英语一样，毛泽东学英语先是学习基本的英语单词和短语。他像一个小学生一样，学得很认真。毛泽东湖南口音重，有些英语单词发音不准，他就让林克领读，他自己跟着读，然后自己再练习几遍，请林克在旁边听他的发音是否准确，不准的地方，就请林克纠正。在阅读课文时，遇有生疏的单词和短语，在林克领读、解释完字义和语法结构后，毛泽东用削得非常尖细的铅笔在单词上方注明音标，并在书页的空白处用密密麻麻的蝇头小字注明每个单词和短语的不同含义。其神态，那股认真劲，对于一个年逾花甲的共和国领袖来说，真是难得。

但毛泽东学英语也反映了他作为一个政治领袖的本色。他的英语教材或者说课文的重点放在政论文章方面。他最先是从阅读英文版《人民中国》、《北京周报》、新华社的英文新闻稿和英文参考中的新闻、时事评论等入手，以后又阅读了一些马列主义经典著作的英译本如《共产党宣言》、《哥达纲领批判》、《政治经济学批判》，以及其他一些英文原版哲学著作。另外，他自己所著的《矛盾论》、《实践论》、《毛泽东选集》一至四卷的英译本和经他审改过的当时和苏共论战的"九评"英译本，他都曾阅读过。这些材料中，最好读的还是他自己所写的著作；最难啃的就要算那些马列经典著作的英译本了。这些著作的文字比一般的政论文章要艰深得多，生词、短语也多些。但毛泽东借助词典及其他工具书，硬是一句一句地啃。有时，林克为了节省毛泽东学习的时间，事先帮他查好未学习过的单词。但毛泽东还是要亲自查看词典上的音标和释文。他说，这样印象深。

1959年1月，毛泽东在接见巴西外宾时有一段对话反映了他当时学英语的艰难情景。

毛泽东说："我学问太少，除了中国话，别的国家的话我都不会讲。"

外宾问："马罗金的报道说，你在学英文？"

毛泽东笑了笑说："在一字一字地学。若问我问题，我勉强答得上几个字。"

毛泽东抽了一口烟，继续说："我要订个五年计划，再学五年英文。那时可以看点政治、经济、哲学方面的文章。现在学了一半，看书不容易，好像走路一样，到处碰石头。"

毛泽东还说："我们国家文化太低。在十五年至二十年内，每人都要学习一种外国语言，英、法、俄、德、日，这些主要的文字都得学。现在初中没有外文，将来也要搞一点外文。"

50年代中期到60年代中期，是毛泽东学英语兴趣最浓厚的时候。毛泽东作为一大国之主，日理万机。他学习英语往往是在工作之余，心情轻松之时，大概他这时的记忆力也最旺盛。在北京不要说，就是巡视大江南北和在外地开会，毛泽东总要叮嘱工作人员带上英语书和词典，一旦有空，便坐下来学英语。有时在火车上、飞机上，他都挤时间学习英语。

1957年3月19日11时至12时，毛泽东在由徐州飞往南京的途中，书写了元人萨都剌的《徐州怀古》词后，即学英语。

1959年11月，毛泽东在杭州登南高峰、北高峰、玉皇顶、莫干山时，常常在攀登途中停下来歇息时，背诵刚学过的一些英语单词和短语。

毛泽东学英语还有一种独特的方式，就是利用会见外宾的机会学习英语。

1968年11月，毛泽东接见巴基斯坦武装部队代表团叶海亚·汗上将一行。谈到1962年中印边境冲突的情况时，毛泽东说："高尔（印军的一名军长）是个中将。"接着，毛泽东又问旁边的翻译冀朝铸："中将的英文怎么说？"

"Lieutenant general."

冀朝铸回答后，又分别把构成的字母拼写了一遍。毛泽东认真地复诵了一遍。

谈话结束时，毛泽东逐一与巴基斯坦客人握别。当轮到贾恩朱瓦中校时，毛泽东见他一身戎装，便问：“打仗的？”

贾恩朱瓦回答说：“是的。”

毛泽东侧过身来问冀朝铸：“打仗的英文怎么说？”

“Fight.”冀朝铸回答后又照例拼写了一遍。

巴基斯坦外宾对毛泽东的这种好学精神非常感动。类似这种情况，在毛泽东接见外宾时屡见不鲜。

毛泽东还多次提倡领导干部学习外语。1958年1月，在他主持制定的《工作方法六十条》（草案）中，他建议在自愿的原则下，中央和省市的负责同志学一种外文，争取在五年到十年的时间内达到中等程度。1959年庐山会议初期，他又重申了这一建议。在20世纪70年代，他还提倡六十岁以下的同志要学习英语。

MANIFESTO OF THE COMMUNIST PARTY

them the whole relations of society. Conservation of the old modes of production in unaltered form, was, on the contrary, the first condition of existence for all earlier industrial classes. Constant revolutionising of production, uninterrupted disturbance of all social conditions, everlasting uncertainty and agitation distinguish the bourgeois epoch from all earlier ones. All fixed, fast-frozen relations, with their train of ancient and venerable prejudices and opinions, are swept away, all new-formed ones become antiquated before they can ossify. All that is solid melts into air, all that is holy is profaned, and man is at last compelled to face with sober senses, his real conditions of life, and his relations with his kind.

The need of a constantly expanding market for its products chases the bourgeoisie over the whole surface of the globe. It must nestle everywhere, settle everywhere, establish connexions everywhere.

The bourgeoisie has through its exploitation of the world market given a cosmopolitan character to production and consumption in every country. To the great chagrin of Reactionists, it has drawn from under the feet of industry the

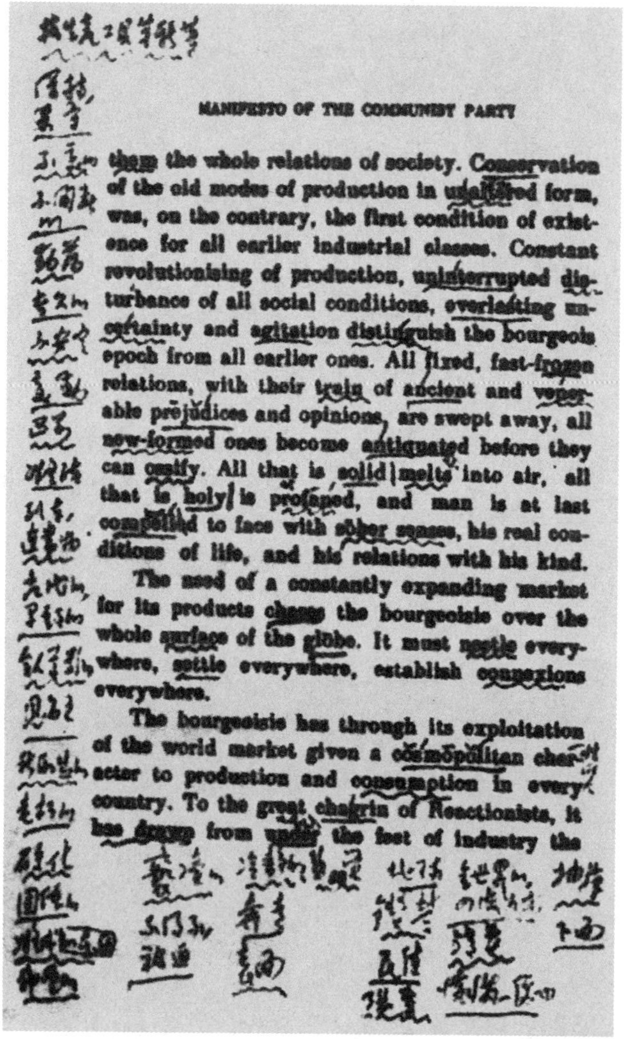

▲ 毛泽东学习过的英文版《共产党宣言》上的一页

毛泽东学英语的另一位"老师"是当时还非常年轻的章含之女士。

1963年12月26日，是毛泽东的七十寿辰。

这天，毛泽东邀请了四位湖南老人程潜、叶恭绰、王季范、章士钊来家做客。邀请时，毛泽东特作说明：很抱歉不请夫人但可以带一名子女。

于是，章士钊就带了女儿章含之到毛泽东家赴宴。那时，章含之27岁，是北京外国语学院英语系的一名青年教师。

宴毕，毛泽东与大家坐在客厅谈笑风生。

毛泽东见章含之孤零零地在一边不说话，便笑着问："含之同志已经当老师了？你教英语有多长时间了？"

章含之恭恭敬敬地回答说："我1957年本科毕业，下放农村一年，又读了两年研究生，1960年正式开始教书，三年了。"

毛泽东又问："教什么啊？"

"低年级的英语口笔语实践课，还准备高年级的英国文学史讲座。"

毛泽东说："你喜欢文学？"

"很喜欢。"

这时，毛泽东点燃了一支烟，吸了吸，笑着问："章老师，你愿不愿意当我的老师啊？我跟你学英语。"

毛泽东的这一声"章老师"，把章含之闹了个大红脸。章含之完全缺乏思想准备，以为毛泽东是在开玩笑，不知如何回答是好。寻思了好一阵，才期期艾艾地说："主席，我哪里敢当您的老师！您是我们大家的老师。"

毛泽东却显得很认真："教英语，我就当不了老师了，还要拜你为师啊！"

章含之益发窘迫，她真是不知所措。

章士钊在一旁赶紧打圆场："主席什么时候要含之来，告诉她就是了。"

毛泽东高兴地说:"好,那就一言为定喽!"

1964年元旦节刚过,毛泽东便吩咐林克:"我同北京外国语学院的章含之同志讲好了,她教我英语。你打个电话去问问她,是否可以就从这个星期日开始。"

随着新中国在国际舞台上的影响扩大,外事工作也日趋繁重。毛泽东也是想给林克减轻一点负担。

林克赶紧把电话打到了北外校务办公室,把毛泽东的吩咐转达给了章含之。

电话的那一头,寂静了好一会,才传来支支吾吾的声音:"我以为主席不过说说而已,没想到是真的。我一点准备都没有,万一教不好怎么办?"

林克劝慰说:"你不要紧张,主席很和蔼,他想读点英文也是作为一种休息。你来吧,从中南海西门进来,我先给西门的警卫打好招呼放行。"章含之不好再说什么,只好从命。

不知是紧张还是激动,章含之一天心都在咚咚地跳。回到家里,急忙告诉父亲。

章士钊说:"大可不必这样紧张。我同主席是世交。过去我称主席'润之',现在当了领袖了,见面称'主席',但主席仍尊我为长,称我为'行老'。"

章士钊字行严,"行老"是对他的尊称。

元旦过后的第一个星期日,章含之开始到毛泽东处教他英语。教材是毛泽东自己选定的,就是当时发表的批判修正主义的"九评"文章的英译本。这些文章的中文稿都经过毛泽东自己审改,内容非常熟悉。毛泽东要章含之做的,就是告诉他那些政治词汇的中英对照、英语发音及一些句子的语法结构。每次一个多小时。

毛泽东对老师的讲解听得非常认真,他说:"这个英语还蛮科学的。修正主义这个词从动词'修正'来的,加上'ist'就变人,修正主

义者。这个很好记，比汉语有规律。"

　　"L"和"N"，这两个英语辅音，南方人在读音上很难分得清楚。但毛泽东不服，坚持要分辨清楚。他一遍又一遍地练习。望着毛泽东那一丝不苟的神态，章含之忍俊不禁。

　　几次接触之后，章含之发现自己原先的紧张真是"大可不必"。毛泽东很和蔼，也很风趣、幽默。

　　毛泽东说："我请你当老师，不要搞特殊化。你一般骑自行车来，天气不好时，我派车接送。"

▲ 毛泽东在飞机上学英语

　　因此，章含之一般都下午4点骑车赶到毛泽东那里。教完英语后，毛泽东总是留章含之吃完晚饭再走。毛泽东的饭菜很简单，每次总是由一位服务人员用提盒送来。偶尔有一个大火锅。毛泽东爱吃肥肉。他把切成大方块的肥肉放在火锅里，然后，蘸着放有辣椒末的佐料大口地吃。

　　饭桌上，毛泽东天南海北，边吃边谈，风趣、幽默中充满教益。

　　一次，毛泽东问章含之："你和你的父亲，我的老朋友章行老关

系怎么样啊？"

章含之说："生活上我们是一家人，我平时住在学校，周末回家。不过政治上，我们是两条路，他是旧官僚，代表剥削阶级，我是共产党员，我同他划清界限。"

毛泽东惊呼："啊呀！这么严重啊！还划清界限！你什么时候入的党啊？"

"1957年1月。"

"了不得啊！我这个主席还不知道，我的章老师硬是我党的老党员呢！"毛泽东微笑着故作惊奇，接着又问，"你说要同行老划清界限，可不可以讲给我听划清什么界限啊？"

"父亲当过北洋军阀段祺瑞的教育总长，反对学生运动。鲁迅在很多文章里都骂过他。我在中学上语文课时，老师在讲台上讲鲁迅的《纪念刘和珍君》、《论'费厄泼赖'应该缓行》，都点父亲的名，同学们都偷偷拿眼光扫我。我在课堂里如坐针毡。"

毛泽东笑了："就为这个？你知不知道行老的历史？他对共产党有帮助。"章含之摇了摇头。毛泽东说："你要批判你的父亲，可是你连他的历史都没搞清楚，怎么批判？"接着，毛泽东讲了章士钊的历史，说他虽然做过几件错事，但他还有革命的一面，做过很多好事，他不是反动派，是共产党的朋友。

毛泽东还说："1946年我去重庆与蒋介石谈判。蒋介石态度暧昧，对谈判缺乏诚意。当时我和你父亲谈了对时局的看法，行老当场在一张纸上写了一个'走'字，然后对我说，老蒋对和平不会有诚意，三十六计走为上计，重庆不可久留。行老的意见很中肯啊。"

这些，章含之是第一次听说。

毛泽东继续说："这难道还不说明行老是共产党的朋友吗？你参加了共产党，就是背叛了你父亲的阶级，但你要团结他，替共产党照顾好他才对。"

毛泽东与章含之还有一段关于外语教学中文学与政治题材比例的

"争论"。

一次，学完英语后，毛泽东与章含之在户外散步。毛泽东问："你教学生用什么教材啊？"

章含之说："大部分是文学性的题材，也有新闻、政治等方面的内容。"

毛泽东说："我看应该以政治题材为主。"

"我认为还是应当以文学题材为主。"章含之跟毛泽东相处的日子多了，说话也毫无顾虑，并且还列举了很多例子来说明她的观点，"主席对中国文学如此渊博，写了那么多好诗、好文章，外文也是一样啊……"

"你这个文学派好顽固哟！"毛泽东戏称章含之为"文学派"，"好，那我们妥协。七分政治，三分文学，可不可以，我的章老师？"

"不，我们把三和七倒过来，七分文学，三分政治。"章含之毫不让步。

毛泽东笑着说："这个章老师好厉害，不让步，还蛮讲策略。我看我们可以休战，实践一段再看。你可以告诉学校领导，我认为要增加点政治题材，对学生将来工作有好处。你也不能老是钻在你那文学里面，政治还是很重要的。"

眨眼间，章含之已当了毛泽东一年的英语老师了。1965年的春节又即将来临。

一次学完英语之后，毛泽东对章含之说："过完春节，我打算离开北京一段时间。在外面时间更自由，我可以多一点时间学英语。你向学校请个假，同我一道去。不过，我不好剥削你，我们交换，你教我英语，我教你读《史记》。你到书店去买一本精装版的《史记》带上。不要用行老的，他的书都是好版本，可惜了。"

章含之高兴极了，回家作好准备。

不料，正月初三下午，毛泽东告诉章含之："我暂时离不开北京，旅行只好推迟。"毛泽东说话时神情不如往日那样轻松。

大概又过了几个月，到了春末夏初。一天，毛泽东对章含之说："我的老师啊，有件事要同你商量，我的英语课恐怕要暂停了。党内出了点大事，我最近要处理很多事，很忙，顾不得学英语了。等忙完了再接着学，好不好？"

"主席事情多就不要学了。"章含之也不知道党内发生了什么大事，也不好问。只是从最近的接触中感觉到，毛泽东的情绪越来越沉闷。章含之哪里想得到，此时在毛泽东的心中，一场大的政治风暴已开始酝酿。这就是后来那场史无前例的"文化大革命"。

毛泽东自己也没有想到，他这次与他的"章老师"一别，竟是5年。但毛泽东没有忘记他的"章老师"。1970年6月14日，毛泽东办公室的电话打到了正在北京针织总厂"劳动改造"的章含之那里，要她立即到中南海见毛泽东。

毛泽东此时已搬到游泳池。

"哎呀！我的章老师，好多年不见，你好吗？这些年，你经风雨，见世面了没有啊？"章含之一进屋，毛泽东便高兴地笑，拍拍床沿叫章含之坐下。

章含之说："主席，这些年我经了点风雨，见了点世面，不过很多事情还是不明白。"

毛泽东说："不明白不要紧，慢慢地会明白的。"

章含之还告诉毛泽东："您戏称我为'文学派'，我为此还挨了不少批斗。"

交谈中，章含之感到毛泽东仍不忘往日学英语时的交情。

读《暴风骤雨》入迷

毛泽东酷爱读书，一生手不释卷，这尽人皆知。然而，毛泽东读当代文艺书籍，特别是读当代小说并读之入迷，却很少见。

1952年内卫张木奇随毛泽东去山东、河南，看黄河，观孔庙。专列中央有个公务车，车厢半截是会客室，半截是卧室。同行的有位民主人士李烛尘先生，他们在会客室谈得很投机，天下大事，日常生活无所不谈。看那谈话的架势，这一路毛泽东是不会在车上干别的事了。

可是，晚上他躺到床上休息时，照习惯随手拿起一本书，翻看过两页便入迷了。他把枕头垫高，一页一页看下去，很久才变换一下姿势，甚至变换姿势时眼睛也不离开书。看到深夜一点，卫士端来一碗面条请他吃。

毛泽东坐起了身，却仍在看书。卫士把面碗摆在他面前，又将筷子插入他右手，他目光盯着书，筷子机械地插入面碗便不动了，右手按着书还在读。卫士不敢打搅，直到毛泽东翻书页时才提醒："主席，吃完再看吧！面条要凉了。"

毛泽东像根本没听见，抓着那一页书翻过去翻过来，反复四五遍。他看的什么书呢？

"主席，要不……我再给您热热去？"卫士试探着伸手去捧碗。

"嗯，不要。"毛泽东嘴朝碗沿靠近，动作很慢，因为他的眼睛还盯着书。呼噜一声，一筷子面条进了嘴。偏这时有几个靠近书缝的字看不到，他的一只左手又要握书又要将书展开一些，便有些力不从心。张木奇借机过去帮忙，发现原来那本书是周立波写的《暴风骤雨》。

毛泽东吃过面条，躺下又看，他看书如饥似渴竟到了这种地步，

直到天亮。早晨，他到会客室又见了李烛尘，谈过几句话便说："我在看一本书，还没看完，有些放不下呢。"李烛尘一听说看书，马上明白了，便起身告辞说："主席，你快去看书吧，看完书我们再谈话。"

专列经德州往西南，入兰封县境。毛泽东习惯躺在床上看书，随行的罗瑞卿和滕代远希望毛泽东看一会书能入睡，怕车晃得厉害，便命令停车。毛泽东并没意识到，他完全沉浸入书中，把最后几页读完，才像刚从水中探出头一般长吁一声，揉着太阳穴走到车窗前。

斯诺在《西行漫记》中也曾记述过："毛泽东是个认真研究哲学的人。我有一阵子每天晚上都去见他，向他采访共产党的党史，有一次一个客人带了几本哲学新书来给他，于是毛泽东就要求我改期再谈。他花了三四夜的工夫专心读了这几本书，在这期间，他似乎是什么都不管了。他读书的范围不仅限于马克思主义的哲学家，而且也读过一些古希腊哲学家、斯宾诺莎、康德、歌德、黑格尔、卢梭等人的著作。"斯诺惊叹地说："不可否认，你觉得他的身上有一种天命的力量。这并不是什么昙花一现的东西，而是一种实实在在的根本活力。"

毛泽东读书入迷，使斯诺想到了，"书能通神"。

为看报纸攻打大军阀

井冈山上消息闭塞，中央的指示、文件，通过党的秘密交通转送，来得不及时。要了解国内外的大事和形势，只能通过敌人的报纸。

毛泽东能够通过敌人报纸上那些不知夸大了多少倍，掺了多少水分的假象报道，准确地分析和判断出敌人的动向和意图，当前所面临的形势和发展趋势，并由此决定红军的战略和策略。

1928年，他从敌人报纸上分析出进军湖南的大部队的情况。此后，他更把报纸看得像空气、水和食物一样重要。

1928年11月25日，在代表井冈山前委给中央写的报告中，毛泽东写道："我们已能随时得到报纸，高兴多了，唯仍望你们随时将政治情况分析见告。"

1929年4月5日，毛泽东在代表红四军前委给中共中央的信中，写道："在湘赣边界时，因敌人封锁，曾二三个月看不到报纸。去年9月以来，可以到吉安、长沙买报了，然得到亦很难。到赣南闽西以来，因邮路极便，天天可以看到南京、上海、福州、厦门、漳州、南昌、赣州的报纸，到瑞金县可看到何键的机关报，长沙民国日报，真是拨云雾见青天，快乐真不可名状……"

后来，在起草古田会议决议的同时，毛泽东又给中央写信，"请中央将党内出版物（布报，《红旗》、《列宁主义概论》、《俄国革命运动史》等，我们一点都未得到）寄来"。他在信中说道："我们望得书报如饥如渴，务请勿以事小弃置。"同时，他又写信给当时的中央领导人李立三说："我知识饥荒到十分，请你时常寄书报给我。"1929年，傅连璋利用合法身份，在汀州订了上海的《申报》、《新闻报》，广东的《工商日报》、《超然报》，派人定期送给毛泽东，毛泽东特别高兴。

在井冈山，要搞到敌人的报纸，很不容易。因为敌人实行封锁，报纸不许过封锁线。红军每次下山打土豪、筹款时，都要加上一个任务：到国民党机关或邮局里搜罗一批报纸，带上山来。

每当部队打进一个县城或集镇，毛泽东时常派人去或亲自带着警卫员先去敌人的县（镇）政府，找敌人的档案文件，再去当地的邮局买报纸和杂志。往往是空着手跟毛泽东出去，转一圈回来，每个人都背着一大捆书报。当天晚上，毛泽东就用红笔画出记号，警卫员便照着剪下保存起来。

有一次，又有一阵子没看到报纸了，毛泽东索性专门派了三十一团的一个营，去打大军阀谭延闿的家乡高陇，收罗了一批报纸上山。土豪不可能天天打，红军也不可能天天下山，报纸只能时断时续地看。为此，毛泽东很苦恼。后来发现，有些小商小贩为了牟利，常常偷越敌人封锁线，带一些食盐、布匹和工业品进根据地。这就为搞到报纸找到了渠道。为了通过封锁线，躲敌人的耳目，小商贩把报纸当包装纸用。结果揉得皱皱巴巴的，像废纸一样。几经周折带上山的报纸，都是过期的旧报，而且日期也连不起来。尽管如此，每当拿到从山下送来的报纸，毛泽东脸上常常显露出异样的光彩，他总是急切地把报纸接过去，迅速打开阅读。只要看到有用的东西，毛泽东总是高兴地一边看一边自言自语地说："真是拨开云雾见青天，天下大事尽收眼底呀！"这些报纸，都被当成宝贝一样，在红军的领导人中传阅。

毛泽东看报看得很细。对有参考价值的资料，他都在上面画个记号。等山上的同志传阅完了，他就让贺子珍把做记号的剪下来，贴到本子上，分类收藏，以备查用。对于井冈山上的毛泽东来说，报纸是一大资源，那是要多

▲ 转战陕北时期的毛泽东（看报纸）

层次开发利用的。首先是信息的摄取，阅读了还剪资料，接着再裁下报边，作为写字纸，最后剩下的废报，还要把它"吃掉"——作为卷烟纸卷烟抽，因为那时纸张是稀缺的东西。

1929年1月，毛泽东和朱德率领红军主力下井冈山，向赣南、闽西进军，急须判明尾追敌人和瑞金城内敌人的动向，以制订下一步的作战计划。毛泽东当即派宋裕和一个连到瑞金县城抢报纸。结果弄到一批《国民日报》、《中央日报》，和广东、上海、福建、江西的地方报纸。毛泽东兴奋地说："抢来这么多报纸，收获不小哇！"他据报纸分析，印证了关于敌人的实力、动向和企图的情报，和朱德、陈毅商量

后，决定利用大柏地的有利地形，攻打尾追之敌刘士毅部。这就是著名的大柏地之战。有毛泽东的《菩萨蛮》为证：

> 赤橙黄绿青蓝紫，
>
> 谁持彩练当空舞？
>
> 雨后复斜阳，
>
> 关山阵阵苍。
>
> 当年鏖战急，
>
> 弹洞前村壁。
>
> 装点此关山，
>
> 今朝更好看。

遇空袭也读书不止

从井冈山时期算起，到二万五千里长征，到延安，毛泽东经常处于飞机轰炸之下，他的妻子贺子珍就是被飞机炸成重伤的。撤离延安前，炸弹爆炸的气浪有两次震碎了窑洞的门窗。

1947年，毛泽东、彭德怀率两万人马同胡宗南的二十多万部队在陕北转战对抗。一次，一颗炸弹在他的院子里爆炸，烟尘散去，工作人员惊讶地发现，毛泽东左手仍然端着茶杯，地上没有一星点茶水洒出。笔仍然在地图上画，那条调兵行进路线没打一点折扣！人们递给他一块弹片，他掂掂说："能打两把菜刀呢。"毛泽东就是这样，在紧急的空袭中，泰然处之，指挥战斗，这是他的一种特殊的读书应用。

新中国建立后，毛泽东还受过一次轰炸。1958年1月18日凌晨，毛泽东在南宁冬泳邕江，夜里继续办公。凌晨一点来钟，空军雷达部队发

现国民党飞机向南宁飞来。莫非国民党察知毛泽东正在南宁召开中央工作会议？随行的空军副司令员何庭一大为紧张。须知，南宁没有军用机场和战斗机啊！他用电话紧急联系柳州军用机场，命令空军部队紧急起飞，无论如何要将国民党飞机拦截住！

那天，南宁全城灯火管制。李银桥等涌进毛泽东卧室，请他去防空洞。他把手一挥："我不去。要去你们去。"

"主席，我们要对您的安全负责。"

"蒋介石请我去重庆，我去了，怎么样？我又回来了，他还能怎么样？现在还不如那时安全吗？"毛泽东指住李银桥的鼻子，"你去，把蜡烛给我点着。"

李银桥说："不行，主席，还是防备万一好……"

"去！"毛泽东不耐烦了，"把蜡烛点着，国民党的炸弹扔我脚底下，扔我脚底下它就不敢响！我什么时候怕过他们？"

蜡烛点燃了，毛泽东继续看书，他看的是《楚辞》，看得聚精会神，津津有味，实在令人敬佩。

读书逸事

马背上作诗

1955年法国总理富尔访问中国时，毛泽东接见他并进行了亲切友好的谈话。后来富尔在《毛泽东会见记》一书中回忆说："我们在离开以前，和主席谈起他的诗。'这是以前的事了。我的确曾经写诗，那时我过着戎马生活，骑在马背上有了时间，就可以思索，推敲诗的押韵。马背上的生活，真有意思。有时我回想那些日子，还觉得留恋'。"马背上的生活使毛泽东回想起在艰苦的年月里，他在马背上创作诗词的情景。也使我们了解到毛泽东那种锲而不舍，见缝插针，刻苦读书的精神是多么可贵。

为毛泽东搬书

庐山镇下有一幢编号为"180"的旧式院落，这是毛泽东在1961年庐山中央工作会议期间的下榻处。

黄际华和另外8名公安干部的任务，就是轮流守护这个院落的三道门：前门、后门和侧门。

7月17日晚10时左右，黄际华和公安干部们正准备休息，忽然听到有人呼唤："大家快去，帮主席卸书。"

"毛主席来了！"大家都抑止不住心中的喜悦。

他们的住处和毛泽东的住处相距不远，约30米。当他们来到毛泽东的住处时，一看，嗬，门口停着一辆卡车，整整一车书！

毛泽东出席会议还带这么多书，难怪他老人家学识这么渊博。黄际华心里涌起一阵感慨。

大家小心翼翼地把一摞摞书轻轻搬到毛泽东的书房，又井然有序地按照毛泽东秘书的指点，把书叠好。没有说笑，大家知道，毛泽东这么晚来，不能惊扰毛泽东休息。

回到警卫人员住处，大伙兴奋得久久难以入眠。这是一次特殊的劳动。

王安娜印象

在延安时友好人士王安娜对毛泽东的印象很深，她说：

"毛泽东是夜里工作的人。他很晚才起来，用二三小时在延安的

小街上这里走走，那里看看，到接近傍晚的时候才开始工作。"

"第二天傍晚，我去看望他时，只见宽阔的房间里，桌子上点着几支蜡烛，烛光照在圆形的屋顶和四周白色的墙壁上，形成奇形怪状的投影。在另一张桌子和木箱上，放着书籍、杂志和文件夹。毛素有博览群书之称，看来是有根据的。他让我看斯宾诺莎、康德、黑格尔和罗素著作的译本。据他说，碰到特别有兴趣的书，会连续三四个晚上不停地把它看完。深夜两点乃至三点以前他是不睡的，每天工作的时间实在够长。"

砚 铁

1943年，国民党反动派又一次掀起反共高潮。7月间，胡宗南匪帮在邠州、淳化、洛川一带集结了两个军的兵力，准备进犯边区。毛泽东密切注视局势的发展。为了及时揭露国民党积极反共，破坏抗战的阴谋，毛泽东在枣园的窑洞里为《解放日报》撰写了《质问国民党》的社论。在这段时间，电报、文件不断送到毛泽东跟前，毛泽东废寝忘食，夜以继日地工作着。警卫副班长王保成记得，就在胡宗南匪帮挑起事端的紧要关头，毛泽东整整两天两夜俯在桌子上，批阅文件、看地图、等消息、作指示。接着，朱德总司令、叶剑英参谋长和贺龙同志来了。毛泽东又不辞辛苦和他们一块开会。晚饭后，朱总司令、叶参谋长和贺龙同志走了。王保成想，毛泽东现在该歇一会儿了。于是，王保成提着热水桶走进窑洞，请毛泽东休息。毛泽东从桌旁直了直腰，说："小王，你先放下，等一会儿我洗。"说罢，又俯视着铺展在桌子上的地图，用红蓝铅笔画了这里又画那里。这天深夜，王保成起来查哨时，毛泽东窑洞里还亮着灯光。这时，王保成的眼眶里盈满了泪水，他多么想轻轻呼唤一声：夜深了，毛主席呵，您该休息了。

毛泽东为革命日夜操劳的感人肺腑的事迹，枣园的那棵老槐树可以作证，窑洞里那盏油灯可以作证，毛泽东办公桌上那块砚铁也可以作证。这是一块只有巴掌大小的椭圆平底的生铁，一直摆在笔筒旁边。毛泽东看书、写文章，每当手掌心出汗时，为了节省擦洗时间，就握着这块生铁，用它落汗、清凉。经年累月，这块生铁被毛泽东磨得油光铮亮。这块小小的生铁，真实地记载了毛泽东为革命不辞艰辛的读书形象。

手　表

保健医生王鹤滨说："毛主席为着无产阶级的革命事业，为着国家和民族的兴旺，废寝忘食，不知疲倦地工作和学习着，常常忘记了钟点。"

毛泽东有块手表，但它并没有起到提示他几点钟的作用，所以毛泽东很少看它，总是忘记上发条。王鹤滨多次看到，当毛泽东要出去开会，或会见外宾时，才问一下身边工作的同志。

"是什么时间啦？"

听到回答后，对上表，把表把拧几下，上了发条，手表只有在这种情况下，才对毛泽东有了用处，才看上它一眼。

"床上地下、地下床上"

1956年年初，我国社会主义改造正处于高潮，第一个五年计划进入第四个年头，毛泽东为了了解实际情况，直接听取了34个部委的汇报。

在听汇报的那些日子里，毛泽东十分疲劳。有次听完汇报，他带着疲乏的神情，说他现在每天是"床上地下、地下床上"，起床就听汇报，穿插着处理日常工作，听完汇报就上床休息。情况确实是这样。现举2月15日这一天为例。这天早晨9时40分开始，听取电力工业部的工作

91

汇报，13时左右结束；17时20分，毛泽东去勤政殿，会见以西哈努克为首的柬埔寨王国政府代表团；19时10分，会见结束，回到颐年堂，继续听汇报，一直到22时10分才结束。听汇报劳累，除了时间紧凑，"连续作战"以外，还因为我们一些经济部门整理的汇报材料很不理想，只有干巴巴的条条或数字，没有事例，使他听起来非常吃力。有一次，听一位部长同志汇报，他紧皱眉头，忽而抬起头来说，听这样的汇报，"是使我强迫受训，比坐牢还厉害。坐牢脑子还有自由，现在脑子也不自由，受你们指挥。""你们这些条条，一定是从许多具体材料中得出来的，应把具体问题写清楚。""要请我的客，又不给我肉吃，是不是自己要留一手！""半个月来的汇报都存在这个问题"。这是对我们经济部门的文风又一次尖锐的批评。

听各部委汇报时，毛泽东有许多生动的插话。这些讲话、插话无疑是他后来构思十大关系的思想火花。

在听取重工业各部汇报时，毛泽东指出：一切国家的先进经验都要学。要派人到资本主义国家去学技术，不论英国、法国、瑞士、挪威，只要他要我们的学生，我们就去嘛！学习苏联也不要迷信。对的就学，不对的就不学。苏联内务部不受党领导，军队和企业实行"一长制"，我们就不学。"一长制"这个名词有些独裁。过去苏联有电影部，没有文化部，只有文化局；我们相反，有文化部，没有电影部，只有电影局。有人就说我们同苏联不一样，犯了原则错误。后来，苏联也改了，改成跟我们一样：设文化部、电影局，取消电影部。苏联原来讲男女分校，讲起利益之多，不得了，可是现在又要男女同校。所以，学习苏联也得具体分析。我们搞土改和工商业改造，就不学苏联那一套。陈云同志管财经工作，苏联的有些东西，他也不学。总之，"要打破迷信，不管中国迷信还是外国迷信。我们的后代也要打破对我们的迷信"。

当小学生向人民群众学习

毛泽东在八大预备会议第二次全体会议上说，我这个人也是犯错误不少，错误路线时期给我的打击，包括"开除党籍"、开除政治局候补委员、赶出红军等，记得起来的有20次。井冈山时期一个误传消息来了，说中央开除了我的党籍，这就不能过党的生活了，开支部会我也不能去。后头又说这是谣传，是开除出政治局，不是开除党籍。哎呀，我这才松了一口气！那个时候，给我安了一个名字叫"枪杆子主义"，因为我说了一句"枪杆子里面出政权"。他们说政权哪里是枪杆子里头出来的呢？马克思没有讲过，书上没有那么一句现成的话，因此就说我犯了错误，就封我一个"枪杆子主义"。的确，马克思没有这么讲过，但是马克思讲过"武装夺取政权"，我那个意思也就是武装夺取政权。对我最有益处的，就是封我为"狭隘经验论"。我在《中国革命战争的战略问题》那本书中就学鲁迅的办法，"报复"了一笔，批评那些骂"狭隘经验论"的人是错误的。那个时候他们认为山里头没有马克思主义，因为我们在山里头。似乎马克思主义只有一家，别无分店，是不是分店也可以搞一点马克思主义呢？我又不懂外国文，外国也没有去过，只是看了一些翻译的书。我总是跟一些同志讲，马克思列宁主义是可以学到的，即便学不到那么多，多少总可以学到一点。

1962年1月30日，毛泽东在扩大的中央工作会议上又说，一个人为什么只能升不能下降呢？为什么只能做这个地方的工作而不能调到别的地方去呢？我认为这种下降和调动，不论正确与否，都是有益处的，可以锻炼革命意志，可以调查和研究许多新鲜情况，增加有益的知识。我自己就有这一方面的经验，得到很大的益处。不信，你们不妨试试看。

司马迁说过："文王拘而演《周易》；仲尼厄而作《春秋》；屈原放逐，乃赋《离骚》；左丘失明，厥为《国语》；孙子膑足，《兵法》修列；不韦迁蜀，世传《吕览》；韩非囚秦，《说难》、《孤愤》。《诗》三百篇，大抵贤圣发愤之所为作也。"一般地说，这种错误处理，或者调动工作，对他们的革命意志总是一种锻炼，而且可以从人民群众中吸取许多新知识。毛泽东还在和吴冷西的一次谈话中，就受排斥打击时如何正确对待时说，一个共产党员要经得起受到错误的处分，可能这样对自己反而有益处。屈原被流放而后有《离骚》，司马迁受腐刑乃发愤著《史记》。毛泽东自己也有体会。他说到，他讲打游击战的十六字诀时，并没有看过《孙子兵法》。后来王明"左"倾错误领导讥讽说十六字诀来自过时的《孙子兵法》，而反"围剿"打的是现代战争。这时才找到《孙子兵法》来看。列宁的《国家与革命》也是这时看的。那时毛泽东被解除指挥中央红军的职务，就利用空闲看了不少从红军走过的县城里弄来的书籍。

正因为毛泽东在受排斥打击时没有颓废消极下去，而是重振精神，在困境中发愤读书，去搞调查研究，因此他的体会很深。他在《农村调查》序言中总结这方面的经验说："要做这件事，第一是眼睛向下，不要只是昂首望天。没有眼睛向下的兴趣和决心，是一辈子也不会真正懂得中国的事情的。第二是开调查会，道听途说，决然得不到什么完的知识。我用开调查会的方法得来的材料，湖南的几个，井冈山的几个，都失掉了。这里印的，主要的是一个《兴国调查》，一个《长冈乡调查》和一个《才溪乡调查》。开调查会，是最简单易行又最忠实可靠的方法，我用这个方法得了很大的益处，这是比较什么大学还要高明的学校。到会的人，应是真正有经验的中级和下级的干部，或老百姓。我在湖南五县调查和井冈山两县调查，找的是各县中级负责干部；寻乌调查找的是一部分中级干部，一部分下级干部，一个穷秀才，一个破产了的商会会长，一个在知县衙门管钱粮的已经失了业的小官吏。他们都给了我很多闻所未闻的知识。使我第一次懂得中国监狱全部腐败情形的，是在湖南衡山县做调查时该县的一个小狱吏。兴国调查和长冈、才溪两乡调查，找的是乡级工作同志和普通农民。这些干部、农民、秀才、狱吏、商人和钱粮师爷，就是我的可敬爱的先生，我给他们当学生是必须恭谨勤劳和采取同志态度的，否则他们就不理我，知而不言，言而不尽。开调查会每次人不必多，三五个七八个即够。必须给予时间，必须有调查纲目，还必须自己口问手写，并同到会人展开讨论。因此，没有满腔的热忱，没有眼睛向下的决心，没有求知的渴望，没有放下臭架子、甘当小学生的精神，是一定不能做，也一定做不好的。必须明白：群众是真正的英雄，而我们自己则往往是幼稚可笑的，不了解这一点，就不能得到起码的知识。""我现在还痛感有周密研究中国事情和国际事情的必要，这是和我自己对于中国事情和国际事情依然还只是一知半解这种事实相关联的，并非说我是什么都懂得了，只是人家不懂得。和全党同志共同一起向群众学习，继续当一个小学生，这就是我的志愿。"

毛泽东受错误路线打击排斥，却抓紧向人民群众学习，甘当小学生，结果获得了大量有实用价值的知识，走出了一条在困境中读书学习的新路子。

孟锦云陪读诗书

孟锦云来到毛泽东身边时，毛泽东早已患了白内障，很多人劝他做个手术，但他总是不愿意。这就像劝他吃药一样。他常说："医生的话不能听，最多只能听一半。"

一天上午，小孟对毛泽东说："您做个手术吧，很简单，手术之后，您就能看清楚我了。"

不知为什么，这次他没有表示反对，但也没有当时点头答应。毛泽东的习惯就是这样，同意做的事不一定立刻答应，要做的事马上就去做。

就在这天下午，毛泽东对小孟说："我要做手术。"小孟听了，立刻打电话通知主席的医务人员。半个小时就一切准备就绪。

原来，虽很多人多次劝他动手术，而他都没同意。今天要做手术，眼科医生们早在几个月前就作好了准备。

周恩来、邓小平、张春桥、汪东兴等人得知毛泽东要做手术，很快都来了。

接近午夜的时候，张玉凤和唐由之一起挽着毛泽东走进手术室。毛泽东问："音乐准备好了吗？"噢，音乐！张玉凤赶忙取来了弹词《满江红》的录音带，这大概是毛泽东最爱听的曲目吧！

这首曲子是上海昆曲剧院演员岳美缇演唱的。她演唱的《满江红》高亢、有力，充分表达了一个爱国志士的宽广胸怀和伟大抱负。毛泽东特别喜欢这首词，他听着铿锵乐曲，迈着蹒跚的步子来到手术室外坐下。"怒发冲冠，凭栏处，潇潇雨歇。抬望眼，仰天长啸，壮怀激烈。三十功名尘与土，八千里路云和月。莫等闲，白了少年头，空悲切……"此时此刻毛泽东神情镇定，从容乐观。他在想些什么？是对事业的未竟而抒发豪情，还是对医生的手术的美好期望。看来他正以伟大革命家的胸怀和气魄对待疾病、对待现实。乐曲表达了他乐观的情绪和无所畏惧的精神，也驱散了医护人员给伟大领袖实施手术的紧张气氛。他边听乐曲，医生边给他做手术。满身披挂的唐大夫从容不迫地为毛泽东做了白内障针拨手术。手术虽然只有七八分钟，但这把小手术刀的分量，却重似千斤。

在术前准备的日子里，唐由之他们已知道毛泽东的脾气比较固执。在开会研究术后护理时，大家商定，手术后头两次换药时，不给他试眼镜，生怕他试了眼镜一看视力有这么好，就不肯再把眼睛包上。但术后必须至少包3天，否则容易感染。

手术24小时之后，唐大夫等来给毛泽东换药。打开纱布一看，眼睛只有轻微的充血，角膜清清亮亮情况很好。不知怎么搞的，一位大夫一高兴，从兜里掏出一个深度远视镜片来放到毛泽东眼前，问："主席，您看得清楚吗？"毛泽东看了，连说清楚，高兴极了。然而，麻烦也就来了，当医生给他换完药准备重新给他包上的时候，已经长时间不能自己看书看文件的毛泽东无论如何也不让包了，说："这不是好了吗？还包什么？"唐由之答："一定要包。""包3天。"毛泽东说："手术那天是1天，昨天是1天，到现在不已经是3天了吗？"说得唐由之哭笑不得，只好耐心地解释说："医学上所说的3天是3个24小时，一共72小时，这还差得多呢。"毛泽东听了板起了脸，做手势让人们都走开。大家知道他生气了，都悄悄地退出了房间。唐由之没有走，此时不知从哪儿来的勇气，他说："主席，平时您是主席，我们应该听您的。可现在您是病人，我是医生，您应该听我的。"经过一番争执，一番"讨价还价"，毛泽东允许唐由之给他戴上一个透明的塑料眼罩。

在外屋心焦地挨过了4个小时之后，见张玉凤来叫他进去。一见面，毛泽东伸出右手的食指和中指，比出一个"V"字，说："唐大夫，你胜利了。"唐由之问："为什么？"毛泽东答："我的眼睛疼了，还是包上吧！"唐由之细心地查看了他的眼睛，重新消毒、点药，取出消毒纱布来给他包上了。一边包一边对毛泽东说："您也胜利了。"毛泽东问："为什么？"唐由之说："您一贯提倡发展中医，提倡中西医结合，您手术的成功，正是中西医结合的果实呀！"毛泽东点点头，笑了。

自从毛泽东眼病好了之后，用于读书学习的时间更多了。患白内障时，他的视力极弱，只能用放大镜看书，或者由工作人员读给他听。一旦视力有所恢复，他又开始大量读书，他每天除了睡觉休息，批阅文件，接见外宾之外，剩下的时间，几乎都在看书。有时竟然一天读上十几个小时，读书成了他的最大乐趣，成了他的嗜好，毛泽东简直是读书成癖。

毛泽东读书别有一番情趣，他的许多嗜好让人费解。比如说他读

书，晚年几乎都是在床上躺着读的。他有两副奇特的眼镜：单腿，一副无左腿，另一副无右腿。这两副镶着金边的花镜，向右时就戴无右腿的眼镜。一次，他戴上单腿眼镜，捧着书贪婪地阅读。医务人员看见了，不忍心他再受读书之累，只好把书拿走了，并劝告，"主席，为了您的健康，您不要再读了。"在这种时候，毛泽东茫然了。几十年来，谁曾能阻止过他的行动呢？他的意志和毅力是坚强的，蒋介石的几百万军队没有阻止住他，美国的现代化装备也没有阻止住他……细想想没有任何力量能阻止他的行动。如今医生竟敢连书也不准他读了，他伤心地哭了："我一辈子就是爱读书，可现在……"由此可见，读书已成为毛泽东生命的第一需要。

躺着看书已是毛泽东晚年形成的读书习惯。有一次护士孟锦云说："您老是躺着读书，十几年如一日，真是练出硬功夫来了。"

毛泽东说："你说得对，硬功夫都需要去练，你也可以练出来嘛。"

小孟说："我可不愿躺着看书，听医生讲，这种姿势对眼睛不好。"

毛泽东说："医生的话就都那么对？你们这些人哪，动不动就是医生怎么说。"

毛泽东不仅躺着看书，有时边吃饭边看书，60年代上卫生间时，也习惯拿着本书看。毛泽东跟书籍简直是形影不离。在他的卧室里、办公室里、游泳池的休息室里、卫生间、澡间……都堆放着书。他外出时，首先考虑的是要带些什么书。他经常是亲自拉个书单，交给工作人员，把书带上。在火车上、轮船上、飞机上，毛泽东不间断地读书学习。毛泽东躺着读书，常常是把书卷起来，用手托着转着看，会顺手拿起铅笔在书本上画些只有他自己懂的符号。他的床头小桌上总是放着削得很细的铅笔。他在书上画了许多符号，这些符号，他在自己的一个小本子上都有注解。这些符号，往往反映了他在读书中的某种意图和倾向，直接反映了他对某个观点的怀疑或赞成，深思与不解。

毛泽东在书上画的问号已被他用短线划去，这表示他后来已理解或肯定了书上的说法。毛泽东在书上还常常写些批语。翻开他看过的书，常常看到书上很多地方，是圈点细密，画杠不断，字句连绵，圈旁有圈，外加框，字上叠字，铅笔上叠写毛笔字。毛泽东的这些符号、批语，足以证明他读书的认真仔细，刻苦精神。

孟锦云在毛泽东身边工作的日子里，看到他经常读的书有：《二十四史》、《鲁迅全集》、《笑林广记》、《容斋随笔》、《全唐诗》、《智囊》、《考古学报》、《自然辩证法》……阅读的范围十分广泛。

80多岁的毛泽东，读书竟然使他有忘掉一切的时候，这正是他与众不同的地方。他向着知识的宝库勇往直前，吸取着智慧的力量。他既不是像学生填知识以应付考试，也不是为了满足某种对未知的好奇。他是一位对知识的热情追求者。也许在他看来，他从书本中所获得的每一点新知识，所吸收的每一种新学说，所冒犯的每一个旧观念，都是一次胜利，一种喜悦。他发问、选择、排斥、否定、判断，把他所读到的一切都做深刻的分析。他秉性不受权威的蒙蔽和震慑。

毛泽东在学问上是诚实的，同时也是勇敢的，他能冷静地思考，对真理有一份特殊的厚爱。他常常深入到书的头部，仔细地咀嚼，认真地品味，直到那本书的所有纤维和筋肉成为他的一部分，用它的力量来补养他，然后才告一段落。

老年时候的毛泽东仍然可以看出他青年时代不屈不挠的奋斗气概。尽管此时他的身体已经很衰弱，生活上自理困难，但当他读起书来的时候，却如痴如醉。什么时候翻身，该活动，该吃药，该打针，该喝水，该吃饭，他通通认为是多余的，他都可以完全忘掉。

有一次，孟锦云看见毛泽东已连续读了5个多小时的书，还一动不动地躺在那里默默地读着，小孟怕他过分劳累，便走过去轻声提醒："主席，您该休息会儿了。"

但毛泽东仿佛一点也没有听见，依旧在那里读他的书。于是，小孟便稍稍把声音提高了些，又说了一遍。毛泽东回过头来，大声一吼："滚！"这声吼真把小孟吓呆了，她只得悄悄走开。事后，毛泽东自感做得不妥，又主动向小孟道歉，小孟心里是理解的，这可能是聚精会神的人是不愿别人打扰的。

当然，有时候又与此相反。当小孟提醒他休息时，80多岁的毛泽东在年轻姑娘面前，变成了听话的孩童。小孟觉得他有时更像一个有着大人身体的孩童。小孟的提醒会使他乖乖地把书放在一边，眼睛微闭，静静地躺在那里，闭目养神，平心静气地休息。

有一天，小孟见毛泽东手里托着书，似乎在看，但走近一看，他的眼睛已经闭上了。小孟轻轻地关上壁灯，蹑手蹑脚地走到他的床前，把他手中的书轻轻抽出来，放在小桌上，又把他的眼镜慢慢摘下来，让他好好睡觉。但等刚刚摘掉他的眼镜，毛泽东马上又清醒了。一醒过来，又顺手去找桌子上的书。这时，小孟只得又给他戴上眼镜，打开床头灯，让他接着读下去。这样的读书，有时会达七八小时之久。

毛泽东的卧室就是书房，因为他的读书活动，几乎都是在卧室里进行的。他有一张特制的带双床头的木制床，放在卧室的中间。床的一侧是两个又高又宽的大书柜，他经常看的书大部分放在这里。他还有一个藏着数万册书的图书室。他的床另一侧有一张小桌，小桌的外边又有一张大方桌，上面摆放着他阅过和待阅的各种文件。

毛泽东除了紧张的工作之外，就是畅游在书的海洋里，享受那书海中发出的波涛，冲击着脑海，推动着思维活动的进展。

毛泽东喜欢唐诗，在他卧室里的那张桌子上，常常放着各种唐诗本。仅《唐诗三百首》就有好几种版本，而且有一部《全唐诗》。他对唐代诗人的三李，即李白、李贺、李商隐的诗尤其酷爱推崇。他常常被诗中神奇的想象力和高超的艺术魅力所吸引。他有时自己边看边读，自言自语地赞叹：写得好！写得好！

孟锦云在毛泽东身边工作，亲眼目睹了毛泽东的读书生活十分丰富。有一次，他让小孟给他读唐诗，小孟大声朗读：

独在异乡为异客，

每逢佳节倍思亲。

遥知兄弟登高处，

遍插茱萸少一人。

小孟刚读完这首诗的最后一句，毛泽东便一下子笑出声来，随即说："你再读一遍最后那句我听听。"

小孟不明白毛泽东笑她什么，又大声读了一遍"遍插茱萸少一人"。

毛泽东听完之后，坐起来顺手拿了一张纸，写了两个字："茱萸"。让小孟过来，指着"萸"字说："你去查查字典看，这个字的读音是什么？"

小孟抱着本大字典，翻了好一会儿，才找到了这个字，一看字上的拼音，才知道自己读错了。她忙对主席说："这个字应该读yú（鱼）。"

毛泽东点点头，慢慢地说："这茱萸是落叶乔木，还是一种药材呢，插上茱萸，可以避邪。小时候，在我的家乡，我就看见过插茱萸的。"

毛泽东常常给小孟纠正错音，有时遇到生僻字，小孟读不下去了，毛泽东很快给她接上。一次，小孟读杜甫的《进艇》：

南京久客耕南亩，北望伤神坐北窗。

昼引老妻乘小艇，晴看稚子浴清江。

俱飞蛱蝶元相逐，并蒂芙蓉本自双。

茗饮蔗浆携所有，瓷罂无谢玉为缸。

当小孟读到第五句"俱飞蛱蝶元相逐"时，不认识"蛱"字，在

101

这里卡住了，小孟读不下去了，毛泽东马上接下来，把后面四句一下子就念了出来。对于这样一首并不是很出名的唐诗，毛泽东竟然能熟稔于心，小孟不得不佩服地说："主席，您都这么熟，自己背诵算了，别让我给您念了。"

毛泽东听了，并不介意地说："听你念是一回事，我自己吟诵又是一回事嘛。"

孟锦云是湖北人，说话快，而且声音高，每次读书念诗，毛泽东总要提醒她几次："慢点嘛，声音也太高，简直像唱黑头的。"

小孟听了毛泽东的话便马上放低声音，放慢速度，但读着读着，不知不觉地又变快变高了。

这时，毛泽东会开玩笑地说："孟夫子，我这个听的，比你这个读的还要紧张，你是不是在跟我吵嘴哟？"

小孟也笑了，她抱歉地说："我觉得我已经读得很慢了，怎么回事？老是太快。"

"只缘身在此山中，你忘了苏老先生的话啦？"

时间一天天过去了，毛泽东依旧在读着他所喜爱的书。几天来，只要毛泽东自己看书，小孟便也拿本唐诗读起来，她怕毛泽东让她读时老读不好，她也像应试的学生一样，在认真地准备着。

一天，毛泽东听京剧唱片，刚听了没几分钟，就对小孟说："别听了，还是请你再给我读几首唐诗吧。"

小孟见毛泽东又要让她读唐诗，她倒挺高兴，她心里觉得有底。她把留声机关上，顺手从毛泽东床头的小桌子上拿起了一本《唐诗三百首》，边翻边说："我每次读诗都读得不好，还老让您纠正，这次我得选一首好读的，保证让您挑不出错来。"

毛泽东听了笑着说："读诗就是学习嘛，要知难而上，你这个孟夫子却是择易而谈。可以嘛，你随便读一首我听听，读好读的。"

小孟一翻，正好翻到陈子昂的《登幽州台歌》，她对这首诗读过好几遍，差不多都快背下来了。于是她便很有把握地放高声音，放慢速度，郑重其事地朗诵起来：

　　　　前不见古人，后不见来者。

　　　　念天地之悠悠，独怆然而涕下。

　　毛泽东听了，连声称赞："孟夫子选得好嘛！这首诗虽短，可内容是情深意长噢！孟夫子，这次你读得也好，看来你不用纠正三次嘛。"

　　原来，这首诗过去小孟也曾给毛泽东读过，总是把"怆"读错。毛泽东已经给她纠正过两次。

　　小孟听了毛泽东的夸奖，也很高兴，并说："就这么一个'怆'字，我再记不住，那我也太笨了，我的记性还不至于那么差。"

　　毛泽东听了小孟的话，便接着说："我可不敢说孟夫子笨噢，孟夫子可是个聪明的姑娘。怎么样？再读一首听听。"

　　毛泽东的话音刚落，小孟便是早有准备似的读起杜甫的《赠卫八处士》：

　　　　人生不相见，动如参与商。

　　　　今夕复何夕，共此灯烛光。

　　　　少壮能几时，鬓发各已苍。

　　　　访旧半为鬼，惊呼热中肠。

　　　　焉知二十载，重上君子堂。

　　　　昔别君未婚，儿女忽成行。

　　　　怡然敬父执，问我来何方？

　　　　问答乃未已，驱儿罗酒浆。

　　　　夜雨剪春韭，新炊间黄粱。

　　　　主称会面难，一举累十觞。

　　　　十觞亦不醉，感子故意长。

　　　　明日隔山岳，世事两茫茫。

　　这首诗小孟多次给毛泽东读过，之所以是多次，是因为小孟觉得这首诗读着特别顺口。全诗以口语为心中事，毫无雕琢之工。而毛泽东也特别喜欢听这首诗。每次小孟读完之后，他自己还要再吟诵一遍。这样，小孟就在这本诗集里夹上一张小纸条，做个记号，一翻就能找到。只要毛泽东让她读唐诗时，她便很快找到这首诗，顺畅地读起来。

　　读完这首诗后，小孟自己也感到满意，她又问毛泽东："您还想听读哪首诗呢？"

　　毛泽东稍稍沉思了一会儿，他没有马上回答，正当小孟准备把书放下，安排他休息时，毛泽东突然又发话了："孟夫子，读读白居易的《长恨歌》吧！"

　　毛泽东把《长恨歌》这句话说得特别重，语调里有一种惆怅，又有一种近似恳求。

　　小孟可从来没有给他读过这首诗，但她有一次倒是听毛泽东吟诵过其中的诗句：

　　　　忽闻海上有仙山，山在虚无缥缈间。

　　　　楼阁玲珑五云起，其中绰约多仙子。

　　当时听毛泽东吟诵这些诗句时，小孟便跟他开玩笑地说："您会那么多诗，出口成章，老是文绉绉的，我可听不懂。您是个大主席，又是个大诗人，真了不起啊。"

　　小孟开始翻目录，但找来找去，也没找到，嘴里还不住地念叨："《长恨歌》，白居易……"

　　毛泽东看小孟找得怪着急的，便打趣地说："孟夫子，还是让我来找，你是视而不见哟。"

　　小孟还是不服气，便说："您先别着急，我肯定能找到。"

　　"如何查目录？孟夫子，这是有规律的嘛，这首诗是七言古诗，你应该从这个项目里去找才是。"

小孟连"七言古诗"这项也找不到，越着急越找不到，她便不情愿地把书递给了毛泽东。毛泽东拿过书，翻了两下就找到了，马上递给小孟："孟夫子，有眼不识泰山。这不是嘛！"

小孟接过书来，开始朗读起来，她读得很慢，总觉得不太顺当，好不容易才读到最后几句：

> "……
>
> 在天愿作比翼鸟，在地愿为连理枝。
>
> 天长地久有时尽，此恨绵绵无绝期！"

小孟读完最后一句时，毛泽东已闭着眼睛，似乎是陷入了沉思。毛泽东从这首叙事诗中到底感受到了什么？是赞赏诗中哀艳动人的故事，悠扬婉转的诗句？还是对诗中所提出的告诫表示慨叹，令小孟不解。

有一天，毛泽东吃过午饭，坐在大厅里的沙发上，神态悠闲。大概他今天不准备读书了吧。他微笑着看着孟锦云，然后，指着他桌子上放着的那部《资治通鉴》问道："孟夫子，你知道这部书我读了多少遍？"

小孟看着这部不少地方用透明胶粘住的《资治通鉴》，不等说话，毛泽东便又接着说："一十七遍，每读一遍都获益匪浅，一部难得的好书噢。恐怕现在是最后一遍了，不是不想读，而是没那个时间啰。"语调里充满了惋惜和遗憾，但却没有丝毫的消沉与感伤。他接着问小孟："孟夫子，关于这部书你知道多少啊？"

小孟有些不好意思地说："我就知道这是一部写历史的书。听老师说是司马光写的。"

毛泽东认真地追问了一句："还有呢？"

小孟羞怯地摇摇头。

毛泽东看出了小孟不好意思，又接着说："当然，这不能怪你，这部书要是从头到尾，认真读上一遍，得好几年的时间哪。不过，我还是劝你读一读，不能全读，读读某些部分也好。读与不读可大不一样噢。你还年轻，有没有这个决心啊？"

小孟回答："试试看吧，我怕没那个毅力。"

毛泽东像老师辅导学生一样，十分认真地说："孟夫子，你有个词可用错了，还是个挺关键的词呢，不改不行。不是毅力，而是兴趣。因为有了兴趣，人就不会感到累了。咬着牙看书，你那个毅力再大，也还是看不下去的。有了兴趣，越看越有味道，还会越看越轻松，像休息一样。"

小孟说："我看您就是对看书有兴趣，一天老看书也不嫌腻，还老看历史书，对历史书我就是读不进去。"

毛泽东听了小孟的话，并无责怪，接着说："中国古代的历史，学问大得很哪，有人觉得中国古代的历史全是糟粕，不值一看。还有一种人，觉得历史上的东西全是精华，包医百病，我看这两种人都有片面性。我的观点是既有精华，又有糟粕，既是继承，又要批判分析，对不对？"

小孟连连点头。毛泽东又问了一句："为什么对呀？"

"主席说的还能不对？"小孟不假思索地回答。

毛泽东笑了笑说："我说的就都对呀？那可不见得，金口玉言，那我不成了圣人啦。历史上没有什么圣人，现在没有，以后也不会有，什么都对的圣人永远也不会有。我说的有一半对，我就心满意足啰。是书上说的，也有不少屁话，不能相信。"

小孟说："我看书时，总觉得书上写的还能不对吗？所以特别信，百分之百地相信。"

毛泽东听了小孟的话，不紧不慢地向她解释："用这种态度读书，还不如不读。读书，一要读，二要怀疑，三要提出反对的意见。不读不行，不读你不知道呀。凡人都是学而知之，谁也不是生而知之啊。

但光读不行，读了书而不敢怀疑，不能提出不同看法，这本书算你白读了。"

"我读书可从来没有提出过不同看法。"小孟天真地向毛泽东谈自己的情况。

毛泽东接着说："孟夫子，不要认为书上篇篇是事实，句句是真理。我们现代人写书，对事实都有自己的选择，古人就那么客观？代代相传就不会走样？比如，写一个人，他的臣下往往说好话，甚至吹捧，他的敌人往往攻击。这一代人这样写，那一代人又往往那样写，言过其实的东西不少。都是白纸黑字，你信哪一个？所以需要怀疑。你怀疑，你就去找别的史料，对照一下，这是一种常用的方法。"

"您读书能怀疑，我可是连读都不一定能读得懂呢，还谈得上什么怀疑？书上写的能胡编？这我可想都没想过。"

"你这个孟夫子，就是头脑简单得很哩，要多思嘛。比如，有些史书里把个武则天写得一塌糊涂，荒淫得很，不理朝政，这样她能统治得下去？我就不信。"

毛泽东说得不紧不慢，真是慢慢道来，但却是那样肯定与自信。说到这里，他从书架上抽出一本很薄的书递给小孟："这是一本写《资治通鉴》的书，写得不错，好读得很，有时间的时候看看，我还想同你探讨一番呢。"

十几天之后，小孟把那本小册子送还给毛泽东。通过读这本书，小孟觉得对《资治通鉴》多少有了一些了解。所以，当她把这本书送还给毛泽东的时候，心里有一种说不出的感觉。既有对毛泽东的敬佩，真没想到那样一部大书，他竟然能读17遍，真是了不起。同时，她也感到这十几天很有收获。她觉得，不管怎么说，如果毛泽东再向她问起《通鉴》，自己总不至于一无所知了。

当小孟把书还给毛泽东时，他微笑着对小孟说："书看完了，可不能白看噢，要发表点见解，不吝赐教才对啊！"

毛泽东的玩笑话中透出一股子认真劲儿。小孟有点不好意思地说："对《资治通鉴》，只能说有了一点点了解。我还有许多地方不知道呢，让我说，也只能提问题。"

毛泽东笑着说："了解一点点也好嘛。看来是略知一二了，光提问题也可以嘛，能提问题就是一种提高。"

于是，在毛泽东那宽敞的大厅里，一场像是朋友间的交谈，或者说是像师生间的讨论开始了。

作为学生的小孟首先发问："这部书叫《资治通鉴》，是让统治者把历史当作一面镜子，照照自己，可为什么不从有史以来就写，而是从周威烈王二十三年写起呢？"

听到这个提问，毛泽东的眼睛一亮，显出异常高兴的神情，笑着对小孟说："这个问题提得好，孟夫子真是动了脑筋。看来，你是嫌这面镜子还不够大，怕照得不够全面。其实，这面镜子已经不小了，统治者如果真是认真照一下的话，恐怕不会一点益处都没有。如书里论曰：礼义廉耻，国之四维，四维不张，国乃灭亡。清朝的雍正皇帝看了很赞赏，并据此得出了结论，治国就是治吏。如果臣下个个寡廉鲜耻，贪得无厌，而国家还无法治他们，那非天下大乱不可。"

小孟说："主席，您讲的这个意思我明白，历史确实是一面镜子，可我还不明白为什么不从头写起？从头写不是更完整吗？"

毛泽东说："司马光之所以从周威烈王二十三年写起，是因为这一年中国历史上发生了一件大事，或者说主要是司马光认为发生了一件大事情噢。"

小孟说："这一年有什么大事？我学过的历史书上怎么没有讲到？"

毛泽东说："你上学时，读过的历史课本太简单，怎么能讲那么细？这年，周天子命韩、赵、魏三家为诸侯，这一承认不要紧，使原先不合法的三家分晋变成合法的啰，司马光认为这是周室衰弱的关键。'非三晋之坏礼，乃天子自坏也。'选择这一年，这件事为'通鉴'的首篇，真是开宗明义，与《资治通鉴》的书名完全切题。下面做得不合法，上面还承认，看来，这个周天子没有原则，没有是非。当然非乱不可。这叫上梁不正下梁歪嘛。任何国家都是一样，你上面的敢胡来，下面凭什么老老实实，这叫事有必至，理有固然。"

小孟说："为什么从这年开头我明白了，可为什么只写到五代就停止了呢？"

毛泽东说："有人说，这是由于宋代自有国史，不依据国史，另编一本有困难。我看这不是主要的，本朝人编本朝史，有些事不好说，也可以叫做不敢说，不好说的事，大抵是不敢说的事。所以历史上的书，本朝写本朝的大抵不实，往往要由后一代人去写。"

小孟越听越觉得有意思。她心里想，我们这段历史还不知谁去写？怎么去写呢？但愿能写得真实点儿。她记得毛泽东说过这样的话："我们今天的事儿，也要由后代人去评论。'千秋功罪，谁人曾与评说？'自己说的不算数，当时人怕你的权势，恐怕也只有说好话，说假话，这当然不能统统算数，得大大打个折扣。"

稍稍停了一会儿，毛泽东便又接着说："孟夫子，你看《通鉴》最后一段写了赵匡胤，也只是说太祖皇帝如何如何勇敢，如何如何英明，如何如何了不得，简直白璧无瑕，十全十美，全信行吗？"

小孟说："当然不行，看来，历史书里也有不少不可信的东西。《通鉴》里写了不少皇帝，有些皇帝糊涂得很，可他当皇帝，真让人不可思议。"

毛泽东说："中国的皇帝很有意思，有的皇帝简直就是个糊涂虫，可那是没有办法的事。皇帝是世袭啊，只要老子是皇帝，儿子再糊涂也得当皇帝。这也怪不得他，生下来就是皇帝嘛，还有两三岁就当皇帝，当然要闹笑话。他那个皇帝好当得很，什么事都有人替他办噢。"

小孟说："这种皇帝当然好当。谁都能当，3岁就当皇帝，真是荒唐。"

毛泽东说："中国历史上有3岁的皇帝，但没见过3岁的娃娃拉着

车满街跑，6岁也不行。你说当皇帝与拉车哪个更难啊？皇帝糊涂，当然大臣们都胡来，就拼命地搜刮老百姓。老百姓不服就要镇压，那方法残酷得很，'通鉴'上就有这样的记载。当时有一种刑罚，把人的肚子拉开，拖着犯人的肠子走。暴政到了这种程度，老百姓忍无可忍，就造反，镇压不下去，就完蛋。"

小孟说："您快别说了，真是吓死人。您今天讲了这么多，真使我长见识。今天您真是越说话越多，该休息了。"

毛泽东说："今天就到此休会，听你的，孟夫子。"

又过了几天，毛泽东在卧室里休息，他刚刚睡过觉，显得很有精神，坐在床上，习惯地又把头靠在了床头。他招招手，示意让小孟过来。

当小孟走过来之后，毛泽东抬起那双并不明亮的眼睛，看了看走近来的小孟，然后用手指了指床边的软椅，让小孟坐下。毛泽东看小孟坐下来之后，才慢慢地说："我们的讨论会什么时候开幕啊？"

"开幕闭幕还不是由您决定。"

"现在开幕！"毛泽东有意把声音抬高了说。

小孟笑着说："您的记性还不错，没办完的事还得接着办。您等一下，我去拿我的笔记本，我的问题都在本子上记着呢。"

小孟去她休息的房间，不一会儿，就回来了，她翻着她的小本子，开始提出了一个又一个的问题。

"王安石与司马光既是对手，又是朋友，是怎么回事儿？"

小孟低头看着小本子，她坐得直直的，就像一个毕恭毕敬的小学生一样。

毛泽东说："这两个人在政治上是对手。王安石要变法，而司马光反对，但在学问上，他俩还是好朋友，是互相尊重的。他们尊重的是对方的学问，这一点，值得我们学习，不能因政见不同，连人家的学问也不认账了。"

小孟说："做到这点不容易，我们文工团'文化大革命'分成两大派之后原来的朋友因不是一派，就变成了仇人，攻击起来，简直不择手段，哪里还谈得上尊重。”

毛泽东说：“政治上的对手，我不同意他们的主张，但对这些人的学问还是尊重的，至少还得承认吧。”

小孟说：“您也有对手？那是过去，现在哪里还有。”

毛泽东说：“怎么会没有对手？孟夫子，你有时就是我的对手呢！你非让我吃药，我不要吃，这不就成了对手？不是政治对手，是生活对手噢。”

小孟说：“我可不敢和您作对，您那么固执，谁说服得了您呢。”

毛泽东说：“说到固执，司马光这个人就很固执，认准的事一定要办，并且办到底。固执不一定是好事，但做学问却需要这种精神，总比那些动摇不定的人好。对的，当然要坚持，错了，当时没认识到，为什么不坚持？当然，对与错，有时也转化，当时对，多少年后未必还对；当时错的，多少年后也未必错。多少年后看看还是错的，再过多少年后看看，也许又另当别论了。所以，不要对事情轻易下结论，历史自有公论嘛。”

小孟又提出新的问题：“以前总认为《资治通鉴》是司马光一人编写的，现在才知道是几个人合编的，几个人合作很不容易。”

毛泽东说：“一个人，就是有三头六臂，也编写不了这么一部大书。写上名字的是五个人，没写上名字的，还有不少呢。这个协作班子，互相配合，各施所长，一干就是十九年。这里还有皇帝的支持。当然，主要是靠司马光！没有他支持，一切都不会有。”

小孟听了毛泽东的介绍，情不自禁地说：“这部书真是一项大工程！”

“说得对，大工程，司马光可说是有毅力、有决心噢。他在四十八岁到六十多岁的黄金时代，完成了这项大工程。当然，这段时间，他政治上不得志，被贬斥，这也是他能完成这部书编写的原因呢。”

小孟说：“听说司马迁也是这样，受宫刑之后完成了《史记》。"

毛泽东说："中国有两部大书，一曰《史记》，二曰《资治通鉴》。都是有才气的人，在政治上不得志的境遇中编写的。看来，人受点打击，遇点困难，未尝不是好事。当然，是指那些有才气，又有志向的人说的。没有这两条打击一来，不是消沉，便是胡来，甚至去自杀，那便是另当别论。司马光晚年，还做了三个月的宰相，在这之后，过了一年左右的时间，他便死了。死之后，还接着倒霉，真是人事无常啊！"

小孟说："人一辈子谁知会碰上什么事，很难预料。我看书里面还讲到，宋朝有了刻版印刷，对出《资治通鉴》起了很大的作用。"

毛泽东说："自从宋朝有了刻版印刷，出书可方便多了。以前的书都是靠手抄。要是没有刻版印制，这书出得来，出不来，我看还是大有问题的。看来，成一件事，要八方努力；而坏一件事，只要一方拆台就够了，建设可比破坏难得多噢。"

这天，毛泽东谈锋甚健，面无倦色，谈得兴致勃勃。小孟听得非常认真，她觉得自己增长了很多历史知识，真是大有收获。她看到毛泽东愿意谈，她就不断地提出自己想到的问题，她又提出了关于武则天的问题。

"武则天，一个女人当了那么多年的皇帝，可真是不简单啊！"

对于武则天，毛泽东以前谈过许多，看来，他对这个人物是注意研究的。

"你觉得武则天不简单，我也觉得她不简单，简直是了不起。封建社会，女人没地位，女人当皇上，人们连想都不敢想。我看过一些野史，把她写得荒淫得很，恐怕值得商量。武则天确实是个治国之才，她既有容人之量，又有任人之智，还有用人之术。她提拔过不少人，也杀了不少人。刚刚提拔又杀了的也不少。"

谈到这里，小孟记起了毛泽东过去给她讲过的一个关于武则天的故事：

武则天当政时，一位大臣见她经常杀人，就向她提出建议说：

"你这样杀人，谁还敢当官呀？"武则天听后不急不恼，只是让那大臣晚上再来一次。当然。那大臣吓得不知所措，天威莫测呀。当天晚上，武则天让人在殿台上点了一把大火，黑暗中的飞蛾见火便纷纷扑来，结果飞来多少，就烧死多少，可还是不断地有飞蛾扑来。武则天笑着对那大臣说："这叫飞蛾扑火，自取灭亡，本性难移吧！"那大臣立刻明白了武则天的用意。看来，只要有高官厚禄，要当官的人源源不断，哪里会杀得尽呢？

毛泽东还谈过武则天立碑的事：武则天有自知之明，她不让在她的墓碑上刻字。有人说其本意是功德无量，书不胜书。其实，那是武则天认识到，一个人的功过是非，还是由后人去评论。

谈了武则天之后，小孟又转移了话题："为什么那么一部大书，写政治军事的那么多，写经济文化的那么少呢？"

毛泽东说："中国的军事家不一定是政治家，但杰出的政治家大多数是军事家。在中国，尤其是改朝换代的时候，不懂得军事，你那个政治怎么个搞法？政治，特别是关键时刻的政治，往往靠军事实力来说话。没有天下打天下，有了天下守天下。有人给《左传》起了个名字，叫'相砍书'，可比《通鉴》里写战争少多了，没有《通鉴》砍得有意思。《通鉴》是部大的'相砍书'。"

小孟说："'相砍书'，可真有意思，'砍'就是战争吧？"

毛泽东说："《通鉴》里写战争，真是写得神采飞扬，传神得很，充满了辩证法。例子多得很哪。它要帮助统治阶级统治，靠什么？能靠文化？靠作诗写文章去统治？古人说，秀才造反，三年不成。我看古人是说少了，老靠秀才，30年，300年也不行噢。"

小孟说："古人这么说，现代人也这么说，为什么秀才就不行呢？"

毛泽东说："因为这些秀才有个通病：一是说得多，做得少，向来是君子动口不动手；二是秀才谁也看不起谁，文人相轻嘛，秦始皇怕秀才造反，就焚书坑儒，以为烧了书，杀了秀才，就可以天下太平，一

劳永逸了，可以二世、三世地传下去，天下永远姓秦，结果呢？结果是'坑灰未冷山东乱，刘项原来不读书'。是陈胜、吴广、刘邦、项羽这些文化不高的人带头造反了。"

谈到这里，毛泽东哈哈大笑起来，他似乎笑得十分开心。然后，他端起杯子喝了口水，接着说："可是没秀才也不行，秀才读书多，见识广，可以出谋划策，帮助取天下，治国家。历代的明君都有一些贤臣辅佐，他们都不能离开秀才啊！"

毛泽东若有所思地闭起了眼睛，显出了一种难以捉摸的神情，看着毛泽东陷入了沉思，有些倦意，小孟忙说："《通鉴》里有不少故事，以后您给我讲讲吧，我就爱听故事呢，您该休息休息了，您今天说得太多了，把您累坏了，我可担当不起。"

毛泽东微微睁开眼睛说："你这个孟夫子，就是怕负责任，看来，今天也是该告一段落了。《通鉴》是一部值得再读的好书。有人说，搞政治，离不开历史知识，还有人说，离不开权术，离不开阴谋。甚至还有人说，搞政治就是捣鬼。我想送给这些人一句话，不过不是我说的，我是借花献佛，那是鲁迅先生说的：'捣鬼有术，也有效，然而有限，所以以此成大事者，古来无有。'"

毛泽东和小孟的一番谈话就这样结束了，这是他们之间最长的一次谈话，也是孟锦云陪毛泽东读诗书的一段难得的佳话。

芦荻当"侍讲学士"

1974年春，毛泽东患了老年性白内障病，视力模糊，看东西很吃力。对于领袖来说，一天有多少文件需要他看，特别是像毛泽东这样一生手不释卷，历来亲自批文件、写文章的人，一旦视力不好，其痛苦是可以想象的。就是从这时开始，张玉凤又多了一项工作，天天为毛泽东读文件、读书、读信、读报。

这可是一件难以胜任的工作。张玉凤读文件、读报、读信，还觉得能够应付。而读书，特别是读古书，困难就大了。很多古书，不但词意难懂，还有很多生字，这就增加了读书的难度。张玉凤记得最难读的几篇赋，如《别赋》、《恨赋》、《月赋》、《枯树赋》等，读起来实在力不从心，既没有铿锵有致的韵味，也无激荡肺腑的感情。所幸的是毛泽东的文学功底深厚，很多诗赋他都能背下来，读错的字和音他随时予以纠正。毛泽东告诉张玉凤："读诗和读赋不同。诗有五言、七言，还有平声支韵，去声径韵……你按韵律来读，基本上就可以了。而赋则不同，要抑、扬、顿、挫，要读出感情才行。你这样平平地念，像寺庙里的和尚念经。"

一次，张玉凤给毛泽东读白居易的《琵琶行》："浔阳江头夜送客，枫叶荻花秋瑟瑟……"读着读着，毛泽东自己也跟着背诵起来。他用低沉的声调，一字一句地缓缓吟诵，那声调，那韵致，入情入景。让张玉凤措手不及而又惊奇的是，读到后边，他竟激动得泪如泉涌。

"凄凄不似向前声，满座重闻皆掩泣。
座中泣下谁最多？江州司马青衫湿。"

张玉凤意识到，毛泽东此时此刻一定是进入诗的意境了，他那浓重的情感，透着对诗意的某种相通。毛泽东是非常喜欢这首诗的，他曾在书上这样批注："江州司马，青衫泪湿。作者与琵琶演奏者，有同等的心情，白诗高处在此，不在他处，其然岂其然乎？"

1976年，因周恩来、朱德先后去世，两位共事几十年的老战友的去世，使重病中的老人无法平复内心的悲痛，昔日乐观的心境也不复存在了。有一天，毛泽东让张玉凤拿来庾信（南北朝时的文学家）的《枯树赋》读给他听。这首赋毛泽东早已熟读，并能背诵，即使在病魔缠身的晚年仍能背出。这是一首以树喻人，以物托志的赋，词调惨切，读来令人伤感。

在毛泽东的床边，张玉凤缓慢地读着这首赋。毛泽东微闭双目，凝神遐思，仿佛是在体味赋的意蕴，又好像是在回顾自己的一生……

其实，晚年的毛泽东究竟在想什么张玉凤也不知道。但从他那凝然深思的表情，张玉凤猜想，毛泽东此时一定想得很多，也很遥远。

当张玉凤念了两遍之后，他意犹未尽，自己开始背诵。此时他已不能像以前那样抑扬顿挫、声音洪亮地吟诵了，发音极为费力，声音非常微弱，但听起来还很富有感情的。"……昔年种柳，依依汉南。今看摇落，凄怆江潭。树犹如此，人何以堪！"

这位辩证法大师，曾经叱咤风云的一代巨人，从庾信的赋中体味出了什么，寄托着一种怎样的情意，在张玉凤的心里至今还是个谜。

这首赋，是毛泽东一生中所读的最后一首，也是张玉凤最后一次为他读诗读赋。因为，他的视力、听力，说话的能力，都不及以前了，自然规律和可怕的病魔使老人家步入了生命的最后一段旅途。

由于毛泽东的视力减弱了，看东西模糊不清。向来自己看文件、批文件的他，不得不叫机要秘书代读，照他的意见代签文件。这年8月，毛泽东过武汉时，大夫在东湖宾馆为他诊看眼疾，断定为"老年性白内障"。其中，有一只眼睛病情比较严重。

毛泽东素来手不释卷，是一位"书痴"。他睡眠的大木床侧，一大堆书，日夜展读。他尤为爱读古代的诗、文、史。因患眼病不读书，比不眠不食还难受。机要秘书可以为他读文件，可是讲史论文，便勉为其难了。

年迈的毛泽东忽然委托中共中央办公厅，替他物色一位"侍讲学士"……

在中国，自唐朝以来，宫中设"侍讲学士"，侍立君主之侧讲论文史，备君主顾问。"侍讲学士"是翰林院中的高级官员。

于是，中共中央办公厅主任汪东兴和副主任张耀祠着手寻觅"侍讲学士"。既要"讲"，普通话要好，口齿要清楚。在毛泽东身边

"侍讲"，古典文学的根底要好。毛泽东精熟文史，要能够跟毛泽东对话，讲论文史。再说毛泽东的生活昼夜颠倒，侍讲者年纪不可太大，以免体力不支。但不能太年轻，怕学术功底太浅，以中年最为合适。还有，进入中南海政治上当然要可靠……这些，也就成了遴选侍讲者的条件。遴选工作在悄然进行中。

首先想到的最合适的单位，自然是北京大学中文系。汪东兴、张耀祠委托当时的中共北京市委书记谢静宜，从北京大学中文系物色人选。谢静宜本是河南商丘县人，1952年16岁初中毕业，分配到中共中央办公厅当机要员，"文革"中日渐发迹。她接受任务后，立即赶到北京大学。

没几天，谢静宜就送来北京大学中文系几位教师的档案。机要秘书张玉凤把这些档案一一念给毛泽东听。听罢，毛泽东说："就让芦获来试试看吧！"

北大中文系的芦获，是一位中年女教师。她普普通通，并非学界名流。毛泽东选中她的原因很简单：博览群书的毛泽东，读过中国青年出版社1963年出版的《历代文选》一书。这本书是由中国人民大学语言系文学史教研室冯其庸、刘忆萱、刘瑞莲、李永祜、吴秋瑾、芦获选注的。毛泽东很喜欢其中《触詟说赵太后》、《赵策》、《别赋》（江淹）、《滕王阁序》（王勃），很巧，这几篇文章的选注者正是芦获。记忆力甚强的毛泽东，当时便记住了芦获这个名字。

也真巧，芦获于1970年年底从中国人民大学语文系调往北京大学中文系。这样，北大中文系报来的备选者中，芦获也报来了。毛泽东记起了《历代文选》，也就选中了芦获。

当年，44岁的芦获本人对此毫无所知，她只能靠命运去安排自己了。

5月23日，北大开来一辆中型面包车，来到三里河，停在芦获家门前。车上坐的有北大中文系的负责人。

来客步入芦获家中，要她马上带换洗衣服、脸盆牙具之类，以及

几本古文书籍，说是要住到什么地方去。芦荻只得遵命。上了车，径奔北大，驶往未名湖畔的一幢楼。来到那儿，她被安排住在一个房间里，据说是要她继续讲课。

被蒙在鼓里的芦荻，在那里她关起门来看书，如同往日在家备课一样，认真地熟背古诗词。

3天之后，5月26日晚上，看了一天的书，芦荻神情疲惫，正准备就寝，却响起敲门声。不速之客竟是谢静宜！

谢静宜要芦荻收拾衣服用具，马上随车出发。

"深夜里还要讲古文？"芦荻不解，但又不好多问。

楼前，一辆轿车在恭候。上了车，谢静宜这才开口，说了一句使芦荻难以置信的话："我要带你去见毛主席！"

芦荻瞪大了眼睛，吓了一跳，说了声："什么？见毛主席？"

"你去给毛主席讲诗、词、歌、赋。"谢静宜说出了缘由。

芦荻几乎不相信自己的耳朵了：毛泽东是全国人民的伟大领袖，对中国古典文学深有造诣，怎么会要她去讲诗词歌赋呢？

最使她纳闷的是，那"歌"讲些什么呢？中国古代并没有多少"歌"（即"歌行"），怎么讲呢？她心里琢磨，如坠入幻境一般，只觉得车子像飞一样在奔驰。身边坐着谢静宜，她又不便说什么。她不知道，毛泽东为什么会突然召见她这么一个平平凡凡的人。

车子刚刚驶过西单，便转入中南海，戛然停住。

由于过度紧张，芦荻下车时，咣当一声，撒了手提包，把脸盆、两支笔、书、梳子和四件换洗的衣服，全都打翻在车里。狼狈透了！

"我替你收拾，你先去吧！"幸亏司机这么说。

她看了一下手表，10时18分。在谢静宜带领下，她步入毛泽东住处。当时，她仿佛在做梦一样，一眼就看到在电影、电视中见过多次的熟悉的毛泽东形象。不过，眼前的毛泽东，不像往常记者们形容的"神采奕奕"，显得苍老，有点病态，但精神仍很不错。

对于她的到来，毛泽东显得非常高兴，病中卧床的毛泽东握着芦获的手，问道："会背刘禹锡的《西塞山怀古》这首诗吗？"

神情极紧张的芦荻，那思维还一下子无法扭转到刘禹锡的诗上去。这时，毛泽东在床上慢慢地用铿锵之声吟诵起来：

> 王浚楼船下益州，金陵王气黯然收。
>
> 千寻铁锁沉江底，一片降幡出石头。
>
> 人世几回伤往事，山形依旧枕寒流。
>
> 今逢四海为家日，故垒萧萧芦荻秋。

这首芦荻非常熟悉的诗，经毛泽东用湖南口音吟诵，别具一番情味。

吟罢，毛泽东笑着问芦荻："你的名字，是不是从这首诗里来的？"

芦荻笑了。她那紧张万分的神经，在毛泽东的谈笑声中，放松下来。

毛泽东指了指自己的双眼，说是患了眼疾，要请她代读中国古文。至此，芦荻才明白了请她来此的用意，于是才轻轻地嘘了一口气。

芦荻一直侍立在床前。毛泽东让她坐下来，跟她聊起了刘禹锡。毛泽东很喜欢刘禹锡的作品，欣赏那名句"沉舟侧畔千帆过，病树前头万木春"。他会背刘禹锡的《陋室铭》、《乌衣巷》、《竹枝词》、《杨柳枝词》等许多作品。

芦荻坐在一侧，很拘谨地静静听着。毛泽东的秘书、医务人员以及谢静宜，也一起听毛泽东谈话。

毛泽东兴致很高，海阔天空地聊着。从唐朝的刘禹锡，谈到了三国的阮籍，又忽地提及了北周文学家庾信。他见芦荻在一边只是听着，笑道："该轮到你讲了，就讲讲庾信的《枯树赋》吧。"

毛泽东冷不丁地点了一个题目，芦荻毫无思想准备。她凭着自己的记忆，背诵起《枯树赋》，边背边讲解，毛泽东听得很有兴味，神情完全投入到《枯树赋》里去了。

接着，毛泽东又谈起了"江郎才尽"的"江郎"——江淹的《别

赋》以及《触詟说赵太后》。事先谢静宜已从毛泽东那里得知，他要听这两篇古文，因此与芦荻打了招呼，所以这次"面试"，很令毛泽东满意。

大约很久没有遇到这样可以谈论中国古典文学的对手了，毛泽东显得异常兴奋。他下了床，在屋里缓缓踱起步子来，一边踱，一边嘴里哼着宋代词人张元乾的《贺新郎》："梦绕神州路……"他缓步在宽大的房间里踱了三圈。这时，芦荻望着他，突然产生一种老松静穆之感。

从夜里10时18分，一口气谈到凌晨1时。大夫考虑到毛泽东正在病中，劝他早点休息。

毛泽东谈兴正浓，不肯中断谈话。又谈了两个小时，大夫下了"命令"，非要毛泽东休息不可。

这时，芦荻赶紧站了起来，向毛泽东告别。

毛泽东说："再见吧，我们认识了，以后慢慢谈吧。"

就这样芦荻结束了与毛泽东的第一次谈话。

芦荻被工作人员送入离毛泽东住处很近的一幢楼里住下。工作人员很细心，因为芦荻是毛泽东说的"请来的客人"。

芦荻住在底楼的一间屋内，楼内还有一些工作人员，谢静宜则住在二楼。

从此，芦荻的生活规律也按照月亮转了，以适应毛泽东昼夜颠倒的生活：她上午睡觉，下午则闭门看书，为讲读作案头准备工作。深夜至凌晨，她来到毛泽东那里，为他侍讲诗文。芦荻终日在中南海住着，不能回家。

芦荻自己讲当时的心态：

"我是一个很普通的人，突然进入中南海，来到毛泽东身边工作，我的心情一直是非常紧张的。毛泽东当时在人民群众的心中是神，我也是这样看的。我对他是毕恭毕敬。大概我看过许多古代史书的缘故，我总是有一种深入重地、深入禁地的感觉。我常常如《诗·小雅》中所说的那样，'战战兢兢，如临深渊，如履薄冰'。"

每当她奉召前往毛泽东那里时，谢静宜总要陪同一起去。谢静宜总是不放过接触毛泽东的机会。

芦荻步入毛泽东卧室，一般都是侍立于毛泽东床前，双手捧着书，逐字逐句地念。毛泽东一再叫她坐下来，往往用手拍拍床头的红丝绒的小凳子，她才小心翼翼地坐下来。这时，毛泽东往往对大夫、秘书说："来，你们也来听听。"在听讲时，毛泽东还常常问大夫、秘书："你们听懂了没有？"

芦荻仿佛变了一个人。她变得不苟言笑，只是专心于自己的工作。她显得过分地紧张、过分地拘谨，因此不止一次被谢静宜批评，就连毛泽东也多次提醒她不要太拘谨小心了。

慢慢地，慢慢地，芦荻才开始适应那样的环境，绷紧的神经逐渐地松弛下来。尤其是毛泽东那谈笑风生、平易近人的风格，使她逐渐地打消了紧张心理。

芦荻亲眼目睹了毛泽东读书时，那种如醉如痴的神情，她真的把他当作了神，从心底里敬爱他，佩服他，所以称呼他总是"您"，毛泽东却不喜欢，他说："还是说'你'吧！不要太客气。"

毛泽东公务甚忙。尽管在病中，半个身子行动不便，终日卧床，可是他仍亲自料理国内外大事，听汇报，发指示。他只能挤时间读书。入夜，芦荻在自己的房间里等候。有时是夜11点，有时甚至是凌晨2时，毛泽东要读书了，就叫秘书打电话给芦荻，芦荻跳上自行车，前往500米处的毛泽东住所。她一路上风风火火骑自行车，到达毛泽东那里直喘气，后来毛泽东在他的书房里放了张桌子，让芦荻在那里看书，他需要读书时便唤她进来。另外，她在书房里工作，也好借阅毛泽东的藏书。

起初，讲古代诗词，芦荻得心应手。多年来，她潜心研究中国古代诗词。毛泽东点什么诗词，她都可以背出，并作讲解。毛泽东点古代散文，芦荻也还算能够应付。

可是，毛泽东涉猎面广。有时，要她读《二十四史》，那已越出了

她的专业范围。她很生疏，有许多生僻的古字念不出来。这时，她往往停顿下来，毛泽东催促道："念呀，念下去呀。"芦荻只好如实说，遇上不认识的字，要查字典。不料，毛泽东随口说那字该怎么念，并大笑起来。芦荻一边深感自己学识不够，一边非常佩服毛泽东的渊博知识。

芦荻在毛泽东身边4个多月的侍讲生活中，曾多次聆听过他畅论历史，收获匪浅。她借整理书籍的机会，阅读了大量经毛泽东批阅圈点的古籍。其中阅读了武英殿大字本《二十四史》，使她对毛泽东的读书精神深受感动。

展阅毛泽东读过几遍的《二十四史》，芦荻看到书中有些扉页已经磨损。从《史记》到《明史》，繁圈密点，画线加批，比比皆是，颜色有红有蓝，有铅有墨，新迹旧痕，判然可别。可以想见毛泽东从1952年购进该书，到1975年，20多年中，三复四温，爱不释手的情景。

从圈画批注的情形看，毛泽东不仅认真细致地通读了这部4000万言的巨著，而且在每部书第一卷的封面上，都清楚地标写出卷、册的数目和分类，甚至某些传记所在册数和卷数，也都一一标明。例如，在《辽史》的封面上，他除了列出"本纪三十、志三十二、表八、列传四十五，总计为一百一十五卷"的总目外，还写有下面一段话：

《辽史》总列一百一十五卷，而本纪、志、表、列传，分数总合为一百一十四卷，错在志十七上，又有十七下，和其他条体例不合，按其他各项体例，则应为十七、十八，就加改正。类推，则志当为三十二卷。

从这条按语看，毛泽东不仅在读该书时，一一标出了目录，而且还经过了仔细的核查。

毛泽东读这部书时，前四史的圈画、批语很多，但从目录的标示上可以看出，他虽然不满意《明史》，认为《明史》芜杂，但读时却极下工夫。因为在封面上，密密麻麻，不仅全录出了《明史》的册和每册中的卷数，而且还列出了众多传主的姓名。如"六十册，列传一百零七，张四维，马自强"、"六十七册，131～132，东林党传"之类，有的在传主的姓名之下加圈，有的在传主的姓名之下之后画括弧加注。读这样的一部巨著，持如此严谨的态度，在一般的读书人中，并不多见。对于毛泽东这样年老迟暮且又日理万机的党和国家的最高领导人来说，简直不可思议。

毛泽东读史喜读人物传记，这是众所周知的。但他的非凡之处在于，他不仅反复读传记正文，而且连注文也一一核阅，有时还把注中文字，提写到正文有关的地方。如《后汉书·光武帝本纪》，文中写刘秀"性勤于稼穑"（句下，毛泽东画了圈）。刘秀"避吏新野"（兄伯升宾客杀人，刘秀躲避官府搜捕，避到新野邓晨家中）时，值"南阳荒饥"，"因卖谷于宛"。毛泽东在这里特地把注家李贤转自《东观记》中的"而上田独收"的一句注文，移写过来，用以突出刘秀善于耕田的技术。像这类摘出注文，以突出传主的某一特色的地方，书中并非仅见。

毛泽东读《二十四史》，不仅认真地读那些所谓"正面"的材料，同时也认真地读那些"反面"的材料。在这部史书中，举凡奸臣、佞臣、叛臣等人的传记，像新、旧唐书里的安禄山、史思明等人的传，《宋史》里的《奸臣传》（秦桧、蔡京），《明史》里的《奸臣传》（胡惟庸、严嵩），等等，他都必须在封面上专门标出卷、册、姓名，有的还在名字前面画了圈。他说："一要看看他们的奸法和坏法。二要和其他传记参照看，弄清楚每项历史事件的原委，分清主要的责任和次要的责任，不能只信一面之词。"

毛泽东读史的特点是，不仅"正"、"反"不遗，参详互见，而且还阅读了大量的其他史籍，包括历史演义、笔记小说等，以充溢史闻，广驰视野，力求在丰富的史料基础上，剖析史实，评论人物。5月30日晚，毛泽东与芦荻议论《晋书》时，他让芦荻好好读读《南史》和《北史》。他对芦荻说："搞文学史的人，一定要好好地读历史，要认真地读《资治通鉴》、《二十四史》，但要用马克思主义的立场、观点和方法读，否则就读不好，弄不清历史发展的头绪。要明白，所谓正史，那是指合乎封建统治者阶级要求的'正'。所以，书里总是给统治

阶级制造迷信，说许多天命、符瑞之类的骗人的鬼话；所以书里要'为尊者讳'，并把反抗他们起义的农民群众骂作'匪'。其实，有些稗官野史由于不是官修的，有时倒会写出点实情。所以，《二十四史》要读，《资治通鉴》要读，稗官野史笔记小说，也要读。"他还说："历史书籍要多读，多读一书，就多了一份调查研究。读得多了，又有正确的立场和观点，进行判断和评论，就较少失误，这是辩证法，也是把被颠倒的历史再颠倒过来的重要条件。"

在领导中国革命的过程中，毛泽东对农民战争是推动历史发展的论断，显然与他对《二十四史》的精细研究与深入分析分不开的。芦荻在翻阅毛泽东圈画的《二十四史》中，发现举凡有关农民运动的部分，都有毛泽东辛勤披览和思索的痕迹，圈连线密，旁批眉注，备极细致。甚至连起义军作战的路线，书中也有勾画。在《旧唐书·黄巢传》后，附有毛泽东亲笔画的黄巢行军路线图一张（黄巢与秦宗权合传，在全书之末），可以见出他读《黄巢传》时的用心情况。毛泽东高度肯定农民起义战争的积极作用，说："陈涉、吴广的功绩甚至连封建统治阶级也不否认。司马迁在《史记·陈涉世家》中说：'胜虽已死，其所置遣侯王将相竟亡秦，由涉首事也。'《汉书·陈胜项藉传》里也承认，'其所置遣侯王将相竟亡秦'。"

毛泽东对于农民起义军的失误和领袖的错处，也总是惋惜地标出或批注，如在《史记》和《汉书》的陈涉传中所写他斩杀故旧的地方，毛泽东特地加了"可惜"、"不当如是"类的批语。

在研读《二十四史》中，毛泽东阐明了另一个重要问题是中华民族具有维护统一，反对分裂的坚固的凝聚力和优良传统。毛泽东让芦荻读《晋书》、《南史》、《北史》，后来在谈及这个问题时，他说：

"我们的国家，是世界各国中统一历史最长的大国。中间也有过几次分裂，但总是短暂的。这说明，中国的各族人民热爱团结，维护统一，反对分裂。分裂不得人心。"

毛泽东还说："《南史》和《北史》的作者李延寿，就是倾向统一的，他的父亲李大师也是搞历史的，也是这种观点。这父子俩的观点，在李延寿所写的《序传》中说得十分明白。"毛泽东在李延寿写的《序传》中，画了大量的圈和线，注有很多赞赏的标记。他让芦荻读《南史》、《北史》，目的是让芦荻了解：在南北朝长期分裂的时代，广大人民群众，包括出身士族的知识分子，都是希望统一的。

从读史书中，毛泽东产生了这样一种观点，那就是坚持统一还是搞分裂，这是评论历史人物的一个重要标准。

毛泽东说："诸葛亮会处理民族关系，他的民族政策比较好。获得了少数民族的拥护。"在《诸葛亮传》中，他在裴松之引《汉晋春秋》的一段注文旁边，加了很多圈。这条注文记载了诸葛亮七擒七纵少数民族首领孟获和平定云南后用当地官史管理南中的事迹。毛泽东说："这是诸葛亮的高明之处。"

对唐太宗李世民，毛泽东很欣赏，除了推许李世民的文治武功外，还推许他的民族政策好。毛泽东认为唐代的繁荣富强和李世民较好的民族政策有很大关系。他说："唐朝的名将中有不少是少数民族。"特别谈到了文成公主与松赞干布的婚事，说那时的吐蕃和唐朝政府就是一家人了，松赞干布是个很有远见、很有作为的人物。

毛泽东是精通唯物辩证法的大师。他能灵活运用辩证法，对纷繁复杂的历史现象，他从不给以简单的论断，而是谨慎地从当时的历史条件出发，具体地加以剖析。比如对于宋代的道学家，他既深刻地指出了道学维护没落的封建统治的反动本质，又没把情况复杂的道学家简单化。他对朱熹，一方面指出他的虚伪，说他责打被压迫的妓女，给妓女加上伤风败俗的罪名，而自己却又纳妾；另一方面又指出朱熹的学问渊博，是个大学者，而且还颇有开通的地方。一方面指出骂曹操为"汉贼"的正统观念始自朱熹的论著，另一方面又说朱熹的《紫阳纲目》是应该一读的著作，并手书了"紫阳纲目"和"道学二朱熹"。毛泽东让芦荻读读朱熹的书，并说："这是很有用处的。"

至于对《二十四史》中随处可见的，充满了朴素唯物主义的辩证

法和名言警句，毛泽东从不放过。他或是加上连圈密点，或是摘录在天头，并铭记于脑。如"豺狼当路，安问狐狸"、"偏听成奸，独任成乱"、"意合则胡越为兄弟，不合则骨肉成雠仇"、"水至清则无鱼，人至察则无徒"、"明有所不见，聪有所不闻，举大德，赦小过，无求借于一人"、"凡战者，以正合，以奇胜"（引《孙子兵法》）。毛泽东引录之后，又加了解释："正，原则性；奇，灵活性"、"天地之性人为贵"，以及"一死一生，乃知交情；一贫一富，乃知交态；一贵一贱，交情乃见"，等等。通检全书，经毛泽东圈画摘录的这类"至理名言"，不可胜计。这些至理名言常常被毛泽东运用于喻事明理之中。在交谈中，芦荻发现毛泽东读史所得常被发挥得淋漓尽致。

毛泽东读《二十四史》，非常注意一些有成就人物的出处。认为这对于研究人物的成长和作为是颇有关系的。如《后汉书·光武帝记》，他特地在刘秀早年勤于稼穑的记载处，加上密圈。在《汉书·卫青霍去病传》中，他特别圈出了卫青为"侯（平阳侯曹寿）家人，少时归其父、父使牧羊。民母（嫡母）之子皆奴畜之，不以为兄弟数"，在《公孙弘传》中，圈出了弘"少时为狱吏，有罪，免。家贫，牧豕海上"等文字。毛泽东曾说过"卑贱者最聪明"，这不仅是基于对现实生活的观察和体验，也囊括了他读《二十四史》的所见与所得。

在《汉书》上，毛泽东写道：

"李贤贤于颜师古远甚，确然无疑。裴松之注《三国》有极大的好处，有些近于李贤，而长篇大论，搜集历史资料，使读者感到舒服爱看。青出于蓝而胜于蓝，其此之谓与？比如积薪，后来居上，章太炎说，读《三国》要读裴松之注，英雄巨眼，不其然乎？"

一部巨著《二十四史》，几乎陪伴了毛泽东的一生，几次批阅，爱不释手。晚年再读，芦荻陪阅，使她有机会了解到这位伟人的历史情怀。

毛泽东对《鲁迅全集》很有兴趣，他说他与鲁迅的心是相通的。虽说这已属现代文学范畴了，非芦荻所长，他也要芦荻念。芦荻并不熟悉鲁迅的著作，只得赶紧借来成套《鲁迅全集》，钻研起来，以便能够完成侍读任务。

有时候，毛泽东记起鲁迅的一句话，叫她从《鲁迅全集》中查出处，往往使她忙一阵子。比如，毛泽东记得，鲁迅说过，烂苹果只消挖掉烂了的部分，仍然可以吃。他要芦荻查这句话出自鲁迅什么文章，芦荻很费劲，才算查到了原文。

最狼狈的一次，是毛泽东忽地对《土壤学》发生兴趣，要她读。她读得结结巴巴，因为她对自然科学实在很生疏。

毛泽东的湖南口音很重，加上病中语音含混不清，最初芦荻常常听不明白，需要张玉凤给"翻译"。后来，她带了笔记本，听不明白的地方，毛泽东就写在纸上。这样，她也就随时记录下毛泽东对古典文学的种种谈话，并夹入毛泽东写的纸条。芦荻的笔记本，如今成了极其珍贵的历史文献。毛泽东对中国古典小说名著如《三国演义》、《水浒传》、《红楼梦》、《西游记》、《聊斋志异》等，非常熟悉，常跟芦荻谈论这些小说。此前，在不同时期、不同地点，与不同人物，毛泽东都曾谈过这些古典小说。

日渐熟悉之后，有一回，毛泽东跟芦荻谈起南朝作家江淹的《别赋》时，说："江淹《别赋》中'秋露如珠，秋月如挂'，你的书中对'挂'的注释不很准确。"

芦荻一听，大吃一惊。她直到这时，才知道毛泽东曾看过她参加选注的《历代文选》一书。她对毛泽东的读书之博，打心底里佩服。她当即请毛泽东谈下去。毛泽东说了自己对"秋露如珠，秋月如挂"的理解。她觉得毛泽东很有见地，古文修养比专门研究古典文学的她要好得多。芦荻备感自己的浅薄，每天花更多的时间准备侍读。

还有一回，毛泽东谈起了抗美援朝，忽然问及芦荻参加抗美援朝的情况。她从未跟毛泽东谈起自己的经历，毛泽东怎么知道她参加过抗美援朝呢？她这才明白，毛泽东在挑选侍读者时，曾了解过她的简历。

　　毛泽东的这些话，解除了她思想上的顾虑。她刚进入中南海时，心情是很紧张的。

　　在芦荻进入中南海两个来月，毛泽东的眼疾终于要动手术了。

　　一个春光明媚柳絮飘飞的日子，毛泽东的保健大夫请来了北京著名的中医和西医的眼科专家为毛泽东会诊。毛泽东以微弱的视力扫视着大家，并且同大夫们握手，其中一位是广安门医院的眼科大夫唐由之，他40岁开外，身材高大，但看上去却是位名副其实的白面书生。毛泽东边同他握手边问他叫什么名字。唐大夫以洪亮的声音告诉他叫："唐由之。"这3个字读音刚落，毛泽东的兴致即刻表现出来，他认真地又费力地说："这个名字好，你的父亲一定是位读书人，他可能读了鲁迅先生的诗，为你起了这个'由之'的名字。"此时毛泽东的双目虽然呆滞，但背起诗来抑扬顿挫，富有感情。毛泽东轻轻地背诵鲁迅悼杨铨的诗：

　　　　　　　"岂有豪情似旧时，
　　　　　　　花开花落两由之。
　　　　　　　何期泪洒江南雨，
　　　　　　　又为斯民哭健儿。"

　　毛泽东虽然年逾古稀又在病中，但记忆力仍不减当年，他竟一字不漏地背出了这首诗，令在场的专家们惊叹不已。

　　毛泽东医疗组根据毛泽东的身体和右眼白内障已经成熟的状况，提出了实施手术的意见和方案。

　　当张玉凤把就要做眼睛手术的事，婉转地告诉毛泽东以后，毛泽东欣然接受了，这真是一件大喜事，大家开始忙碌了。

　　8月中旬的一天傍晚，毛泽东睡了一个好觉，醒来后情绪很好。等在外面的医生、护士和工作人员都作好了准备，主刀的是医术严谨又熟练的名家唐由之大夫。

对于生老病死，毛泽东总是抱着乐观、自然的态度。他从没有因为病魔缠身而失去信心和力量。就在为他要实施手术时，他仍给人以满怀信心和壮志凌云的感觉。毛泽东让张玉凤放一首最喜爱的岳飞的《满江红》。

这首曲子是上海昆曲剧院演员岳美缇演唱的，岳美缇演唱的《满江红》高亢、有力，充分表达了一位爱国志士的宽广胸怀和伟大抱负。

毛泽东听着铿锵的乐曲，迈着蹒跚的步子来到了手术台前。

这次手术非常成功。一周后，当毛泽东摘掉蒙在眼睛上的纱布，他眨眨眼，看着看着，他突然激动地指着在场的一位工作人员的衣服，准确地说出了颜色和图案。

毛泽东的一只眼睛复明了。从此结束了他所经受的600多个不明的日日夜夜。在场的人都为这次眼睛的针拨手术成功而高兴。

毛泽东的眼睛复明后，有一天他读宋陈亮的《念奴娇·登多景楼》：

"危楼还望，叹此意，今古几人曾会？鬼设神施，浑认作，天限南疆北界。一水横陈，连岗三面，做出争雄势。六朝何事？只成门户私计。因笑王谢诸人，登高怀远，也学英雄涕。凭却江山管不到，河洛腥膻无际。正好长驱，不须反顾，寻取中流誓。小儿破贼，势成宁问强对。"

读着读着，忽然毛泽东哭了起来，真是情绪激动，涕泗滂沱，不能自抑。医生劝慰后询问才知道，毛泽东是因读陈亮词有感而泣。

从这首词，毛泽东联想到现实。如果北方的邻国入侵我国，中国北部的大片领土沦于敌手，那么今日的中国也得出现南宋那样的情景。北方已是"河洛腥膻无际"，而南方也将出现妥协派，那将划江自守，偏安一隅，表面上还装出一副英雄模样。这是一种多么可怕的情景啊！毛泽东此时已年老力衰，纵有陈亮在这首词里所表现出的那种不畏强敌、长驱破贼的英雄气概，也是力不从心了，这是多么的悲

凉。这恐怕就是毛泽东流泪的缘故吧！晚年毛泽东读了不少同这首词主题相仿的宋词，如：张元乾的《石州慢》、《寒山依痕》、《贺新郎》、《杖危楼去》、《贺新郎》（梦绕神州路），张孝祥的《六州歌头》（长淮望断），辛弃疾的《水龙吟》（更能消几番风雨）、《破阵子》（醉里挑灯看剑）、《永遇乐》（千古江山），等等。

有一回，毛泽东笑着问芦荻："你平日教学生是怎么教的？难道光是你一个讲，'满堂灌'，你从来不提出问题？你得采用启发式呀！"

芦荻一听，便明白毛泽东在很婉转地批评她。因为她一直是侍读而已，近乎"照本宣科"，从未向毛泽东提过一个问题。

其实，这除了她的拘谨之外，还有毛泽东不知道的原因。她在进中南海之时，北大党委给她规定了几条"禁律"：

不问你的时候，不能回答；

该说的说，不该说的不说；

不该问的不问；

不该听的不听；

不该看的不看……

芦荻一直严格遵循这些"禁律"。既然"不该问的不问"。她也就干脆什么都不问——因为她不清楚哪些属于"不该问"的范畴。这样，她在侍读时，一直保持"目不斜视"的姿势，双手捧书，专心致志地念着。

如今，毛泽东要她提问题，当然她不可不提。不过，她仍小心翼翼，仅仅就古典文学范畴，就毛泽东喜欢的话题，提出一些学术性的问题。芦荻很懊悔，当时对毛泽东"仰视"，奉若神明，太不了解他了。哪怕是当时读一读斯诺的《西行漫记》，也会帮助她了解这位中国人民的领袖。可惜今天还有一大堆问题想问他，而斯人已去，"逝者如斯夫"，失掉了请教的极好机会。

进入中南海两个多月以后，芦荻在和毛泽东交谈时，已经比较放松了，有时还会因毛泽东幽默的谈吐而发出笑声，不再"不苟言笑"了。在交谈中，芦荻也能提出一些疑问，请毛泽东回答。芦荻请毛泽东谈对一些历史人物的评价，对一些古典文学作品的见解。初入中南海时，她食不甘味，体重明显减轻。这时，在与毛泽东的谈笑中，她的精神非常愉快。她觉得，能在这样一位时代的伟人身边工作，真是三生有幸。

后来，芦荻回忆起这段经历时有一种失落感。她说，跟毛泽东谈古典文学，与其说是她"讲课"，不如说是毛泽东给她"讲课"。毛泽东兼政治家、思想家、诗人、哲学家、军事家、书法家于一身，谈吐非凡，他的真知灼见，使她获益匪浅。在毛泽东晚年，即便是尼克松、基辛格，见到他也只能谈个把小时。可是，他却把她作为谈话的对手，一夜又一夜长谈，真是千载难得的机会。借着谈话，她了解了领袖的许多内心世界。

凌晨才熄灭的灯光

有一首歌叫《毛主席窗前一盏灯》，歌词是："毛主席窗前一盏灯，春夏秋冬夜夜长明；伟大的领袖灯前坐，铺开祖国锦绣前程。……警卫战士窗前过，心中歌唱《东方红》。"

毛泽东的警卫战士回忆，毛主席没有星期天，也没有节假日，他的作息时间没有个准点儿。用警卫战士的话说，他是没白天没黑夜地干。平时他工作到黎明4点多钟，睡上一会，到9点钟又起来批阅文件、看书了。

1965年的春节，七十二岁的毛泽东早晨5点钟才熄灯睡下，到6点半钟就起来主持召开会议。

警卫战士在哨位上，根据毛泽东房间里灯光的明灭，计算过他的睡眠时间，平均每天不超过5个小时，一年四季，常年如此。警卫战士多么希望毛主席多睡一会，养养精神啊。

警卫战士做了一块木头牌子，上面写着"安静"二字。每当毛主席睡下后，警卫战士就把这个牌子放在毛主席寝室的外面，大家看到它，路过这里都轻手轻脚地，免得把毛主席惊醒了。

毛主席住的是平房，麻雀比较多，最爱大清早唧唧喳喳地叫，这时候往往是毛主席睡觉的时候。警卫战士就在竹竿上绑了一块红布或用细沙土，轻轻地把麻雀们赶跑，让毛主席安静地入睡。每当毛主席房间里的灯光熄灭了，警卫战士们心里都非常高兴，知道毛主席休息了，大家像是得到了很大安慰。

在毛主席的住房里，到处摆的都是书。床上，半边是被褥，半边是书；坐的地方，胳臂一耷拉下来就会碰到书；饭桌上摆的是书，厕所里也放着书。毛泽东的卫士长李银桥说："据我所知，许多领袖人物大便时间很长，其间都要看点什么。如周恩来习惯看报纸文件；贺龙喜欢看小人书……毛泽东喜欢看书。"1949年全国解放进北京后，在中南海的厕所里就摆着各种书籍。毛泽东曾和李银桥说过，上厕所的时候正好想事情。由此可见，古人说的"手不释卷"，这个词用在毛主席身上再合适不过了。

毛泽东看书，圈圈点点，红笔圈了黑笔点，又用蓝笔画上杠杠。在许多书页之间，毛主席还夹上纸条，以便随时查阅。警卫战士帮毛主席收拾房间时，他放的这些书，夹的条条，都不能随便动，因为毛主席记性特别好，他夹的纸条在哪一页上他都记得，查找时你给挪动了地方，他就不高兴了。

看过的书，毛主席都能记住详细情节。比如《红楼梦》，里边那么多人物，一般人看过后，一些次要人物就忘记了，毛主席却连那些不起眼的小丫环的名字都记得。有时给身边的工作人员讲事情，常举《红楼梦》里的例子，还告诉这是在第几回里，照书去查，从来一点不差。许多文言书，毛主席读过以后能够背诵下来，念到高兴处，他合上书本抑扬顿挫地朗诵起来。他的湖南口音不好懂，警卫战士大都听不明白，但他那有滋有味、自得其乐的神情，却很能感染大家。

毛泽东不知疲倦的读书精神，给身边的工作人员留下深刻的印象，尤其是那盏不灭的灯光。毛泽东的保健医生王鹤滨说："每当毛主席日以继夜地工作之后，走下工作台，说要去睡觉休息了，我们这些在他身边工作的人员好像卸下了一天的重担，放松下来，脸上都堆起了笑容，像传递好消息一样，互相转告着：'主席要休息啦！'但是，时间一长大家知道了，毛主席从办公室走进起居室，并不意味着他就要睡眠休息了，而常常是回到寝室之后，灯光仍然久久不息，这就是说，他又转入了另外的一种工作形式——正在看书学习哩！"

毛主席起居室里的灯光成了警卫战士观察他读书或睡眠的一个讯号。所以每当毛主席进入卧室后，值班卫士就把视线盯在向南的窗子上，看着那从窗口射出来的灯光，如果这灯光一小时、两小时地亮着，或更长时间地亮着，说明他老人家正在顽强地学习着。这时，警卫战士的心弦也就越拉越紧了，担心他休息的时间太少，影响健康。此时，常常会听到值班卫士们叹息："啊！这么久了毛主席还没休息呀！"

警卫战士平常以毛主席寝室里的灯光熄灭到他醒后按电铃的声音计算他的睡眠时间，这常常是不准确的，但又没有别的更好的办法。有时常把他看书的时间记入在睡眠的时间之内，如果是在晚上或夜间，灯光可以告诉他醒了，在读书哩，不按电铃，也知道毛主席醒了。如果是在白天，大家还认为他老人家睡得很好哩！内心里都很高兴，值班的卫士兴高采烈地转告着："嘿，今天我值班，毛主席睡得多美呀！"把此事看成是自己值班中的成绩很幸运。

毛主席办公室右侧的床头桌上，放着盏台灯。只要他未在睡眠中，那台灯总是亮着的，伴着毛主席读书。在灯光下的书面被照得很醒目，毛主席半卧着，或半坐着，或侧卧着，或用右肘支持着上身的

重量，眼睛在灯罩上的阴影里，也有时下放到灯光的领域里读着，读着……毛主席睡前，多数的时间是在他醒后，当走进他的寝室时，常会看到他正在全神贯注地阅读着，一点儿也没觉察有人走进来，当他读到有趣之处，常常会使你听到从他那抖动着的喉部迸发出的笑声。这些情景，不禁使人想起井冈山时的民歌："天上的北斗亮晶晶哎，八角楼的灯光通通明，毛委员就是那掌灯的人哪，照亮中国革命万里程。八角楼的灯光彻夜明哎，毛委员写书到深更，光辉的真理照人心哪，他是我们穷人的大救星。"

毛泽东一生的夜晚中，有多少个不眠之夜是在灯光下度过的，恐怕连在他身旁的工作人员也统计不清。特别是在晚年视力减弱的情况下，灯光更是他孜孜不倦学习的明证。

弥留之际看的最后一部书

《容斋随笔》是毛泽东生前长期珍藏爱读的一部古籍，也是他老人家临终前13天还提出要读的最后一部书。

这部书的作者洪迈（公元1123—1202年），字景卢，号容斋，别号野处，文敏是他死后的谥号。宋饶州鄱阳（今江西波阳）人，出生在一个官宦家庭。他的父亲洪皓，徽宗政和五年（公元1111年）考中进士，官至礼部尚书，奉命出使金国，被扣留长达15年之久，饱尝人间辛酸，坚强不屈，后遇金国大败，才得以南归。之后，因斥责秦桧与金勾结的行径，被贬斥。著有《鄱阳集》、《松漠纪闻》等。他的两个哥哥，都在高宗绍兴十二年（公元1142年）考中博学鸿词科进士，是朝廷命官，又是知名学者。长兄洪适，官至尚书仆射同中书门下平章事兼枢密使，著有《盘洲集》、《隶释》等。次兄洪遵，曾为秘书省正字，历起居舍人、中书舍人，官至枢密副使、资政殿学士，喜收藏历代钱币，著有《翰苑群书》等。

洪迈是洪皓最小的儿子。他出生在这样一个官宦家庭，自幼受正统教育，有方便的学习条件和博览群书的机会。再加上他天资聪敏，勤奋好学，每日读书数千言，过目不忘，所以在他青年时代，就"博极载籍，虽稗官虞初，释老旁行，靡不涉猎"，从而形成了良好的知识结构。二十三岁那年，即绍兴十五年，考中博学鸿词科进士，挤入仕途。历两浙转运司干办公事，人为敕令所删定官。后因其父洪皓遭贬而被降调为福州教授，召入左司员外郎、起居舍人、中书舍人兼侍读、直学士院。复出知赣州（今江西赣州）、婺州（今浙江金华），再召入史馆，参与《四朝国史》的修撰，终以端明殿学士致仕，在家从事著述。

洪迈一生，勤于治学，思路开阔，志趣广泛，著述甚富。辑有《万首唐人绝句》、《史记法语》、《经子法语》；著有《夷坚志》、《野处类稿》、《容斋随笔》、《容斋诗话》、《容斋四六丛谈》、《糖霜谱》、《俗考》等。所谓《容斋随笔》便是他的笔记荟萃。分《随笔》、《续笔》、《三笔》、《四笔》、《五笔》五集，实际上就是一部读书随笔的汇集。它是毛泽东一生中比较喜欢读的笔记性体裁的书籍之一。

《容斋随笔》全书50余万言，不是一次编定的。据他本人自述，《随笔》汇集了他18年的读书心得，于淳熙七年编次成书。

1976年8月26日，毛泽东已经是重病在身，每天24小时差不多都是躺在床上（此时他已经不能下床行走了），吃饭也要靠别人一勺一勺地喂。这时候，身边工作人员都为毛泽东的病情焦虑，盼望他的身体能康复、转好。这天晚上9时45分，秘书张玉凤告诉忻中，说首长（指毛泽东，当时身边的秘书、警卫、护士等工作人员都这样称谓）要看《容斋随笔》，你赶快找一部大字的送到游泳池（中南海毛泽东当时的住地），忻中急忙跑到毛泽东书库（即中南海增福堂，因毛泽东个人藏书比较多，为便于保管和使用，经当时的中央有关领导同志批准，特将增福堂命名为"毛主席书库"），毛泽东个人的大部

分图书包括报纸和杂志等都集中存放在这里。因为全部图书、报纸和杂志，都是刚从别的地方搬到这里的，还没有来得及整理和编排顺序。他以前看过多次的那部大字线装书《容斋随笔》一时找不出来。于是，忻中就立即与北京图书馆联系，请工作人员帮助速找一部大字线装《容斋随笔》。

从60年代末开始，毛泽东经常深夜里要书。为了保证和及时满足毛泽东等中央领导同志夜晚看书的需求，北京图书馆的领导经过研究，专门成立了一个办事小组，白天、晚上、节假日，这个办事小组都有人轮流值班。有了这个办事小组，工作人员可就方便多了。凡是毛泽东要书，他的书库没有或一时找不到（因藏书较多，分类不准确），工作人员就可以与这个办事小组联系。在没设这个办事小组之前，也就是在忻中刚开始给毛泽东管理图书的时候，由于对毛泽东藏书情况不熟悉和个人缺少这方面的知识，毛泽东要书时，忻中的心情是很紧张的。后来，尽管自己也下了很多功夫，作了很大努力，但是，有的书特别是线装书还是不能马上找出来，有的名人诗句、警语等还是不能很快地查出来，有了这个办事小组，毛泽东再要书，工作人员心里就踏实多了。

大约过了35分钟，北京图书馆的同志告诉忻中，书已从柏林寺书库找到了。柏林寺书库位于北京市东城区北新桥附近孔庙的东侧，距中南海大约八公里。从柏林寺书库取回《容斋随笔》后，忻中按照惯例，迅速地翻检了一遍，这是工作人员当时的工作制度，凡是从外单位借来的图书，送给毛泽东之前都要认真仔细地检查一遍，主要是看看里面有没有夹带什么易燃易爆、容易伤害人身的危险品及信件、字条等，一是为了保证毛泽东的安全，二是为了防止将不送毛泽东的信件、字条及其东西夹带送给毛泽东，增加对毛泽东不必要的干扰，以致分散老人家的精力和时间。检查完毕，忻中急忙将该书送到游泳池毛泽东住地。

这一次毛泽东要看的《容斋随笔》，负责登记的"一办"是这样记录的：

"8月26日晚9时45分《容斋随笔》（宋）洪迈撰明刻本，两函14册借北京图书馆。"

这一次的登记不同于往常，往常的登记后面还有一行又一行、一页又一页的延续，后面的一行延续了前一行、后一页延续了前一页，那么这前一行、前一页往往也就显得那么平常，从而引不起人们对它的格外注意。这一次的登记是一组用书的最后一次登记，后面永远不会再有空页了。它是毛泽东结束读书生活的一个历史佐证。

《容斋随笔》这部书，毛泽东生前读过多次。在延安时期，毛泽东读过的《容斋随笔》是扫叶山房藏版、乾隆甲寅重刊的线装本，分上、下两函，共14册。当时，延安的读书条件，同大革命时期、长征途中相比虽然好了一些，但能得到的书籍还是为数很少的，远远不能满足毛泽东的需求。那时候，毛泽东多次托人从解放区、从上海等地替他买书，也常到当地的有关图书室（馆）去借书。他读过的那部《容斋随笔》就是从当时的"马克思列宁研究院图书室"借来的。那部《容斋随笔》他读过之后还曾转借给其他同志读过。毛泽东1944年7月28日给谢觉哉写过一封信，信中提到《容斋随笔》的事。这封信的全文如下：

觉哉同志：

《明季南北略》及其他明代杂史我处均无，范文澜同志处或可找得，你可去问讯看。《容斋随笔》换一函送上。其他笔记性小说我处还有，如需要，可寄送。

敬礼！

毛泽东

七月二十八日

《容斋随笔》这部书，毛泽东很为珍爱。在那戎马倥偬的战争年代，不少的生活用品和书籍都遗弃或丢失了，可是这部书连同他读过的马列著作、哲学书籍、鲁迅全集等书刊一直带在身边。转移、行军到哪里，他就把书带到哪里。从延安东渡黄河带到河北省平山县西柏坡，又从西柏坡带到北京城，带到中南海。1949年5月到中南海丰泽园的菊香书屋居住之后，两函《容斋随笔》连同其他有关书籍一起就放在他卧室里的书柜上。现在，这部书还珍藏在中南海毛泽东故居里。书中不少地方，毛泽东都用黑铅笔圈点过或者画上了杠杠。

"建国以后，毛泽东到外地开会或视察工作，还常在工作间隙读《容斋随笔》。1959年10月23日，外出之前他自己除指名要带上马列著作、哲学、政治、经济、历史、文学等多种有关书籍外，还嘱咐带上《容斋随笔》、《梦溪笔谈》等自宋以来的多种笔记小说。60年代，毛泽东先后两次要过《容斋随笔》，一次是1966年11月，这一次他让把他以前看过的那部《容斋随笔》两函14册全送上。一次是1967年9月23日，这一次要的不是全书，只要《五笔》两册。到了70年代，毛泽东还几次看过《容斋随笔》。"

就在这次要书后不久，毛泽东的病情恶化，9月9日，他的心脏停止了跳动。终生酷爱的读书生活至此也就结束了。从北京图书馆柏林寺书库借来的这部《容斋随笔》，就成了毛泽东要看的最后一部书。9月16日，即在毛泽东逝世后的一个星期，忻中就将这部《容斋随笔》退还给北京图书馆了。借阅本书的主人虽然离开了人世，但他读过的这部书北京图书馆还一直珍藏着，永远珍藏着。

以书为枪，横扫千军

贰

读书的秘密武器

毛泽东读书学习有许多"秘密武器"。长期生活在毛泽东身边的护士长吴旭君，通过观察发现一些独特的地方。

当吴旭君第一次走入毛泽东的卧室时，在视觉上给她突出感觉的，一是满屋是书，二是满床是书，三是靠在床上交谈。后来她才习惯了，发现毛泽东的读书环境与众不同。

卧室中主要位置被一个双人大床占有，最早用的是铜床架。床上硬板只用棉絮垫软，毛泽东睡卧在他的右手侧只占五分之二位置，左手侧五分之三全部放书。从头到脚高低堆起，纵行有3—4行，每堆书约有5寸高，高的可达一尺左右，平装线装大小新旧均有，多时可达一二百本，可谓一个手边"小图书馆"。细细思索这个书床确有好处。年老的毛泽东喜卧床读书，拿取方便，按需放置，常阅者近身放，如工具书、词典、地图册类，《红楼梦》、古诗词等在左手近处。偶阅书放在外边，近日不常看者放最左边床外侧或足下位置。书的内容按需不定期更换，木板硬床又较适用于老年人，使脊柱胸背不过度屈曲，肌肉关节易于松弛利于休息。

按一般习惯认为卧读书对视力不好，因为双眼与书本不易保持在一个平面，且眼球位置易偏斜，光线可能不均匀等。双目与书本也不容易保持在30公分左右的合理距离。但在卧室床上阅读能给人以特殊的心理效应。毛泽东办公开会后离开严肃、人多的会场，回卧室后环境安静、光线柔和，宽衣上床坐卧自如，这是他唯一的"家"和自己的小天地。他每逢回到自己的卧室都表现出特有的轻松情绪。

吴旭君说这种卧读不易疲劳，肌肉可以放松，体位又可以变换，

好处是阅读可以持久。卧位同时可以改善脑供血，如服药后更易于镇静利于读书。

毛泽东经常卧在床上思考问题。卧思体位平躺或斜靠，可以改善脑的供血，坐位时肌肉关节紧张需血多，卧位由于地心重力作用改变及血液流体力学的变化使大脑供血相对增加，氧及营养供养改善促进大脑思维提高效率。有的材料提及德国作家歌德常躺在床上构思小说，法国的巴尔扎克巨著《人间喜剧》，一半构思与初稿是在卧思中进行的。有科学家提出人类有第一思维睁眼思维，第二思维梦中思维，还有第三思维，即卧思状态的临界思维，认为可排除外界干扰，发挥潜能，提高思维深度，能使人有新的发现与创造。如果真是如此，那这又算是毛泽东在读书学习与思维上的一个新的未曾公开的秘密经验了。

毛泽东从来都强调要独立思考，启发大家阅读古典小说时，要对历史人物作正确分析评价。

吴旭君清楚地记得，1954年夏季在北戴河，休息时毛泽东常读诗："东临碣石，以观沧海。水何澹澹，山岛竦峙。树木丛生，百草丰茂。秋风萧瑟，洪波涌起。日月之行，若出其中，星汉灿烂，若出其里。幸甚至哉，歌以咏志。"吴旭君问毛泽东这是谁写的诗，很有气魄。毛泽东告诉她这是曹操写的《步出夏门行》的第一章《观沧海》。

"曹操还会写这么好的诗？"吴旭君感到奇怪。

"大学生连这个也不知道，该补课了。"

"我从小到现在，凡认识的人都说他是奸臣，戏台上也是个大白脸。"

"曹操是政治家、军事家，还是个诗人，能文能武。那时封建军阀混战，天下大乱，三国时代魏蜀吴的魏国就是他建立的，他统一了北方，打击了豪强，实行屯田制，开荒生产，提倡节约，改革了东汉的弊制，使社会稳定，促进了社会进步，难道不该肯定吗？说他奸臣、白脸，那是封建正统观念制造的冤案，这个案要翻。"

有一天他向秘书要地图，边看边说："曹操来过这里。"

"曹操也来过北戴河？"吴旭君连忙问。

"来过北戴河，登过碣石山，在建安十二年五月，他出兵打败乌桓，得胜后经过碣石山时写了《观沧海》这首诗。"毛泽东后来还要登碣石山。

"曹操能带兵打仗，也能了解民间疾苦，征战三十多年，手不释卷，喜读书学习又喜作诗，登高必赋，我喜欢读他的诗。南唐后主李煜写过一首《浪淘沙》你读过吗？"

"是'帘外雨潺潺，春意阑珊'那首吗？"

"是，他的用词、意境都很美，但是情调柔弱、伤感。婉约派的作品我不大喜欢。你看曹操的诗气魄雄伟，给人鼓舞。真男子气，是大手笔。"

按平时的交谈，在吴旭君的印象中，毛泽东除喜欢三李（李白、李贺、李商隐）的诗以外，他更喜欢豪放派的作品。苏东坡、辛弃疾、刘禹锡的作品他都欣赏，张元乾、陆游等的作品他也喜欢。

就在这一年夏天，毛泽东写的那首词《浪淘沙·北戴河》，吴旭君当时根本不知道，直到1957年吴旭君在书店里买了一本《诗刊》（1月号）才看到这首诗。这才使她联想起当时的情景。那年毛泽东回北京较晚，北戴河连日大雨，海上确是白浪滔天，晴天时点点渔舟，此时帆影全无。这首词真正体现了雄健豪放的浪淘沙情调。吴旭君尤其喜爱最后两句，毛泽东把"观沧海"中的"秋风萧瑟"引用发挥，双字移位成为"萧瑟秋风今又是"，再加上一句"换了人间"，同是秋风却情调不同，意境高雅，内容全新，从容乐观，借古颂今，是画龙点睛之笔，真是绝妙好词。

后来毛泽东还向吴旭君讲述了："曹植是曹操的儿子，很有才华，作品有他自己的风格，曹丕也是他的儿子，也有些才华但远不如曹操，曹丕在政治上也平庸，可他后来做了皇帝，是魏文帝。历史上所称的"建安文学"，实际上是以曹氏父子为中心的一批当代文人所创的文学。一家两代都有才华、有名气，在历史上也不多见哪！"

143

"一家两代出名的还有吗？"吴旭君问。

"二王（王羲之、王献之）、三苏（苏洵、苏轼、苏辙）也是。"

隔了些天，又谈到诗词时，毛泽东劝吴旭君多读读曹操的诗。他说："《龟虽寿》也是一首好诗。你当医生的更该读读。"

"曹操不信天命不信神，他承认人总要死去，不能长生不老。本来嘛，有生有死，哪里有长生不死之理，连长生不老也不可能，生、老、病、死这是新陈代谢，是辩证法的规律。孔老夫子如果一直不死，恐怕快二千五百岁了吧？那世界上该成什么样子了！"

"那么说曹操还是唯物主义者呢？"吴旭君笑着说。

"陆游也说过'死去原知万事空'都是唯物的。人会变老，老不服老，'老骥伏枥'那四句讲得多好呀！要老当益壮嘛！"

"在医学上讲'生理年龄'老了，'心理年龄'要年轻才好。"

"'盈缩之期，不独在天，养怡之福，可得永年。'更说明自己要掌握自己的命运。曹操多年军旅生涯，生活不会很安逸，离现在一千七百多年前医疗条件也不会怎么好吧，他活了六十五岁，该算是会养生的长寿老人！你们搞医疗保健的应该学学，不要使人养尊处优，只想吃好、穿好，不想工作还行？更不能小病大养。保健不是保命，不要搞什么补养药品，我是从来不信这些的。主要是革命乐观，心胸开朗，锻炼身体。我的原则是：遇事不怒，基本吃素，多多散步，劳逸适度。"

毛泽东经常问吴旭君："你看医书以外又看了些什么书？"

"我也看一点闲书。"吴旭君轻松地回答。

"噢，闲书？什么闲书？"

"鲁迅杂文，阅微堂笔记，中国历史通俗演义。"

"什么叫正书？"

"我的医书是正书啊！"吴旭君刚说完感到不合适，又补充说，"我把其他的叫闲书，这说法对吗？"

"搞文学历史的把这些叫'正册'，你怎么把他们都归入'副册'了？你读过鲁迅的《狂人日记》吗？"

"读过。"

"鲁迅学过医，他懂得精神病人的症状和心理，他有文学修养，又有先进思想，还认真观察分析了当时中国的社会，所以写出的东西就是深刻。你说这算正书还是闲书？"

"主席，以后我们把其他书不叫闲书啦！"

"倒不在于怎么叫法，在于你怎么看待。"

"您总叫我广收博览，我怎么选择好书呀？"

"多翻多看，对照看，比较看。你看一看真金就免得受硫化铜的骗了。认识真金也就认识硫化铜了，比较能分辨真假、好坏、是非。比较就是医治受骗的好方子，你这个医生用过这样的方子吗？"

毛泽东读书常用对比的方法，他曾要各种版本《楚辞》及有关屈原的著作，秘书为他搜集了五十多种。他最爱读《离骚》。读唐诗宋词也要各种版本，他注重不同版本不同内容，唐诗三百首找了好几本，要全唐诗对照看。有一次他要看中译本《茶花女》及《拿破仑传》，要多种版本。找来后吴旭君也和他同时看，吴一本还没看完，他已看了好几本。他读得快，重要情节一点也不漏。吴旭君问毛泽东："你看哪一本写得好？"

毛泽东都看完再问吴旭君："《茶花女》怎么样？"

吴旭君回答："我不能看原文，只好看翻译本。"接着吴旭君又提出问题："为什么要看几个本子呢？"

毛泽东说："一个人赛跑总是他第一，多几个人跑就分出高低了。你说哪个本子不好？"

"这种创作还是要信、达、雅才好。"

"到底哪个本子更好呀？"

"我看这几个本子各有特点。"

"《拿破仑传》呢？"

"'拿破仑'就是像你这样的,也是个小个子,也很能干,又很会打仗,是个了不起的人!"

当谈到治病时,毛泽东说:

"你们医生用抗生素消灭细菌,不要只看它的正面作用,权衡利弊再作决定。我就不信医院里全是'妙手回春'哪?经验不足,技术不高,责任心不强也出差错事故,重要的是要重视这反面教训,反面经验有时给人印象更深。'知己知彼,百战不殆',看病也是这个道理,你不了解细菌又不了解病人能看好病吗?学术界、医学界双方争论,你不了解双方的观点你能发表意见吗?"

毛泽东说的道理,使吴旭君折服。

毛泽东每日不停地工作、办公、开会、会客,大脑总处于高度紧张状态。除去散步和偶尔周末跳跳舞,没任何别的体力劳动。为此,吴旭君向他建议游泳,这本是他的长项。经多次说服动员总算同意了,后来游泳成为他终生喜爱又的确对他健康长寿很有促进作用的健身运动。对此,吴旭君暗自高兴,自认为立了一个大功。可是见到毛泽东运动量少时,又不安起来。有一天她跟毛泽东说:

"您整天不停地读书,可方法不够科学。"

"我怎么不科学?你倒说说看。"

"您写的《矛盾论》里说一切事物都存在着矛盾,文武之道一张一弛,读书也该这样吧?大脑里兴奋与抑制是两个对立而统一的东西。您总是劳动兴奋,那矛盾就向另一方转化,发生抑制大脑就要疲劳。您不休息也不是劳逸结合,这不是违背辩证法吗?"吴旭君向他笑着问。

"你怎么知道我这不是休息?你比我更懂辩证法?你好大的口气哟!"他歪着头在笑。

"您应该进行体力活动代替脑力活动来休息一下,对晚上睡觉也有好处。"

"我看你的辩证法也很有限,你认为只有脑力改体力才是休息,这是只知其一不知其二。我还有个秘密武器,你不知道。"

"主席您还有什么新式秘密武器呀？"

"一种脑力活动换另一种脑力活动也是休息。"

"都是脑力活动，怎么能休息呢？"

"你应该比我更了解，脑子这么大，功能这么复杂，感觉、思维、视听一定也是各有分工啊！我看文件累了换换报纸，看政治累了看看文艺小说，看诗词累了看看自然科学，看文字累了看看小人书，怎么样？"

"您还挺有办法。"

"我看累了还可听听京剧唱片，再不然和你吹一吹，我视力换听力，听力换语言，大脑潜力很大，我只活动一部分，让另一部分休息。"

"主席，您说得对，大脑里对感觉、运动、视听、语言都有不同的中枢，也各有权力范围，可总这么变换也够累的，您说不疲劳，那是真的吗？"

"我如果真累得不舒服，我能坚持几年，几十年吗？你要有目的，有兴趣，即使有点累成习惯就不觉得了。'发愤忘食，乐而忘忧'，这也是一种享受，如人饮水冷暖自知，难道你就从来没体验过？"

"我也体验过，没您那么深。"

"双手劳动促进大脑的发育，'用进废退'。马克思、恩格斯、达尔文早就说过，人类的成长就是这样走过来的。"毛泽东说得悠然自得。

"主席，学解剖时有一张图给我印象最深，大脑分管各部的中枢，大脑中所占密集容量不同，管手的部分特别大，拇指部分更大，口、舌、唇这些都比别的部分大，说明人类的双手、拇指、语言器官的运动与大脑的发育互相促进。大脑确是用进废退，脑力互相变换可以是一种休息方式，但脑力与体力互相变换的方式，休息的效率会是更好些。难道我的意见道理不足吗？"

"这回你说得还是有道理，怎么样，我们到院子里让四肢也劳动

劳动？别等四肢萎缩了大脑也受牵连。"

于是，吴旭君和毛泽东的讨论停止了。二人来到拥有七棵柏树的小院中缓缓散步。

毛泽东对问题的认识分析，从不受书本的、世俗的、历史的、舆论的束缚。他喜欢独出心裁，独立思考，有理有据地提出独到的见解。他也经常鼓励别人"用自己的脑筋想问题"。

吴旭君至今不能忘却，毛泽东给她讲的一个故事：是说一个老人带着孩子赶着驴驮着货去集上卖，卖完货回家时老人叫孩子骑驴，自己走路，过路人说"孩子不懂敬老"。老人叫孩子下来走路，自己骑驴，过路人说"老人不知爱幼"。老人把小孩抱起，二人骑驴，过路人说"不爱牲畜，太残酷了"。老人和小孩都下来跟着驴子走，过路人说"有驴不骑是呆子"。老人摇头叹气对孩子说："现在只剩下一个办法了，我们俩人抬着驴子走吧？"

这使吴旭君想起了一首《江南谣》："做天莫做四月天，蚕要温和麦要寒。秧要日时麻要雨，采桑娘子要晴干。"毛泽东是在告诉她要"用自己的脑筋想问题"。如今，毛泽东虽然故去，但他所讲的道理仍然在吴旭君的脑海里翻腾着。她回味着毛泽东的思维确有独到之处，他读书不是死读书、读死书，而是通过读书启发自己独立思考的能力，探索事物内部固有的规律，从而由必然王国达到自由王国。

一篇读罢头飞雪——反批历史

毛泽东酷爱历史，具有博大精深的学问，但他并不迷信史籍，而是以马克思主义的慧眼研读《二十四史》，并加以分析和批判。

1975年5月29日，毛泽东与芦荻就对如何研读这部巨著提出了一个惊人的诚告。他说：

一部《二十四史》大半是假的，所谓实录之类也大半是假的。但是，如果因为大半是假的就不读了，那就是形而上学。不读，靠什么来了解历史呢？反过来，一切信以为真，书上的每句话，都被当作证实历史的信条，那就是历史唯心论了。正确的态度是用马克思主义的立场、观点和方法，分析它，批判它。把被颠倒的历史颠倒过来。就《二十四史》大半是假的问题，毛泽东举出了如下的理由和例证加以说明。他说，一部《二十四史》，写符瑞、迷信的文字，就占了不少，各朝各代的史书里都有。像《史记·高祖本纪》和《汉书·高帝纪》里，都写了刘邦斩白蛇的故事，又写了刘邦藏身的地方，上面常有云气，这一切都是骗人的鬼话。而每一部史书，都是由继建的新王朝的臣子奉命修撰的，凡关系到本朝统治者不光彩的地方，自然不能写，也不敢写。如宋太祖赵匡胤本是后周的臣子，奉命北征，走到陈桥驿，竟发动兵变，篡夺了周的政权。《旧五代史》（宋臣薛居正等撰）里却说，他黄袍加身，是受将士们“擐甲将刃”、“拥迫南行”被迫的结果，并把这次政变解释成是“知其数而顺乎人”的正义行为。同时，封建社会有一条“为尊者讳”的伦理道德标准，凡皇帝或父亲的恶行，或是隐而不书，或是把责任推给臣下或他人。譬如，宋高宗和秦桧主和投降，实际上，主和的责任不全在秦桧，起决定作用的是幕后的高宗赵构。这在《宋史·奸臣传》的《秦桧传》里，是多少有所反映

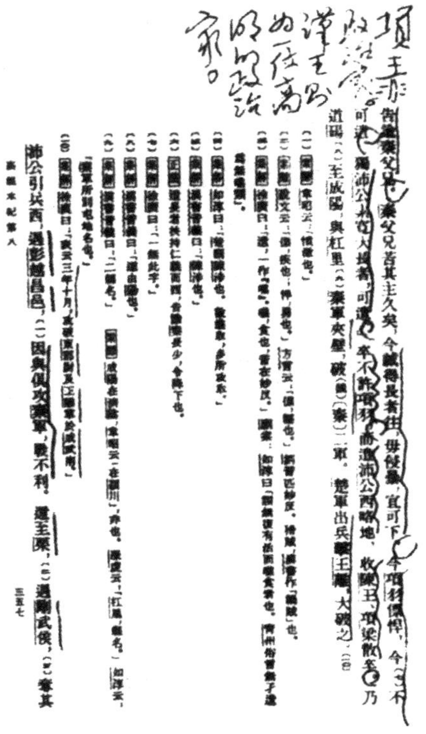

▲ 毛泽东读《史记》批注

的。特别是，毛泽东说，洋洋4000万言的《二十四史》，写的差不多都是帝王将相，人民群众的生活情形、生产情形，大多是只字不提，有的写了些，也是笼统地一笔带过，目的是谈如何加强统治的问题，有的更被歪曲地写了进去，如农民反压迫、剥削的斗争，一律被骂成十恶不赦的"匪"、"贼"、"逆"。他说，这是最不符合历史真实的假话。

毛泽东说过："读历史的人不一定是守旧的人。"因此，他读历史一是以人为鉴，防错改过；二是以古为鉴，总结成功的经验和失败的教训。他注重研究古今中外，探索历史发展规律，发现和总结社会发展规律，来解决中国革命和建设中的实际问题。他饱读各种各样古籍，对各种历史人物进行评点，写了大量批注，是一份不可多得的珍贵财富。

毛泽东在读《三国志》失街亭一节时，写了一段非同凡响的旁批："观人观大节，略小节，略小故。亮初战，宜亲届街亭。致败，后战亮必在军中。"毛泽东对街亭之战作出独到的评论，一反历来史学家的看法。

据史载，诸葛亮作为蜀国丞相兼军师，是第一次率部西征伐魏，其作战目标是夺取魏国西京长安。诸葛亮料定司马懿"必取街亭"断蜀军"咽喉之路"。于是，立即指派马谡和副手王平率领二万五千精兵，先敌赶到街亭设防，还派几员大将率兵在街亭左右屯驻作为支援。

毛泽东指挥打仗，一贯重视"慎重初战"，指挥靠前，这是古今中外军事家普遍倚重的军事思想和作战指导原则。然而，诸葛亮却没有"亲届街亭"。而且他的指挥部竟然也不设在街亭附近，而设在很远的祁连山中。这就在作战指导上犯了重大失误，因此街亭失守，并非马谡一人之过。诸葛亮应负的责任也不仅仅是用人不当。后来毛泽东在阅读《资治通鉴》时，在卷72第292页上批："自街亭败后，每出，亮必在军。"说明诸葛亮还是吸取了教训。

1958年11月，毛泽东在第一次郑州会议上指出："把商纣王、秦始皇、曹操看作坏人是错误的。"1959年8月，在庐山会议讲话时又说，秦始皇、曹操，现在已恢复了名誉，"纣王被骂了三千年了。好的讲不坏，一时可以讲坏，总有一天恢复；坏的讲不好。"

毛泽东曾对商纣王作过颇为精辟又别具卓见的点评。

第一次郑州会议后的第十天，毛泽东在和柯庆施、李井泉等在武汉东湖开座谈会时，详细地说了对商纣王的看法。他说，史书上把纣王描写得像一个青面獠牙、十恶不赦的坏人，太过分了。纣王宠妲妃、剖比干心，这两件坏事，使他得到了一个大暴君的恶名。其实，纣王这个人聪明善辩，能武能文。他打起仗来是很有英雄气

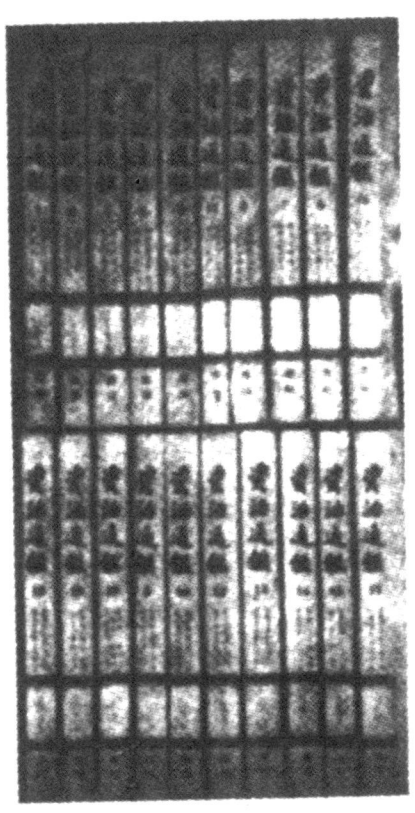

▲ 毛泽东读过的平装标点本
《资治通鉴》

概的。商朝晚期，江淮之间的夷人强盛起来，威胁商朝。纣王当政后亲率大军东征夷人，保卫了商朝在东南方的安全。而且纣王尚武重文，他对东南的经营，使中原文化逐渐发展到了东南，这对我国历史是有贡献的。毛泽东说，商朝就是做生意的意思，它标志着商朝已开始有了商品交易，到纣王时已成为当时最富强的、文化最高的奴隶制国家。

1959年6月，毛泽东在河南同吴芝圃等谈话，在谈到商周史时，他说："为什么纣王灭了？主要是比干反对他，还有箕子反对他，微子反对他。纣王去打徐夷（那是个大国，就是现在的徐州附近），打了好几年，把那个国家灭掉了。纣王是很有才干的，后来那些坏话都是周朝人讲的，就是不要听。他这个国家为什么分裂？就是因为这三个人都是反对派。而微子最坏，是个汉奸，他派两个人做代表到周朝请兵。"毛泽东又说："给纣王翻案的就讲这个道理。纣王那个时候很有名声，商朝

的老百姓很拥护他，纣王自杀了，他不投降。"

1969年8月庐山会议时，毛泽东找林彪个别谈话，用了《论语》一句话："纣之不善，不如是之甚也！"林彪听不懂，又不敢当面问，事后就让叶群打电话到北京毛家湾，要人查找它的出处和含义。北京回电。这句话的意思是：纣王虽然不好，但并不如人们所说的那样坏。

从以上几个事例说明，毛泽东对历史上的史实，不是人云亦云，而是有自己独特的看法，反批历史的例子很多。

为曹操翻案

曹操是历史上有争议的人物。旧史学家评价他是"治世之能臣，乱世之奸雄"。随着历史小说《三国演义》的普遍流传和戏剧舞台上的人物造型脸谱化，曹操被视为"旷世奸雄"已成为我国妇孺皆知的事。千百年来，偏见掩盖着历史的真实。毛泽东在一部裴松之注、卢弼集解的《三国志》中，对《魏书·武帝纪》、《魏书·文帝纪》、《魏书·刘表传》有关曹操部分，作了不少圈画和批注。他主张对曹操的评价要实事求是地加以肯定。

曹操生于东汉末叶。汉末爆发的黄巾农民大起义，强烈地震撼了刘氏王朝的统治。各封建氏族在镇压农民起义中割据称雄，曹操是其中之一。他被汉献帝授封为大将、武平侯，通过二十多年艰苦的军事兼并，平定了北方各封建氏族的割据分裂，在全国形成蜀、魏、吴三国鼎立的局面。毛泽东曾对在他身边工作的同志议论曹操说："曹操结束汉末豪族混战的局面，恢复了黄河两岸的广大平原，为后来西晋的统一铺平了道路。"另一次在北戴河毛泽东充满感情地说："曹操统一北方，创立魏国。那时黄河流域是全国的中心地区。他改革了东汉的许多恶政，抑制豪强，发展生产，实行屯田制，还督促开荒，推行法制，提倡节俭，使遭受大破坏的社会开始稳定、恢复、发展。这些难道不该肯定？难道不是了不起？说曹操是白脸奸臣，书上这么写，剧里这么演，老百姓这么说，那是封建正统观念制造的冤案，还有那些反动士族，他们是封建文化的垄断者，他们写东西就是维护封建正统，这个案要翻。"在《魏书·武帝纪》中，毛泽东圈画批注得比较多的，除曹操的身世、经历和战绩外，主要是曹操所采取的政策。

建安元年（公元196年），曹操采用枣祗、韩浩等人的建议，实行了屯田政策，由典农官募民耕种，得谷百万斛，后推广到各州郡。它对恢复战乱中被破坏了的农业，对支援战争，都起到积极作用，为晋统一全国打下物质基础。毛泽东对此很重视。《魏书·武帝纪》中有关这方面的记载，以及卢弼、裴松之有关这方面的注释，他都圈点断句，多处画了着重线，有的地方，天头上还画着三个大圈。特别对曹操所说："夫定国之术，强兵足食，秦人以农业兼天下，孝武以屯田定西域，此先代之良式也。"毛泽东逐句都画有着重线，天头上还画上圈记。

毛泽东对曹操"不投降"的政策给予高度评价。《魏书·刘表传》有一段裴松之的注，说刘表初到荆州时，江南有些刘姓宗室据兵谋反，刘表"遣人诱宗贼，至者五十五人，皆斩之"。毛泽东在"皆斩之"三字旁画着曲线，天头上批注：杀降不祥，孟德所不为也。

孟德是曹操的字，曹操对待俘虏表现出的豁达大度，确实为一般人所不及，这对他取得全局胜利起到很大作用。建安三年（公元198年），曹操在兖州，任用毕谌，后张邈叛，将毕谌的母、弟、妻劫去，曹操对他说："卿老母在后，可去。"毕谌去后就没有回来。及至讨平张邈，毕谌被捉，大家都为他的性命担心。曹操说："夫人孝于其亲者，岂不亦忠于君乎？吾所求也。"不仅没有杀毕谌，反任命其为鲁国相。魏种本是曹操推荐的孝廉，张邈攻陷兖州时，曹操说"唯魏种且不弃孤也"，岂料魏种投降了。及至打败了张邈，魏种被擒，曹操并没杀他，说："唯其才也"，"释其搏而用之"。这仅是曹操不"杀降"的

两例。毛泽东一向反对虐待和杀害俘虏，第二次国内革命战争时期，毛泽东亲自为我军制定的《三大纪律八项注意》的第八条，严格规定"不虐待俘虏"，这对严肃军纪，瓦解敌人起到很大作用。因此，他蔑视刘表的做法，认为"杀降"，是像曹操这样有远大政治眼光的政治家所不会做的。

曹操生前被汉献帝封为魏王，位尊权重，自己却未曾称帝。这和东汉末年割地称霸的风云人物相比，其政治远见高出一筹。毛泽东对他这一点也颇为看重。《魏书·刘表传》中说：刘表，"少知名，号八俊"，"长八尺余，姿貌甚伟"。毛泽东对此批注："虚有其表。"

卢弼在传记中注释，刘表于建安五年（公元200年）"占地方数千里，带甲十余万"，祭祀天地，自立为帝。毛泽东对此又把他与曹操相比，批注："做土皇帝，孟德不为也。"

在这里，毛泽东再次称赞曹操在政治上与众不同，高出刘表一筹。

《魏书·武帝纪》裴松之的注释中，引用《魏武故事》记载的一段史实，它是曹操于建安十五年（公元210年）十二月所下的《让县自明本志令》。其内容是叙述自己辗转征战的经历及许多内心活动，说明自己守义为国，并无取代汉帝以自立的意思，他让出受封的阳夏、柘、苦等三县，以解除别人的误会。卢弼对此除作了考证、订谬外，对曹操提出许多指责。曹操在令中说，自己没有背叛汉室之意，他死后，妻妾无论改嫁到哪里，都希望要为他说明这一心迹。卢弼指责这是"奸雄欺人之语"。曹操在令中说，自己不能放弃兵权"诚恐己离兵为人所祸也"，这是"即为子孙计，又己败则国家倾危"。卢弼指责他"皆欺人语也"，说陈寿撰写的《三国志》对这些话"削而不录，亦恶言不由衷耳"。令中又说，自己打仗"推弱以克强，处小而擒大；意之所图，动无违事；心之所虑，何向不济"。卢弼注又列举他打的败仗，指责他"志骄气盛，言大而夸"。对曹让出三县一事，卢弼注则认为这是："文词绝调也，惜出于操，令人不喜读耳"。毛泽东对卢弼的注作了圈点，在天头上批注：此篇注文，贴了魏武不少大字报，欲加之罪，何患无词。李太白云："魏帝营八极，蚁观一祢衡。"此为近之。

毛泽东的这个批注认为，卢弼对曹操是"欲加之罪，何患无词"，这就是说，不是实事求是的态度。《让县自明本志令》是了解曹操的第一手史料。卢弼用旧史学家的正统思想，先入为主地视曹操为奸雄，对曹操的功过是非不能公正、客观地评论，这是毛泽东所不能同意的。

"魏帝营八极，蚁观一祢衡"，引自李白的《望鹦鹉洲悲祢衡》一诗。

祢衡是东汉人，狂傲而有才气，曹操没有重视这一人才反而侮辱他，被祢衡大骂，祢衡后为黄祖所杀。鹦鹉洲相传是祢衡于此作赋的地方。李白的这首诗肯定曹操统一北方的功绩，又指出他轻视祢衡的失误，毛泽东认为对曹操的这个评价才比较合乎实际。

1927年鲁迅写《魏晋风度及文章与药及酒之关系》一文中说："其实，曹操是很有本事的人，至少是一个英雄，我虽不是曹操一党，但无论如何，总是非常佩服他。"毛泽东在20世纪50年代读到鲁迅此文中上述评论时，用红铅笔画上了粗粗的着重线，表示他对鲁迅有关曹操的看法，是非常赞同的。

曹操不仅武功卓著，有清醒的政治头脑，而且酷爱文学，有深厚的文学修养。他和他的儿子曹丕、曹植都是我国文学史上著名的诗人，当时在曹氏父子周围聚集了许多著名的文人学者，形成被文学史家称作黄金时代的建安文学。毛泽东很喜爱曹操的诗文，在故居藏书中有四种不同版本的《古诗源》和一本《魏武帝、魏文帝诗注》，其中曹操的《短歌行》、《观沧海》、《土不同》、《龟虽寿》、《欲东西门行》等诗篇，毛泽东多次圈画。大多数诗的标题前画着圈，诗中有浓圈密点。在一本《古诗源》中，作者"武帝"旁，毛泽东用红笔画着两条粗线，"武帝"下的注释孟德诗犹是汉音。"子桓以下，纯乎魏响。沉雄俊爽，时露霸气"。毛泽东逐句对此加了圈点。在《短歌行》的标题前，有红、蓝两色笔迹画的圈记。诗中的"对酒当歌，人生几何。譬如朝露，去日苦多"等处，都密密地加了旁圈。毛泽东爱读《龟虽寿》和《观沧海》两首诗，不仅反复读，多次圈点，还用他那龙飞凤舞的狂草手书全诗，作为练习书法的内容。《龟虽寿》中的"盈缩之期，不独在天。养怡之福，可得永年"两句，有不信天命，自己掌握命运的朴素唯物论色彩，毛泽东很欣赏。1961年，他写信给胡乔木劝其安心养病，信中引用了曹操这首诗。并说："此诗宜读。"在对《南史·王僧虔传》中的一则批注中也引用了它。1954年夏天，毛泽东来到北戴河。据他的保健医生徐涛回忆，有些天，毛泽东在海岸沙滩漫步，嘴里总是念念有词地背诵《观沧海》："东临碣石，以观沧海。水何澹澹，山岛竦峙。树木丛生，百草丰茂。秋风萧瑟，洪波涌起。日月之行，若出其中。星汉灿烂，若出其里。幸甚至哉，歌以咏志。"毛泽东在夜里工作疲劳后，稍作休息，出门观海，有时也是这样低声吟咏。他还找来地图，查证出"曹操是来过这里的"。他说：曹操建安十二年五月出兵征乌桓，9月班师经过碣石山写出《观沧海》。也就是在这时，毛泽东酝酿着创作《浪淘沙·北戴河》这首词："……往事越千年，魏武挥鞭，东临碣石有遗篇。萧瑟秋风今又是，换了人间。"这首词触景生情，缅怀千古，壮歌抒怀。其中"萧瑟秋风"是由《观沧海》中的"秋风萧瑟"点化而成。毛泽东生前在和他的子女谈话时说："曹操的文章诗词，极为本色，直抒胸臆，豁达通脱，应当学习。"还有一次他对工作人员说："我还是喜欢曹操的诗。气魄雄伟，慷慨悲凉，是真男子，大手笔。"

1957年4月10日，毛泽东与《人民日报》负责人谈话时说："小说上说曹操是奸雄，不要相信那些演义，其实曹操不坏。当时曹操是代表正义一方的，汉是没落的。"

1957年11月2日，毛泽东正在莫斯科访问。当晚，他请胡乔木、郭沫若到住处一道用餐，边吃边谈中，毛泽东首先提起《三国演义》的话头，他们夹叙夹议，谈得很热烈。毛泽东忽然转向李越然，问："你说说，曹操和诸葛亮这两个人谁更厉害些？"李越然一时不知如何回答。毛泽东说："诸葛亮用兵固然足智多谋，可曹操这个人也不简单。唱戏总把他扮成个大白脸，其实冤枉。这个人很了不起。"

1958年11月，毛泽东在一次郑州会议上，在谈到殷纣王、秦始皇的同时，谈到了曹操。毛泽东说："殷纣王精通文学和军事，秦始皇和曹操全都被看作坏人，这是不正确的。"

同月，毛泽东在河南接见安阳县委书记时谈到曹操，他说："曹操这个人懂得用人之道，招贤纳士，搞'五湖四海'，不搞宗派。他还注意疏浚河道，引水灌溉，发展农业生产。"

同月20日，毛泽东在武汉召开的座谈会上又谈到曹操，他说，《三国演义》和《三国志》对曹操的评价是不同的。《三国演义》把曹操当作奸臣来描写，《三国志》则把曹操当作历史上的正面人物来叙述。

他还说：曹操是天下大乱时出现的"非常之人"、"超世之杰"，可是因为《三国演义》又通俗又生动，所以看的人多，加上旧戏上演三国戏都是以《三国演义》为蓝本编造的，所以曹操在旧戏舞台上就是一个白脸奸臣。这一点可以说是妇孺皆知的。"说曹操是奸臣，那是封建正统制造的冤案"，"现在我们要给曹操翻案，我们的党是讲真理的党，凡是错案、冤案，十年、二十年要翻，一千年、二千年也要翻案"。

1959年2月，毛泽东读了《光明日报》上发表的翦伯赞写的《应该替曹操恢复名誉》一文后说："曹操结束汉末豪族混战的局面，恢复了黄河两岸的广大平原，为后来的两晋统一铺平了道路。《三国演义》的作者罗贯中不是继承司马迁的，而是继承朱熹的传统。"

1959年4月23日《北京晚报》刊登了北京大学教授吴祖缃写的《关于〈三国演义〉（三）》，《关于〈三国演义〉之一、二》，毛泽东读后，即于吴文发表的第二天，即1959年4月24日，专门请其办公室秘书林克找来吴文《关于〈三国演义〉之一、二》来看一看。他对吴文中关

于不能因为《三国演义》中有"拥刘反曹"的正统历史观，就否定它的民主思想观点，十分注意。此次，毛泽东虽然没有说什么，但亦可看出他对曹操是有所评价的。

1973年5月25日，毛泽东谈到郭沫若一生"功大过小"时专门指出：郭沫若"为殷纣王、曹操翻案"，"是有贡献的"。

1976年，毛泽东为了说明在实践中才能增长才干的道理，还举曹操没有上大学的例子加以说明。

毛泽东一反历来史家对曹操的评价，摒弃了正统观念，用实事求是的科学态度，扭转了千百年来所形成的偏见，恢复了曹操的本来面貌。这些都说明了毛泽东坚持用历史唯物主义的观点，去审视和评价历史人物，对指导学术研究是有意义的，这绝不是单纯去打笔墨官司，而是端正了历史研究中的方向问题。

劝君少骂秦始皇——评价秦始皇

毛泽东一生中点评最多的帝王，恐怕就是秦始皇了。

历来对秦始皇的评价有争议，秦始皇的名声并不好。但是，毛泽东对秦始皇的看法却与众不同。早在20世纪30年代初，毛泽东就对老师徐特立说："所以呢，治理中国，一定要中西结合，洋为中用，一定要马克思加秦始皇！"

1958年5月8日下午5点，在中共八大二次会议上，毛泽东不拘一格讲了破除迷信的一些话，说着说着他将话题转到：

"范文澜同志最近写的一篇文章，我看了很高兴，这篇文章引了许多事实证明厚今薄古是我国的传统，引了司马迁、司马光……可惜没有引秦始皇。秦始皇主张'嗜古非今者杀全家'，秦始皇是个厚今薄古的专家。"

这时，一旁的林彪，在这种场合是很少即兴讲话的，前段时间，他主要是在养病。但不知是出于什么考虑，他竟忍不住插话："秦始皇焚书坑儒。"

毛泽东对"焚书坑儒"这句话很敏感。新中国建立后，有些民主人士曾就此话暗示过共产党的一些做法。毛泽东反复同他们表白过自己的立场。一次，他对章士钊说："你们讲共产党等于秦始皇，不对，超过一百倍。"

的确，秦始皇的声誉在过去是一直不太好的，毛泽东早要为他翻案。

在八大二次会议之前的两个多月，也就是2月23日中央政治局扩大会议上，他说："一股风一来，本来是基本上好的一件事，可以说成不好的；本来是基本上一个好的人，可以说他是坏人。比如，我们对于秦始皇，他的名誉也是又好又不好。搞了两千多年，封建社会没有人讲他好的，自从资本主义兴起来，秦始皇又有名誉了。但是，共产主义者不是每个人都说秦始皇有点什么好处，不是每个人都估计得那么恰当。这个人大概缺点甚多，有三个指头。主要骂他是焚书坑儒。……我跟好多人说过，跟章士钊说过……所以，一个古人，几千年评价不下来，当作教训谈谈这个问题，同志们可以想想。"这段话是个性化的，有要做翻案的味道，但毛泽东视之为"教训"，让人们"想一想"，都不乏有深意。

林彪可能是没有参加过这次中央政治局扩大会议。他的性格，是会好好"想一想"，不会在八大二次会议上贸然插话"秦始皇焚书坑儒"。

毛泽东瞟了林彪一眼。他就是这样的性格，认准了的，你越反对，他越坚持，特别是他的威望开始达到顶峰的时候。接着，他索性把话挑明："秦始皇算什么？他只坑了460个儒，我们坑了46000个儒，我们镇反，还没有杀掉一些反革命的知识分子吗？我与民主人士辩论过，你们骂我们是秦始皇，是独裁者，我们一概承认。可惜的是，他们说得不够，往往要我们加以补充。"

一番话说得人们哄堂大笑，也说得林彪十分尴尬。

1958年8月，毛泽东在北戴河召开的各大协作区主任会上，谈及第一书记要亲自抓工业时说："各县社都要发挥'钢铁积极性'，那不得了，必须有控制，不能专讲民主。马克思与秦始皇要结合起来。"这是毛泽东的理念，一种独特的通俗解说。

1958年11月，毛泽东在第一次郑州会议上，再一次详细地谈了对秦始皇的评价。他说：

"说秦始皇没有做过一件好事，太武断了。秦始皇第一个统一了中国，统一了原来各国的度量衡、车同轨、书同文，变分封制为郡县制。这些事关中华民族兴盛的大事，能说不是好事吗？"

毛泽东认为：秦始皇有独裁的一面，也有高度集中统一领导的一面。后者在秦始皇吞并六国，统一中国的过程中，是他取得成功的一个积极因素。因此，毛泽东说："秦始皇是个好皇帝"，"即使是焚书坑儒，他焚的是'以古非今'的书，坑的是孟子一派的儒，其实只有460人。"

1964年6月，毛泽东在接见外宾时还把秦始皇和孔子比较。他说："我们认为应该讲公道话。秦始皇比孔子伟大得多。""中国过去的封建君主还没有第二个超过他的。可是被人骂了几千年，骂他就是两条：杀了460个知识分子；烧了一些书。"

1965年6月13日，毛泽东在接见胡志明时，又谈到："孔孟是唯心主义，荀子是唯物主义，是儒家的左派。孔子代表奴隶主、贵族。荀子代表地主阶级。"又说："在中国历史上，真正做了点事的是秦始皇，孔子只说空话。几千年来，形式上是孔夫子，实际上是按秦始皇办事。秦始皇用李斯，李斯是法家，是荀子的学生。"

毛泽东提出："要学习和借鉴秦始皇善于集中力量于主攻方向。同时要学会走群众路线。"1959年他在上海会议上说："历史上的秦始皇搞专制独裁，同群众路线是根本对立的。现在我们需要的是走群众路线的秦始皇。"

1970年6月19日中午，在人民大会堂会见索马里最高革命委员会副主席艾南希时，林彪等中央主要领导人都在场。不知是有意还是无意，毛泽东又说起秦始皇，他说："两千多年前统一中国的，就是这个修长城的皇帝——秦始皇。中国这个字有两说：一个叫瓷器，没有A字，就是CHIN（秦）。这个皇帝可做了些事情呢。人家骂他可骂得厉害。"

到了1974年7月17日，晚年的毛泽东在接见美籍华裔科学家杨振宁博士时说："有人骂我，说我是秦始皇。秦始皇焚书坑儒，坑的是一派，只有460人，他崇尚法家。郭老对历史分期的看法是对的，但是他的《十批判书》有错误，是崇儒反法。法家是前进的嘛！我们的社会发展，要前进。……秦始皇是统一中国的第一个人。坑儒也不过坑了460人。"

8月5日，毛泽东写了《读〈封建论〉呈郭老》一诗：

> 劝君少骂秦始皇，焚坑事业要商量。
>
> 祖龙虽死秦犹在，孔学名高实秕糠。
>
> 百代都行秦政法，《十批》不是好文章。
>
> 熟读唐人《封建论》，莫从子厚返文王。

毛泽东说：历史上政治家有成就的，在封建社会前期有建树的，都是法家。这些人主张法治，犯了法就杀头，主张厚今薄古。儒家满口仁义道德，一肚子男盗女娼，都是主张厚古薄今。

9月23日，在会见埃及副总统沙菲时，毛泽东又说到秦始皇。他说："秦始皇是中国封建社会的第一个有名的皇帝，我也是秦始皇，林彪骂我是秦始皇，中国历来分两派，一派讲秦始皇好，一派讲秦始皇坏。我赞成秦始皇，不赞成孔夫子。因为秦始皇是第一个统一中国、统一文字，修筑宽广的道路，不搞国中有国，而用集权制，从中央政府派人去各地方，几年一换，不用世袭制度。"

在充分肯定秦始皇的历史功绩外，毛泽东也指出了秦始皇所做的蠢事，如去找"什么长生不老药"，这就不高明了，也是他愚蠢的一面。

可见，毛泽东对秦始皇的评价是一分为二的，既有肯定，又有否定，但主要是肯定。

借阅王羲之真迹

黄炎培很爱好书法，常常将他的墨迹、诗作等送请毛泽东赐教。交往过程中，毛泽东得知黄炎培珍藏一本王羲之的真迹。由于时代久远，保存下来的王羲之的真迹是极为珍贵、价值连城的。对如此珍贵的中国书圣的真迹，毛泽东欲求的迫切心情是可想而知了。尽管王羲之的真迹很为珍贵，毛泽东要借阅，黄炎培也不好不借。所以，双方约定，借期一个月。

毛泽东借到王羲之的真迹后，可谓一往情深，每天工作一停便翻开来看。时而全神贯注地看着字迹琢磨，时而拿起笔来边看边在纸上练习。他不是简单地照着模仿，而是用心揣摩，取其所长，取其神韵，消化吸收，用其之长补己之短，使它变成自己的东西。据当时在他身边工作的同志回忆说，毛泽东拿到这册真迹后，几乎是天天看，天天练，"练到兴头上，吃饭也叫不应"。

大概是这本真迹太珍贵的缘故吧，自从借给毛泽东之后，黄炎培一直放心不下，借出一星期后他就不断打电话询问。电话一般是打到值班室，请值班的同志问问毛泽东看完没看完？什么时候还？有一次黄炎培还把电话直接打到毛泽东那里。毛泽东一听就有些不高兴，不耐烦地问："不是讲好借一个月吗？"毛泽东不高兴、不耐烦的话语，对方当然听得出来，所以黄炎培马上连连回答说："对对对，对对对。"

可是，过了不久，黄炎培又向值班室打电话询问。毛泽东外借的书刊（包括各种墨迹、碑帖），不到一个月，就这样一次一次地催要，这还是第一次。所以，值班室的同志心里也不快活，放下电话就挖苦说："真是太小家子气了！"值班的同志尽管心里不快活，但电话的事还得向毛泽东报告，出了问题是要挨批评的。怎样向毛泽东报告呢？值班室的同志很有办法，他们借给主席沏茶的机会来到毛泽东书房。

值班人员一走进毛泽东书房，看到毛泽东正在聚精会神看那本真迹，边看头边依着真迹上的笔迹晃动，好像下巴颏就是一支笔。看到这种情景，值班人员也不敢贸然说明真情，先轻轻地给他沏上一杯茶水，以此分散一下毛泽东的注意力，然后小声报告说："主席，黄炎培那边又来电话了……"

"嗯？"毛泽东抬起眼皮，头也不再晃动，淡淡的眉毛开始收拢。

值班人员一看毛泽东的神情，也不敢直说，便小声说道："他们……又催呢。"

毛泽东一听就更不耐烦了，他说："怎么也学着逼债了？不是讲好一个月的，还差七天，我是给他数着呢。"说着，他将手中的烟嘴摔在桌上。

工作人员看到毛泽东生气的样子，不能再火上浇油了，便改口说："主席，他们，他们不是催要，是问问，就是问问主席还看不看？"

"我看！"毛泽东喝口茶，重新拿起烟嘴，语气转缓和些，"到一个月不还，我失信。不到一个月催讨，他失信。谁失信都不好。"

一个星期后借期已到，毛泽东自己将王羲之那本真迹用木板小心翼翼夹好，对值班室的同志说："送还吧，今天必须送到。"

值班室的同志说："黄老那边已经说过，主席如果还在看，尽管多看几天没关系。"

毛泽东说："送去吧，讲好一个月就是一个月，朋友交往要重信义。"

按照毛泽东的要求，工作人员将王羲之真迹如期送还给黄炎培。黄老收到真迹后，还很不好意思地说："主席爱看，就让他多看几天嘛。"送还字帖的同志当然知道这是客气话，便随口说道："主席说，好借好还，再借不难。"双方都笑了。

毛泽东在这里自称与黄炎培的交往是朋友的交往。黄炎培（1878—1965）字任之，上海川沙人。1917年在上海创办中华职业教育社，1945年底发起建立中国民主建国会，长期是中国民主建国会主要负责人。中华人民共和国建立后，曾任中央人民政府委员、政务院副总理兼轻工业部部长。黄炎培是毛泽东交往的朋友中书信往来最多的一位党外民主人士。人民出版社1983年12月公开出版的《毛泽东书信选集》中，收入的毛泽东《致黄炎培》的信就有17封（其中有两封是《致黄炎培、陈叔通》的）。从1949年开始，到1960年年底，这11年时间里，毛泽东与黄炎培这两位老朋友几乎年年都有书信来往。黄炎培虽然年长毛泽东15岁，但他非常信赖毛泽东，尊敬毛泽东。毛泽东对他也总是以朋友相待，在给黄炎培的信中开头总是称其为："任之先生、黄任老"，字里行间凝结着领袖的谦逊和朋友的真诚。最能体现毛泽东这一品格的是1952年9月5日《致黄炎培》的信和信中提到的，对黄炎培1952年9月在中国民主建国会北京市分会会员大会上的讲话稿的修改。黄炎培的这篇讲话稿的题目是《三反五反运动结束以后怎样发挥毛主席对民建方针指示的精神》。毛泽东对黄炎培的这篇讲话稿作了以下四点重要修改：

（一）毛泽东把讲稿中的"资本家应充分接受工人阶级思想"改为"资本家应充分接受工人阶级和国营经济的领导"。（二）毛泽东把讲稿中的用"工人阶级思想"教育改造资本家，改为用"爱国主义思想，共同纲领的思想"教育改造资本家；把帮助资本家"改造思想"，改为帮助资本家"改造那些坏思想，那些不合乎爱国主义和共同纲领的思想，即所谓'五毒'（指一些资本家行贿、偷税漏税、盗骗国家财产、偷工减料和盗窃经济情报）五种违法行为思想"。（三）在讲稿中"资产阶级分子有坏的，也有好的"一句之后，毛泽东加写了"就资产阶级的大多数人来说，一个人的思想中有坏的方面，也有好的方面。我们应该帮助他们去掉坏的方面，发展好的方面"。（四）在讲稿最后一段，毛泽东加写了一段话："我们在现阶段对于资产阶级的多数人的要求是如此。但在中国的条件下，资产阶级中的少数人，那些有远见的人们，可能超过上述要求，而接受工人阶级的基本思想，即社会主义思想，而对社会主义事业发生兴趣。他们一面开工厂，并不要求马上变更自己的成分和事业，一面看到社会主义事业对于人类的伟大贡献，想在将来做一个社会主义者，这种人是可能有的，我们应该表示欢迎。"为什么要作这些修改呢？毛泽东在这封信中写道："讲稿用意甚好，唯觉太激进了一点儿。资产阶级多数人恐受不了，因此遵嘱。作了某些修改，是否妥当，还祈考虑酌定。"接着，毛泽东对上述四点修改意见在信中又作了进一步的说明。最后，毛泽东又写道："因为先生对于我的高度的信任，故率陈鄙见如右（原信系从右至左竖写，'如右'即'如上'），是否有当，还祈审察赐教。"话语谦逊而真诚。

说到毛泽东与黄炎培相处，从不以领袖自居，总是那么谦逊、真诚，还有这样一个事例：1954年3月8日，黄炎培将他3月1日对上海工商界的一篇讲话的讲稿送请毛泽东指教。黄炎培在这篇讲话稿中借用"无痛分娩法"这个术语比喻工商业者进入社会主义的过程中没有什么痛苦。毛泽东看了黄炎培的这篇讲话稿，认为"无痛分娩法"这个比喻用得不妥当，为此于3月12日给黄老写了一封信。毛泽东在信中说："'无痛分娩法'一词最好不写在印刷品上，因实际上那些不甚觉悟的人们总会觉得有些痛苦的。支票开得多了，可能引起幻想，而不去加重教育和学习，不去提高政治觉悟，结果感觉痛苦的人就会对我们不满。"毛泽东的意见到此已经说得很清楚了，但他不强加于人，仅作为他个人的一点看法提出来供黄老考虑参考。所以，他在写完上面这段话之后，紧接着又写了四个字："尚请斟酌。"一个是

"最好不写"，一个是"尚请斟酌"，领袖谦逊的美德跃然纸上。黄老很高兴地接受了毛泽东的意见，他后来修改讲稿时就把"无痛分娩法"的提法去掉了。毛泽东与黄炎培一封封书信的交往，是两位朋友心与心的交流。随着一封封亲笔书信的往来，毛泽东与黄炎培这对朋友的心贴得更近了。

1958年"五一"节，1959年元旦，黄炎培曾将他近期写的诗献给毛泽东。

黄炎培呈献给毛泽东的诗，都是用毛笔书写的，大都是楷书和行书，是诗作，也是黄老的书作。黄老的行书流畅自如，自成风格；楷书功力深厚，笔力遒劲，端庄刚健。黄炎培的墨迹诗稿大都是20世纪50年代送给毛泽东的。毛泽东辞世时，游泳池毛泽东的书房里还放有黄炎培敬献的诗稿墨迹册页。毛泽东把黄炎培的诗作墨迹一直摆放在自己的书房里，由此可知，毛泽东对黄炎培的书法是很喜爱的。

黄炎培经常给毛泽东送诗稿墨迹，毛泽东收到之后除及时复信外，也常有回赠。1956年12月4日，毛泽东在《致黄炎培》的信全文写完之后，特意又加写了这样一句话："去年和今年各填了一首词，录陈审正，以答先生历次赠诗的雅意。"毛泽东在信中说的："去年"应为前年，即1954年，这一年他填的一首词是《浪淘沙·北戴河》。毛泽东在信中说的"今年"即1956年填的一首词是《水调歌头·长江》（1957年《诗刊》1月号公开发表时题目改为《水调歌头·游泳》）。

心有灵犀一点通。毛泽东是我国当代书法大家，黄炎培在书法方面也颇有造诣。他们共同的爱好，频繁的书信、诗作墨迹的交往，使两位朋友的友谊不断增进。

《毛泽东书信选集》收入的毛泽东《致黄炎培》的信，最后一封是1960年12月5日写的。在这以后，直到1965年12月21日黄炎培逝世，这对朋友之间还常有诗作、书信往来。1976年9月毛泽东逝世后，在整理他老人家的遗物中，就看到黄炎培1961年"敬献毛主席存教"的《诗十二首》和黄炎培1963年2月20日写给毛泽东的一封亲笔信。《诗十二首》的总标题是《中国共产党建党四十周年颂》。这十二首诗，黄老是用毛笔行书体书写在一本装帧别致的约32开大小的册页上的。诗作的第一首是这样写的：

> 十月飞来炮一声，众人梦里几人醒。
> 大功作始由来简，一席倾谈信念萌。

诗后黄老还用蝇头行书小字加了一段注："1921年7月党在上海开会成立，我来北京访李大钊问知大概，使我对党起了初步的信心。没有知道毛泽东早在1919年7月就论述了救国的根本方法——李维汉文，《红旗》1961年第11期。"

诗作的第五首是这样写的：

> 知识全从实际来，调查研究四言该。
> 良箴字字皆珠玉，手札纷披读百回。

在这首诗的后面，黄老也用蝇头小字加了一段注："毛主席延安指示，仅有书本知识的最好回到实际工作里去。解放后，我受职中央轻工业部，毛主席面示工作方法，了解情况，了解问题，研究问题，解决问题。"

黄炎培晚年，倾心于《八十年来》的撰写。到1963年2月上卷写出了初稿，即打印后呈送毛泽东。在送书稿时，他非常动情地给毛泽东写了一封信。这封信是1963年2月20日写的，随信附上的《八十年来》上卷为打印件，封面上的"八十年来"、"上卷"、"前言"、"第一时期"、"第二时期"等文字都是黄炎培用毛笔亲手书写，在封面的右上方，黄炎培书写的"毛主席赐教"五个大字尤为醒目。

黄炎培充满激情的信及《八十年来》上卷，毛泽东收到之后，有没有给黄老写过回信，不得而知。按照此前两位朋友书信交往的情形看，毛泽东收到朋友这样的信件和大作后，一般都会写回信的。可是

《毛泽东书信选集》中没有提及，是否这次毛泽东就没有写回信呢？这还是一个疑问。《八十年来》上卷稿，毛泽东收到后是用心阅读过的，不少地方还用黑铅笔画了道道。黄老的信和《八十年来》上卷书稿，现在都还收藏在中南海毛泽东故居里。

当之无愧的史学之父——点评司马迁

在中国，有不少人是通过读毛泽东的《为人民服务》开始知道司马迁其人的。毛泽东在这篇光辉著作里引用了司马迁《报任安书》中的一句话。他说："人总是要死的，但死的意义不同，中国古时候有个文学家叫司马迁的说过：'人固有一死，或重于泰山，或轻于鸿毛。'"

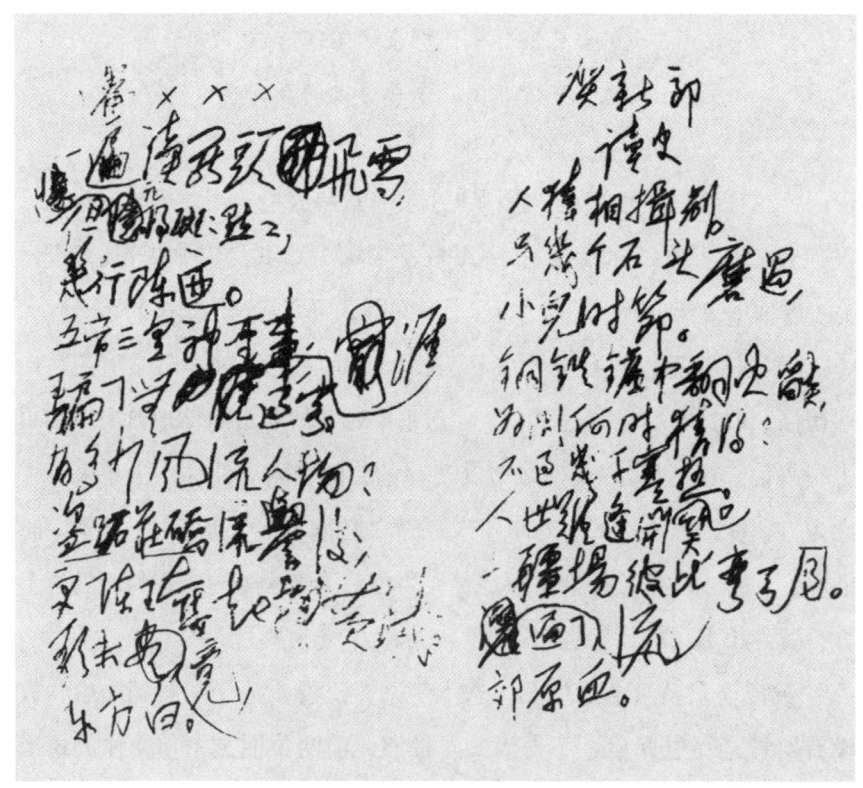

▲ 毛泽东《贺新郎·读史》手迹

毛泽东非常熟悉司马迁的故事，对他的名篇大作《史记》尤为熟悉。

1963年，他读了新式标点本《史记》，选择了其中的《项羽本纪》，推荐给中央政治局常委们阅读。1973年9月，他在饭桌旁与身边的工作人员讲述司马迁政治上三起三落的故事，不无感慨地引用《史记》几句话：一死一生，乃知交情；一贫一富，乃知友态；一贵一贱，友情乃见。1976年2月，在病床上他又念了这句话，还说："这是《史记汲郑列传》的话，如今像汲长孺、郑当时这样的好人不多了。"

爱屋及乌，毛泽东高度赞扬司马迁。1949年12月，他在赴苏联访问的列车上得悉翻译师哲是司马迁韩城同乡人时，随口就背诵了《报任安书》中的一段话："文王拘而演《周易》；仲尼厄而作《春秋》；屈原放逐，乃赋《离骚》；左丘失明，厥有《国语》……《诗》三百篇，大抵贤圣发奋之所为作也。"接着还说："在这里，与其说司马迁在感叹厄运对人精神世界的砥砺，不如说是在抒发自己的一种情怀，一种抱负。"又说："真正的信史自司马迁始，'史学之父'，他是当之无愧的。""有人说中国没有宏篇巨制的史诗，怎么没有？司马迁的《史记》难道不是一部有着广博学识、深刻目光、丰富体验和雄伟气魄的史诗！"五六十年代，毛泽东又多次提及司马迁的刻苦精神："司马迁受腐刑乃发愤著《史记》"，"这些人是有一肚子火才写的"。

可见，毛泽东对司马迁的研究是有一定深度的。

金猴奋起千钧棒——评点《西游记》

《西游记》是我国文学史上产生过重大影响的著名神话小说。

毛泽东爱读《西游记》，更喜爱孙悟空这个敢于冲破传统清规戒律的束缚，大闹天宫，同各种妖魔鬼怪作斗争的神话人物。

　　据王炳南回忆，1945年10月，在山城重庆与国民党蒋介石进行谈判期间，毛泽东同国民党的各种人物进行了接触。毛泽东认为，国民党是一个政治联合体，有左中右之分，不能把他们看成是铁板一块。为了促进谈判，也要找当权的右派。有一次，毛泽东去见陈立夫，他以孙悟空自况，批评了国民党十年内战的反共政策。毛泽东说："我们上山打游击，是国民党剿共逼出来的，是逼上梁山。就像孙悟空大闹天宫。玉皇大帝封他为弼马温，孙悟空不服气，自己树定是齐天大圣。可是他们连弼马温也不让我们做，我们只好扛枪上山了。"这里，毛泽东把孙悟空作为正面人物来宣扬了。毛泽东晚年的会客厅里，也就是他老人家晚年的书房里，一直放着不同版本的《西游记》。

　　1971年8月初，他老人家要看《西游记》和《西游真诠》。《西游记》是从中央办公厅图书馆找来的，是大字线装本，上海广益书局出版的那种《绣像绘图加批西游记》。《西游真诠》也是线装本，全二十册，他老人家书库里没有，是工作人员从当时的北京市文物管理处借来的。《西游真诠》（清代悟一子陈士斌撰，康熙丙子（1696年）刊本），他老人家翻阅后，大约一个星期就退还了。《绣像绘图加批西游记》，因为是线装本，装帧也较别致，字也比较大，他老人家就一直放在了身边。第二次是1973年3月上旬，这一次他老人家指名要的是人民文学出版社1972年新出版的平装本《西游记》。他老人家跟前已经有了大字线装本的，为什么又要新出版的平装本呢？当时，管理图书的忻中头脑里有这个疑问。后来秘书徐业夫告诉，他说线装本有个别地方看不清，凡是遇到这种情况，毛泽东就翻看平装本，用平装本来补线装本的不足。毛泽东看别的书也喜欢这样做，他常常将几种不同版本的同一种书放在一起，对照着读。据记录，1973年4月5日毛泽东又一次要《西游真诠》，同时还要《西游原旨》一书。《西游真诠》，还是从北京市文物管理处借来的，《西游原旨》是从中国书店购买来的，是清代刘一明撰，嘉庆二十四年（1819年）刊本，全24册，字也比较大。伴随着毛泽东度过终生的诸多图书中，上述几种不同版本的《西游记》和这部《西游原旨》是格外引人注目的。

在上海广百宋斋光绪辛卯（1891年）校印的《绘图增像西游记》上，毛泽东阅后在第18回"观音院唐僧脱难，高老庄行者降魔"处，写下第一段批语。作者在这一回中，写高老招猪八戒做女婿之后，在与唐僧一行谈及他这个女婿时嫌八戒吃得多。唐僧听后说："只因他做得，所以吃得。"

这里，毛泽东写下这样的批语："只因为做得多，所以分配应当多，多劳应当多得。反过来，只因吃得多，所以才有可能做得多。生产转化为消费，消费转化为生产。"

毛泽东的这段批语，明确主张"多劳应当多得"，按劳分配这一社会主义分配原则。

第二段批语，是在读第28回："花果山群猴聚义，黑松林三藏逢魔"时写下的。吴承恩在这一回中写孙悟空回花果山，用法术把千余来犯人马一个个打得血染尸横，并鼓掌大笑道："快活！快活！自从归顺唐僧，他每每劝我道：'千日行善，善犹不足，一日行恶，恶常有余。'此言果然不差。我跟着他，打杀几个妖精，他就怪我行凶。今日来家，却结果了这许多性命。"孙悟空的这段话，毛泽东在阅读的时候，用黑铅笔都画上了道道。

毛泽东对此的批语是："千日行善，善犹不足，一日行恶，恶常有余。乡愿思想也。孙悟空的思想与此相反，他是不信这些的，即是说作者吴承恩不信这些。他的行善即是除恶。他的除恶即是行善。所谓'此言果然不差'，便是这样认识的。"

唐僧的善恶观，孙悟空不信，吴承恩不信，毛泽东也不信。毛泽东认为"千日行善，善犹不足，一日行恶，恶常有余"是乡愿思想。"乡愿"源于《论语》，是孔夫子的话。孔子说："乡愿，德之贼也。"可见孔夫子对"乡愿"思想也是极力反对的。什么叫乡愿思想呢？就是不问是非的好好先生的人生哲学，就是《西游记》中所着力描写的唐僧的处世哲学。唐僧的善恶观，唐僧的思想言行就是"乡愿"思

想的最典型的表现。这种"乡愿"思想，不仅不能号召和鼓舞、团结人们去斗争、去除恶、去积善，而且还容易长"妖魔鬼怪"的志气，鼓励、放纵"魑魅魍魉"作恶成灾。唐僧就是因为笃信、主张、恪守这种思想，三番五次地遭受苦难，险些丢掉自己的性命。因此，毛泽东对唐僧虔诚信奉的这种处世哲学是极力反对的。1957年毛泽东在省市自治区党委书记会议上的讲话中就说过，"善事、善人是跟恶事、恶人相比较，并且同它作斗争发展起来的"这样的话，后来他老人家还说过多次。

对于有善就有恶即善恶并存的思想，《西游记》中还描写了在被佛教宣传为天堂般的西方极美极善、庄严神圣的世界里，还有佛祖手下两个大弟子阿傩、伽叶勒索取经的人事（索贿赂），这样的事和我们现实社会中的贪污行贿的事一样。孙悟空将此事告到佛主如来处，如来反说："卖贱了，教后代儿孙没钱使用。"唐僧无物奉承，只得将紫金钵盂奉上。书中对阿傩接到取经的人事后的丑态是这样描写的："那阿傩接了，但微微而笑。被那些管珍楼的力士，管香积的庖丁，看阁的尊者，你抹他脸，我扑他背，弹指的，扭唇的，一个个笑道：'不羞！不羞！需索取经人事！'须臾，把脸皮都羞皱了，只是拿着钵盂不放。"可见成了佛的和尚也是非常爱钱的。唐僧取的无字经被白雄尊者抢去后，满眼垂泪地说："徒弟呀！这个极乐世界，也还有凶魔欺害哩！"毛泽东对《西游记》中这一段的描写看得很细。对阿傩丑态的描写，都画上了道道或波浪线，在"只是拿着钵盂不放"这句话后连画了三个圈圈。对唐僧说的"这个极乐世界，也还有凶魔欺害哩！"这句话下面分别画上两条粗粗的横道，末尾还画上了两个大圈。这种种标志都是毛泽东读书过程中思想活动的轨迹，是对原书内容的一种反映。

毛泽东晚年不仅爱读《西游记》，而且对《西游记》的研究也非常关心。1957年，作家出版社将几年来国内报刊上先后发表的《西游记》研究的重要文章汇集编辑出版了《西游记研究论文集》。这部论文集，共收论文17篇，附录1篇。它是新中国建立以来《西游记》研究论文之荟萃，约13.5万字。全部文章，毛泽东都曾用心阅读过，一些篇章他老人家在阅读时还写下了批注，画上了密密麻麻的道道和圈圈。

卷首篇是现代著名作家张天翼的《〈西游记〉札记》。毛泽东在张天翼文章篇首写下"1954年2月，人民文学"一行非常醒目的批注，意思是说张天翼的这篇论文原载于1954年2月号《人民文学》杂志。标题的左边，毛泽东用黑铅笔连画了三个大圈，格外引人注目。"张天翼"三字下面还画了两条横道。全文从头到尾几乎逐段逐句都画上了横道、波浪线和圈圈。圈画的种种符号表明，这篇文章，毛泽东是逐字逐句阅读的，看得很细，十分用心。

张天翼这篇文章的后面还有一个附注，共三条约2000字，是用六号宋体字排印的。1957年，毛泽东已经64岁，对一个已经年过花甲的老人来说，六号字看起来显然是很吃力了，然而，毛泽东如同读正文一样，还是一句一句，一段一段都画上了道道、圈圈。附注的第二条，是关于观世音菩萨的传说，其中有这样两段："《法华经》里还写观世音菩萨有时'现妇女身而为说法'，民间传说里就渐渐使这'妇女身''固定下来'，终于成了一个妇女。在《三教搜神大全》里就有了一个很完整的故事了，说她是一个国王的三公主，因为抗婚，父王要烧死她，而她'色不变而志愈坚'。她被囚到冷宫里，大家苦劝，她不听，'反失语激父，父大怒，立命斩讫'。虽然写她的反抗是为了'欲了人间事'（要出家），而且那结果是公式化的（照例是由于一些奇迹而得救），可是总写出了一个非常坚决顽强的反抗到底的女性——民间所喜爱所歌颂的性格。""就这样，这几乎成了个传统：在民间作品里出现的观世音菩萨，总往往是正面人物，而且往往是妇女。就连《西游记》对天界的哪一位佛神都讽刺揶揄，可是对观世音就另外一种态度，把她写得可亲近，有的地方还写得很美。"这两段文字，毛泽东在阅读的时候，都一一画上了道道或波浪线。从毛泽东读上述有关观世音的附注中圈画的种种符号来看，毛泽东读附注比读正文还仔细，还用心。

《西游记研究论文集》中，还有童思高的一篇文章，题目是：

《试论〈西游记〉的主题思想》。在这篇文章的篇首天头处，毛泽东也写了一行批注："1956年2月，西南文艺。"意思是说，这篇论文原载1956年2月号《西南文艺》杂志。《西游记研究论文集》收入的17篇论文，毛泽东在篇前写批注和在题目上画三个大圈的只有张天翼和童思高的这一篇，说明了毛泽东对这两篇论文的重视。

童思高的这篇论文共分六个部分，毛泽东圈画最多的是第一、二、五、六这四个部分。在第二部分中，作者引了原著第35回中孙悟空和李老君的一段对话：大圣道："你这老官儿，着实无礼。纵放家属为邪，该问个钤束不严的罪名。"老君道："不干我事，不可错怪了人。此乃海上菩萨问我借了三次，送他在此，托化妖魔，试你师徒可有真心往西天去也。"大圣闻言，心中作念道："这菩萨也老大悭懒！当时解逃老孙，教保唐僧西去取经，我说路途艰涩难行，他曾许我到急难处，亲来相救；如今反使精邪揸害，语言不的，该他一世无夫！——不是老官儿亲来，我决不与他；既是你这等说，拿去吧。"

这段对话，毛泽东在每一句下面都画上了横道，其中"该他一世无夫"一句，除了画横道外，句末还连画了三个圈。

在这一部分的最后一段，作者引了孙悟空说的一句话："若专以相貌取人，干净错了。"毛泽东读后分别画了两条横道。接着作者又引了唐僧说的一段话："我等三个徒弟相貌虽丑，心地俱良，俗谓'面恶心善'何以惧为？"毛泽东在阅读中，前两句下面分别画了一条横道，后两句下面分别画了两条横道，末尾还连画了三个圈。孙悟空和唐僧说的话，是很有道理的，也是符合实际情况的。所以，毛泽东读后又画又圈，表明他对这些话的赞同的心理取向。

童思高在这篇文章的第三部分中，在论述神魔与统治阶级的关系时，写道："统治阶级的作践人民和妖怪的害人在本质上是相同的，都是人民的大害。"作者用阶级分析的方法来评论《西游记》，格外引起毛泽东的兴趣。毛泽东在"作践人民"、"妖怪的害人"9个字下面都画上了横道，后两句下面都画了波浪线，句末连画了三个大圈，因为不是段末，所以画的三个大圈把后面一句话的前两个字都画进圈里了。可见毛泽东读这篇文章的心情是不寻常的。

这篇文章的第六部分在谈到"神佛既是要唐僧西天取经，为什么又要使妖魔为难，增加取经的困难呢？"作者在这里引了《西游记》第77回孙悟空说的一段话："这都是我佛如来坐在那极乐之境，没有事干，弄了那三藏之经！若果有心劝善，理当送上东土，却不是个万古流传？只是舍不得送去，却叫我等来取。怎知道苦历千山，今朝到此丧命！"

毛泽东对孙悟空这段话很感兴趣，阅读中差不多每一句下面都画上了两条横道，第一句、第二句后面都画了一个大圈，最后一句末尾画了三个大圈。如此又画又圈，在毛泽东读过的《西游记研究论文集》中是仅此一处。这段孙悟空在去西天途中遇到严重困难时说的牢骚话，是孙悟空在特定的条件下的一种逆向思维的反映。对孙悟空的这种逆向思维，从思维方法上来说，这是毛泽东一贯主张和提倡的。大概是心里赞同或者是称道孙悟空的这种思维方法吧，所以，他老人家在阅读中才如此圈画。不过，正如论文作者所说："若果如孙悟空这样说，也就没有取经故事了，也就不会有《西游记》这部小说。"对于这一点，毛泽东是不会不理解的。

毛泽东读《西游记》，和读我国其他优秀的古典文学名著一样，喜欢联系我国革命斗争和社会主义建设的实际，从各种不同角度去理解，去运用，去说明实际问题，所以，到了耄耋多病的晚年，他老人家还常常爱不释手。

《西游记》中唐僧师徒4人，所以能历尽艰险，终于到达西天，取到真经，其中非常重要的一点是他们有一个坚定的信念，始终朝着一个目标前进不止。毛泽东爱读《西游记》，这大概是其中最重要的一条原因。对于这一点，毛泽东生前曾与一些干部谈到《西游记》时就说过："读《西游记》，要看到他们有个坚强的信仰。"

毛泽东还说："唐僧、孙悟空、猪八戒、沙和尚，他们一起上西

天取经，虽然中途闹了点不团结，但是经过互相帮助，团结起来，终于克服了艰难险阻，战胜了妖魔鬼怪，到达了西天。取来了经，成了佛。"始终保持坚定的信念，始终朝着一个目标团结奋斗，在深化改革，扩大开放，促进发展，建立社会主义市场经济体制的今天，仍有着非常重要的意义。

毛泽东读《西游记》的另一个特点，就是在实际工作中，常常用《西游记》中的人物或故事，来加以阐明党的具体的政策和策略，说来引人入胜，道来妙趣横生。1961年10月10日，毛泽东在中南海怀仁堂观看了根据《西游记》改编的绍剧《孙悟空三打白骨精》。当时的全国人大常委会副委员长郭沫若在观看这出戏后，曾写了一首七律《看孙悟空三打白骨精》：

人妖颠倒是非淆，对敌慈悲对友刁。咒念金箍闻万遍，
精逃白骨累三遭。千刀当剐唐僧肉，一拔何亏大圣毛。教育
及时堪赞赏，猪犹智慧胜愚曹。

毛泽东看到郭老的诗后，认为郭老对唐僧的看法有些偏激。因此，他于1961年11月17日，也写了一首《七律·和郭沫若同志》：

一从大地起风雷，便有精生白骨堆。僧是愚氓犹可训，
妖为鬼蜮必成灾。金猴奋起千钧棒，玉宇澄清万里埃。今日
欢呼孙大圣，只缘妖雾又重来。

1962年1月6日，郭沫若在广州看到了毛泽东的这首和诗后，表示接受毛泽东的意见，纠正自己对于唐僧的偏激看法。于是，于当天又依韵和诗一首，《再赞〈三打白骨精〉》：

赖有晴空霹雳雷，不教迷雾聚成堆。九千万里明真谛，

八十一番弈大灾。僧受折磨知悔恨，猪期警惕报涓埃。金睛
火眼无容赦，哪怕妖精亿次来！

毛泽东看了郭老的这首和诗后，于1月12日，非常高兴地挥笔，在
郭诗旁边写道："和诗好，不要千刀当剐唐僧肉了，对中间派采取了统
一战线政策，这就好了。"

毛泽东读《西游记》，还从作者和作品创作的历史背景来加以理
解，通过它来认识和把握社会历史现象及其规律。把《西游记》当作历
史材料来学，这是毛泽东读《西游记》的又一个特点。

上面提到的《西游记研究论文集》中，关于创作《西游记》的社
会背景，沈仁康的《〈西游记〉试论》一文论述得十分详尽，从政治说
到经济，从农业说到商业，对朱明王朝的专制独裁、奢侈腐朽、荒淫无
耻、昏聩庸碌、残害人民、疯狂掠夺、无恶不作等都作了分析。最后，
作者指出："总之，农民、市民与进入垂死阶段的封建势力，形成了尖
锐的矛盾。这就是《西游记》产生的时代特征。"这篇文章，虽然作者
在文后说有"不少错误"，但是毛泽东还是从头到尾，又读又画，圈画
符号密密麻麻。一条条横道、一条条波浪线、一个个圈圈，如同一道道
耀眼的光环，折射出毛泽东"把《西游记》当作历史材料来学"的心
理。它是毛泽东把小说还原到产生它的历史背景上来理解，"把小说当
作形象的历史来读"的一个佐证。

关于《西游记》创作的主题思想，鲁迅先生认为，这部神魔小说
"其所取材，颇极广泛……讽刺揶揄则取当时世态"。而胡适却认为这
部书"起于民间的传说和神话，并无'微言大义'可说……至多不过是
一部很有趣味的滑稽小说，神话小说"。到底应当怎样理解这部大作的
主题思想，毛泽东似乎也有自己的倾向。

上面所说的论文集中，童思高的文章，是专论《西游记》的主题
思想的。作者说："《西游记》作者吴承恩出生于明代中叶（约公元
1510—1580年），正是明成祖制定严刑峻法、残酷迫害人民的时代。贪

官污吏，横征暴敛，弄得民不聊生。作者以愤世嫉俗的情绪，讽刺揶揄当时世态；以神话式的幻想和虚构，创造了一部伟大的现实主义的文学名著。"

对神佛和妖魔的关系，作者认为《西游记》中的神佛和妖魔是一体，同属统治阶级。"神佛只不过是公开地'合法'地压迫人民、掌握着人民的命运的统治者，有天兵天将、诸神法力等统治阶级的权威。使人民把他们奉为不可侵犯的神圣，并还要随时顶礼朝拜，供奉香火。稍有冒渎不恭之处，立即降祸生灾，万民受难。……妖魔是神佛的下属，是直接受神佛支配的压迫与统治人民的工具。"作者还认为《西游记》"是借神佛妖魔讽刺揶揄当时世态，反映了中国封建社会的丑恶本质；借孙悟空这个英雄形象，反映了在封建统治者压迫下的中国人民，在阶级斗争中，坚持反抗，在生活斗争中，征服自然，克服困难的伟大的创造力"。

童思高的这一关于"神佛和妖魔同属统治阶级"的观点，与毛泽东的思想观点是相通的。所以，童文中上述的评述，毛泽东读来尤有兴趣，并一一圈画，有不少地方，都画了两条粗粗的横道，还有不少句末和段末，都画了三个大圈。

把神话世界同现实社会生活联系起来，用历史唯物主义中的阶级和阶级斗争的观点来分析和解释神话世界，这是毛泽东的一贯思路。

毛泽东生前阅读和批注过的《西游记》，有平装小字本的，也有线装大字本的，现在大多都还保存在中南海毛泽东故居里。

他评点《西游记》的批注，为研究《西游记》提供了不可多得的新鲜资料。

越读越觉得有趣味
——批注《伦理学原理》

　　毛泽东读书，有一个很突出的特点，即看、思、写相结合。他牢记古人"学而不思则罔，思而不学则怠"的名言，把学与思紧密结合。他学习徐特立老师"不动笔墨不看书"的方法，喜在读过的书上批注，或打上各种各样的记号，并坚持写心得、日记。他批阅过的书籍和读书笔记、日记是很多的，曾积有一大网篮，存放在湘潭韶山家中。可惜在马日事变之后，族人为避免落入反动派之手，将其焚毁。幸存的他批阅过的《伦理学原理》，诚乃凤毛麟角，亦足以说明他的这一读书特点。

　　现将其批注的主要内容摘编如下：

　　"学，皆起于实践。"

　　"道德，起于道德哲学之先，故道德哲学之成，成于经验。下更畅发之。"

　　"吾人之心灵限于观念，观念限于现象，现象限于实体。"

　　"有无价值，人为之事也；是否真理，天然之事也。学者固当于天然本质中求真理，其有无价值抑其次也。"

　　"人世一切事，皆由差别比较而现，佛言泯差别，不知其于道德界善恶问题如何处之？"

　　"道德之本质，本一人因其适用之方面，而有公私、大小乃至善恶之分。不仅道德为然，凡宇宙一切之差别，皆不过其发显之方面不同，与吾人观察及适应之方面有异而已，其本质只一个形状也，如阴阳、上下、大小、高卑、彼此、人己、好恶、正反、洁污、美丑、明暗、胜负之类皆是。吾人各种之精神生活即以此差别相构成之，无此差别相即不能构成历史生活。"

"观念即实在，有限即无限，时间感官者即超绝时间感官者，想象即思维，形式即实质，我即宇宙，生即死，死即生，现在即过去及未来，过去及未来即现在，小即大，阳即阴，上即下，秽即清，男即女，厚即薄。质而言之，万即一，变即常。"

"河出潼关，因有太华抵抗，而水力益增其奔猛。风回三峡，因有巫山为隔，而风力益增其怒号。"

"不平等，不自由，大战争亦当与天地终古，永不能绝，世岂有纯粹之平等、自由、博爱者乎？有之，其唯仙境。"

"凡自然界无无故而成者，无无故而毁者。人类无无故而生者，无无故而死者，其死既有故，则其故即所以解释之点也。"

"精神不灭，物质不灭，即精神不生，物质不生，既不灭何有生乎？但有变化而已。"

"固应主观、客观皆满足而后谓之善也。"

"先有某事实之观念，后乃发生向之之欲望。"

"欲求某种效果，必行含有某种效果之行为，故杀身成仁之事，

▲ 毛泽东在湖南第一师范读过的美国哲学家泡尔生著《伦理学原理》

正鹄论之伦理学亦尊贵之也。"

"吾重在当时为善为恶之事实而已，以其事实论为善者善，为恶者恶。为善而历史流传其善名，为恶而历史流传其恶名，皆不应顾。吾人评论历史，说某也善，某也恶，系指其人善恶之事实，离去事实无善恶也。"

"宗教可无，信仰不可少。"

"夫所谓信仰者，必先之以知识，知之而后信之。……夫知者信之先，有一种之知识，即建为一种之信仰，既建一种信仰。即发为一种之行为。知也，信也，行也，为吾人精神活动之三步骤。"

"道德哲学在开放之时代尤要。"

"然谓知识毫无影响于人心则非，知识固大有影响于人心者也。人心循感情冲动及良心而动作者半，循新得之知识而动作者亦半，人类之有进步，有革命，有改过之精神，则全为依靠新知之指导而活动者也。"

"人类者，自然物之一也，受自然法则之支配，有生必有死，即自然物有成必有毁之法则。凡自然法则者，有必然性。吾人亦有成就其必然之愿望。"

"君子小人之别，在其所见幸福之高下如何，而人格之高下随之。"

"离群索居诚哉不堪，然社会为个人而设，非个人为社会而设也。"

"吾人虽为自然所规定，而亦即为自然之一部分。故自然有规定吾人之力，吾人亦有规定自然之力，吾人之力虽微，而不能谓其无影响。自然若除去吾人，即顿失其完全。吾人之于自然也，若个人之于国民，然个人受国民种种之影响，而即为国民之一部分，国民除个人亦失其势力矣。"

上述批语和其他批语手稿，经历磨难终于面世了。但令人遗憾的是，与此相关的《心之力》一文仍未看到。毛泽东曾回忆说："我在杨昌济的影响和帮助下，读了《伦理学原理》。我受到这本书的启发，写

以书为枪，横扫千军

了一篇题为《心之力》的文章。杨昌济从他的唯心主义观点出发，高度赞赏我的那篇文章。他给了我一百分。"

我们今天看到的毛泽东批阅过的《伦理学原理》原件，曾一度被同学杨韶华借去，直到1950年9月15日，杨乘周世钊上京之机，托周还于毛泽东，并在书后附记："此书系若干年前，毛主席润之兄在小吴门外清水塘住所借阅者，嗣后各自东西，不复谋面，珍藏至今，深恐或失！兹趁周敦元学兄北上之便，托其奉还故主，藉镜当时思想之一斑，亦人生趣事也。"

周世钊转交后，毛泽东说："我当时喜欢读这本书，有什么意见和感想就随时写在书上，现在看来，这些话有好些不正确了。""这本书的道理也不那么正确，它不是纯粹的唯物论，而是心物二元论。只因那时，我们学的都是唯心论一派的学说，一旦接触一点唯物论的东西，就觉得很新颖，很有道理，越读越觉得有趣味。它使我对于批判读过的书，分析所接触的问题，得到了新的启发和帮助。"

这是毛泽东批注《伦理学原理》的心得体会，从一个侧面反映出他的心路历程。

要看五遍才有发言权
——解读《红楼梦》

在中国古典文学中，《红楼梦》是毛泽东最喜爱读的古典名著之一。

1964年8月18日，毛泽东在北戴河同几位哲学工作者谈话时，谈到了《红楼梦》，他说："《红楼梦》我至少读了五遍。"在他的晚年，不管是书库里、会客厅里，还是卧室里一直放有二十多种不同版本的线装大字本的《红楼梦》，有的版本就放在他身边，他可以随时翻阅，不断地探究。

　　毛泽东为什么如此爱读《红楼梦》呢？第一，因为他推崇《红楼梦》的艺术成就，对《红楼梦》中人物的塑造和语言的运用很为欣赏。毛泽东认为，《红楼梦》"作者的语言是古典小说中最好的，人物也写活了"。他多次谈到凤姐这个人物写得好。他在文章和与人谈话中多次引用《红楼梦》中的故事和语言来说明现实问题。在1957年3月1日最高国务会议的结束语中，用王熙凤对刘姥姥说的一句话"大有大的难处"来说明大国的事情也并不那么好办。特别是王熙凤说过的"舍得一身剐，敢把皇帝拉下马"这句名言，在提倡彻底的唯物主义者是无所畏惧的时候，曾多次引用。1958年，在成都召开的一次会议上，他还用"千里搭长棚，没有不散的筵席"来说明聚散的辩证法和没有一件事情不是相互转化的道理。是因为《红楼梦》在揭示封建社会的黑暗和丑恶的同时，体现了对光明和美好的向往与追求。毛泽东认为，曹雪芹及其作品《红楼梦》，同关汉卿、施耐庵、吴承恩一样体现了古代的"民主文学"的传统。所谓民主性就是"不满封建制度"、"不满封建制度对人的摧残，对宗法家庭中被迫害、被侮辱和被毁灭的人们，特别是妇女形象，表示了莫大的同情"。1961年12月20日，毛泽东在中央政治局常委和大区第一书记会议上的谈话中，说《红楼梦》是尊重女性的，贾宝玉是同情被压迫的丫环的。1962年8月11日，毛泽东在中央工作会议核心小组上的谈话时还说，有些小说如《官场现形记》，光写黑暗，鲁迅称之为谴责小说。只揭露黑暗，人们不喜欢看。

　　《金瓶梅》没有传开，不只是因为它的淫秽，主要是它只暴露黑暗，虽然写得不错，但人们不爱看，而《红楼梦》就不同，写得有希望。对贾宝玉这个封建制度的逆子的描写，虽然他没有能够逃脱被压抑而最终走向虚无的悲剧性命运，但作者曹雪芹的民主倾向和寄托的爱情希望渗透在字里行间。通过读《红楼梦》来形象地了解中国封建社会的生活。《红楼梦》所描写的是明末清初金陵贾、王、薛、史四大家族的盛衰史。书中曹雪芹着重描写的是贾府。然而，就如同清代二知道人在《红楼梦说梦》一书中所说的："太史公纪三十世家，曹雪芹

只纪一世家。……然曹雪芹纪一世家，能包括百千世家。"通过读《红楼梦》，就可以从贾府兴衰过程中一系列真实、形象、生动的画面来加深对中国封建社会的认识和了解。早在1938年4月28日在延安"鲁艺"的演讲中，毛泽东就提出，这是一部好书，现在很多人鄙视这部书，以为它写的是一些哥哥妹妹的事情，其实它有极丰富的社会史料。毛泽东在1965年对他的表侄女王海容说过：你要不读一点《红楼梦》，你怎么知道什么叫封建社会？1981年，薄一波也曾写过这样一段回忆："毛泽东同志对《红楼梦》有浓厚的兴趣，讲过这是一部顶好的社会政治小说。他多次要大家读，说不是读故事，而是读历史，你要不读《红楼梦》，怎么知道什么叫封建社会呢？这部小说描写的是乾隆年间，清朝开始走下坡路，曹雪芹借贾、史、王、薛'四大家族'的兴衰，揭示了封建制度的腐朽。"直到1973年12月21日，同部队领导同志的谈话中，他老人家又从《红楼梦》创作的动因和构思的角度，谈到它的历史主题：曹雪芹把真事隐去，用假语村言写出《红楼梦》，真事就是政治斗争。《红楼梦》除了具有上述的这些特色外，毛泽东认为《红楼梦》还体现了作为封建根基家长制的动摇。他老人家这样说过："我国家长制度的不能固定是早已开始了的。《红楼梦》中就可以看出家长制度是在不断分裂中。贾琏是贾赦的儿子，不听贾赦的话。王夫人把凤姐笼络过去，可是凤姐想各种办法来积攒自己的私房。荣国府的最高家长是贾母，可是贾赦、贾政又各有各的打算。要认识和了解中国封建社会，当然重要的是要读历史书，这些书可以帮助我们从政治、经济、军事、科学、文化等各个方面对封建社会作出分析，通过许多具体的历史事实来认识、了解封建社会。但是，仅读这些书不够，还应当读《红楼梦》这类描写封建社会阶级关系、人际关系和统治者与奴隶等人们生活面貌的文艺作品，这样才能使我们更好、更细致地了解封建社会。"

1954年，毛泽东在杭州休息时，有一天爬山，他老人家兴致很高，对身边的摄影师侯波说："你现在看什么书啊？"侯波说："《红楼梦》。"侯波当时也就刚20岁出头，她的话音一落，毛泽东便接着问："看得懂吗？"侯波到毛泽东身边工作已经好几年了，人熟了，说话也就比较随便了。因此，侯波随口答道："看故事呗。"毛泽东对侯波的回答没有直接表示肯定或否定，毛泽东说："你要看五遍才有发言权。"侯波回答说："我一遍还没看完呢。""一遍没看完也没关系。"毛泽东看了看身边其他的同志，又接着说："那样的社会，那样的家庭，你们没看到过。只能看看故事。"

1973年12月12日，毛泽东在一次中央政治局会议上，指着在座的南京军区司令员，著名将领许世友说："你就知道打仗。你以后搞点文学吧。'常恨随陆无武，降灌无文'，你能看点《红楼梦》吗？要看五遍。《水浒传》不反皇帝，专门反贪官，后来接受了招安。'随陆无武，降灌无文'。降是说周勃。周勃厚重少文，你这个人也是少文。"毛泽东在说这些话时，面对许世友，露着笑容。许世友以善战著称，习文不足，他对毛泽东给予的评价心悦诚服。

毛泽东把《红楼梦》当作历史读。通过阅读，透过故事，明白事理，把握历史现象及其规律。

对《红楼梦》的写作背景，1962年1月，毛泽东在扩大的中央工作会议上，在谈到西方资本主义的发展从17世纪开始经过了好几百年的时候，说过这样一段话："17世纪是什么时代呢？那是中国的明朝末年和清朝初年。再过一个世纪，到18世纪上半叶，就是清朝乾隆时代，《红楼梦》的作者曹雪芹就生活在那个时代，就是产生贾宝玉这种不满意封建制度的小说人物的时代。乾隆时代，中国已经有了一些资本主义生产关系的萌芽，但还是封建社会。这就是出现大观园里的那一群小说人物的社会背景。"毛泽东认为，曹雪芹创作《红楼梦》的历史背景，也是形成小说中的人物性格命运的历史背景，这两个方面的思想内涵是一致的。资本主义生产关系的产生，对封建社会来说是矛盾的。这一矛盾必然要影响到作者曹雪芹创作《红楼梦》时的思想倾向，使其形成作品主题的内在矛盾。因此，1964年8月，毛泽东在关于坂田文章的谈话中说：曹雪芹写《红楼梦》还是想"补天"，想补封建制度的"天"。但是《红楼梦》里写的却是封建家族的衰落。可以说曹雪芹的世界观和他的创作发生矛盾。封建社会制度必然要由资本主义社会制度来代替，这是社会发展的必然趋势。《红楼梦》是借一家一族的衰败展示封建社会走向没落的客观必然性。封建制度的"天"是无法补的，曹雪芹主观上想补也是不可能的。作者主观上的希望和封建家族必然衰败的客观规律是矛盾的。《红楼梦》中的主人公贾宝玉、林黛玉等新的希望和他们无法摆脱封建社会制度、家族制度的束缚以及悲剧性命运的矛盾，这两方面的矛盾在《红楼梦》中通过一件一件具体的事实和一个一个的故事、一场一场的人物活动淋漓尽致地表现了出来。毛泽东把《红楼梦》当历史读，是通过读《红楼梦》来了解封建社会生活中的具体的阶级斗争。《红楼梦》不是直接描写封建社会农民和地主阶级的斗争的专著，它主要描写的是封建社会"贾、史、王、薛"四大家族内部的冲突及其周围生活中的各种不同性质的矛盾。在延安时，毛泽东一次与身边的工作人员谈读《红楼梦》时说："还是要看《红楼梦》啊！那里写贪官污吏、写了皇帝王爷、写了大小地主和平民奴隶。大地主是从小地主里冒出来的，麻雀虽小五脏俱全。看了这本书就懂了什么是地主阶级，什么是封建社会，就会明白为什么要推翻它！"1954年3月10日，毛泽东又一次对身边的工作人员说："《红楼梦》这部书写得很好，它是讲阶级斗争的。"接着说："多少年来，很多人研究它，并没有真懂。"有一次，毛泽东游泳后在岸上休息，问在身边的薛焰："最近读过什么书？你看过《红楼梦》吗？"薛焰回答说："这是一本文艺书，我是搞公安的，没有看过。"毛泽东一听，便认真地对薛焰说："搞公安就不要看？你知道里面有多少条人命案子呀！这是一部讲阶级斗争的书，应该看看。"对《红楼梦》第四回中"贾不假，白玉为堂金作马；阿房宫，三百里住不下金陵一个史；东海缺少白玉床，龙王来请金陵王；丰年好大雪（薛），珍珠如土金如铁"这句话他记得很熟。

毛泽东在读影印本，《脂砚斋重评石头记》时，这几句话所在书页的天头上，他用黑铅笔画了三个大圈。在"雨村……细问这门子，这四家皆连络有亲，一损皆损，一荣皆荣，扶持遮饰，俱有照应的"这一段文字旁边，他用铅笔都一一画了圈。毛泽东之所以把第四回看作是《红楼梦》全书的纲，大概也是因为"护官符"从一个侧面揭示了封建统治阶级维护其统治地位和统治秩序的形式和法宝，封建统治者就是利用这一法宝来剥削、欺压平民百姓，来剥夺和占有奴隶们用汗水和血泪创造的财富。

毛泽东读《红楼梦》很关注这个"纲"。他与人谈《红楼梦》时谈得最多的大概也是这个"纲"。毛泽东从阶级斗争的角度来谈《红楼梦》，来理解《红楼梦》，这不能

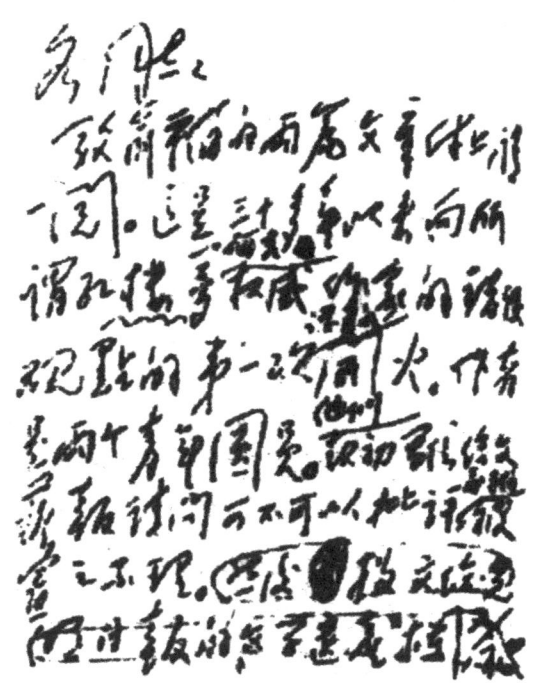

▲ 毛泽东写的关于《红楼梦》的一封信手迹（局部）

不说是毛泽东读《红楼梦》的一个独到之处。

毛泽东把《红楼梦》当作历史来读，就是通过读《红楼梦》来了解中国封建社会的经济生活，也就是从经济的角度来研究《红楼梦》。从毛泽东阅批过的图书中，可以看到有一本《红楼梦新证》。作者对《红楼梦》第五十三回，"鸟进孝红帖上贡物有'玉田胭脂米'二石。"第七十五回，"贾母问有稀饭吃些罢，尤氏早捧过一碗来，说是红稻米粥，贾母吃了半碗，便吩咐将这粥送给凤姐儿吃去。"书中提到的"胭脂米"作了详尽的考证。作者一共摘引了四种

古籍中的有关记载，其中，刘廷玑《在园杂志》卷一云：浙、闽总督范公时崇随驾热河，每赐御用食馔，内有朱红色大米饭一坛，传旨云：此本元种，其先特产上苑，只一两根苗，穗迥异他禾，及登剖子，粒如丹砂，遂收其种，种于御园，今兹广获其米一岁两熟，祇供御膳。

此康熙时人纪康熙时事。后如吴振棫《养吉斋丛录》卷二十六页十一亦云：康熙二十年前，圣祖于丰泽园稻田中，偶见一穗，与众穗迥异，次年命择膏壤以布此种，其米作微红色。嗣后四十余年，悉炊此米作御膳，外间不可得也。其后种植渐广，内仓存积始多。世宗时河东总督田文镜病初愈，尝以此米赐之，作粥最佳也。

记此最详者当属康熙《御制文集》四集卷三十一页，有一段云：丰泽园中有水田数区，布玉田谷种，岁至九月始刈获登场。一日，循行阡陌，时方六月下旬，谷种方颖，忽见一穗，高出众稻之上，实已坚好。因收藏其种，待来年验其成熟之早否。明岁六月时，此种果先熟，从此生生不已，岁取千百，四十余年以来，内膳所进，皆此米也，其米色微红而粒长，气香而味腴，以其生自苑田，故名御稻米。（中略）曾颁种与江、浙督抚织造，令民间种之，闻两省颇有此米，惜未广也。朕每饭时，尝愿与天下群黎共此嘉谷也。

《永宪录》，卷一页三十一条云：其供御膳曰御稻米，由京师西山，颗粒长巨味香，更有一种可长成树，每年结实，其色鲜红……

是年（康熙六十一年）冬曾以示大臣分赠之，则往籍所未闻者——乃种于御苑。一云：树上天生者白如粘米，与朱红分两种。

当然是"一云"之说分红白两种为是，因康熙自记赠督抚织造者即红米，而非树上生也。《张文端公全集》卷七页五十二云："集畅春苑，谢赐御稻谷种。公同诸大臣具奏恳，恩颁给广种，奉旨每人给二石，赴瀛台领讫，具奏谢恩。"可见织造曹家确曾与诸大臣领此米种，雪芹非夸又明。然观其一年之间，仅获二石，红粥一碗，半飨凤姐，则其珍罕亦可见也。景梅九《石头记真谛》卷七页七十一云："准御田胭脂米为丰润县所产，据友人云：共四十八顷，其米长寸许，红色，在前清纯系贡品，庶民不得尝云。"其意盖以此证明《红楼梦》所写为皇室也；不知曹家食用，多同内庭，已见上举。……其米盖玉田种，后始产于御苑，雪芹作"玉田胭脂米"，亦当日实名也。胭脂米，俗名"红粳子"，色粉红，做粥饭入口又异香。

对"胭脂米"这一段考证文字，虽然都是六号宋体字排印的，字很小，但毛泽东都一一作了圈画。当时毛泽东已经年过花甲了，对与《红楼梦》有关的"胭脂米"这样的考证文字，看得都这样仔细，这样认真，可见他对《红楼梦》中有关经济问题是很感兴趣的。

在中南海毛泽东故居里存放的《红楼梦》线装版本有二十多种。其中有两种版本毛泽东用铅笔圈画过。一种是《脂砚斋重评石头记》，一种是《增评补图石头记》。这两种《红楼梦》，有不少的文字旁边，毛泽东都用黑铅笔画了道道，有的是画了圈，还有的是断句的标点。

这些道道、圈圈、点点，都是毛泽东在阅读过程中随手所画的，圈画的时间大概是20世纪50年代中后期或60年代初期。但是，毛泽东批注的《红楼梦》却没有见到过。是毛泽东读《红楼梦》没有写批注呢，还是写了批注流失在外呢？石玉山在《毛泽东怎样读书》中说：大约在60年代初，毛泽东在南方视察时，把一部他随身带的有许多批语的《红楼梦》赠给了当时上海的一位负责人。这位负责人把它交给石西民，并嘱咐石西民要好好研究。石西民把这部书拿回家一看，只见不少页的天地行间，写满了各种批语，那些极其潇洒的字迹，他一眼就认出了是出自毛泽东的手笔。石西民深知这部书的历史价值，遂一直把它作为至宝，妥为珍藏，一有空闲就拿起来认真地学习研究，到"文化大革命"开始时，任文化部副部长的石西民，被"红卫兵"到处游斗，家中数次被抄。于是，这部毛批《红楼梦》

从此就无影无踪了。"文化大革命"后在归还抄家的物品时，石西民最关心的物品就是这部毛批《红楼梦》，他多次寻找，结果还是毫无下落。

这部毛批《红楼梦》到底还在不在，现在还难下断语。但从这段介绍中，我们可以清楚地知道，20世纪60年代初，毛泽东批注过一部《红楼梦》，而且在"不少页的天地行间，写满了各种批语"。

毛泽东生前不仅爱读、爱谈《红楼梦》，而且还非常关心《红楼梦》的学术研究和评论工作。

研究《红楼梦》的著作，毛泽东圈画和批注都比较多，特别是俞平伯的《红楼梦辨》。他老人家在这本书上画的问号一共有五十多个。毛泽东在这本书上曾写下过"这本书错误思想集中在第六、第七两节"。何为如此说呢？原来就在第六节"作者的态度"第5页上，俞平伯说："《红楼梦》是感叹自己身世的，雪芹为人是很孤傲自负的，看他的性格和书中宝玉的性格，便可知道，并且还穷愁潦倒了一生。"毛泽东在"是感叹自己身世的"八个字旁粗粗地画了一竖道，在竖道旁边还画了一个大大的问号。第七页在"一切叙述情事，皆只是画工底后衬，戏台上底背景，并不占最重要的位置"这句话旁边也画上了竖道，在与这句话相对应的天头上，毛泽东也用铅笔画了一个大问号。第八页开头的一句《红楼梦》是为"情场忏悔而作的"。毛泽东在这句话旁边也用铅笔画上了竖道，而且还画上了问号。第十五页"既曰惋惜，当然与痛骂有些不同罢。这是雪芹不肯痛骂宝钗的一个铁证"。俞平伯的这段话，特别是前面的"痛骂"和后面的"这是雪芹不肯痛骂宝钗的一个铁证"的说法，毛泽东是不赞同的，在文字旁边都画上了问号。第十八页，作者还写了这样一句话："从后四十回看宝钗袭人凤姐都是极阴毒并且讨厌的。"毛泽东在这句话旁边画了一个大大的问号。

对《红楼梦》第七节"《红楼梦》的风格"，毛泽东画的问号更多，有的一页上就画了七八个问号，这一节中毛泽东有疑问的或者认为有错误的地方有三十多处。

就在这一节的开头，俞平伯写道："平心看来，《红楼梦》在世界文学中的位置是不很高的。这一类小说，和一切中国的文学——诗、词、曲在一个平面上。这类文学的特色，至多不过是个人身世性格的反映。"毛泽东在"位置是不很高的"七个字旁边画了两条粗道，然后又画了个大大的问号。显然，作者对《红楼梦》在世界文学中的地位的评价与毛泽东本人对《红楼梦》的极高评价：我国"除了地大物博，人口众多，历史悠久"、"在文学上有部《红楼梦》"；"中国古典小说写得最好的是《红楼梦》"、"作者的语言是古典小说中最好的，人物也写活了"等是相悖的。所以他在这七个字旁又画道道，又画问号，表明他不赞成作者的评价的心理倾向。这一小段的最后一句"不过是个人身世性格的反映"的评价，与毛泽东的评价"《红楼梦》是一部顶好的社会政治小说"、"《红楼梦》写的是很仔细很精细的历史"等也是相悖的。所以，毛泽东在这十二个字旁除画了粗道道外，连续画了两个问号，表明他对作者的评价是极不赞成的。

毛泽东说俞平伯著的《红楼梦辨》的"错误思想集中在本册第六、七两节"。画问号的地方，是不是就是作者"错误思想"表现的地方呢？当然这还是可以继续探讨的。毛泽东的批注，可以说是他老人家的一家之言。

除第六、七两节外，后面各节，毛泽东也作了不少的画圈。

说到毛泽东对《红楼梦》研究的关注，他还作过一段独自的评价。他说："《红楼梦》写出二百多年了，研究红学的到现在还没有搞清楚，可见问题之难。有俞平伯、王昆仑，都是专家，何其芳也写了个序，又出了个吴世昌。这是新红学，老的不算。蔡元培对《红楼梦》的观点是不对的，胡适的看法比较对一点。"而这些"新红学"和"旧红学"代表人物的著作，毛泽东都曾仔细研读过，连同他读的各种版本

的《红楼梦》，现在都收藏在中南海毛泽东故居里。

毛泽东爱读《红楼梦》，爱读《红楼梦》的研究文章和著作，毛泽东对《红楼梦》的历史价值和艺术成就一直有他自己的看法，特别是用阶级斗争的观点，阶级分析的方法来读《红楼梦》，来研究、评价《红楼梦》，这在中国的"红学"史上可能还都是第一次。毛泽东对新、旧"红学家"都曾给予不同程度的评价，把从胡适到何其芳这些红学家，都称为新红学家，但一次没有谈及他自己。实际上，他自己就是一位名副其实的马克思主义的新红学家。越到晚年，他对《红楼梦》的研究越有深度。

晚年爱读的史书之一
—— 批注《智囊》

《智囊》是毛泽东晚年爱读的史书之一。

毛泽东在逝世前曾阅读过两部《智囊》。这两部《智囊》都是木刻线装本。一部一直放在他在中南海游泳池住地的会客厅里。这个会客厅是老人家晚年经常会见外宾的地方，也是他读书学习的地方。另一部放在中南海增福堂毛泽东书库里。

放在游泳池会客厅里的这部《智囊》，据说是借章士钊的。这部《智囊》是木刻大字本，全书分为十四个分册，每个分册的封面都是用浅褐色纹绢装帧的，由于原书主人的精心保护，看上去似新的一般。所以，这部书毛泽东很喜欢，一直把它放在身边。

放在毛泽东书库的那部《智囊》，是20世纪50年代从中国书店购买的。这部书似清代重刻本，字刻得稍小些，全书亦分为十四个分册，每册的封面都是用深蓝色的普通纸装帧的，本子显得有些破旧。20世纪

50年代，毛泽东常读的就是这一部。这一部与章士钊的那一部相比，无论是装帧式样，还是木刻字体及大小等，显然逊色多了。

这两部《智囊》，毛泽东都不止一次地读过，大部分故事都作了圈画，许多地方还写有批语。毛泽东晚年读过的图书中，除各种马列著作、《二十四史》和鲁迅著作外，圈画和批注文字较多的，就要数这两部《智囊》了。

《智囊》是一部什么样的书呢？毛泽东又为什么如此爱读呢？1989年12月出版的《智谋大全》（即《智囊》）的前言中说："明代著名作家冯梦龙（公元1574—1647年）所编著的这本《智囊》，正是我国古典智慧的集大成。此书将先秦至明代各色人物以智取胜的故事千余则汇为一册，按政治智慧（即上等的智慧）、军事智慧、司法智慧、语言智慧、妇女智慧等分类编撰，共十部二十八卷。书中故事，大多取材于经史典籍，亦有少量采自稗官野史，集中展现了古代中国人在治国安邦、治军用兵、断案决讼、平定动乱、经营产业、为人处世等方面的高度智慧。"书中所收的千余则故事，读了之后，大多有利于"启迪思考、发展智力、增强应变能力"，读后能使人"变得更聪明一些"。毛泽东之所以爱读这部书，特别是五六十年代，毛泽东一次又一次地阅读本书，应当说，这是重要的原因之一。

在阅读《智囊》第一部上等的智慧通简卷有关朱博的这一则故事，对朱博因老从事教唆百姓聚众闹事，而将老从事杀掉的事，毛泽东写了这样一条批语：这个老从事也可以不杀，教以改过，或者调改他职。显然，毛泽东对朱博的这一做法不很赞成，并且很明白地提出了自己的看法。为什么老从事这个官吏可以不杀呢？朱博本来是个武官，没有做过文官，后来他做了北州刺史。上任时巡视部属来到一个县。这个老从事为了观察和试探一下朱博的本事，就故意让这个县的数百个官吏和老百姓聚众拦道，并且吵吵嚷嚷，说是要告状。官署、寺庙里也都挤满了人。朱博后来了解到，这幕闹剧是这个老从事故意制造的，所以把

以书为枪，横扫千军

他杀了。这个老从事并无其他恶意，只是为了看看朱博的应变能力，也没有因此造成特别重大的损失。所以毛泽东批语说，"这个老从事也可以不杀。"如果你朱博对他不信任，"调改他职可也"，为什么一定非要把他杀掉呢！

《智囊》第一部上等的智慧通简卷中，还有一则韩褒以毒攻毒的故事。故事说：西魏文帝时，韩褒任北雍州刺史。此州盗贼很多，韩褒到任后，秘密地查访了盗贼的情况，原来都是州里豪富人家的子弟。韩褒表面上装着什么也不知道，对那些人仍然以礼相待，并将那些性情凶恶狡猾的少年全部召来，将他们都任命为捕盗首领，每人分片包干，有盗贼行窃而未抓获，就以故意放纵偷盗论处。那些被委以重任的纨绔子弟都惶惶不安，连忙检举说：前次的盗案实际上是某某所干的。将作案人的姓名一一登记在本子上。韩褒将这个本子拿过来藏好，在州府门上贴了一张布告："凡是盗贼，可以马上来自首，过了本月不来自首的将公开处死，并没收他的妻子儿女赏给先来自首的人。"十天左右，所有的盗贼全部都来投案自首。韩褒将登记簿取来一对，一点不差。因此全部赦免了他们的罪过，允许他们改过自新。从此后，再也没有发生偷盗案。毛泽东读了这则故事，又用黑铅笔在本页天头上写了"使人改过"四个字的批注。显然，毛泽东对韩褒允许盗贼改过自新的做法是持赞许的态度。

对于有一般过错的人允许其改过自新，并给他们提供机会，帮助他们创造改过自新、重新做人的条件，这是毛泽东一贯的思想和主张。毛泽东在读《后汉书·陈寔传》关于"梁上君子"一节时，也曾在书的天头上写下了一条类似的批语：人在一定条件下是可以改造的。

毛泽东阅读《智囊》和阅读其他古籍一样，总是密切联系现实生活和现实斗争，读的是古书，想的是今天，为的是今天，以求指导和服务于现实斗争。

例如，《智囊》第二部思维的智慧经务卷"责任在谁"这则故事里说，明世宗时倭寇蹂躏东南沿海，巡抚屡次告急，请求朝廷出兵，兵部尚书根据朝臣徐阶的意见，发精兵6000人，结果遇到敌人的伏击，军队溃败。当政的人把发兵看成是徐阶的过错。因此，徐阶上疏说："按法律应当责罚州县的守令。军队的将校负责打仗，州县的长官负责防守，现在军队的将校打仗一旦失利，就要判死刑，而州县的长官平安无事；要是城池陷落，军队的将校又得判死刑，而州县的长官仅只是降职，这怎么能起到鼓励和惩戒的作用呢？能够支配百姓的是州县的长官。现在全国当兵的只占一，而当民的占百，我们怎能把打仗和防守的责任都责求军队的将校来完成呢？"毛泽东读了这则故事，特别是读了徐阶上疏的这番话，对重责守令还是重责军队的将校并没简单地表示肯定或否定的意见，而是首先将旧制度和我们今日的新制度进行了一番比较。比较之后，毛泽东认为，明朝的这种制度，"莫如今之军区党委制。党政军民统一于党委"。党政军民都在党委的统一领导下，党是领导我们事业的核心力量。党指挥枪，军爱民，民拥军，党政军民一条心，这是我们的事业不断取得胜利的可靠保证。

《智囊》"闺智部"载有一则逸事：监察御史李畬的母亲，向以清素贞洁著称。一次，李畬派人送禄米到其家，其母让人重量了一下，结果多出三石。问其故，则答："御史例不概。"不概，就是量米时不用小木板刮去平斗、斛中高出口沿的米。这样，每斗都冒尖装盛，自然就多出米来。其母又问脚钱多少，来人又说："御史例不还脚车费。"于是，李畬母大怒，下令送还所剩米和脚钱，并将李畬斥责了一通。李畬便追究仓官的罪责。其他御史得知后也十分惭愧。

初读此文，李畬之母冰清玉洁，不占公家便宜，不贪非分之财，十分可敬。而李畬得知情况后则严加追究，应当说也是能廉洁自律的。可是，毛泽东看了之后想得更深，看得更透，挥笔写下了"李畬应自科罪"的批语。仔细品味毛泽东的批语，确实令人深思，值得警戒。"李畬应自科罪"，起码有三点值得注意：其一是作风不细。古时官吏的主

要收入就是俸禄，让人给自家送禄米却不检查过问一下，无端地多吃多占，即便是属下所为，自己不知道，也是不能开脱干系的。其二是循例不当。不论是"例不概"也好，"例不还脚车费"也好，这些"例"那都是不适当的。因为这一"例"便"例"出了特权，"例"出了贪污，有损官德，有污清名。李畬却没有看到这些制度规定的不合理性，单单处罚那位仓官，这就没有真正抓到点子上，假若李畬预先知道这些"例"，更参与或默许这些"例"存在，则罪责更大矣。其三是当其母举报了这一情况并责怪时，李畬不是从自身找一找原因，来一番反省，而是单单处罚别人（尽管应当处罚），这也有点推卸责任，不是领导人应有的风格和风度。而且，不从自己身上找原因，不从制度上找弊端，不从根本上堵漏洞，那么，以后此类问题仍是不能得到有效解决的。因此，毛泽东批语"李畬应自科罪"，其中深意大焉。对于今天我们的各级官员来说，也是很有教育启发作用的。

毛泽东读史书，从不人云亦云，总是开动脑筋，独立思考。这种治学态度，直到他晚年阅读《智囊》时也是如此。例如，《智囊》第七部语言的智慧辩才卷"子贡一箭五雕"，这则故事的最后有这样两句对子贡评论性的话：子贡真是纵横家的祖师，一点也不像圣贤的门生之作风。子贡是孔子的弟子之一。毛泽东读到这里，对书中的这种说法很不赞成，他说："什么圣贤门风，儒术伪耳。孟轲、韩非、叔孙通辈，都是纵横家。"

说到毛泽东读《智囊》，从他在书上圈画和批注的情形来看，最爱读的或者说是最有兴趣的还是在第八部（即兵智部）关于用兵的智慧。这个部分为不战、制胜、诡道、武案四卷，共收一百一十九个故事。这些故事，毛泽东都不止读过一遍，差不多都圈画过，许多地方读后还写了批注。

例如，制胜卷孙膑的战术这则故事中，有一段是讲唐太宗谈用兵之道的。唐太宗说："我常用我方的弱兵，去对付对方的强兵，用我方的强兵去对付对方的弱兵。对方在战胜了我方的弱兵之后，往往追逐我军不到几百步就止兵不前，因此我方的弱兵并未全军崩溃；而我方的强兵在战胜了对方的弱兵之后，必定要冲到对方战阵的背后，然后转过身来攻打对方，敌人没有不因此而全军崩溃的。"这就是用了孙膑的战术。毛泽东读了唐太宗的这段话，似乎觉得唐太宗说得还不够清楚和全面，因此他写了一段批语，对唐太宗的用兵之道予以发挥和完善，还对唐太宗、朱元璋的军事才能作了一定的评价。毛泽东的批语写道："所谓以弱当强，就是以少数兵力佯攻敌诸路大军。所谓以强当弱，就是集中绝对优势兵力，以五六倍于敌一路之兵力，四面包围，聚而歼之。自古能军无出李世民之右者，其次则朱元璋耳。"毛泽东的批语把什么叫"以弱当强"，什么叫"以强当弱"说得更加明白了，这实际上也是毛泽东本人克敌制胜的一条重要的基本的作战经验。

还是在孙膑的战术这则故事中，在孙膑对田忌阐述攻魏救赵战术那段文字旁，毛泽东非常高兴地用黑铅笔写道："攻魏救赵，因败魏军，千古高手。"其实，关于孙膑攻魏救赵的战术，毛泽东早在1938年5月写的《抗日游击战争的战略问题》这篇文章中就曾引用过，并将这一兵法运用于我国的抗日战争和解放战争，取得了一战又一战的胜利。这就是我们常说的"古为今用"了。

毛泽东爱读《智囊》，尤爱读《智囊》中关于用兵打仗、以智克敌制胜等军事方面的故事。孙膑、唐太宗、朱元璋都是我国历史上著名的军事家，毛泽东是我国当代被誉为"用兵如神"的最伟大的军事家之一。古今军事家如果有那么一个机会相遇在一起的话，他们会不会谈论治军用兵、战略战术等诸多的军事问题呢？

隔代不隔理。他们会在战场上交流对话，取得心灵上的沟通。毛泽东阅读《智囊》时，在书上留下了密密麻麻勾注的岁月留痕，说明他和古代的先哲们的心是相通的。

以书为枪，横扫千军

贰

康熙皇帝很有本事

　　康熙皇帝是中国历史上一个创造了辉煌业绩，做出了伟大贡献的皇帝，他与乾隆两朝，史称"康乾盛世"。毛泽东在与著名文学家老舍等人谈话时，高度肯定了康熙对中华民族作出的贡献。

　　那还是20世纪60年代的1960年4月，全国人大二届二次会议期间。

　　开会那一天大会中间休息，老舍先生由主席台上下来，到旁边的休息室抽烟，坐在一个角落里。隔了一会儿，突然，他发现毛泽东、周恩来、刘少奇和其他几位中央领导也走进了休息室，而且照直向老舍这个角落走来。老舍先生以为他们要找个角落商量什么事，便想起身躲开，可是，毛泽东却把他拉住说："一起坐一坐，说说你们满族人。"

　　于是，便都落座，围成一个小圈圈，真的开始大聊满族人，而且兴致极高。毛泽东主讲，其他几位频频插话。

　　毛泽东一开口便说："满族是个了不起的民族，对中华民族大家庭做出伟大贡献。"他还说："清朝开始的几位皇帝都很有本事的，尤其是康熙皇帝。"接下来，便大讲康熙。毛泽东说："康熙皇帝的头一个伟大贡献是打下了今天我们国家所拥有的这块领土。我们今天继承的这大块版图基本上是康熙皇帝时牢固地确定了的。他三征噶尔丹，团结众蒙古部，把新疆牢牢地守住。他进兵西藏，振兴黄教，尊崇达赖喇嘛，护送六世达赖进藏，打败准噶尔人，为维护西南边疆的统一，迈出了关键性的一步。他进剿台湾，在澎湖激战，完成统一台湾的大业。他在东北收复雅克萨，组织东北各族人民抗俄斗争，和沙俄签订《尼布楚条约》，保证我永戍黑龙江，取得了独立自立外交的胜利，为巩固东北边疆做出了重大贡献。"

"康熙皇帝的第二个伟大贡献是他的统一战线政策。满族进关时兵力只有五万多，加上家属也不过二十万，以这样少的人口去统治那么一个大国，占领那么大领土，管理那么多人口，矛盾非常突出，康熙皇帝便发明了一个统一战线，先团结蒙古族和其他少数民族，后来又团结了汉族的上层人士，他还全面学习和继承了当时比满文化要先进得多的汉文化，他尊孔崇儒。在官吏的设置上，凡高级官吏都是一满一汉，大学士、尚书、侍郎、军机大臣都是如此。这样，康熙便非常成功地克服了满族官员少的困难，真正达到了以一顶百的神奇效果。"

毛泽东说："康熙皇帝的第三个了不起的地方是他有奖惩严明的用人制度。"毛泽东讲了一些实际例子，说明即使皇子犯了错误，也一样受到严厉的处罚。皇子打了败仗，回来不敢进德胜门，照样要蹲在城外，听候处罚。他的这套办法既能调动部下的积极性，奋勇向前，义无反顾，又能组织起一支有严明纪律的队伍，所向披靡。

毛泽东特别夸奖康熙皇帝的学习精神，说他不光有雄才大略，而且勤奋好学。他除了会几种民族语言之外，还会好几种外语，包括希腊文。他既是军事家、政治家，又是大文人，精通诗词歌赋，会琴棋书画。毛泽东还说康熙皇帝是最早懂得向西方资本主义先进知识学习的开明君主。康熙喜欢研究自然科学，对数学、天文、地理、医学、生物学、解剖学、农艺学和工程技术都有浓厚兴趣，还亲自主持编辑科技书籍。

毛泽东的这一番议论，再加上周恩来、刘少奇等人的插话，使老舍大为惊讶。他从前也知道康熙皇帝的一些功绩，但既不系统也不具体，而且绝对没有这么高的评价。所以，回到家中，他便向家人做了详细的传达，并说他完全换了脑子，换了眼睛。从这以后老舍便开始着手写表现满族人民的作品，如历史剧《神拳》、长篇小说《正红旗下》

等。他的这些作品形象生动地说明了一个对中华民族大家庭做出过伟大贡献的民族。老舍还想写《康熙大帝》，并收集了大量的资料。毛泽东对满族和康熙皇帝的评价，始终装在老舍的脑子里，它成了老舍晚年创作的主要课题。

对中国历史上的皇帝，毛泽东有褒有贬，这其中固然有他对许多问题的独到见解，有他个人的好恶，但总体上他还是从历史唯物主义的观点出发，以他在历史上的作为，以他为中华民族作出的贡献为评价人物的客观依据。这是科学的、历史的态度，从毛泽东对康熙的评价中，可以看到这种态度、这种方法、这种精神。同时也说明了毛泽东对康熙皇帝是做了深入研究的，否则不可能对他的三大贡献说得这样精辟。

谈古典文学

1965年6月20日，是星期天，复旦大学中文系教授刘大杰用过早餐，便带着孙子、外甥女去上海杂技场看杂技。正当他排队买票的时候，他女儿匆匆忙忙地来告诉他，家里来了一辆小车，说有位首长要见他。于是，刘大杰便走出队伍，一辆小车把他带到了上海西郊的一栋别墅。

当刘大杰走进别墅时，只见毛泽东正坐在藤椅上。原来是毛泽东要接见他，这是他所没有想到的，他又惊又喜，忙迎了上去。

香烟摆在小桌上，两边各放一只藤椅，刘大杰就在毛泽东对面坐下。他生于1905年，比毛泽东小十二岁，辈分要低些，所以开始有些拘束。后来他见毛泽东很随便，也就随便起来，他从桌上拿起一支烟，毛泽东风趣地说："你还会抽烟哪。"

刘大杰抽完了，又拿起一支烟，毛泽东笑着说："你烟瘾还不小哪。"随后又问，"你是什么地方人？"

刘大杰用不太重的湖南口音说："巴陵人。"

毛泽东听罢，立刻朗声吟道："昔闻洞庭水，今上岳阳楼。吴楚东南坼，乾坤日夜浮。亲朋无一字，老病有孤舟。戎马关山北，凭轩涕泗流。"背诵了杜甫《登岳阳楼》的全诗，开始了对文学的谈论。

当时，刘大杰就蔡琰的《胡笳十八拍》问题，正与郭沫若进行争鸣，又为中国文学的现实主义问题，与茅盾展开讨论，而毛泽东对这些都注意到了，幽默地对他说："你现在和沫若不睦，和茅盾矛盾。"

刘大杰不禁笑了。

"你跟前辈的人敢于争鸣，这很好嘛。"毛泽东鼓励道，"你这个战斗精神，希望能继续发扬下去嘛。你参加百家争鸣，不要怕丢掉名誉地位。"

当时，毛泽东已读过刘大杰的有关《胡笳十八拍》的文章，也读过他写的《中国文学发展史》，认为他这套文学史还算是比较好的，基本上能自圆其说。

两人当时谈得比较多的古代作家有陶渊明、韩愈、李商隐等。毛泽东早在第一师范读书时，在国文教师袁仲谦指导下，曾熟读过韩愈的文章，因此，毛泽东认为韩愈的文章写得实在好，非常流畅。

当时，他们还谈到李商隐的《无题》诗。毛泽东说："《无题》诗要一分为二，不要一概而论。"并与刘大杰谈到了李商隐的《行次西郊作一百韵》等诗。在谈到《贾生》一诗时，毛泽东问："能背得出吗？"

刘大杰立刻以湖南乡音吟诵道："宣室求贤访逐臣，贾生才调更无伦。可怜夜半虚前席，不问苍生问鬼神！"

毛泽东听罢，喟然叹道："写得好哇！写得好！"

两人当时还谈到了杜牧的诗，刘大杰很推崇杜牧的《河湟》，毛泽东则谈到了杜牧"胜败兵家事不期"——即《题乌江亭》那一首。

当时毛泽东还对刘大杰说："要多商量，宁肯存疑，不要轻易作结论。真理是会越辩越明的，还是要投入到百家争鸣中去。"

这次谈话大约进行了两个小时，到吃午饭时，刘大杰方才离去。

20世纪70年代，刘大杰根据毛泽东有关评法批儒的精神，曾修改自己的《中国文学发展史》。当时，他认为韩愈虽非法家，但也不是醇儒，并以韩愈的《进士策问十三道》之五、《读鹖冠子》、《后汉三贤赞》、《读墨子》、《讳辩》、《毛颖传》等文为证，详加分析，给毛泽东写了一封长信，提出了自己的观点。

毛泽东历来是主张"一分为二"的，刘大杰的这种态度应该说是符合"一分为二"的精神的，况且他老人家少年时又曾熟读过韩文，在延安时又与丁玲等谈起过韩文，也不忍心将韩愈一棍子打死，就给刘大杰复了信，同意了他的这种看法。

于是，刘大杰就在1976年出版的《中国文学发展史》（第二册）中，提出了"韩愈并不是醇儒"的看法，这在我们今天看来并没什么新鲜，但在当时一片臭骂韩愈、杨柳抑韩的声浪中，也算是有一点儿突破，不很容易的事了。

从毛泽东与刘大杰的接触中可以看出，毛泽东对中国古典文学的钟爱，以及对中国古典文学的深厚造诣。

周谷城是湖南益阳人。他自称："我有幸在大革命前夕结识了毛泽东……"在全国农民协会从事宣传工作期间，周谷城同在毛泽东领导下负实际责任的秘书长夏明翰相处甚欢，合作融洽。不久，国共合作破裂，毛泽东赴湖南组织秋收起义，周谷城则到上海，以译书、卖文为生。

抗战爆发前夕，周谷城收到一封署名"毛泽东"的密信。信是写给周和一些知名人士的。信中号召各界团结一致，共同起来对付敌人。读罢来信，周谷城用化名写了一些短文响应。

1945年，抗日战争胜利后，毛泽东从延安飞抵重庆参加"国共和谈"，同正在重庆的周谷城又晤面了。毛泽东用湖南话大声问："你是周谷城先生吗？"回答："是的。"这时，毛泽东打了个手势："十八年了。"

周谷城紧紧握住毛泽东的手，关切地问："您从前胃出血的病好了吗？"毛泽东爽朗地一笑："我这个人啊，生得很贱。在家有饭吃，要生病；拿起枪当'土匪'，病就没有了。"

新中国刚建立，有一次毛泽东到上海视察，召周谷城相见。毛泽东向当时上海市许建国副市长等人说："周谷城是我的老朋友，我认识他比认识你们还早得多。"周谷城赶紧申明："许副市长，我是个不争气的人，我怕死。"

有一次，周谷城到北京开会，毛泽东知道了，立即打电话叫周去。汽车一直开到中南海露天游泳池畔，毛泽东身穿浴衣，坐在凉篷下，寒暄之后，毛泽东问："你能游泳吗？"

周谷城说："少年时在家乡的小河里或池塘里，也可以浮游几十码。不知现在还浮得起否？"

毛说："试试看。"毛泽东从深水处下水，周则从浅水处往下走，不敢到没顶的深水里去。

须臾，泳罢上岸，毛泽东拿出一本线装的《汉书》，翻至《赵充国传》说："赵充国这个人当年主张西北边疆屯田，很能坚持自己的主张。最初，赞成他的人不过十分之一二，不信的有十分之八九，到后来，他的主张慢慢地有人赞成了，最后，相信的十之八九，不信的只有十之一二。可见，真理要人家接受，是有一个过程的，无论过去和现在都是如此。"

有一次，毛泽东到上海，吃晚饭时把周谷城也叫了去。毛泽东拿了一本《新建设》杂志对周说："你的逻辑论文写得很明确，要继续争鸣下去。"

周谷城感慨地说："我很孤立，火箭炮冲起来，我也有些受不了。"

毛泽东说："有什么了不起，辩论就是嘛。"

后来，《人民日报》发表了周谷城的文章，题目是《论形式逻辑与辩证法》。毛泽东见到文章后，很感兴趣，用长途电话急召周到北京。

毛泽东对周说："问题移到《人民日报》上来了，讨论可能展开。"

周说："我把形式逻辑与辩证法联在一起讲，却又把它们严格划分，恐怕不易有人信。"

毛泽东用夹杂英语的话语风趣地说："formal logic本来说是formal的，要把它与辩证法混同，甚至改成辩证法，是不可能的。它是一门独立学问，大学都要多学一点。"

后来，毛泽东还专门指示周谷城："最好把西方哲学史上哲学家所讲的逻辑，每一个人的，都给写一篇或几篇说明介绍的文章，从古到今，来它个系统的叙述。"还说："最好把所有的逻辑书，不论新的或旧的，过去的或现在的，一律搜齐，即成大部丛书，在前面写几句按语式的话，作为导言。"

以后，北京出版界决定出版《形式逻辑与辩证法问题》一书，把目录寄给周谷城，周觉得自己不能决定，于是写信给毛泽东。毛泽东回信说：

谷城兄：

两次热情的信，都已收到，甚谢！大著出版，可资快读。我对逻辑无多研究，不敢有所论列；问题还在争论中，由我插入一手，似乎也不适宜。作序的事，不拟应命，可获谅解否？敬复。

顺颂

教安！

毛泽东

一九五八年七月二十八日

毛泽东来到了上海，上海各界，其中有周谷城、陈望道、沈体兰、沈克非、周信芳、金仲华等人，在锦江饭店楼下晋见了他。这天晚上，大约11点钟左右，周谷城在家里已经睡了，忽接报馆记者的电话，要他写一首诗或一首词，在第二天的《解放日报》上发表，以欢迎毛泽东。周谷城坚决推谢，说写不出。记者强求说："不要紧，要求不高。写一首好了。"周说："主席是内行，要求不能不高。"后来因推辞不了，勉强写了一首，题目叫"五一节晋见毛主席"，调寄《献衷心》，词曰：

"是此身多幸，早沐春风。蠲旧染，若新生。又这回倾听，指点重重。为学术，凡有理，要争鸣。

情未已，兴偏浓，夜阑犹在诲谆谆。况正逢佳节，大地欢腾。人意泰，都奋进，莫因循。"

毛泽东见了这首词后，便打电话召周谷城。5月3日下午3时，周谷城到毛泽东的住处，毛泽东正坐在客厅里看报。周谷城一人走进客厅，毛泽东起来第一句话即说：

"词一首，看到了，怕不止一首吧！"

周谷城说："只有一首，我从来没有在报上发表过诗词，这确是第一首。"

毛泽东说："总怕不止一首。"意思是说周谷城也像个常写这些东西的人。周谷城随即重述了对记者说的那句话，"主席是内行，要求不能不高。"

毛泽东笑着说："主席也只有那么内行。"意思即也不那么内行，完全是谦虚之意。

周谷城又说："平时，我也偶然写几句，那是附庸风雅。"

毛泽东说："附庸风雅有什么坏处？"

周谷城说："附庸风雅的人，无非是发发牢骚而已。"

毛泽东说："发牢骚有什么不好？有牢骚不发过得吗？"

谈至此，周谷城又向毛泽东转述别人的意见，专讲字义，说：

"据说，屈原的《离骚》就是牢骚，说是'离'、'牢'同声。"

毛泽东说："可能是这样，但也未必一定。"周谷城于是进一步解除顾虑，以说笑话的方式发表自己的意见说：

"离骚可能就是牢骚，牢骚可能就是啰唆。牢啰同声，骚唆也是同声。念啰唆，可能就是发牢骚。"周谷城所说的并没有什么根据，但毛泽东仍微笑着，没有说荒唐。周谷城接着说：

"主席教我们说话要风趣，真该好好注意。"

毛泽东说："是呀，老是干巴巴，有什么味。"周谷城又笑着说："我近来替'风趣'找出了一种解释：智慧超过需要时，可能有风趣；智慧赶不上需要时，不仅不能有风趣，可能要丢丑。"

已是6点钟了，周谷城同毛泽东的谈话还没有完。后来转而谈政治。周谷城偶然提及了邓演达先生，毛泽东随即问周谷城："你认识邓？"周谷城说："我认识。"毛泽东说："邓演达先生这个人很好，我很喜欢这个人。"谈至此，毛泽东同周谷城在一个小桌子上吃晚饭。饭后，周谷城即告辞回家，毛泽东一直把周谷城送到汽车上。

到1965年，周谷城又在上海西郊一个旧式的别墅里见了毛泽东。周谷城一进门，毛泽东即起而笑着说："又碰到了。""又碰到了"这几个字，是毛泽东每次见到周谷城的时候第一句常用的话。这次在座的有陈丕显。周谷城同毛泽东握手问好之后，随即转入谈话。谈话的范围谈到哲学史，毛泽东说："胡适的中国哲学史，只写了一半，就没有下文了。"周谷城说："胡的白话文学史，也只写了一半，就没有下文。"毛泽东又谈到"中国佛教史没有人写，也是一个问题。"主席学问渊博，对古今中外文、史、哲等都有兴趣。关于旧体诗，他们谈到了李商隐；周谷城当即忘乎所以，随便把李商隐的一首七言律诗，用湖南腔调哼起来，曰：

> 海外徒闻更九州，他生未卜此生休。
> 空闻虎旅鸣宵柝，无复鸡人报晓筹。
> 此日六军同驻马，当时七夕笑牵牛。

把五六两句哼了几遍，七八两句居然哼不出来。毛泽东知周谷城已忘记了，他便笑着，自己代周谷城念出，曰："如何四纪为天子，不及卢家有莫愁。"毛泽东念出时，周谷城又跟着他的后面哼。一时心情舒畅，超出寻常。

一天晚上，毛泽东请胡乔木、郭沫若及十来个工作人员一道吃饭时，他说："我们论三国，替古代担忧吧？"随即与郭沫若纵谈三国历史、官渡之战、赤壁之战、猇亭之战，讲了诸多战例。你一段，我一段，夹叙夹议，谈到热烈之处，毛泽东忽然转向翻译李越然问，"你说：'曹操和诸葛亮这两个人谁更厉害？'李越然回答不出。毛泽东接着说："诸葛亮用兵固然足智多谋，可曹操这个人也不简单，唱戏总是把他扮成个大白脸，其实冤枉，这个人很了不起。"又说，"古时候打仗没有火箭和原子弹，刀枪剑戟打起来死人也不见得少。汉桓帝时有多少人口？"

郭沫若随口应道："晋书地理志作五千六百万。"

毛泽东说："现在还统计不全。到处有不入户人口，那时就能统计全？估计算是五千六百万。到了三国混战还剩多少人口？"

郭沫若回答："史书载，黄河流域'户口骤减，十不存一'，三国合计，人口大约六七百万。"

"出门无所见，白骨蔽平原。"毛泽东引王粲《七哀诗》后说："曹操回原籍，'旧土人民死丧殆尽，国中终日行，不见所识'。第一

次世界大战死了多少人？第二次世界大战死了多少人？比比吗，又死多少人？原子弹和关云长的大刀究竟哪个死人多？"

毛泽东深深叹息继续说："现在有人害怕战争，这一点不奇怪。打仗这东西实在把人害苦了，战争还要带来饥荒、瘟疫、抢掠……为什么要打仗哟！应该防止它，打不起来再好不过；可是光顾怕，也不行。你越怕，它就越要落在你头上。我们要着重反对它，但不要怕它。这就是辩证法。"

谈古论今，毛泽东尽情抒发自己的创新思维。

批注古代战例

毛泽东既具有深厚的马列主义理论功底，又有研究中外历史上著名兵法战例的经验。从故居现有藏书中，可以看到毛泽东在阅读有关这方面史书时所作的圈画和批注。

臧质是南北朝时期南朝宋文帝时人。《南史·臧质传》称赞他"涉猎文史，尺牍便敏，有气干，好言兵"。曾任徐兖二州刺史。南朝到了宋文帝时，经济和文化得到发展，经常出兵击魏，想收复黄河以南的土地，统一中国。北朝的魏太武帝勇武善战，统一黄河流域之后，有吞并江南的意图。宋元嘉二十七年（公元450年）以后，南北两朝经常爆发大规模的战争。臧质在和魏军作战中屡立战功。毛泽东读这篇传记时，批注：臧质豪杰之士，一解汝南之围，二胜盱眙之敌，三克刘劭之逆。梁山之战，刘义宣不听臧质之言，因以致败，惜哉。

"解汝南之围"，是指魏太武帝于元嘉二十七年围攻汝南，宋守将陈宪告急，宋文帝派臧质去救援，杀伤魏兵惨重，魏太武帝败退。

"胜盱眙之敌"，是指魏太武帝于元嘉二十八年率十万大军攻盱眙，臧质为辅国将军与之抗击。这一仗打得有声有色，充分显示了臧质的军事才能。魏太武帝向臧质要酒，臧质为羞辱他，把人尿装进酒坛送去，魏太武帝大怒。毛泽东在"质封溲便与之"一句旁加了密圈，天头上用红铅笔画了一个大圈，批注：是欲战法，激之使战。

最后魏军登城肉搏，"杀伤万计，死者与城平"。"太武乃解围而归"，损失超过一半人。臧质获胜。

"克刘劭之逆"。刘劭是宋文帝的长子，他昏庸残暴，杀了文帝自立为帝。臧质得到这个消息后，立即通知了文帝的第三子刘骏（孝武帝）和江陵王刘义宣（宋武帝的第六子），并即日率五千人马去讨伐，生擒了刘劭，为孝武帝即位扫清了道路。

毛泽东所惋惜的历史上的"梁山之战"，是指孝武帝即位后，臧质因孝武帝年轻，许多事情都不向他请示和报告。臧质傲慢自负，"自谓人才足为一世英杰"。又以为刘义宣更容易受他控制，因而阴谋推翻孝武帝，立刘义宣为帝。孝武帝得知这一情况后，派王玄谟等屯兵梁山洲两岸据守。臧质向刘义宣献计说："如今应该派兵去打南州，王玄谟在梁山'必不敢轻动'，我乘船去攻占南京，这是取胜的最佳策略。"有人劝阻刘义宣不要采纳这个意见，担心臧质取胜后野心更大，臧质的计划因而未被采纳。兵败，臧质逃回家乡，后被扑赐死。

毛泽东对臧质这位历史人物的评价是褒中有贬，实事求是。毛泽东很赏识臧质的军事才能，多所批注、圈画。对臧质向刘义宣的进计，逐字加了旁圈。对劝刘义宣反对臧质的话和臧质逃回家乡后的情况，也用红铅笔画着着重线，毛泽东研究了梁山之战中臧质和刘义宣两人的作战部署，肯定臧质的意见，毛泽东认为，这一仗致败的原因不是臧质的无识无能，而是臧质的意见未被采纳，并为此发出"惜哉"的感叹。同时，毛泽东对臧质"自谓人才足为一世英杰"处，用红笔画了着重线，并批注：此是妄想。

《南史》作者李延寿在《臧质传》后有段评论说："……臧氏文义之美，传于累代。含文以致诛灭，好乱之所致乎。""含文"是臧质的字，"好乱"是指他有野心。毛泽东在"好乱之所致乎"旁，用红笔加了着重线，在着重线旁逐字画了六个大叉。毛泽东看重臧质在解汝南之围、胜盱眙之敌、克刘劭之逆等战役中表现的军事才能，因此他不能苟同旧史学家李延寿把梁山之战的失败，臧质被杀，归罪于臧质"好乱"这一论断。他以一个战略家的心态和感情，为臧质这一仗的失败表示惋惜，赞叹臧质为"豪杰之士"，替臧质正了名声。

"不动笔墨不看书"

毛泽东非常赞赏徐特立的"不动笔墨不看书"的读书方法，他认为凡读书，必要写心得、做笔记，这是他学习的一个好办法，后来，他终生躬行实践，受益匪浅。

《伦理学原理》一书，是1917年下学期到1918年上学期，湖南一师本科毕业班开设的"修身课"教材。该书为德国康德主义者泡尔生所著，由蔡元培翻译，属"心物二元论"著作，全书约十万字。毛泽东读后，在书中写了一万五千余字的批语，留下了用红、墨笔打记的圈点、单杠、三角、叉等符号。批语写在书的上下空白处及字行之间，最小的字像七号铅字，甚至要用放大镜才能看清楚。批语的内容，绝大部分是抒发自己对伦理观、人生观和宇宙观的见解。凡他认为原著中比较精辟的地方，都浓圈密点，加以批评，对那些他认为不确切或错误的地方，他就批上"殊未必然"、"定然无益"、"此论大奇"、"吾意不应以此立说"、"此处吾又有不然之意见"，等等，充分体现了他独立思考和分析批判的精神。毛泽东回忆这一段经历时说："我在杨昌济的影响和帮助下，读了《伦理学原理》。我受到这本书的启发，写了一篇题为《心之力》的文章。杨昌济从他的唯心主义观点出发，高度赞赏我的那篇文章。他给了我100分。"

20世纪50年代中期，毛泽东想看法国作家小仲马写的一部名著，让刘松林去设法帮他借。刘松林后来在一位同志那里借到了，毛泽东看完后又交给刘松林让她去还。刘松林接过书来，顺手翻了翻，这一下她可傻眼了，只见书中画满了杠杠、圈圈、点点，有的地方还作了眉批。刘松林觉得"好好的一本书，被画成这样，怎么还给人家呢"？后来她在还书时也不敢吭气，把书退给人家，说声"谢谢"，拔腿就走，唯恐人家不收，当时听到这件事的人都笑了，笑刘松林幼稚，同时也为毛泽东读书认真的态度所感动。

几十年来，毛泽东每阅读一本书、一篇文章，都要在重要的地方画上圈、杠、点等各种符号，在书眉和空白的地方写下许多批语。他看过的书都是圈点细密，杠画不断，字句连绵，圈旁有圈，杠外加杠，铅笔字上叠写毛笔字。有时，他还把书中精彩的章节和语句摘录下来或随时写下读书笔记、心得体会。这些批注和笔记，有对原著观点的疑问、评判、引申，特别是有许多联系中国革命斗争实际提出的正确主张。他读王勃《秋日楚州郝司户宅饯崔使君序》时，写下了一千多字的批注。乾隆年间线装的《二十四史》，是一部八百五十册的巨著，从头到尾都有他的勾画、圈点和批注。在唐诗、宋词、元曲，以及李白、杜甫、李贺、李商隐等人的诗集中，都留下他在不同时期，用不同笔迹圈阅过的笔迹。毛泽东读书真可谓"钻进去"了。

毛泽东的床头桌上总是放着削得很细的铅笔，他画的符号有：△、？、〇、一、×、∨、〔 〕、w、=、≡，这些符号的具体含义他在自己的一个小本上都有注解。这些符号往往反映他在读书中的某种意图和倾向，他对某个观念的怀疑与反对，深思与不解。毛泽东在书上画的问号尤其多，有的一页之上多达四五个，有的问号已被他用短斜线划

去，这表示后来已理解或肯定了书上的说法。这些特殊的符号起到了意想不到的好效果。

看来，"不动笔墨不看书"，的确是毛泽东独具匠心的读书方法。

书读烂，其义自见

叁

读鲁迅著作

读鲁迅的著作，是毛泽东晚年读书生活中的重要内容之一。

毛泽东曾说过："我和鲁迅的心是相通的。"在半个多世纪的革命岁月里，毛泽东与鲁迅并没有见过面，也没有直接的书信往来，把两位伟人圣洁的心紧紧联系在一起，可以说就是鲁迅的著作。

1972年，新版大字线装本《鲁迅全集》印出后，秘书徐业夫让工作人员给毛泽东送去两部。一部摆放在卧室里，一部摆放在会见宾客的大厅里。直到1976年9月9日，毛泽东心脏停止跳动时，他卧室的床上、床边的桌子上、书架上，还摆放着这部大字本的《鲁迅全集》。床上、床边桌子上放的那几册，有的是翻开放着的，有的是在某一页折上一个角，有的地方夹有纸条，有的封面上、篇章题目上用粗红铅笔画了圈，有的地方还写下了批注文字。在伴随毛泽东走完生命最后的路程的千万册书中，除了人民出版社20世纪60年代出版的大字本马列著作和广东武英殿版的线装本二十四史外，其他书籍中最为突出的就是这部大字线装本的《鲁迅全集》了。

70年代初，毛泽东已经年近80岁高龄。精力、体力都远远不如以前了，健康状况也越来越差，眼病、腿病等多种老年性疾病愈来愈无情地折磨着他。就在这种情况下，他还天天躺在床上坚持读平装单行本的鲁迅著作和其他各种书籍。

1972年9月，文物出版社出版了北京鲁迅博物馆编的《鲁迅手稿选集三集》（线装本）。这本书共收有鲁迅手稿二十九篇，都是从尚未刊印的鲁迅手稿中选出来的。工作人员收到出版社送来的样书后，立即将这本书送给毛泽东。毛泽东见到这本书后，不分昼夜，一有空就翻阅。

手稿选集里有的字写得太小，他就用放大镜一页一页一行一行往下看。有时，他一边看，一边还不时地用铅笔在手稿选集上圈圈画画。毛泽东为什么爱看鲁迅的这本手稿选集呢？毛泽东生前很爱欣赏名家字画和那些书写诗词、警句、格言、楹联等名人墨迹。他说，工作之余，看看名人字画、墨迹，这也是一种休息。鲁迅的这本手稿，都是在"语丝"稿纸上，用毛笔竖写的行书体，字迹清楚，运笔流畅自如。正如郭沫若在评论鲁迅的书法时所说的："鲁迅先生亦无心做书家，所遗手迹，自成风格"，"世人宝之，非因人而贵也"。所以毛泽东常常翻看。有时，他把鲁迅的这本手稿选集当成鲁迅的著作来读，有时他也把它作为鲁迅的墨迹来欣赏。

毛泽东在读《写在"坟"后面》这篇鲁迅手稿时，在许多文字旁边都画了红道道。鲁迅在这篇手稿中写道："古人说，不读书便成愚人，那自然也不错的。

▲ 1961年毛泽东在江西翻阅《鲁迅全集》

然而世界却正由愚人造成，聪明人决不能支持世界。"鲁迅在这里所说的"愚人"是指广大劳动人民，"聪明人"是指少数封建统治者。鲁迅的话充满了"人民创造历史"的历史唯物主义观点，毛泽东对此非常赞同。在阅读1956年出版的单行本时，他就在"世界都由愚人造成，聪明人决不能支持世界"下面重重地画了两道红线。这次在读手稿本时，又在这一段文字旁边重重地画了两道红线，使鲁迅的这句名言在这本手稿中显得格外引人注目。

1971年毛泽东生病以后，大都躺在床上借助放大镜看单行本的鲁迅著作，后来视力越来越差，用放大镜看书也越来越困难了，怎么办？工作人员与徐业夫秘书商量，是不是将鲁迅的平装本著作印成大字线装书，这样他老人家躺在床上看也比较轻便。徐秘书把这个想法向毛泽东汇报后，毛泽东说："国家目前还很困难，印大字本又要花钱。"当然，这是从经济方面考虑的。但是，无论从他的读书习惯上，还是从他当时的身体状况来说，他都是很喜欢看线装大字本的书籍。所以，经当时的中央办公厅负责同志同意，徐业夫与国家出版局联系，国家出版局考虑：一是为了毛泽东等年老的同志读鲁迅著作方便；二是可以馈赠外宾；三是便于长久地保存鲁迅著作。因此，于1972年2月初，责成人民文学出版社特将20世纪50年代出版的带有注释的十卷本《鲁迅全集》排印成少量的大字线装本。由于字要印得大，原来1卷的

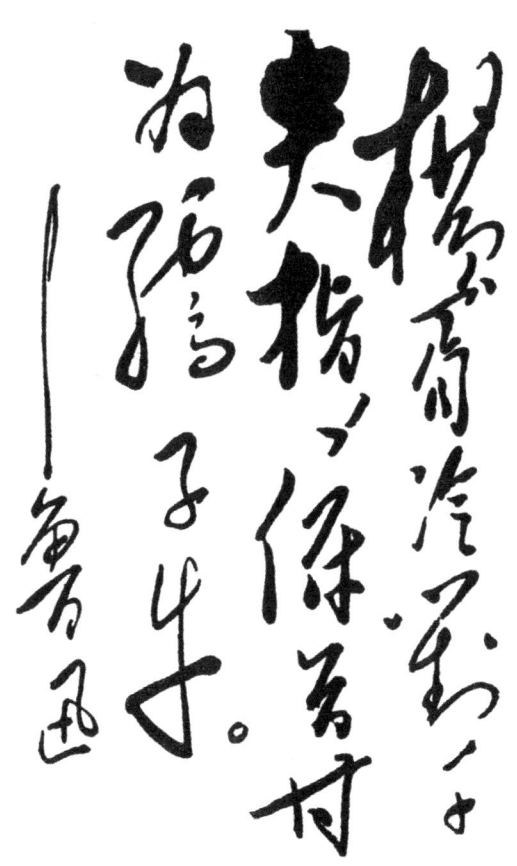

▲ 毛泽东手迹（鲁迅诗（句））

平装本印成大字线装本后，就要印成九至十个分册，每一卷还要做一个布面函套，所以，全书的印刷装订工作量很大，不能在短时间内一下子印出来。

为了能让毛泽东早点看到新印的大字线装本《鲁迅全集》。工作人员与人民文学出版社和北京新华印刷厂的有关同志商定：采取印好一卷送一卷的办法。当时并没有按原书的卷次顺序排印送阅，而是先印好哪卷就先送哪卷。毛泽东则收到一卷就先看一卷。他看这样的线装大字本是很快的，常常是一卷看完了，下一卷还没有送到。有一次，新到的一卷已看完，他还想往下看，可是书又没送到，便风趣地说："断炊"了。

为了满足毛泽东读书的需要，印刷厂将原来两班倒改为三班倒，厂领导、生产科都来到车间，与工人师傅一起加班加点。人民文学出版社，也与工人师傅们一样，废寝忘食、夜以继日地工作着，在大家的共同努力下，从1972年1月初到同年的7月中旬，大约四个半月，十卷本全部印刷完毕。

因为是印装好了一部分送一部分，所以，待毛泽东收到全书时，他也差不多都读完了。

毛泽东阅读过的这部线装大字本《鲁迅全集》，现在还保存在中南海毛泽东故居里，打开函套，可以看到许多册的封面上都画有红圈圈，有的画一个，有的画两个，还有的画三个，这红圈是什么意思呢？这是晚年毛泽东读书的一种习惯，他每读一遍就在书上画一个圈作为标记，读过几遍就画几个圈。画三个圈就说明他已经读过三遍。毛泽东晚年还如此几遍地反复阅读鲁迅的著作，可见他对鲁迅著作的喜爱。

毛泽东尤爱读鲁迅的杂文。他很赞同鲁迅在《南腔北调集》中的《捣鬼心传》这篇杂文的观点。对文中"捣鬼有术，也有效，然而有限，所以以此成大事者，古来无有"很赞赏，多次圈画。直到1975年8月，还用颤抖的笔在这句话的书眉上画了一个大大的红圈。他还在《二心集》、《伪自由书》、《准风月谈》等杂文的封面上都画有一个红圈。说明这些杂文，毛泽东在晚年至少看了一遍。

在《花边文学》中的《正是时候》这篇杂文中有这样一段话："倘是旧家子弟呢，为了逞雄，好奇，趋时，吃饭，固然也未必不出门，然而只因为一点小成功，或者一点小挫折，都能够使他立刻退缩。这一缩而且缩得不小，简直退回家，更坏的是他的家乃是一所古老破烂的大宅子。"毛泽东在这段话下面画了粗粗的两道，还在"吃饭"后面添加了"夺权"两字。这样就把"旧家子弟"的本质更深入地揭示出来了，虽添两字，但恰到好处，给鲁迅的文章增加了色彩。这是毛泽东读书加以发挥的一个特点。

在大字线装《鲁迅全集》第5卷第5分册上，至今还留有毛泽东用颤颤巍巍的手写下"1975·8"的批注。

毛泽东在读《准风月谈》时，写下了"吃烂苹果"的批注。

毛泽东所写的"吃烂苹果"是什么意思呢？

原因是在《准风月谈·关于翻译（下）》这篇文章中，鲁迅用苹果虽烂，尚有可吃之处作比喻。鲁迅在文章中说："苹果一烂，比别的水果更不好吃，但是也有人买的，不过我们另外还有一种相反的脾气：首饰要'足赤'，人物要'完人'。一有缺点，有时就全部都不要了。"鲁迅用吃烂苹果的道理来说明对文艺作品和文艺界的人要实事求是，不能因其有一点缺点和不足就全部地抛弃，或者全盘否定。毛泽东非常赞同鲁迅的这种观点。

1975年3月，江青等一伙给电影《创业》强安了十条罪名，欲将《创业》一棍子打死，后来《创业》的作者不服，他们向毛泽东上书，陈述创作《创业》的

▲ 1956年毛泽东为鲁迅墓迁葬的题词

实际情况，毛泽东收到信后，对江青一伙的武断极为反感，就让张玉凤给他读鲁迅关于吃烂苹果的文章。张玉凤不知道这篇文章在《鲁迅全集》哪卷里，一时找不到，毛泽东就告诉她《准风月谈·关于翻译》这篇文章中。当张玉凤读到"苹果一烂"这一段时，毛泽东高兴地连声称赞说："写得好！写得好！"毛泽东针对江青一伙的横行霸道，严肃地批评说："此片无大错，建议通过发行，不要求全责备，而且罪名有十条之多，太过分了。"同年10月，又在一份向他反映情况的材料上批示："打破'金要足赤'、'人要完人'的形而上学错误思想。"

毛泽东对鲁迅著作的喜爱直到生命的最后几年。1975年4月，他老人家已经重病在身，还用颤抖的手写下了鲁迅的无题诗："血沃中原肥劲草，寒凝大地发春华。英雄多故谋夫病，泪洒崇陵噪暮鸦。"此时，毛泽东已逾八旬，在患有多种疾病的情况下，还在写鲁迅的诗作，可见，他对鲁迅的著作别有一番特殊的感情。

读军事书

毛泽东既重视战争实践经验的总结、提高和运用，又重视发愤读书，从更高水平的古今中外的军事著述和其他著述中汲取营养。

从青年时代起，毛泽东在湖南第一师范读书时，就"过细而有心得"地阅读了司马光的《资治通鉴》和顾祖禹的《读史方舆纪要》，着重研究了中国历史上以弱胜强、以少胜多的著名战例。晋楚城濮之战、楚汉成皋之战、韩信破赵之战、新汉昆阳之战、袁曹官渡之战、吴魏赤壁之战、吴蜀彝陵之战、秦晋淝水之战，等等。著名的战例知识，都是从古代的兵书或其他历史书籍中研究获得的。同时，从中还获得了不少同军事有关的地理知识。以后在漫长的革命战争岁月中，他还多次研读《孙子兵法》和《管子》等书，从中吸收古代的作战思想，古代朴素的军事辩证法。有的古代兵书，至晚年还放在自己身边，认真研读或以备查阅。同时，他还注意从古代小说、散文、诗歌和戏剧中吸收有关军事思想的营养。他从《三国演义》、《水浒传》、《西游记》中汲取了许多用来说明军事思想和作战原则的典型事例。如林冲棒打洪教头、三打祝家庄、如来佛降服孙悟空的故事等。

抗日战争开始不久，毛泽东根据对敌斗争的需要，着重于军事问题的学习与研究。在一段时间内，他把读书的重点放在了军事书籍上，从1939年1月17日他写给历史学家何干之的信中说："看了你的信，很高兴的。我们同志中有研究中国史的兴趣及决心的还不多……你又在想作民族史，这是很好的，盼望你切实地做去。我则有志未逮，我想搜集中国战争史的材料，亦至今没有着手。我的工具不够，今年还只能作工具的研究，即研究哲学、经济学、列宁主义，而以哲学为主，将来拟研究近代史，盼你多多指教。"

毛泽东读军事书，不仅注意吸收祖国优秀的文化遗产，而且还注意研究学习外国的军事理论。其中包括马克思主义无产阶级军事理论和资产阶级军事理论。抗日战争期间，他精心研读了19世纪普鲁士著名资产阶级军事理论家克劳塞维茨的《战争论》。据毛泽东本人在延安时读书笔记中记载，他从1938年3月18日开始阅读《战争论》。当他拿到这本书的第一天，就如饥似渴地读了书的序言、目录和第一篇"论战争之本质"的第一章，一下子就读了五十五页。他不但自己读，还组织和倡导其他同志一起读，在延安凤凰山自己的住处组织了一个"克劳塞维茨《战争论》研究会"。当时参加这个研究会的有肖劲光、罗瑞卿、滕代远、莫文骅、叶子龙等同志。莫文骅回忆：毛泽东组织的这个研究会每周开一次会。每次从晚七八点钟开始，到深夜11点多钟结束。先由何思敬教授发自己翻译的讲义，一章一章地介绍，然后大家进行讨论，最后由毛泽东讲述自己的意见。研究会学了《战争论》的前一部分，毛泽东根据自己的学习体会讲了集中兵力问题和战略划分等问题。"在毛泽东的倡导下，延安学术界掀起了翻译和评价克氏《战争论》的高潮。1939

年7月，八路军《军政杂志》第7期刊载焦敏之译《克劳塞维茨〈战争论〉俄文版序言》，第12期和次年第1、2两期连载了何思敬的《列宁与克劳塞维茨》；该杂志社1939年10月出版杨作材译《列宁读〈战争论〉的笔记》，1940年11月出版夏光伟译《克劳塞维茨〈战争论〉附录》。这个时期，《群众周刊》3卷22期和4卷9、15期连载傅大庆译'战争的重要原则'、'胜利的顶点'、'战争政治的工具'等章节。1941年8月，八路军军政杂志社重印了瞿寿禔译《战争论》的全译本。"这些文章，不能说毛泽东没有关注到，说不定他从中也会获得有益的东西。当时，正处于国内战争转变为反对日本帝国主义侵略的民族战争，也是毛泽东军事思想进一步走向成熟的时期。主观和客观形势的需要，迫使毛泽东深入研究和学习古今中外的军事理论，并将学习和研究的成果及时用来指导战争的实践，是很自然的事情。据有关史料记载，蒋介石也曾专心研读克劳塞维茨的《战争论》，但经过三年解放战争的较量，最后终于被中国共产党指挥的人民军队打败。毛泽东读军事书，更重要的是，他能通过对军事理论的研读和对战争实践经验的总结，产生出自己独特的军事思想。他在《目前形势和我们的任务》中，系统地提出了指导中国人民革命战争由战略防御转入战略进攻的十大军事原则：1. 先打分散和孤立之敌，后打集中和强大之敌。2. 先取小城市、中等城市和广大乡村，后取大城市。3. 以歼灭敌人有生力量为主要目标，不以保守或夺取城市和地方为主要目标。保守或夺取城市和地方，是歼灭敌人有生力量的结果，往往需要反复多次才能最后地保守或夺取之。4. 每战集中绝对优势兵力（2倍、3倍、4倍，有时甚至是5倍或6倍于敌之兵力），四面包围敌人。力求全歼，不使漏网。在特殊情况下，则采用给敌人以歼灭性打击的方法，即集中全力打敌正面及其一翼或两翼，求达歼灭其一部、击溃其另一部的目的，以便我军能够迅速转移兵力歼击他部敌军，力求避免打那种得不偿失的、或得失相当的消耗战。这样，在全体上，我们是劣势（就数量来说），但在每一个局部上，在每一个具体战役上，我们是绝对的优势，这就保证了战役的胜利。随着时间的推移，我们就将在全体上转变为优势，直到歼灭一切敌人。5. 不打无准备之仗，不打无把握之仗，每战都应力求有准备，力求在敌我条件对比下有胜利的把握。6. 发扬勇敢战斗、不怕牺牲、不怕疲劳和连续作战（即在短期内不休息地接连打几仗）的作风。7. 力求在运动中歼灭敌人。同时，注重阵地攻击战术，夺取敌人的据点和城市。8. 在攻城问题上，一切敌人守备薄弱的据点和城市，坚决夺取之。一切敌人有中等程度的守备，而环境又许可加以夺取的据点和城市，相机夺取之。9. 以俘获敌人的全部武器和大部人员，补充自己。我军人力物力的来源，主要在前线。10. 善于利用两个战役之间的间隙，休息和整训部队。休整的时间，一般地不要过长，尽可能不使敌人获得喘息的时间。以上这些，就是人民解放军打败蒋介石的主要的方法。这些方法，是人民解放军在和国内外敌人长期作战的锻炼中产生出来，并完全适合我们目前的情况的……我们的战略战术是建立在人民战争这个基础上的，任何反人民的军队都不能利用我们的战略战术。

毛泽东创造总结出具有中国特色的战略战术，形成了他独特的军事思想，对于指导取得全国最后的胜利，起到了决定性的作用。

最喜李白诗

毛泽东喜欢的中国古代诗人有一大串，但似乎没有一个能超过他对李白诗歌的喜欢。换句话说，李白也许是他最喜爱的中国诗人了。如在毛泽东身边陪他读书的北京大学女教师芦荻就曾说过："毛主席喜欢李白、李贺、李商隐的诗，尤其喜欢李白的诗。"

1936年，丁玲初到延安，常与毛泽东聊天。丁玲当时就觉得毛泽东比较喜欢中国的古典文学，并常常带着非常欣赏的情趣向她谈论李白、李商隐、韩愈等。

223

1942年4月13日上午，毛泽东为了召开延安文艺座谈会，曾邀请何其芳、严文井、周立波、曹葆华等人到他杨家岭所住的窑洞来交换有关文艺问题的意见。在谈话中，严文井问："听说主席喜欢中国古典诗歌，您喜欢李白还是杜甫呢？"毛泽东毫不犹豫地说："我喜欢李白。但李白有道士气，杜甫是站在小地主的立场。"

新中国建立以后，毛泽东有了自己的书房。李白的诗仍是他喜欢读的作品之一。他读李白诗，主要是通过清人沈德潜的《唐诗别裁集》和蘅塘退士孙洙的《唐诗三百首》等选本来进行的。据曾在毛泽东故居图书管理小组工作过的张贻玖女士说："仅他批画过的《唐诗别裁集》就有六部，《唐诗三百首》五部。"在这些唐诗选本的李白诗中，毛泽东常常用笔作着圈画或批点。如他在《将进酒》一诗的开头批道："好诗。"又在此诗的标题前画了一个大圈，标题后连画了三个小圈。在《蜀道难》的开头批道："此篇有些意思。"并画了一个大圈。此外，毛泽东对李白的《梁父吟》、《梦游天姥吟留别》、《宣州谢朓楼饯别校书叔云》、《上三峡》、《鹦鹉洲》、《鸣皋歌送岑征君》、《赠汪伦》、《黄鹤楼送孟浩然之广陵》、《子夜吴歌》等诗也很喜欢，或多次在标题前后画圈，或在一些句旁画线，表明他读过已不止一遍了。

毛泽东不仅喜欢阅读李白的诗，还喜欢谈论李白的诗。他在1957年邀见臧克家等人来谈诗时，曾谈起李白的诗。后来臧克家在《伟大的教导深沉的怀念》一文中回忆道："毛主席也有个人特别喜爱的古代诗人。在谈话当中，对唐代两个大诗人——李白、杜甫，比较起来，毛主席更欣赏李白。"

1958年3月，成都会议结束后，毛泽东于3月29日乘江峡轮往武汉方向行驶。在航行中，毛泽东问女驾驶员小石："三峡有个白帝城吧？"小石说："有的。"毛泽东立刻朗声吟起了李白的诗句："朝辞白帝彩云间，千里江陵一日还。两岸猿声啼不住，轻舟已过万重山。"

随后，毛泽东又背一句，叫小石念一句。念完后，他又说："你背诵给我听听。"

小石立刻背诵了一遍。毛泽东满意地点点头，说："好。"

1959年仲夏，毛泽东在庐山开会时，为庐山的壮丽风光所动，不禁想起了李白的诗句，便欣然命笔，抄写了李白的四句诗——"登高壮观天地间，大江茫茫去不还。黄云万里动风色，白波九道流雪山。"写完以后，并注明道："李白《庐山谣》一诗中的四句。登庐山，望长江，书此以赠庐山常委诸同志。"

也是在这次会议期间，毛泽东得知儿媳刘松林生了一场病，便给她写了一封信，信中还引用了李白上面的诗句来鼓励她。

20世纪60年代初，毛泽东来上海视察工作。一天特地把复旦大学教授、中国文学史专家刘大杰请到自己的寓所，一起谈论中国古典文

▲ 毛泽东手迹（李白《庐山谣寄卢侍御虚舟》）

学，其中也谈到李白的诗。

1965年7月21日，他在给陈毅的一封信中说："李白只有很少几首律诗。"

1973年7月3日，毛泽东在与别人谈话时说："早几十年中国的国文教科书就说秦始皇不错了，车同轨，书同文，统一度量衡。就是李白讲秦始皇，开头一大段也是讲他了不起。"他停顿了一下，又提高声音说："'秦王扫六合，虎视何雄哉！挥剑决浮云，诸侯尽西来。'一大篇，只是屁股后头搞了两句：'但见三泉下，金棺葬寒灰。'就是说他还是死了。你李白呢？尽想做官，结果充军贵州，走到白帝城、普赦令下来了。于是乎，'朝辞白帝彩云间'。其实，他尽想做官。《梁父吟》说现在不行，将来有希望。'君不见高阳酒徒起草中'，'指挥楚汉如旋蓬'。那时神气十足。我加上几句，比较完全：'不料韩信不听话，十万大军下历城。齐王火冒三千丈，抓了酒徒付鼎烹'，把他下了油锅了。"

据芦荻回忆，毛泽东晚年有一次曾对她说："李白的《蜀道难》写得很好，有人从思想方面作各种猜测，以便提高评价，其实不必，不要管那些纷纭聚讼，这首诗主要是艺术性很高，谁能写得有他那样淋漓尽致呀，它把人带进祖国壮丽险峻的山川之中，把人带进神奇优美的神话世界，让人们仿佛也到了'难于上青天'的蜀道上面了。"

在闲暇或练习书法的时候，毛泽东常常用毛笔抄写李白的诗，据目前查阅所知，抄录过《梁父吟》、《将进酒》、《赠汪伦》、《庐山谣寄卢侍御虚舟》、《梦游天姥吟留别》、《送孟浩然之广陵》、《宣州谢朓楼饯别校书叔云》、《送储邕之武昌》、《登金陵凤凰台》、《下江陵》、《忆秦娥》、《越中怀古》、《夜泊牛渚怀古》、《黄鹤楼闻笛》，共十五首。毛泽东手抄的唐代诗人的诗词很多，但以李白的数量为最多。

直到晚年，由于视力减退，他为了读李白《梁父吟》这首诗，还特意叫人把这首诗用一寸大小的楷体毛笔字抄录在16开的毛边纸上，共有七页之多。在右上角，他还特意用铅笔画着圈记，表明他已读过两遍。

由此，人们很自然地要问：毛泽东为什么这样喜欢李白的诗呢？

原因当然是多方面的，但最根本的一条，就是李白诗中那种汪洋恣肆、热情奔放、豪迈雄壮、不受任何拘束、极富幻想和浪漫气息的风格特色吸引了毛泽东。他曾经说李白的诗"文采奇异、气势磅礴，有脱俗之气"。此外，李白诗中那种对人民的深切同情、感受人生、为人生所苦恼，同时又能摆脱苦恼、超然置之的大度精神，也时时吸引着他。每个人都有着自己所固有的艺术欣赏趣味和爱好，而毛泽东作为个人的艺术取向和爱好，正在这些地方。这也正是毛泽东喜爱李白诗的主要原因。

读杜甫的诗

1958年3月7日，成都会议开始的前一天，毛泽东和先期到达的九位省市委第一书记参观杜甫草堂和武侯祠。毛泽东兴致很高，在"工部祠"的"诗史堂"称杜甫的诗是"政治诗"。作为一位伟大的政治家，就他对政治与文学艺术关系的一贯看法而言，他这样称赞杜甫诗，应该说是一个很高的评价。他诵读《茅屋为秋风所破歌》，诵到"安得广厦千万间，大庇天下寒士俱欢颜"时，风趣地说："看来高级知识分子的住房困难问题，是古已有之的。"随行的人员一听都笑起来了。

毛泽东对后人凭吊草堂题咏的诗联石刻看得十分仔细，特别对大廨前那副清代顾复初题的楹联表现出浓厚的兴趣：

异代不同时，问如此江山，龙蟠虎卧几诗客？

先生亦流寓，有长留天地，月白风清一草堂。

　　毛泽东左手轻托下颚，右臂微弯地放在背后，神态从容专注。他用轻微的声音诵读完上联，便踱步到西头看完下联，脸上露出会心的微笑，赞赏地说："好！集杜句。"这副楹联不全是集杜句，但其中截用了杜甫的诗句。上联中"异代不同时"，见杜甫《咏怀古迹五首》之二里"萧条异代不同时"句；下联中"有长留天地"，见杜甫《送孔巢父归游江东兼陈李白》里"诗卷长留天地间"句。可见毛泽东对杜诗的熟悉，几至于了然于胸的地步。

　　游览后，毛泽东从杜甫草堂借阅了各种版本的杜诗十二部，一百零八本，其中有宋代黄鹤补注、徐居仁编次《集千家注分类杜工部诗

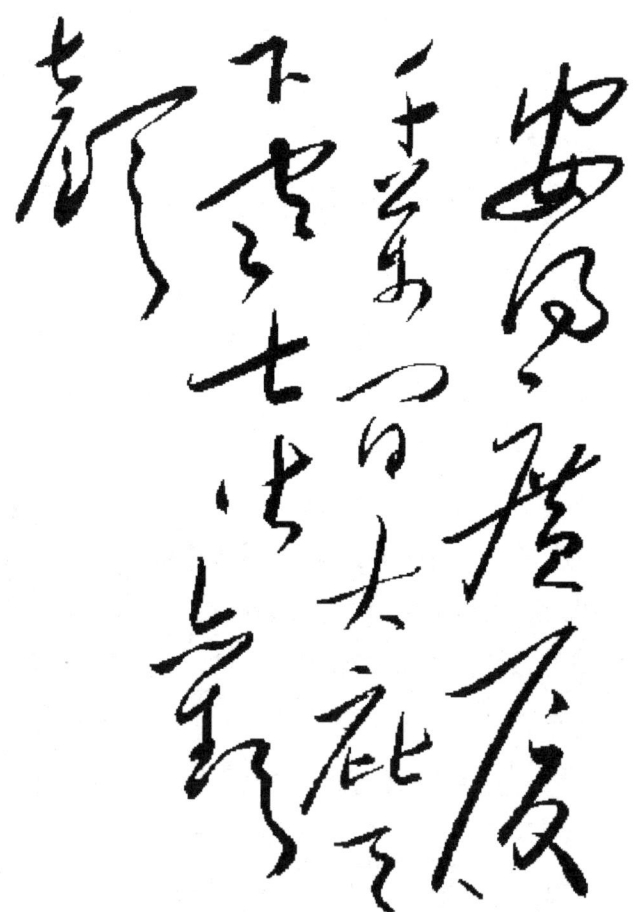

▲ 毛泽东手迹（杜甫《茅屋为秋风所破歌》（部分））

集》，元·至正二十二年叶氏勤广堂刻本；有宋·王洙注《分门集杜工部集》，宋建阳刻本涵芬楼影印本；有宋·蔡梦弼辑笺《杜工部诗集》，明·崇祯三年毛晋重订校本；有宋·刘辰翁评点、元·高楚芳编《集千家注杜工部诗集》，清·乾隆七年怡府明善堂刻本；有刘辰翁评点《须溪评点选注杜工部诗》，明初刻本；有刘辰翁评点、元·高楚芳编《杜子美诗集》，明·天启十年刻本；有明·张潜编《杜少陵集》，明·正德七年山西宋灏校刻本；有明·杨慎批点《杜诗选》，明·天启间吴兴闵氏朱墨套印本；有清·卢坤集编《五家评注杜工部集》，清·道光十四年涿州卢氏五色套印本，芸叶庵藏本；有清·杨伦编注《杜诗镜诠》，清·同治十一年成都望三益斋刻本，等等。这些珍本善本杜诗归还杜甫草堂时，里面增加了一些圈点痕迹，可见毛泽东是都翻阅了的，如杨慎批点《杜诗选》中的《至后》、《观公孙大娘弟子舞剑器行》、《白帝城最高楼》、《九日五首》、《暮归》等，都留下了毛泽东的圈点。

在成都，毛泽东还阅读了唐、宋、明诸代的一些杰出诗人的作品，专门圈选出了"唐宋人写的有关四川的一些诗和词"，其中陆游八首，李白六首，杜甫的诗最多，二十五首，在成都会议上印发。可见毛泽东是很喜爱杜诗的。

1965年7月21日，毛泽东在《致陈毅》一信中，说到"诗要用形象思维"时说："赋也可以用，如杜甫之《北征》，可谓'敷陈其事而直言之也'，然其中亦有比、兴。"《北征》是杜诗中最长的一篇，五言，一百四十句。毛泽东对其艺术方法都如此了解，作了肯定的评语。

毛泽东的诗词创作，与杜诗也有着很深的渊源关系。他常借用、化用杜诗的诗语入诗词。如《沁园春·长沙》中"同学少年"取自杜甫《秋兴八首》之二里"同学少年多不贱"句，"峥嵘岁月稠"，出自杜甫《敬赠郑谏议》中"旅食岁峥嵘"句；如《渔家傲·反第二次大"围剿"》中"横扫千军"，出自杜甫《醉歌行》里的"笔阵横扫千人军"句；如《七律·和柳亚子先生》中"落花时节读华章"，"落花时节"出自杜甫《江南逢李龟年》里"落花时节又逢君"句；如《七律·和周世钊同志》中"域外鸡虫事可哀",典出杜甫《缚鸡行》;如《七律·送瘟神二首》中"绿水青山枉自多"后三字用杜甫《征夫》"十室几人在,千山空自多"里"空自多"语意;如《七绝·为女民兵题照》中"飒爽英姿",活用杜甫《丹青引曹将军霸》里"英姿飒爽来酣战"句;如《念奴娇·井冈山》中"天际悬明月",化用杜甫《后出塞五首》之二里诗句"中天悬明月",等等。另,胡乔木《水调歌头·国庆夜记事》最后两句的原稿是"万里千斤担,不用一愁眉",毛泽东将其改为"万里风云会,只用一戎衣"。这"一戎衣"三字便出自杜甫《重经昭陵》"风尘三尺剑,社稷一戎衣"。这些充分表明,毛泽东对杜诗是多么熟悉,他的诗词创作得益杜甫诗作实为不少。

毛泽东到垂暮之年,对杜诗仍很有兴趣,常读常议,还借用杜诗说明重要事理。

大约是1971年的某天,毛泽东同护士长吴旭君谈到美国总统尼克松时说:"我要请他到北京来,你看怎么样?"

吴旭君想了想,反问道:"跟一个反共老手会谈?您不考虑舆论界对您施加压力?您不考虑自己的形象是否会受到影响?"

毛泽东笑了笑,有点"王顾左右而言他"似的说:"你给我背背杜甫的《前出塞》吧。"吴问:"哪一首?"因杜甫的《前出塞》有九首。

毛先背了一句:"挽弓当挽强。"

吴旭君就接着往下背:

> 挽弓当挽强,用箭当用长。
>
> 射人先射马,擒贼先擒王。
>
> 杀人亦有限,列国自有疆。
>
> 苟能制侵陵,岂在多杀伤?

毛泽东听了吴旭君的背诵接着说:"在保卫边疆,防止入侵之敌时,要挽强弓,用长箭。这是指武器在战争中的重要性,但不是决定的因素，决定的因素是人。'射人先射马，擒贼先擒王'，这是民间流传的两句极为普通的话。杜甫看出了它的作用，收集起来写在诗中。这两句话表达了一种辩证法的战术思想。我们要打开中美间的僵局，不去找那些大头头，不找能解决问题的人去谈行吗？选择决策人中谁是对手这点很重要。当然，天时、地利、人和都是不可排除的因素。原先中美大使级会谈，马拉松，谈了十五年，一百三十六次，只是摆摆样子。现在是到了亮牌的时候啦！"他一口气讲了这么多，显得精神抖擞，眼睛闪着光，似乎已经将如何打破中美间僵局在心中琢磨透了。

吴旭君听得连连点头，说："那么说，非找尼克松不行？"

毛泽东说："把共和党这个最大的反共阻力挖掉，事情就好办了。非找尼克松不可。"

中美关系的历史，真的就按毛泽东的构想向前发展了。

1971年"九一三"事件之后，一天，毛泽东吟诵杜甫的《咏怀古迹五首》之三时，诵读了前四句：

群山万壑赴荆门，生长明妃尚有村。
一去紫台连朔漠，独留青冢向黄昏。

接着，毛泽东将第二句中的"明妃"二字改为"林彪"，将这四句诗的原意全改变了，变成一首讥讽林彪的诗了。请看：

群山万壑赴荆门，生长林彪尚有村。
一去紫台连朔漠，独留青冢向黄昏。

林彪出生在湖北省黄冈的一个山村里，他的家在一处名叫回龙山的山脚下。一二句写林彪的出生地，三四句写林彪叛逃出北京，摔死在蒙古的温都尔汗。毛泽东这一改，真是巧合无间，妙不可言。

1975年，毛泽东患了严重的眼病白内障，一只眼睛尚剩微弱的光

感，一只眼睛做手术后视觉功能恢复尚好。他是个嗜书成癖的人，除了坚持自己阅读书籍外，还常让身边工作人员读书给他听。杜甫诗，是他常叫人读的作品之一。一次，护士孟锦云给他读杜甫的《进艇》：

> 南京久客耕南亩，北望伤神坐北窗。
> 昼引老妻乘小艇，晴看稚子浴清江。
> 俱飞蛱蝶元相逐，并蒂芙蓉本自双。
> 茗饮蔗浆携所有，瓷罂无谢玉为缸。

孟锦云读到第五句时，不认识"蛱"字，卡住了。毛泽东马上接下来，把后面的四句全背出来了。对于这一首在杜诗中并不是很有名的作品，毛泽东竟然记得如此之熟，可见他平日读杜甫诗实非同一般。

又一次，孟锦云给毛泽东读了杜甫的《赠卫八处士》：

> 人生不相见，动如参与商。
> 今夕复何夕，共此灯烛光。
> 少壮能几时，鬓发各已苍。
> 访旧半为鬼，惊呼热中肠。
> 焉知二十载，重上君子堂。
> 昔时君未婚，儿女忽成行。
> 怡然敬父执，问我来何方。
> 问答乃未已，驱儿罗酒浆。
> 夜雨剪春韭，新炊间黄粱。
> 主称会面难，一举累十觞。
> 十觞亦不醉，感子故意长。
> 明日隔山岳，世事两茫茫。

这首诗，孟锦云多次给毛泽东读过，她觉得主席特别喜爱这首诗。这次读得很顺畅，毛泽东听了说："全诗以口语写心中之事，毫无雕琢之工。"语简意明，评得精当。

总的看来，毛泽东是爱读杜甫诗的，到晚年尤其如此。

读放翁诗词如遇知己

1961年11月6日上午，毛泽东接连3次写信给秘书田家英，请他找写梅的诗词。一次是上午六时，信中说："请找宋人林逋（和靖）的诗文给我为盼，如能在本日下午找到，则更好。"林逋素有"梅妻鹤子"之说，其咏梅名句"疏影横斜水清浅，暗香浮动月黄昏"，为读书人所熟知。毛泽东要读咏梅的作品，自然会首先想到他。田家英很快将林逋的诗文集找到并送给毛泽东，毛泽东立即翻阅了其中与咏梅有关的诗。

上午8时半，毛泽东又给田家英一信："有一首七言律诗，其中两句是：雪满山中高士卧，月明林下美人来，是咏梅的，请找出全诗8句给我，能于今日下午交来则更好。何时何人写的，记不起来，似是林逋的，但查林集中没有，请你再查一下。"

信转出之后，毛泽东仍搜索记忆，想想是"何时何人写的"。很快，他又给田追加一信："家英同志：又记起来，是否清人高士奇写的，前四句是：琼枝只合在瑶台，谁向江南处处栽。雪满山中高士卧，月明林下美人来。下四句忘记了，请问一下文史馆老先生便知。"末署时间是"6日8时"，这"8时"可能是"9时"之笔误，因上一信署的时间是"8时半"。

就在这一天，毛泽东挥毫作书，写下了信中说的这首诗，《毛泽东手书古诗词选》影印了他书写这首诗的墨迹：

高启，字季迪，明朝最伟大的诗人。

《梅花》九首之一

琼姿只合在瑶台，谁向江南处处栽。

雪满山中高士卧，月明林下美人来。

寒依疏影萧萧竹，春掩残香漠漠台。

自去何郎无好咏，东风愁寂几回开。

毛泽东

一九六一年十一月六日

大约就在这个时间前后的一些日子里，毛泽东较为集中地读了不少诗人咏梅的诗词。南宋大诗人陆游平生爱梅，写了咏梅的诗词在百首以上，其中最有名的是《卜算子·咏梅》一词：

驿外断桥边，寂寞开无主。已是黄昏独自愁，更著风和雨。

无意苦争春，一任群芳妒。零落成泥碾作尘，只有香如故。

毛泽东读这首词，萌发了"反其意而用之"的创作构思，于12月写出了著名的《卜算子·咏梅》词：

风雨送春归，飞雪迎春到。已是悬崖百丈冰，犹有花枝俏。

俏也不争春，只把春来报。待到山花烂漫时，她在丛中笑。

成词后不几天，毛泽东在一封信中说："近作咏梅词一首，是反修正主义的，寄上请一阅。并送沫若一阅。外附陆游咏梅词一首。末尾的说明是我作的，我想是这样的。究竟此词何年所作，主题是什么，尚有待于考证。我不过望文生义说几句罢了。"

这里所说的"末尾的说明"，是指毛泽东于12月27日写在陆游《卜算子·咏梅》词后面的文字：

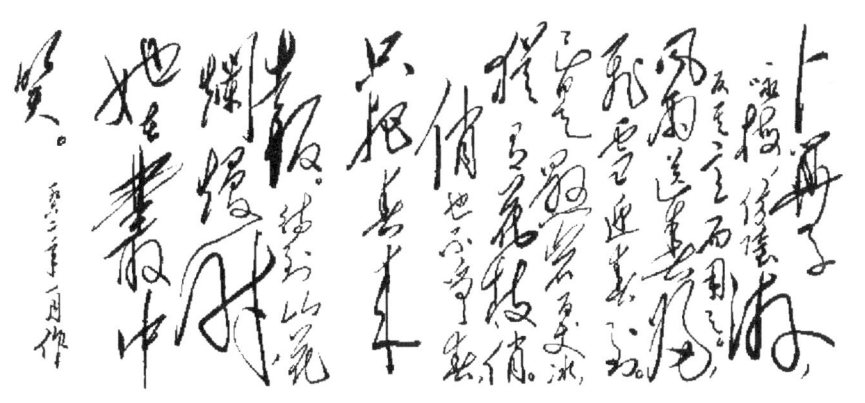

▲ 毛泽东《卜算子·咏梅》手迹

作者北伐主张失败，皇帝不信任他，卖国分子打击他，自己陷于孤立，感到苍凉寂寞，因作此词。

毛泽东这个"说明"，应该说是切合陆游创作《卜算子·咏梅》词的实情的，所论也是中肯的。毛泽东说这个"说明""不过望文生义说几句"，表明他的郑重与谦虚。

毛泽东对于陆游的生平很熟悉，对陆游的文章、诗词都作过研读，能背诵部分诗词。就在他写这个"说明"之前两个多月，即10月16日。正在北京大学中文系读书的邵华，随着姐姐刘思齐来到菊香书屋看望毛主席，她顺眼瞟着老人家床头一叠线装书，便说："毛伯伯，您也喜欢《剑南诗稿》？"她还是个小女孩时，常随姐姐和岸英哥哥来到毛伯伯身边，毛伯伯就很喜欢她。所以，她虽长大了，到主席身边来，就还是很随便的。

毛泽东点了点头，微笑着说："看来，你读过放翁的诗词哟。"

"不仅读过，而且特别喜爱。"邵华说。

毛泽东问："你最喜欢陆游的哪几首诗词？"

邵华说了《关山月》、《诉衷情》、《夜游宫》、《示儿》等篇，并当着毛泽东背诵其中的作品。背诵时，邵华略微停顿想下句，毛泽东就提示她一下。邵华背诵《夜游宫》，背诵到"睡觉寒灯里"时，毛泽东指出她读错了一个字音，"睡觉寒灯里"的这个"觉"，这里不

能读jiào（教），应该读jué（决），并教她回校去问问老师这样念对不对。他还说自己"读放翁诗词，如遇知己"。

邵华乘机要求毛伯伯将《夜游宫》写给她。毛泽东谈兴正浓，立刻站起身来，走到桌前，铺开宣纸，提笔濡墨，写下了《夜游宫·记梦寄师伯浑》：

> 雪晓清笳乱起，梦游处，不知何地。铁骑无声望似水。想关河，雁门西，青海际。睡觉寒灯里，漏声断，月斜窗纸。自许封侯在万里。有谁知，鬓虽残，心未死！

邵华如获珍宝，立刻双手将纸捧了起来，用嘴吹干墨迹。

当然，毛泽东不会到60年代初才读陆游的作品。早在邵华看见他床头的《剑南诗稿》之前，他就常和身边的工作人员谈陆游及其诗词了。

1957年的一天，在专列上，晚饭时，服务员姚淑贤向毛泽东讲她看的表演陆游爱情悲剧的戏，讲完了还说："主席，应该看，很不错的。"

毛泽东问："这戏的名字叫什么？"

"《凤头钗》。"

"《凤头钗》？"毛泽东反问了一句。

小姚犹豫了，说："是《凤头钗》还是……《钗头凤》来着？哎呀，我记不清了。"

毛泽东笑了："是《钗头凤》。这是陆游写的一首词：《钗头凤·红酥手》。他是南宋一位了不起的大诗人，年轻时就立志'上马击狂胡，下马草军书'。他的表妹叫唐琬，也是一位有才华重感情的妇女。他们的爱情悲剧在《齐东野语》里有记载。"

大约在50年代后期，有一次，毛泽东和保健医生徐涛谈起了陆游与绍兴的沈园。毛泽东说："陆游与唐琬离异后，又相遇于沈园，那是他们情意缠绵之地，陆游的那首词《钗头凤》就题在沈园的墙壁之上。"说着，他一时兴起，提起笔来，潇洒地写下了这首词：

红酥手，黄藤酒，满城春色宫墙柳。东风恶，欢情薄，
一怀愁绪，几年离索。错！错！错！

春如旧，人空瘦，泪痕红浥鲛绡透。桃花落，闲池阁，
山盟虽在，锦书难托。莫！莫！莫！

毛泽东放下笔，问徐涛："你知道唐琬回赠的那首词吗？"
徐涛回答："我没读过。"
毛泽东用他那带着特殊韵味的湘腔背诵起来：

世情薄，人情恶，雨送黄昏花易落。晓风干，泪痕残，
欲笺心事，独语斜栏。难！难！难！

人成各，今非昨，病魂长似秋千索。角声寒，夜阑珊，
怕人寻问，咽泪装欢。瞒！瞒！瞒！

毛泽东接着说："这首词回赠没有多久，唐琬就因积愁而死去。
当初是陆游的母亲与唐琬不和。陆游这一对夫妻没有得到真正的幸福，
这是封建社会的悲剧。"

这天晚上，毛泽东兴致很高，他吸口烟，又说："我看你和小吴
（指徐涛的妻子吴旭君，毛泽东的护士长），你们这个家庭是很幸福
的。"他略停了一下说："这世界上真正幸福的家庭能有多少啊……"
那语气，深沉而带感叹……

陆游，是我国文学史上继屈原之后的又一位著名的爱国主义诗
人。他一生创作甚丰，现存诗词近万首。反对妥协投降，坚决抗敌报
国，是陆游诗词创作的基本主题，爱国主义是他诗词乐章的主旋律。陆
游二十岁时立下"上马击狂胡，下马草军书"的壮志，以身许国。直到
八十六岁他逝世前，还写下渴望收复失地、统一祖国的诗《示儿》：

237

死去原知万事空，但悲不见九州同。

王师北定中原日，家祭无忘告乃翁。

毛泽东说："读放翁诗词，如遇知己。"正是陆游诗词中的充沛的强烈的爱国主义激情受到毛泽东的赞赏，引起毛泽东的共鸣。

1958年12月21日，毛泽东在一本刻印的大字本《毛主席诗词十九首》的书眉上，写了十二条批注和一个说明。批注，这里不必谈了；说明与陆游有关，抄录如下：

我的几首歪词，发表以后，注家蜂起，全是好心。一部分说对了，一部分说得不对，我有说明的责任。1958年12月，在广州，见文物出版社1958年9月刊本，天头甚宽，因而写了下面的一些字，谢注家，兼谢读者。鲁迅1927年在广州，修改他的《古小说钩沉》，然后说道：于是云海沉沉，星月澄碧，餍蚊遥叹，予在广州。从那时到今天，三十一年了，大陆上的蚊子灭得差不多了，当然，革命尚未全成，同志仍须努力。港台一带，餍蚊尚多，西方世界，餍蚊成阵。安得起全世界各民族千百万愚公，用他们自己的移山办法，把蚊阵一扫而空，岂不伟哉！试仿陆放翁曰：人类今闲上太空，但悲不见五洲同。愚公尽扫餍蚊日，公祭无忘告马翁。

陆游盼望的是祖国的统一，毛泽东盼望的是共产主义在全世界的胜利。历史时代不同，诗人的思想境界自然有高下之别了。

1961年9月，毛泽东写了《七绝二首·纪念鲁迅八十寿辰》，其中一首云：

鉴湖越台名士乡，忧忡为国痛断肠。

剑南歌接秋风吟，一例氤氲入诗囊。

诗的第一句写绍兴地灵人杰，第二句写绍兴富有爱国主义传统，第三句举出陆游和秋瑾作为代表,第四句说他们都一律载入了中国诗的史册。全诗的言外之意是:鲁迅继承了绍兴的爱国主义传统,他将同陆游、秋瑾一样,载入史册。诗中将陆游、秋瑾、鲁迅并提,可见毛泽东对陆游这位伟大的爱国主义诗人的高度评价。

读《南史·梁武帝纪》

《南史》是唐李延寿所撰。李延寿,字遐龄,相州(今河南安阳)人,生卒年月无考,大约死于高宗仪凤年间(公元676—679年),历官崇贤馆学士,符玺郎兼修国史。曾参与编修《五代史志》、《晋书》,又著有《太宗政典》等书。其父李大师有著述之志,曾着手撰编年体南北朝史,书未成而卒。《南史》的修纂,是李延寿继承了父志,借助于其父的遗稿,取材于南北朝八书,用十六年的时间编写成的。

《南史》有本纪十卷,列传七十卷,合计八十卷。上起南朝宋武帝刘裕永初元年(公元420年),下到陈后主陈叔宝祯明三年(公元589年),记载了南朝宋、齐、梁、陈四朝一百七十年的历史。

毛泽东晚年阅读《南史》时,对梁武帝很感兴趣。梁武帝姓肖名衍,原为南北朝时齐朝的雍州刺史,镇守襄阳。齐朝的东昏侯肖宝卷凶性暴虐,杀死肖衍的哥哥肖懿,肖衍因而起兵攻陷齐都建康,迎立肖宝融为帝,是为和帝。肖衍被封为梁王。后灭齐,建立梁朝。南北朝是我国历史上一个动乱的时代。在南朝宋、齐、梁、陈几朝的频繁更迭中,梁武帝执政四十八年,在位时间最长。在位时,基本保持着和平环境,是一位比较有作为的皇帝。毛泽东在《南史·梁武帝纪》中,有许多精彩的圈画和批注。

早期的梁武帝是一个有比较清醒政治头脑,很有魄力的统治者,毛泽东对这一点有许多处圈画。《南史·梁武帝纪》记载:当梁武帝的哥哥

肖懿为齐所害，他起兵讨齐时，有人劝他把齐和帝接走，免得别人"挟天子以令诸侯"，自己被动。他不听，说："若前途大事不捷，故自兰艾同焚；若功业克建，谁敢不从，岂是碌碌受人处分。"毛泽东在这段的天头上画着三个圈，每句加了旁圈。梁武帝还清醒地觉察到齐朝的政权被某些地方官员所把持的弊端，他说：这些地方官员"皆口擅王言，权行国宪"，而"政出多门，乱其阶也"。毛泽东在前两句旁画着曲线，后两句旁画着密圈，在两处的天头上画着三个大圈，流露出他极为赏识。

梁武帝是一位很有才华的军事家。在《南史·梁武帝纪》及其他史书中，关于他善于用兵打仗的事例多有记载。毛泽东在这些地方也有不少圈画和批注，十分显眼。梁武帝在襄阳起兵时，齐派大军镇压。他派人离间齐军，说："用兵之道，攻心为上，攻城次之；心战为上，兵战次之。"毛泽东在此处的天头上画了三个大圈。梁武帝在争夺郢城的战斗中，及时在加湖打击齐的援军，梁"众军乘流齐进，鼓噪攻之"，很快取胜。毛泽东在这段记载的天头上批注：打援。

齐在援郢的同时，派人镇守江州，为之助威。梁武帝对诸将说："夫征讨，未必实力，所听威声耳。今加湖之败，谁不詟服。……我为九江，传檄可定也。"毛泽东在这段旁加了曲线。后郢城求降，镇守江州的陈伯之"犹惧"，"乃束甲请罪"，证实了梁武帝用兵的预见性和善于决策。《南史·曹景宗传》记载：梁武帝天监五年（公元506年），徐州刺史昌义之被魏国围困，梁武帝派曹景宗去解围，指令他在某地与另一援军会合后，共同行动。曹景宗想自己邀功，竟单独前进，却不料遇到暴雨，淹死了不少人，只得退回。梁武帝得知这一消息后，说："此所以破贼也。景宗不进，盖天意乎？若孤军独往，城不时立，必见狼狈。今得待军同进，始可大捷矣。"毛泽东对此加了旁圈，在天头批注：此时梁武，犹知军机。这是毛泽东用军事家和战略家的历史眼光来审度梁武帝的军事活动，并加以批注的。

对梁武帝的失误和衰亡，毛泽东也加以圈画和批注。《南史·梁武帝纪》记载：梁武帝晚年，听不见正直的忠告，在他逝世前五年，大臣贺琛针对时弊给他写了一个奏折，提出：一、官吏收刮民脂民膏，老百姓生活极端困苦。二、上层统治阶级的生活穷奢极欲，浪费十分严重。三、权臣作威作福，专找别人的罪过。四、朝廷大兴土木，民众服役不得生养。建议他对官吏"宜严为禁制，导之以节俭，贬黜雕饰，纠奏浮华"。贺琛提出来的这些情况本是实际存在的，建议也很中肯。但梁武帝对他秉公陈述的奏折却觉得忠言逆耳，根本听不进去，反而口授敕书，一一反驳，痛加斥责。他说，我做皇帝四十多年，一直能认真地听取好的意见，最恨昏聩，你贺琛在朝为官，不应和地位低下、品格卑鄙的人一样讲话。毛泽东在这段记载的天头上批注：此等语，与孙权诘陆逊语同。

孙权是三国时吴国的国君，陆逊是他手下继周瑜、鲁肃、吕蒙之后的得力名将，官至丞相。黄武五年（公元227年），陆逊上书孙权，劝他"施德缓刑，宽赋息调"，孙权不接受，一一反驳。梁武帝和孙权一样，听不进正确意见。他用自己的简朴，勤于政事批驳贺琛说："其身正，不令而行；其身不正，虽令不从。"又说："我以身作则，不和女人同居已三十多年，住处除一张床外，别无装饰摆设，不饮酒，不听音乐，不分昼夜，废寝忘食地处理国事，腰围都瘦了二尺，等等。这还不是起带头作用吗？"毛泽东在这一段的天头上批注："肖衍善摄生，食不过量，中年以后不近女人。然予智自离，小人日进，良佐自远，以至灭亡，不亦宜乎。"

梁武帝还斥责贺琛说："你说当今做官的都通过皇帝奏事，谋求进取，但也不能因噎废食，不让他们这样做呀！否则岂不'专听生奸，独任成乱'吗？"毛泽东又在此处批注："专听生奸，独任成乱，梁武有焉。"

毛泽东对梁武帝的批注大意是说："一个好皇帝，艰苦朴素，自善其身固然很难得，但若听不进好人的意见，不能兼听则明，那就会被小人包围，导致失败，梁武帝就是一个典型的例子。"

《南史》作者李延寿评论梁武帝说，他即帝位后，除军事、经济上有建树外，还"制造礼乐，敦崇儒雅"。但他"留心俎豆，忘情干戚，溺于释教，弛于刑典"，最后终因宗室子弟相互倾轧残杀，错误

地接受北魏侯景的降服，引狼入室，导致梁室的覆灭。开国创业贵为天子的梁武帝，竟卑微屈辱地饿死于侯景的囚室。李延寿说："自古拨乱之君，固已多矣，其或树置失所，而以后嗣失之，未有自己而得，自己而丧。追踪徐偃之仁，以致穷门之酷，可为深痛，可为至戒乎。"徐偃是西周徐国国君，强大时有三十六国向他朝贡，被称为东方的霸主。毛泽东在这段评论的天头上，用红铅笔批注："时来天地皆同力，运去英雄不自由。"

在"忘情干戚"，"弛于刑典"两句旁画着密圈，天头上画着三个大圈。在"未有自己而得，自己而丧。追踪徐偃之仁，以致穷门之酷"这几句旁，画着着重线。"时来天地皆同力，运去英雄不自由"是唐朝诗人罗隐《筹笔驿》中的诗句。筹笔驿，古地名。相传诸葛亮出师，曾驻军筹策于此。

诸葛亮一生北征南讨，协助刘备创业，怎奈他虽才智忠勇俱全，但因"出师未捷身先死"，无法用尽其才，光复汉业。"时来天地皆同力，运去英雄不自由"这两句诗，表达了诗人对诸葛亮的崇敬和惋惜之情。毛泽东随手拈来用以评价梁武帝，实在是再恰当不过了，表达了他对梁武帝这位创业和败亡双重的历史悲剧人物的嗟叹和感慨。

《南史》作者李延寿对梁武帝的评论，提出创业和守业的严肃问题。毛泽东对梁武帝纪如此重视，恐怕与这个问题有关。通过阅读《南史·梁武帝纪》，从中找出真正的经验教训，以史为鉴可以知兴替，这恐怕是毛泽东读史的真正目的吧。

一生喜爱范仲淹作品

1906年，毛泽东十三岁，从师毛宇居，读《左传》、《古文观止》。《古文观止》成书于清康熙年间，所收文章，上自东周，下迄明末，共二百二十篇，几乎都是文学史上有代表性的作品，称得上是一部古文精品选本。其中有北宋范仲淹的《严先生祠堂记》和《岳阳楼记》两篇文章。毛泽东很喜爱《岳阳楼记》，读得烂熟，文中"先天下之忧而忧，后天下之乐而乐"的人生志趣，对他很有影响，启迪着他开始去关注社会、人生，有了一种朦胧的社会责任意识。

1913年10至12月间，毛泽东在湖南一师所做的课堂笔记《讲堂录》中，几次写到了范仲淹。如11月23日《修身》课堂记录：

> 有办事之人，有传教之人。前如诸葛武侯范希文，后如孔孟朱陆王阳明等是也。
>
> 宋韩范并称，清曾左并称。然韩左办事之人也，范曾办事而兼传教之人也。

所谓"办事之人"，是指建立功业，"为万世开太平"之人；所谓"传教之人"，是指"为天地立心，为生民立道，为往圣继学"之人。"孔孟朱陆"，指孔子、孟子、朱熹、陆九渊；"韩范"，指韩琦、范仲淹。"曾左"，指曾国藩、左宗棠。笔记中肯定范仲淹是"办事而兼传教之人"，也就是说范仲淹是一位道德学问、事功俱全的人。

《修身》课，为杨昌济先生所讲授。杨先生可算是湖南现代的一位大儒，学贯中西，毛泽东在成为马克思主义者之前，受杨昌济影响最大。他崇敬杨先生，是杨先生深为器重的高足，终成为杨先生的乘龙快婿。毛泽东所记下的，当然是杨先生对范仲淹的看法，但这看法无疑是为毛泽东所接受和赞同的。

再如11月29日课堂记录：

> 五代纲维横决，风俗之坏极矣……宋稍一振兴，然犹未也。逮范文正出，砥砺廉节，民黎始守纲常而戒于不轨。其至也，朱程礼义之士兴，天下风俗，骎骎比隆东汉焉。

充分肯定了范仲淹的历史功绩，也即肯定了范仲淹的崇高的历史地位。

同日的课堂笔记中，还这样写道：

> 范文正世家子，父丧，幼随母适朱，故名朱悦。初不自知其为范氏子也，人告以故，乃感极而泣。励志苦学，三年衣不解带。尝见金不取，管宁之亚也。公盖苏州人。子尧夫，仁侠似之，尝遇故旧于途，见窘于资，指赠以麦云。

简介了范仲淹的身世、品行、籍贯，还赞许他的次子范尧夫，继承他的"仁侠"之风，急人之难。

杨昌济如此推崇范仲淹，对毛泽东是确有影响的。1917年8月23日，毛泽东在《致黎锦熙》信中，说自己打算"以三年为期"，"略通国学大要"，再"出洋求学，乃求西学大要"，但自己"家薄必不能任"，打算"学颜子之箪瓢与范公之画粥"，以勉强支持。"颜子之箪瓢"兹不赘述；"范公之画粥"说的是范仲淹刻苦读书的事。据宋·释文莹《湘山野录》记载，范仲淹少时家贫，在僧寺里读书，经常煮粥一小锅，待凝结后用刀划成四块，早晚各取两块，外加一点咸菜，即为一天的食物。《宋史·范仲淹传》也记述："……食不给，至以麋粥继之，人不能堪，仲淹不苦也。"于此，可见范仲淹对毛泽东影响的一斑。

1918年春三四月间，毛泽东和蔡和森一道，沿洞庭湖南岸和东岸，经湘阴、岳阳、平江、浏阳几县，游历了二十天，进行了社会调查。

途中，他们登了岳阳楼，纵览洞庭的湖光山色，读《岳阳楼记》，欣赏镌刻在木板上《岳阳楼记》的书法艺术，为范仲淹有"先天下之忧而忧，后天下之乐而乐"的襟怀而赞叹。

1927年初，毛泽东回到湖南，实地考察了湘潭、湘乡、衡山、醴陵、长沙五县的农民运动情况，历时32天，返武汉时，途经岳阳，又去登了岳阳楼。

1937年7月的一天，毛泽东在自己的住所同刚到延安不久的左谟野谈话。当左谟野说自己是岳阳人时，他便以赞扬的口吻说："啊，岳阳是个好地方。我在大革命的时候去武汉，经过岳阳，我去游览了洞庭湖滨的岳阳楼。你们岳阳有名，同岳阳楼很有关系。因为范仲淹写过一篇传颂千古的《岳阳楼记》。"说着便问左谟野背诵过《岳阳楼记》没有，左说："小时候读过，现在还记得一些。"

毛泽东又问："岳阳楼上的几块木刻的《岳阳楼记》现在还在吗？"左谟野回答："还在。"

毛泽东特别赞赏"先天下之忧而忧，后天下之乐而乐"这两句，说："'先忧后乐'的思想，较之'吃苦在前，享受在后'的提法，境界更高了。"他从《岳阳楼记》谈到延安钟鼓楼上的书有"范韩旧治"四字的横匾。他说："延安也是范仲淹的旧游之地。'范韩'就是范仲淹、韩琦。为了防御西夏入侵，他们曾经镇守延安。西夏人称范仲淹胸中有数万甲兵。当时有一个民谣：'军中有一范，敌人闻之惊破胆。'许多人都知道范仲淹是一个文人，很少人知道他还是一个镇守边疆的主帅。中国历史上有些知识分子是文武双全，不但能够下笔千言，而且是知兵善战。范仲淹就是这样的一个典型。"

这个评说，与他《讲堂录》中所记范仲淹是"办事而兼传教之人"的评说是一样的精神。左谟野说："我爱读范仲淹写的词，特别是那首《渔家傲》：'塞下秋来风景异，衡阳雁去无留意……'"

毛泽东说："那就是他在陕北戍边的时候写的，他是一个边塞词人。"他由此谈到词的流派，并引用了欧阳修、范仲淹、苏东坡、柳永、辛弃疾、陆游等人的作品，予以评说，这表明他对范仲淹的作品不仅读得多，而且很熟悉，且对范仲淹有相当的研究。

1957年8月1日，毛泽东用钢笔信手书写了范仲淹的两首词：

苏幕遮

碧云天，黄叶地，秋色连波，波上寒烟翠。

山映斜阳天接水，芳草无情，更在斜阳外。

黯乡魂，追旅思，夜夜除非，好梦留人睡。

明月楼高休独倚。酒入愁肠，化作相思泪。

渔家傲

塞下秋来风景异，衡阳雁去无留意。

四面边声连角起。千嶂里，长烟落日孤城闭。

浊酒一杯家万里，燕然未勒归无计。

羌管悠悠霜满地。人不寐，将军白发征夫泪。

毛泽东写着写着，诗人的兴致勃兴，乘兴运笔，写下了一大篇词话：

> 词有婉约、豪放两派，各有兴会，应当兼读。读婉约派久了，厌倦了，要改读豪放派。豪放派读久了，又厌倦了，应当改读婉约派。我的兴趣偏于豪放，不废婉约。婉约派中有许多意境苍凉而又优美的词。范仲淹的上两首，介于婉约与豪放两派之间，可算中间派吧；但基本上仍属婉约，既苍凉又优美，使人不厌读。婉约派中的一味儿女情长，豪放派中的一味铜琶铁板，读久了，都令人厌倦的。人的心情是复杂的。所谓复杂，就是对立统一。人的心情，经常有对立的成分，不是单一的，是可以分析的。词的婉约、豪放两派，在一个人读起来，有时喜欢前者，有时喜欢后者，就是一例。睡不着，哼范词，写了这些。江青看后，给李讷看一看。

> 一九五七年八月一日

这篇词话，内容很丰富，谈了词的流派，范词的审美特征及其在词史上的地位，谈了诗人自己的诗词欣赏的审美个性，阅读诗词的一般心理特点，等等，对于研究毛泽东的文艺思想及毛泽东诗词创作与鉴赏的审美个性，都是极有价值的。这一大篇词话，是因"哼范词"引发的，将范仲淹的《苏幕遮》和《渔家傲》两首词的审美特征高度概括为"既苍凉又优美"，可谓恰切。用"中间派"一词概称范词在词的发展中的历史地位，也是恰当的、科学的。我国的词肇兴于唐末，勃兴乃至成熟于宋，其间确有个由婉约向豪放发展的过程，而范词正好处于这个过程中的承先启后的一环上，在审美风范上，有所谓"儿女情长"的优美一面，也有近乎"铜琶铁板"的苍凉一面，而正是后一面，开苏、辛词豪放派的先河。

毛泽东是很爱范仲淹作品的，不仅有他的文章如《岳阳楼记》，有他的词如《苏幕遮》、《渔家傲》，还有他的诗。1959年8月19日，庐山会议结束，毛泽东下山了。他的专列行驶在浙赣线上，直至金华东站。在专列上召集金华地委及金华、兰溪、永康三县的主要负责人开座谈会，了解生产、生活情况。他说："要讲实效，不可浮夸，不可搞形式主义。"他勉励那几位干部："为官一任，造福一方，这很重要呀。"他于是谈到永康县方岩山的胡公庙，说胡公名则，北宋的一位清官，为人民办了很多好事、实事，人民就建庙纪念他。说着就念诵了范仲淹赞颂胡则的一首诗：

> 千年风采逢明主，一寸襟灵慕昔贤。
>
> 待看朝廷兴礼让，天衢何敢斗先鞭。

这首诗在范仲淹的诗作中并没有代表性，更不是什么名作，毛泽东却记得，由此可见他对范仲淹的作品阅读得广泛和喜爱之深。

读《触詟说赵太后》

《战国策·触詟说赵太后》一文，说的是：战国时期，秦国攻打赵国，赵国的太后主事，向齐国求援。齐国一定要赵太后最小的爱子长安君去做人质，才肯出兵。赵太后舍不得，群臣怎样劝说都无用。左师触詟前去，先从自己的爱子说起，又说到太后把女儿远送嫁到燕国为后，都是为子女利益着想。最后才说到太后如若深爱长安君，就不应只封给他肥沃的领地，赠送他值钱的金玉，而不让他为国立功，否则太后一死，长安君的地位就无法保证。赵太后明白这个道理后同意了送长安君去齐国为人质，齐国出兵后，赵国转危为安。

1967年，毛泽东阅后推荐这篇文章，他说："这篇文章反映了封建制度代替奴隶制度的初期，地主阶级内部，财产和权力的再分配。这种分配是不断地进行的，所谓'君子之泽，五世而斩'，就是这个意思。我们不是代表剥削阶级，而是代表无产阶级和劳动人民，但如果我们不注意严格要求我们的子女，他们也会变质，可能搞资本主义复辟，无产阶级的财产和权利就会被资产阶级夺回去。"

毛泽东大力推荐《触詟说赵太后》这篇文章，其教育意义是很深刻的。这篇文章，在分析众诸侯王国没有一个子孙三世保持住王位的原因时说："此其近者祸其身，远者及其子孙，岂人主之子孙则必不善哉，位尊而无功，俸厚而无劳，而挟重器多也。"又说："人主之子也，骨肉之亲也，犹不能持无功之尊，无劳之俸，以守金玉之重也。而况人臣乎！"两千多年前的古人、封建帝王，凡有识之士都认识到：对自己的子女不能让他们"位尊而无功，俸厚而无劳"，只有为国家多做贡献，才能使自己的地位子孙相继。对于无产阶级事业来说，关于下一代子女的教育问题，同样是涉及到革命事业是否后继有人的大问题，值得引起高度重视。

毛泽东看到这一问题，他从赵太后溺爱子女的教训中，总结出教育子女要严格的育子方法。

毛泽东的卫士长李银桥说："毛泽东对子女真疼爱，要求也真严格。"1946年，毛泽东的长子毛岸英从苏联学习回国后，毛泽东送他几件带补丁的旧衣服，让他到农村这个大课堂去上"社会大学"以了解中国社会的实际情况。抗美援朝战争一开始，他又送毛岸英上了炮火纷飞的朝鲜前线。当自己的爱子为国捐躯的不幸消息传来，他强忍着老来丧子的悲痛，发自内心地说："谁叫他是毛泽东的儿子呢？"毛泽东的小女儿李讷，从小在延安就跟着大人们一起在大食堂吃煮黑豆。考上大学后，和所有同学吃一样的饭菜，住一样的宿舍，一样地坐公共汽车上学、回家，一样地下乡参加劳动。三年自然灾害期间，毛泽东虽然看到李讷吃不饱心里很难过，却断然拒绝工作人员为正在发育的李讷多争取点口粮的建议。他说："我是国家干部，国家按规定给我一定待遇。她是学生，按规定不该享受的就不能享受。……还是那句话：'谁叫她是毛泽东的女儿呢？'"

1963年1月4日，毛泽东给李讷写信说："刚发一信，就接了你的信。喜慰无极。你痛苦、忧伤，是极好事，从此你就有希望了。痛苦、忧伤，表示你认真想事，争上游、鼓干劲，一定可以转到翘尾巴、自以为是、孤僻、看不起人的反面去，主动权就到了你的手里了。没人管你了，靠你自己管自己，这就好了，这是大学比中学的好处。中学也有两种人，有社会经验的孩子；有娇生惯养的所谓干部子弟，你就吃了这个亏。现在好了，干部子弟（翘尾巴的）吃不开了，尾巴翘不成了，痛苦来了，改变态度也就来了，这就好了。读了秋水篇，好，你就不会再做河伯了，为你祝贺！"

毛泽东借《庄子·秋水》中的主人公河伯盲目自大、望洋兴叹，说明自己渺小的典故来教育李讷。毛泽东就是用这种严格要求来体现对

子女的疼爱的。毛泽东不仅对自己的子女是这样要求的，他是把青年作为一代人的教育来考虑这个问题的。

早在解放之初的1951年，外交部亚洲司服务员魏宝贵给毛泽东写信，反映中央机关某些干部，用公家的小汽车接送在育英小学读书的子女，造成汽油等的浪费。他建议由育英小学专设二三辆汽车，同时在西单附近定一联络点，由家长接送孩子，以节省国家开支，节省家长时间。毛泽东对这件小事很重视，亲自批示给当时任中共中央办公厅主任的杨尚昆："查明酌办。"并批注："这个建议值得注意。"

毛泽东从阅读《触詟说赵太后》得到启示，他一直关注无产阶级革命事业接班人的培养教育。这与他注意研究古人在这方面的经验教训有关。

读《永昌演义》

毛泽东对李自成所领导的农民起义十分关注，一直很注意对他的经验和教训的研究。1944年4月，延安整风，毛泽东的办公室的灯光经常彻夜不熄。

一天晚上，毛泽东伏案读报整整一个通宵。天亮后叫来秘书，"把报上的文章印成册子，人手一份。"秘书接过报纸，总共4份，是3月19日至20日的《新华日报》，上面有毛泽东用红笔圈出的文章：《甲申三百年祭》，郭沫若著。

4月12日，毛泽东在延安高级干部会议上说："近日我们印了郭沫若论李自成的文章，也是叫同志们引以为戒，不要重犯胜利时骄傲的错误。"一个含辛茹苦、流血流汗打下来的政权，居然没几天便糟蹋完啦。所谓"打江山十八年，坐江山十八天"，随后土崩瓦解，这样一个错误真是非同小可，任何一个执政党都犯不起！

为了避免历史重演，1944年4月29日，毛泽东又给李鼎铭先生写了一封信。

鼎铭老先生左右：

《永昌演义》前数年为多人所借阅；近日鄙人阅读一过，获益良多。并已抄存一部，以为将来之用。作者李健侯先生经营此书，费了大力，请先生代我向作者致深切之敬意。此书赞美李自成个人品德，但贬抑其整个运动。实则吾国自秦以来二千余年推动社会向前进步者主要的是农民战争，大顺帝李自成将军所领导的伟大的农民战争，就是二千年来几十次这类战争中的极著名的一次。这个运动起自陕北，实为陕人的光荣，尤为先生及作者健侯先生们的光荣。此书现在如按上述新历史观点加以改造，极有教育人民的作用，未知能获作者同意否？又健侯先生近来健康如何，能来延安一游否？统祈转致健侯先生为祷！

敬颂

大安

毛泽东

四月二十九日

《永昌演义》是一部历史章回小说，它以明末农民起义领袖李自成的英雄事迹为内容。"永昌"是李自成自立为帝的年号。作者李健侯，出身书香门第，1944年曾任陕甘宁边区参议会参议员，在米脂县文献委员会工作。李健侯是米脂人，米脂也是李自成的故乡。李健侯很崇敬李自成，从正杂各史和地方志等六十多种古籍中搜集史料，从民间搜集传闻，饱含激情地于1926年着手写作《永昌演义》。初稿写成后，又进行了六次修改。《永昌演义》共有四十回，三十四万字。这部书情节曲折，故事生动，虽是小说，却有史料价值。

　　李鼎铭是陕甘宁边区政府副主席，开明士绅，也是米脂人，1944年前后，他把《永昌演义》修改稿推荐给毛泽东评阅。毛泽东读过这部书后，于4月29日给李鼎铭写了上述一信。这封信告诉我们，毛泽东不仅读过《永昌演义》这部书，"并已抄存一部，以为将来之用"，足以说明他对这部书的重视。

　　毛泽东的信由李鼎铭转达给李健侯后，不久，李健侯十分兴奋地应邀来到延安。毛泽东热情地接待了他，奖励给他二百元边币。全国解放后，由毛泽东建议，安排李健侯任陕西省文史馆研究员，同时修改《永昌演义》。李健侯根据毛泽东的建议，着手修改他用毕生心血写作的这部历史演义小说书稿。遗憾的是，此书尚未修改完，而作者却于1950年不幸逝世。

　　1949年3月13日，全国解放在即。毛泽东在中共七届二中全会上，引李自成的教训为戒，向全党发出了警告："因为胜利，党内骄傲情绪，以功臣自居的情绪，停顿起来不求进步的情绪，贪图享乐不愿再过艰苦生活的情绪，可能生长。因为胜利，人民感谢我们，资产阶级也会出来捧场。敌人是不能征服我们的，这点已经得到证明了。资产阶级的捧场则可能征服我们队伍中的意志薄弱者。可能有这样一些共产党人，他们是不曾被拿枪的敌人征服过的，他们在这些敌人面前不愧英雄的称号；但是经不起人们用糖衣裹着的炮弹的攻击，他们在糖弹面前要打败仗。我们必须预防这种情况。"

　　1949年3月23日10点，毛泽东诙谐地对随行人员说："今天是进京的日子，不睡觉也高兴啊。今天是进京'赶考'嘛，进京'赶考'去，精神不好怎么行呀？"

　　周恩来笑着说："我们应当都能考试及格，不要退回来。"

　　"退回来就失败了。我们决不当李自成。我们都希望考个好成绩。"毛泽东就是带着这样的决心和信念，离开西柏坡，踏上了去北平的道路。

读《枯树赋》

毛泽东从青少年起就酷爱读书，酷爱学习。毛泽东身边的工作人员张玉凤亲眼见到他在晚年仍然是生命不息，读书不止。他那么大年龄，那么多病痛，仍然想方设法看报读书，一个伟人孜孜不倦的精神使张玉凤毕生难忘。

俗话说人老眼花，看书吃力。老人家不像年轻人的视力，高度数的眼镜都不顶用了。毛主席晚年在1973年以前是一手举着书报，一手拿着放大镜看。开始用的是一枚象牙柄的放大镜，分量不轻。这样看书阅文件是够累的，工作人员真佩服他那种惊人的毅力。从1971年开始毛泽东身体素质明显下降，入冬开春老是生病，书籍文件照样经常做伴。在他身边的工作人员为了减轻他的劳累，想法为他改做了一枚塑料框的放大镜。

到了1974年，毛泽东对张玉凤说他看东西感到模糊，以为放大镜的度数不够，开始采取措施，把他需要看的书印成大字体，一些文件来不及印成大字，张玉凤就读给他听。重要的文件和参考消息，他硬要自己看，工作人员采取用大字抄摘，或者印放大件。看着看着，老人家仍然感到模糊，开始他又不让张玉凤把眼病告诉别人。也不让医生看，后来没办法在武汉请医生看了，确诊是老年人最讨厌的白内障，他眼病继续发展，逐渐双目失明。1975年中央批准治疗方案，请著名眼科医生唐由之给主席眼睛动手术，很不容易把一个眼睛治好了，医生千叮万嘱要主席少看书、多休息。但毕生为国事操劳，终生勤奋读书的毛泽东哪里能离开书报文件？大家实在劝阻不了，连卧床休息他也要看书。医生只好给配制几副眼镜，如右侧卧看时，戴没有右腿的眼镜，左侧卧时戴没

有左腿的眼镜。

到了1976年，新年不久周总理逝世，毛泽东忍着极大的悲痛，在病中挺过了一个痛苦的春节。到五六月间，健康状态更是明显恶化，6月初毛泽东突患心肌梗死，把工作人员和医护人员急坏了。这次病得那样突然，那样危重。中央采取不同寻常的措施一面积极组织抢救，一面把毛泽东的病情开始向中央各部委、各省市自治区党政军负责同志通报，这在我国还是一次未有过的先例。过去我们国家领导层和人民群众，可能出于对毛主席的崇敬和神化，不敢承认和宣布主席的病情，对1972年主席休克的紧急抢救也秘而不宣。幸亏毛泽东生命力强，让医护人员及时抢救过来，让大家转悲为喜，这一次抢救成功又值得庆幸。

工作人员心中一块石头刚刚落地没几天，7月初朱德委员长突然逝世。不到半年时间，毛周朱并肩战斗近半个世纪的三位老战友已痛失两位。老人家在精神上很难承受这许多次的突然刺激。他那时的痛苦的心境是很难用语言描述的。后来在他的病情趋于平稳稍有好转时，由于这段时间诸多的不愉快的事情加重了他的怀念故旧和寂寞悲凉之感。他只好诵诗读赋，以寄托自己的感情。

有一天，毛泽东让张玉凤找来古人庚信（南北朝时著名的文学家）的一首《枯树赋》。这首赋主席是早已熟读过的，前些年他还嘱印过大字本，全赋大部章节他都能背诵下来，即使是在这病魔缠身的晚年仍能背出。今天他特意指名让张玉凤找这首赋读给他听。这是一首以树喻人，曲折动人，读来令人感慨万分的赋。

在他的病床边，张玉凤读着这首赋，读得很慢，毛泽东微闭着双目，体味那赋中描述的情景，回顾着自己一生的经历……

毛泽东让张玉凤连续读了两遍，他边听着，边默记着。后来他说自己背诵。此时，他虽不能像过去那样声音洪亮地吟赋，但他仍以那微弱而又费力发音，一字一句地富有感情地背出："……此树婆娑，生意尽矣！至如白鹿贞松，青牛文梓。根抵盘魄，山崖表里，桂何事而销亡，桐何为而半死？……昔年种柳，依依汉南。今看摇落，凄怆江潭。树犹如此，人何以堪。"

稍许，毛泽东又让张玉凤看着书，他慢慢地背第二遍。老人家的记忆力真是惊人。他背得很好，除少数几处需偶尔提示一下句首外，均全部背诵自如了。他的声音，他背诵时的表情至今历历在目，令张玉凤终生难忘，感慨万千。

张玉凤读了两遍，毛泽东背了两遍，近半个小时，已超过医生的规定时间。为了不使老人家太劳累，只好停住，请他休息。其实，那天老人家精神还好，也许本来可以边背边讲，可惜张玉凤当时只顾得医生的叮嘱，不敢引老人家多说话，不敢让他动感情，以至没有听他细谈，没有让他讲出此时此刻的心境和感想。至今想起张玉凤说："还十分遗憾！如果当时不要急于劝阻，听他慢慢谈，这该是多好的学习机会啊！"

究竟是这首赋对人间事物描写得真切、透彻，还是它抒发了毛泽东自己的感慨，这不是用几句话能说明白的。张玉凤说："用我贫乏的语言和词汇是难以描述的。后来主席常常想起来就吟诵着这首赋，直到他不能讲话为止。这是他诵读的最后一首赋，后来，他因听力减退只能用那刚做过白内障手术的一只眼睛自己看书、看文件了。"

《枯树赋》是庾信后期诗赋的名篇之一。他前期仕梁，西魏破梁时，他正出使在西魏，因被强留下来；历仕西魏和北周。由于他曾亲经侯景之乱和西魏破梁，国破家亡的巨变，亲见黎民百姓在战火中颠沛流离、哀哀无告的惨相，所以他后期的作品，一变仕梁时期诗赋轻艳奇巧的风格，而多抒发亡国之痛、乡关之思、羁旅之恨和人事维艰、人生多难的情怀，劲健苍凉，忧深愤激。杜甫在《戏为六绝句》中说："庾信文章老更成，凌云健笔意纵横"，又说他"暮年诗赋动江关"，正指他后期作品的这一特色。

毛泽东对于庾信的才思词采，是很欣赏的。他曾对芦荻说过，

南北朝作家，妙笔生花的，远不止江淹一人，庾信就是一位。他爱读《枯树赋》的原因之一，就是因为作品的描写生动，联想力丰富。他说，庾信把宫廷、山野、水边、山上的树，名贵的、普通的树都写到了，又把和树有关的典故、以树命名的地方，也都写了进来，眼界宽广、思路开阔。同时，毛泽东认为，庾信用形象、夸张的语言，描写出各种树木原有的勃勃生机，繁茂雄奇的姿态，以及树木受到的种种摧残和因为摧残而摇落变衰的惨状，这是很成功的写法。这样写，对比鲜明，读来自然使人对树木受到的摧残产生不平，感到惋惜。特别是，毛泽东对全赋以殷仲文"顾庭槐而叹曰：此树婆娑，生意尽矣"起兴，以桓温的"昔年种柳，依依汉南；今看摇落，凄怆江潭；树犹如此，人何以堪"的浩叹作结的结构，激赏不已。他说，这两段话不仅是全赋的"纲"，是画龙点睛之笔，而且起结呼应，使赋文有一气呵成之势，突出了立意，又余韵不尽。

毛泽东在重病之中，头脑仍极敏锐清晰，他深知大限将到，所以常坦然地说到死的问题，认为这是自然的不足畏惧的事。但他更是一位怀抱伟大理想、终生不知停步的巨人。他爱读《枯树赋》，屡读而不厌，更主要的原因，就在于赋中的那种"木叶落，长（音涨，年老）年悲"的迟暮之感；他力正曲解了赋意的移植之说，也是由于移植说抹杀了旺盛的生命力，终因岁月无情和来自诸多方面的摧残而枯萎，以至"生意尽矣"的巨大惨痛和悲哀。毛泽东把自己的心境与《枯树赋》的意境融合到一起，借《枯树赋》抒发了内心世界。

读"宗教"书

1963年12月30日，毛泽东在一个文件上写了一个批语说："对世界三大宗教（耶稣教、回教、佛教），至今影响着广大人口，我们却没有知识，国内没有一个由马克思主义者领导的研究机构，没有一本可看的这方面的刊物。""用历史唯物主义观点写的文章也很少，例如任继愈发表的几篇谈佛学的文章，已如凤毛麟角，谈耶稣教、回教的没有见过。不批判神学就不能写好哲学史，也不能写好文学史或世界史。"

他说："我赞成有些共产主义者研究各种教的经典，研究佛教、伊斯兰教、耶稣教等的经典。因为这是个群众问题，群众有那么多人信教。我们要做群众工作，我们却不懂得宗教，只红不专。"

基于这种认识，毛泽东对宗教问题是比较重视的。代表中国几个佛教宗派的经典如《金刚经》、《六祖坛经》、《华严经》，以及研究这些经典的著述，他都读过一些。对于禅宗的学说，特别是它的第六世祖唐朝高僧慧能的思想更注意一些。禅宗不立文字，通俗明快，它的兴起，使佛教在中国民间广为传播。《六祖坛经》一书，毛泽东要过多次，有时外出还带着，这是一部在慧能死后由他的弟子编纂的语录。哲学刊物上发表的讲禅宗哲学思想的文章，毛泽东几乎都看。基督教的《圣经》，他也读过。毛泽东阅读宗教经典，既作为哲学问题来研究，也当作群众工作问题来看待，这也可以说是他读书有针对性的特点之一。

1947年的一天，毛泽东和警卫战士们一起去驻地附近看白云山庙。县长也赶来陪同他们一同去。上山后毛泽东问县长："你是父母官，你说说这座庙为什么叫白云山庙？"县长回答："既然山叫白云山，庙就叫做白云山庙了。"毛泽东说："我听说，这山顶常有白云缭绕。依山建了五十多座殿宇，亭阁楼台，重叠连云，远望似飘浮于白云之中，所以叫白云山庙。"县长说："还是毛主席调查仔细。"毛泽东又问："这庙是什么时候建的啊？""好像有年头了，说不准。"毛泽东告诉他："这庙创建于明，增修于清。"并批评县长说："你这个父母官治下只有两处名胜，这里一个，香炉峰一个，你还搞不清？"县长不以为然："都是一些迷信东西……""哈哈，我猜你也

这么想。片面了,同志。这首先是文化,中华民族的文化遗产,你是守着元宝当石头啊!"进庙后,毛泽东观看了各种不同形式的建筑,特别注意到墙上的一千五百多幅壁画,向带领他们参观的老和尚询问壁画所描绘的佛教经传故事,并感慨地对老和尚说:"这些东西都是历史文化遗产,要好好保存,不要毁坏。"参观完后,毛泽东又指示县长:"县里要拨点经费,把庙修一修,一定要保护好我们的宝贵文化遗产。"

宗教神学是社会意识形态之一。相信并崇拜超自然的神灵,是自然力量和社会力量在人们意识中的歪曲、虚幻的反映。宗教产生于史前社会的后期,当生产力水平极为低下时,人们无法控制自然力量,企求以祈祷、祭献或巫术影响自然界的神灵;阶级社会出现以后,阶级压迫给人们带来较自然灾害更加深重的苦难,当人们还不理解其社会根源时,便产生祸福命运由神操纵的观念。马克思主义认为,宗教是一种历史现象,有其产生、发展和消亡的过程。任继愈引用过:"不批判神学,就不能写好哲学史,也不能写好文学史或世界史。"这正是毛泽东极其深刻的论断。因为宗教是阶级社会一个常见的怪物,它是影响社会历史发展的因素之一,作为意识形态的神学,它又影响着上层建筑的其他部门,"不批判宗教神学,就不能全面地把唯物主义贯彻到社会历史领域的研究中去,就会给历史唯心主义留下可钻的空子。"

毛泽东的批语,对任继愈的哲学研究是一种很大的鼓励,同时也给史学工作者指出了批判神学与搞好史学研究的关系,其意义是很大的。

叁

读报纸杂志

毛泽东从青少年时代就养成读报纸杂志的习惯。他曾经是梁启超主编的《新民丛报》，同盟会主办的《民主报》、《民报》的热心读者，后来更是陈独秀主编的《新青年》的热心读者。这些报刊给毛泽东以深刻的影响，尤其是《新青年》，对毛泽东的思想转变起了重要的推动作用。

在革命战争年代，特别是井冈山时期，因受敌人严密封锁，读报十分困难。在战争中要打胜仗，就要知己知彼，读报纸则是了解敌情的一个重要渠道。那时毛泽东常常为看不到报纸而焦急，苦恼。1928年，有一次他专门派出一个营去打谭延闿家乡茶陵县的高陇，搜罗了一批报纸上山，战斗中还牺牲了一些干部和战士。1929年，下井冈山到了赣南闽西，可以看到报纸了，情况大为改善。毛泽东为此而高兴的心情，可以从当时红四军前委给中央的一个报告中反映出来。报告说："在湘赣边界时，因敌人的封锁，曾二三个月看不到报纸，去年9月以后可以到吉安、长沙买报了，然亦得到很难。到赣南闽西以来，由于邮路极便，天天可以看到南京、上海、福州、厦门、漳州、南昌、广州的报纸，到瑞金县

▲ 毛泽东在看《人民日报》

可以看到何键的机关报——长沙《民国日报》，真是拨云雾见青天，快乐不可言状。"有时毛泽东还把读到的报纸新闻及时地摘报中央。1932年4月20日，毛泽东率红军占领了漳州，5月3日即将4月26日以前上海、香港、汕头等地的报纸新闻、摘要电告苏区中央局、中央政府和中央军委。摘报的内容，从国际形势到国内形势，从中日战事到中苏关系，从国民党内部的分裂情况到国民党对付红军的军事策略，以及打下漳州以后，在国民党内部引起的惊慌和帝国主义蠢蠢欲动的消息，共十六条，写得提纲挈领，简明扼要。

毛泽东为什么十分重视报刊杂志呢？其一是毛泽东在青少年时代嗜读报刊是为了增进知识，寻求救国救民的真理。其二是在紧张的战争岁月，以更加迫切的心情如饥似渴地阅读报纸，是直接为了革命战争的需要。正如他在《中国革命战争的战略问题》中所说的："为着了解敌人的情况，须从敌人方面的政治、军事、财政和社会舆论等方面搜集材料。"

抗日战争时期，延安处于相对稳定的环境，国民党统治区出版的报纸刊物比较容易收集到，毛泽东订阅的报刊多起来了。有一个不完全的统计，20世纪40年代初期，他订阅的报刊，至少有三四十种。延安《解放日报》是根据毛泽东的提议，将《新中华报》、《今日新闻》合并出版的。这份党中央的机关报一直是在毛泽东的关怀和指导下成长起来的。毛泽东不仅亲自为它撰写社论，还直接计划安排组稿工作。他读到报上的好文章、好新闻，立即通知各报转载，广为传播，有时读到一篇好作品，可以兴奋地一口气读到天亮。

中国的抗日战争是世界反法西斯战争的重要组成部分，没有世界战争的全局在胸，要指导抗日战争取得胜利，是不可能的。毛泽东在阅读国内报刊的同时，还天天阅读专门刊登外国电讯的《参考消息》（后改名《今日新闻》），有重要新闻随时批给其他中央同志和有关同志传阅。现在还完整地保存着毛泽东的一批珍贵的手稿，是他在1942年11月至1943年1月间，为研究国际问题而专门摘录的外国电讯稿，按16个国家分类。

毛泽东对报刊上有争论的问题尤为关注。有时为了研究一个问题，还召集有关专家和人员共聚一堂，进行自由的、无拘束的交谈和讨论。

从1955年起，我国学术界对形式逻辑与辩证法问题在报刊上展开了讨论，1956年达到高潮，这个讨论引起毛泽东的浓厚兴趣。

从1958年以后我国哲学界在报刊上开展了关于矛盾的同一性与斗争性、思维与存在有没有统一性的问题的讨论。凡属这方面的重要文章，毛泽东几乎都要看的。1958年6月24日他曾邀集一些同志谈论发表在1956年第2期《哲学研究》的《对"矛盾的统一性"的一点意见》一文，该文对苏联《简明哲学辞典》关于同一性的解释提出不同意见。1960年11月12日，毛泽东看到当天《人民日报》登载的一篇关于矛盾的同一性和斗争性的讨论的综合介绍，当即要工作人员把文中提到的分别刊登在《新建设》、《光明日报》、《学术月刊》、《文汇报》上的几篇不同观点的文章全部找给他。

对苏联哲学界讨论社会主义社会的矛盾问题的文章，毛泽东也很注意。1958年2月1日，他要看这方面的文章，工作人员收集了一批送给他。当时苏联有一位哲学家写信给毛泽东，并寄来他的一篇关于社会主义社会矛盾的文章，毛泽东对这篇文章很重视。

同阅读书籍一样，毛泽东阅读报刊也常常写一些批注，发表自己的见解，有的还批给别人看。例如，1959年12月27日，《光明日报》文学遗产专栏里发表了《如何评价〈文赋〉》一文。作者对陆机《文赋》的价值和在文学批评史上的进步意义，作了比较充分的肯定，不同意相反的观点；毛泽东将此文批给一些同志看，并说这是"一篇好文章"。

毛泽东还注意根据报刊文章中的合理意见，纠正工作中的缺点和错误。1958年全国掀起了除四害（老鼠、麻雀、苍蝇、蚊子）运动。对于应不应该消灭麻雀，科学界有不同的意见。有的赞成，认为利大于弊；有的不赞成，认为弊大于利；有的认为利弊相当。在刊物上展开了对这个问题的讨论，各抒己见。毛泽东知道了这个情况，要工作人员把

261

各种不同观点的文章收集起来送给他。送去文章时，工作人员还整理了一个简单材料附上。毛泽东仔细看了这些材料。1960年3月16日，他在为中共中央起草的关于卫生工作的指示中改变了消灭麻雀的决定，提出"麻雀不打了，代之臭虫，口号是'除掉老鼠、臭虫、苍蝇、蚊子'"。接着，3月24日他在天津会议上重申了这个改变，说：这两年麻雀遭殃，现在我提议给麻雀恢复"党籍"。科学界的意见，对毛泽东作出这个决定，起了重要作用。

在学术上，毛泽东比较注意鼓励不同意见的自由争论和自由讨论，认为这是发展科学的必由之路。即使有人对毛泽东的著作提出不同的观点，他也同样认为应当允许自由谈论，不应当去禁止。1956年，来中国讲学的一位苏联学者向中国陪同人员谈了他对毛泽东《新民主主义论》中关于孙中山世界观的论点的不同意见。有同志认为这"有损于我党负责同志威信"。此事反映到毛泽东那里，他立即写信给刘少奇、周恩来等说："我认为这种自由谈论，不应当去禁止。这是对学术思想的不同意见，什么人都可以谈论，无所谓损害威信。""如果国内对此类学术问题和任何领导人有不同意见，也不应加以禁止。如果企图禁止，那是完全错误的。"1965年，高二适写了一篇与郭沫若争鸣的文章《〈兰亭序〉的真伪驳议》，7月18日，毛泽东为这篇文章的发表问题写信给郭沫若，说："笔墨官司，有比无好。"几天之后，高二适的文章在《光明日报》上发表了。

毛泽东读报刊杂志是在不断地追求新闻，延安时期他就说过："一天不读报是缺点，三天不读报是错误。"他认为读报刊杂志是生活和工作中，须臾不可缺少的精神食粮，是自己获取智慧的源泉。

读"小人书"

毛泽东身边的机要人员谢静宜回忆起一件难忘的往事：从1953年起谢静宜到中央办公厅做机要工作，到1959年谢静宜被调到毛泽东身边，开始第一次跟随他出差执行任务，谢静宜认识他老人家已有六个年头了。虽然初来乍到，但谢静宜在他面前已没有了陌生感和拘束感。谢静宜清楚地记得，毛泽东一开始就对谢静宜的学习非常关心，问谢静宜读过什么书，现在正在读什么书，还对谢静宜今后的学习做了很多具体指导，要谢静宜"在工作之余多读书"。

列车上的生活是单调的，特别是在长途运行中的列车上的生活更是乏味的。毛泽东想到了这一点，他总是希望和要求身边工作人员除完成本职工作外，以多读书来充实提高自己。

毛泽东启发谢静宜的学习兴趣，是从看小人书开始的。因为在隆隆作响的奔驰的列车上，让青年人坐下来读经典著作不是件易事，而翻看小人书却是一件趣事，是寓教于乐的好方式。在一次从北京到杭州的旅途中，毛泽东推荐给谢静宜一百八十三本小人书看。其中有的是革命故事，有的是历史故事，还有神话故事……原来，毛泽东在读艰深的理论著作和古籍的空隙，也看小人书。谢静宜估计，毛泽东在思考少年的学习和教育问题。因此，谢静宜看完后总是立即退还给毛泽东。但其中有几本毛泽东让卫士小田、小封送给谢静宜时就说明是送给谢静宜的，让谢静宜自己保存，不必退还的。在每本书的封面或扉页上均有毛泽东的亲笔批语和不让退还的字样，谢静宜一直珍藏着。

比如，一本是《庙子湖上的神火》，描写的是一位古代忘我助人的老渔翁的故事。这位老人为了引导渔船的航向，避免在风浪之夜迷航而发生危险，就日复一日，年复一年地在黑夜坐在高山处点燃火源为渔民导航，直至生命的最后一息。

毛泽东在这本书的扉页上批语是："小谢，你要学这个人。"

第二本是《疯和尚》，画的是一位古代和尚扶困济贫除恶扬善的故事，类似于家喻户晓、妇孺皆知的济公和尚。

其中有这样的故事情节：

一次过年时，疯和尚给一穷苦农民画了一幅有各种小鸟的画，挂在墙上，不一会小鸟都活了，会飞了，唧唧喳喳叫着很是好听，给穷苦的农民家里增添了乐趣。财主知道了，也请疯和尚给他画一幅，疯和尚就给财主画了一幅，挂在墙上后，小鸟也都活了。只是许多小鸟不是在屋内给主人嬉唱，而是都来啄这个老财主的眼睛，最后老财主的眼睛被鸟啄瞎了……

在这本书的扉页上，毛泽东的批语处是："美妙的文学作品，尖锐的阶级斗争。小谢，你要好好学习，将来大有前途。"

第三本书是《卓文君》，画的是卓文君与司马相如的爱情故事。这本书，毛泽东未加政治性的评语，而是批："画得很好，注意看画。"事后，毛泽东赞扬这位画家："你看，在他的手下，一个人物只用几笔简洁的线条就勾画出来了，而且画得活灵活现，画得好啊！"

当谢静宜拿着这几本小人书向毛泽东致谢时，毛泽东语重心长地对谢静宜说："小谢，你看这些人（指老渔翁和疯和尚）多好啊！要向他们学习。你长大以后可要好好为人民服务啊！"当时谢静宜虽已二十三岁了，但毛泽东仍然把谢静宜看成是一个"孩子"。谢静宜答应着毛泽东的期望，心中十分激动。毛泽东又接着说："看历史故事的小人书也不错，可以了解一些历史知识，而且几个小时就把它看完了。但真正懂得历史，就不那么容易了，要看正书。"

毛泽东边抽烟，边思考，最后说："今后你要有计划地读书，哲学、政治经济学、鲁迅全集、古典文学、唐诗宋词都要读。"他怕谢静宜有畏难情绪接着补充一句："不过没关系的，慢慢来。"

作为一个普通的人，毛泽东常会有些意外之举，而这使他更具吸引力。

三年困难时期，毛泽东的案头床边堆满了"事"，处理之余，他却迷上了小人书。那套《三国演义》连环画册也摊开在他的床边，看得津津有味，而且一连几天反复看，吃饭睡觉也不放手。

一天，卫士尹荆山叫他吃饭，他靠在床上看小人书，不愿动弹。尹荆山说："主席，您还迷小人书啊？"毛泽东翻着书说："小人书不简单哪，言简意赅。就那么几句话，多少大事多少人物就交代出来了，道理一目了然。"毛泽东给尹荆山讲赤壁大战，讲夷陵之战。说孙刘联合，一把火烧了曹操，烧出一个三国鼎立。刘备犯了错误，被火烧连营，死在白帝城。诸葛亮临危不惧，安居平五路，稳定了蜀国局势。他讲这些故事似有所指又无所指，影影绰绰，扑朔迷离。至今尹荆山还没想透。

毛泽东很欣赏"话说天下大势，分久必合，合久必分"一语，说这符合辩证法。他认为"运筹帷幄，决胜千里"，汉朝的张良和三国的诸葛亮都比较出色。他想象力极丰富，尹荆山说："我不可能追踪理解。"

尹荆山还回忆起一件事：那天，毛泽东走出书房，在台阶上停住脚步。仰天凝视，深吸一口气。忽然放开喉咙，唱出两句戏。记得是《空城计》。

卫士们一怔，随即交换眼色，无不流露欢颜。这两声京戏宣告了三年困难时期的结束，工作人员都生出"一唱雄鸡天下白"的感觉。到吃饭时间了，在尹荆山的建议下，毛泽东和家人一起吃了一顿饭。家常便饭，四菜一汤。毛泽东并不因为同家人一道吃饭而破坏习

惯，仍然是手不释卷，边吃边看。不过，这次看的是小人书《火烧连营》，完全是休息脑筋的一种独特方式。小人书给毛泽东带来了乐趣和智慧。

读笑话书

毛泽东一生酷爱读书，而且读书范围广泛，晚年尤喜读笑话书。据担任过毛泽东报刊图书管理工作的忻中回忆，晚年毛泽东对笑话书产生了浓厚兴趣，特别是1974年这一年里，他读得最多的便是笑话书。

笑话在我国有着悠久的历史。《史记》中记载的淳于髡、东方朔等，就是擅长用说笑话的方式，来达到讽谏劝喻目的的。两汉以来，我国各种笔记小说和杂谈、杂记等诸多的书籍中就记载着种种笑话。唐宋以来，搜集成编的笑话专集有数10种之多。新中国建立以后，全国各家出版社又相继出版了一批笑话书。

1974年1月1日上午11时30分，忻中正准备去食堂吃午饭，忽然，毛泽东秘书张玉凤给他打来电话。张玉凤告诉说：首长要看《太平广记》和笑话方面的书，并且要线装大字本的，要马上找出送来。《太平广记》为小说总集，北宋李昉等编辑。因该书成于宋太宗太平兴国年间，故称《太平广记》。此书共五百卷，另有目录十卷，收录了自汉至宋初的小说、笔记、稗史等四百七十五种，保存了大量的古小说资料，解放后新版的《太平广记》，毛主席书库存有一部。因不是线装大字本，故还得到北京图书馆去借。当时的北京图书馆就在中南海北门外（现为北京图书馆分馆），从中南海办公室到北京图书馆要不了5分钟。所以，忻中很快就从北京图书馆善本组借来一部明许自昌刊本《太平广记》，共10函100册。

《太平广记》送给毛泽东后，就放到毛泽东书库里，还采用老办法，首先翻《线装图书总目》。当时毛泽东书库存放的线装图书，为了查找、使用的方便，他们按经、史、子、集四大类和若干小类分别登记做成目录，打印后分为三份，每份装成三册。游泳池处放一份，毛泽东住地放一份。还算不错，就在"总目"第一册上，很快就找到了一些笑话书，可是最终从书柜里找出来的只有四种共九册。其余的可能是毛泽东平常看后没有退回来，仍在他的住地——中南海游泳池存放。将找出的《笑府》、《笑典》等四种九册笑话书即送到游泳池。

后来翻阅毛泽东读书登记簿，才知道，这不是毛泽东第一次要看笑话书。在此之前，毛泽东晚年至少有两次比较集中地读过笑话书。一次是1966年1月，据逄先知当时的记录，这年1月13日，毛泽东的秘书徐业夫从外地来电话，说首长要看《笑林广记》等类笑话书。逄先知从1950年冬到1966年夏，一直给毛泽东管理图书报刊。接电话后，他即从毛泽东存书中找出七种笑话书，1月14日，交中央办公厅机要室（即现在的中央办公厅秘书局）的通讯员送给了毛泽东。

第二次是1970年8月，据有关记录，8月25日这天，从北京图书馆、北京市文物管理处（现为北京市文物局）及有关同志的个人图书中共找出20种笑话书送给了毛泽东，其中《明清笑话四种》、《徐文长故事》、《广笑府》三种和《笑笑录》、《苦茶庵笑话选》两种是从当时中央办公厅秘书局代管的个人图书中找出来的。其余十五种都是从北京图书馆和北京市文物管理处借来的，后来都如数退还了。

有了第一次的实践，第二次忙中也就变得有点聪明起来了。同时，"再找一找"，也没再强调要找大字线装本。所以，1月2日这一天，首先跑到北京图书馆，又到中央办公厅图书馆和毛泽东自己的存

书中，线装、平装的笑话书一下子又找出不少，数一数一共是十四种二十一册。与忻中第一次送的四种九册相比，这十四种二十一册全是新的。新是新，可是线装本、平装本都是小字的，其中有好几种还是他以前看过的。不过这一次，毛泽东收到书之后没有很快就说"不理想"，而是从中选出《新笑林一千种》和《历代笑话选》两种要给他联系重新排印大字本。

1月2日送给毛泽东的笑话书，以及从中选出印大字本的《新笑林一千种》和《历代笑话选》等，他老人家不久全都看完了。这一次，虽然没说"不理想"，但是，2月23日他老人家又发出指示："继续找笑话书。"

忻中经请教北京图书馆的同志，他们告诉忻中，这类图书可以去北京几所名牌大学找一找。所以，这一次，忻中的第一个目标是北京师范大学图书馆。2月25日上午，拿着中央办公厅的介绍信去北京师范大学。李馆长先后找出来的笑话书有十一种外，还从中央办公厅秘书局代管的个人图书中和琉璃厂中国书店旧书当中又找到了四种。

4月15日、17日下午，又到北京大学图书馆和北京图书馆借来了十一种笑话书。

这样一来，先后合计找出二十五种四十九册笑话书送给了毛泽东。毛泽东看后，从中选出《时代笑话五百首》、《笑话三千篇》、《哈哈笑》三种，要重新排印大字线装本。

找了这么多的笑话书，又重新排印了《笑话三千篇》等三种大字本，本以为毛泽东看笑话书到此该差不多了。《新笑林一千种》、《时代笑话五百首》，加上《笑话三千篇》，还有别的笑话书，加在一起，笑话可能已过五千个了。五千个笑话，这个数字不算少吧？可是，事情并非像忻中想象的那样。6月4日晚饭后，毛泽东在看完新印的《笑话三千篇》等一批笑话书之后又说："新印的《笑话三千篇》也不理想。"要他们再找一找有关笑话方面的书。

忻中等研究，决定"全面出击"，除北京图书馆、首都图书馆、中国书店和北大、清华、北师大等老牌大学的图书馆外，还分别与中国科学院图书馆、中国社会科学院文学研究所图书馆、中央编译局图书馆、中央宣传部图书馆，等等，凡是估计能存有笑话书的图书馆，都进行了联系。通过"全面出击"，广泛联系，各方查找，又找出了二十种共五十五册笑话书。

这些书分别从有关图书馆借来后，工作人员于6月14日下午送给了毛泽东。一个星期后，即在6月21日晚上，他老人家翻看完这批笑话书之后告诉："最近所借的笑话书，没有多少新鲜的，就不用重印了。"

京城大小图书馆忻中都跑遍了，能找的笑话书差不多也都找出来了。北京图书馆、北京大学图书馆将一般不出借的馆藏善本也都拿出来了。可是毛泽东认为"没有多少新鲜的"。北京城的笑话书，毛泽东几乎都读遍了。然而，能使他老人家满意的，换句话说，他老人家认为是"理想"的、"新鲜"的却不很多。

根据毛泽东"再找一找"的指示，除在北京地区工作人员再进一步查找外，中央办公厅和中央办公厅秘书局有关领导又要把希望的目光投向上海和杭州。从1974年6月下旬以后，"兵分两路"（北京、上海两地）继续努力为毛泽东查找笑话书。

6月26日上午，北京市委文化小组特派专人与忻中一起来到北京市文物管理处，向该处负责人说明了来意。当时他们都还不知道是毛泽东要看笑话书。

北京市文物管理处的同志行动很快，他们是临时组织人力，翻箱倒柜，从他们收存的图书中仔细查找，第二天（即6月27日）就找出60多种笑话书。后来又相继找出几种，能找到的他们差不多全找出来了，这些书既有平装本，也有线装本，与以前送毛泽东的笑话书相比，大部分还都是新的。当拿出这批新找到的笑话书时，心中真是有

书读烂，其义自见

269

说不出的高兴,并充满信心地认为,这批笑话书中肯定有毛泽东喜欢的。因找出来的笑话书过多,当时的中央办公厅的领导要将这次找出的笑话书分为平装和线装两大类,先做出一份"笑话书目"送给毛泽东,当然很快照办了。如果从1974年1月1日为毛泽东第一次找笑话书算起,到9月19日,在北京地区忻中前后查借笑话书愈百种。在这个过程中,得知1974年毛泽东读了不少书,但据知读的最多的大概就是笑话书了。翻开毛泽东的借书登记本,我们可以清楚看到,1974年1月1日至6月30日,这半年时间里,毛泽东外借图书除极少数其他图书外,绝大部分都是笑话书。

8月26日,毛泽东在"笑话书目"中圈选了十种。9月19日,又圈选了十种。

毛泽东对《新笑林一千种》很喜欢,书中所收的笑话,有不少曾给毛泽东的生活带来笑声,增添了生活的乐趣。

送印《新笑林一千种》时,封面上有一幅彩色幽默画。毛泽东对这幅画很感兴趣。送印前,他老人家嘱咐说,封面上有一幅彩色幽默画和书前的四幅黑白幽默画照印。封面上的这画技艺并不高超,也非出自名家之手。但这幅画却表达一则"嘲啬刻者"的笑话:

> 一极啬刻人过河,不肯花摆渡钱,乃涉水而过。行至中流,水深过腹,势将灭顶,急呼人救。岸上者曰:非二百万文不救。曰:给你一文如何?须臾,水过肩。又呼曰:给你一百五十文如何?岸上人仍不肯救竟至溺毙。阎王怒曰:你在阳间蓄钱自利,不肯济贫,吝啬已极,罚下油锅。既至油锅。见一巨锅盛油。啬刻鬼曰:这许多油,实殊可惜,若把这油钱折给我,我情愿干锅焦烤。

毛泽东爱读《笑林广记》。

1974年8月6日，他老人家又一次要看新印的《笑林广记》。《笑林广记》收集了一些使人读后捧腹大笑的笑话，现录两则毛泽东阅过的笑话：

我不去

　　一妇人夫死，哭之甚痛。抱棺披发而哭，见人来更大哭曰：我的夫呵！我的夫呵！我愿跟了你去，你为何不拉了我去。正哭得高兴，被棺缝儿把头发挂住。妇人大惊。忙改口曰：你别拉！我不去，我不去。

穷人遇贼

　　两夫妇甚穷，朝不谋夕，竟至断炊。妇谓夫曰：我两人腹内无食，身上无衣，何不赊壶酒来，虽不能充饥，即可以御寒。夫出门赊酒而归。至晚，夫妇栲腹同饮。妇人大醉，家中只有絮一条，女人扯去自盖。男人甚冷，不得已拿半个破缸覆在身上，枕瓦而眠。将要睡着有贼撬门而入。穷人曰：我们穷得如此你还要来偷。顺手用所枕之瓦打去。我是用枕头打你，若用被头打你，早要你的性命了。

　　毛泽东之爱读《笑林广记》，最主要的就是因为该书所收的三百多个笑话，大都使他读后开怀大笑。一次，他独自在游泳池书房里看笑话书，看着看着情不自禁地笑出声来。这时候，徐业夫正好从外边进来。一看他老人家一个人在发笑，便轻轻地走到他身边，这才知道毛泽东在看《笑林广记》。结果，他以极大兴趣，第二天便找忻中给他自己借一本新印的大字本《笑林广记》。

　　笑话书给毛泽东精神上带来了无限的乐趣，给他的精神世界酿造了一樽美酒。

读"无字的书"

　　毛泽东在学生时代读书的又一个明显的特点是：理论联系实际，读书结合游历。他不但重视书本知识，而且重视社会实践。用他自己的话来说，就是不但善于读死的书本，而且善于读"活"的书本；不但要读有字的书，而且要读无字的书。

　　他在《讲堂录》中说："闭门求学，其学无用，欲从天下国家万事万物而学之，则汗漫九垓，遍游四宇尚已。农事不理，则不知稼穑之艰难，休其蚕织，则不知衣服之所衣。""马迁览潇湘，登会稽，历昆仑，周览名山大川，而其襟怀乃益广。""游者岂徒观览山水而已哉？"1915年9月6日，毛泽东在给萧子升的信中指出，改革家王安石托古改制，注《周礼》，作《字说》，其文章"傲睨汉唐"，可谓是一个精深的学者，但他的变法为什么最终不能逃脱失败的命运，毛泽东认为，王安石"无通识，并不周知社会之故，而行不适之策也"。尤其当他认识到当时学校与社会相隔相疑，"犹鸿沟之分东西"，更决心走向社会这所永久的大学校，了解社会，读懂社会。

　　后来，毛泽东在一份《民报》上看到关于两个学生徒步旅游全国，一直到达西康（今四川西部地区）的报道后，很受启发。他说："这件事给我很大的鼓舞。我想效法他们的榜样，可是我没有钱，我想应当先试着在湖南旅行一番。"1917年7月中旬，毛泽东邀同学萧子升，和准备回安化老家度暑假的同学萧蔚然一起游学。他们从长沙小西门渡湘江，徒步经长沙白若铺，到宁乡县城。在同班学友王熙家聚居两宵。走访了劝学所、玉潭高小，游历了香山寺，给劝学所所长喻士龙送了一副对联。还到了宋家潭，找农民宋冬生等了解了生产、生活情况，走访了一位姓张的老先生，并共同讨论了经书。上了回龙山，给白云寺的和尚送了对联。到了云山书院旧址云山学校。在黄材镇了解了当时农村小市镇的贸易情况，替一些店铺书写了招牌。后经横山湾抵杓子冲何叔衡家。在何家住了几晚，看了猪栏、牛栏、菜园和稻田，座谈何家的经济收支与生活及家庭历史情况，走访了何叔衡的堂兄弟和附近的农民。他每天清晨早起，在野外做"六段操"，看书，追记笔记。

离别何家后，经沙田到巷子口，在一个姓王的老头家里交谈许久。老头问，天气这么热，你们出来干么子？毛泽东说，我们都很穷，又想旅行，没有路费，只好"游学"。老头说，游学并不坏，游学的往往是些正直、老实人，只有那些当官的最不正直。我曾在衙门里当过门房，亲眼看到，谁想打赢官司，谁就得送钱送礼，谁送得多，谁就可以赢，这就叫做"衙门八字开，有理无钱莫进来"。老人的话引起了他的联想——深感世道不平。一路上他与同行的二萧热烈地讨论着社会上这些不公平的事情，对人民群众的疾苦有了深刻的体会。

三人行至宁乡沩山密印寺，拜访了老方丈，参观了佛殿，翻阅了寺藏的各种佛经和《老子》、《庄子》等书籍，与方丈讨论了佛家的经义和理论。在这一带，还了解到张三元举起义旗造反的历史故事。

他们离开宁乡抵达安化县的司徒铺，到了雷鸣洞萧蔚然家。此后。毛泽东、萧子升二人继续"游学"，来到伏口罗驭雄同学家。当时毛泽东穿浅蓝色单长衫，手拿雨伞，背上背着一个略现蓝印花的灰白色包袱。在罗家吃中午饭后，上横坡仓去久泽坪，给当地秀才吴幼安送了一副对联。又经清塘铺、太平段去梅城，在路上，曾露宿河堤。毛泽东风趣地说：沙地当床，石头当枕，蓝天为帐，月光为灯，并指着身边的一棵老树说，这就是衣柜，顺手将包袱、衣服挂于树枝。睡前萧子升要去河底洗脚，毛泽东笑着说：你还要保持那绅士的习惯啦！你是一个要饭的绅士哩！

第二天，他俩在途中一家小店吃饭时，听老板娘诉说了她家的苦难遭遇，并知道了附近有一座刘邦庙。二人对刘邦的评价问题进行了讨论。两人边走边说，不觉到达安化县城——梅城。毛泽东在梅城，查阅了安化县志，到东华山看了农民起义烈士墓，调查了清代黄国旭领导的农民起义，到学背后（现安化一中后面）一些贫苦农家走访，到安化县劝学所拜会了安化饱学先生，劝学所所长夏默庵。夏时年六十四岁，早年毕业于清代两湖学院，学识渊博，经、史都好，著有《中华六族同胞考说》、《默庵诗存》、《安化诗抄》等。夏先生喜吟诗作对，性格高傲，一向不理游学先生。毛泽东求见，两次被拒。他并不灰心，复而第三次登门。夏只得开门相见，并挥笔写了"绿杨枝上鸟声声，春到也，春去也"一句原对放在桌上，以试来人学问深浅。毛泽东见后，即书属对："清水池中蛙句句，为公乎，为私乎。"夏先生看后大吃一惊，觉得对句胜过原句，还带有火辣味，连声赞好，并留餐宿，昼夜长谈，还赠给毛泽东八元银洋。

毛泽东这次在梅城，游览了孔圣庙、培英堂、东华阁、北宝塔等名胜古迹，观赏了祭孔用的"铜壶滴漏"（又叫铜钟滴水），并在北宝塔第七层塔壁上，用墨笔题词："伊水拖篮，紫云反照，铜钟滴水，梅岭寒泉。"还给县城的"鼎升泰"、"谦益吉"、"云集祥"等商店送了对联。

离开梅岭，经仙溪、山口、长塘、马迹塘、桃花江，到达益阳县城。游览了市容，走访了一些学校和人士，其中包括当时的县长张冈凤（原一师教员）。在此三天后去沅江。

当到沅江县城时，正值涨水，街道被淹，行走不便，于是两人乘船返长沙。8月16日，回到长沙楚怡学校。放下包袱，打开一看，还有两块多钱的剩余。为了纪念这次"游学"活动，两人还特意穿着旅行时的衣服和草鞋，照相留念。这次游学，毛泽东到过长沙、宁乡、安化、益阳、沅江五县城，步行近千里，历时达月余，写下了许多笔记，师生们传阅了他的"游学"笔记后，纷纷赞誉他是"身无半文，心忧天下"！

后来，毛泽东还回忆说："我开始在湖南徒步旅行"，"没有花一个铜板，农民们给我们吃的，给我们地方睡觉，所到之处，都受到款待和欢迎"。萧子升却"放不下架子，只写对子，不送对子，我帮他听差，只好去送对子。人家拿钱，一块也好，一串也好，我总不争，不受对子只拿钱的我就不要。一共搞得光洋八十多块"。

1917年寒假，毛泽东到浏阳文家市铁炉冲一带，在学友陈绍休家住了几天。他和农民一起挑水、种菜，并针对当地没有栽树的习惯说，"前人栽树，后人乘凉"，"前人栽果树，后人吃果实"，劝大家植树，为子孙造福，而且自己动手栽了几棵板栗树。这次，他还到了浏阳西乡土桥炭坡大屋陈章甫家走访。

1918年夏初，他还同蔡和森赴洞庭湖滨部分地区游历。

这些"游学"活动，使他更加了解了民间，学到了许多书本上学不到的知识，对进一步了解"国情"很有益。他认为这是一种很重要的学习，是读"无字之书"，也是在实践"读万卷书，行万里路"。

读《简·爱》

有一次，邵华、毛岸青去看望毛泽东，邵华对毛泽东谈起了《简·爱》这部小说，因为那时她刚刚读完这本书。在读这本书时，邵华简直读得入了迷，废寝忘食，爱不释手，长久地沉浸在简·爱的氛围之中。所以忍不住在毛泽东面前高谈阔论起来，讲了一遍书中的主要故事情节，接着又谈到她是如何地喜欢简·爱，她是多么善良、自尊、富有情感；还说她也喜欢书中的男主角罗伯斯契尔先生，他的爱是那样的

真挚动人。邵华津津有味地说这本书如何如何动人，如何如何好。在她大发议论的时候，毛泽东始终默默地听着，不时还露出笑容，邵华也不知这笑容是鼓励她说下去呢，还是别的意思。在她说完以后，毛泽东微笑着要她把书名和作者都写下来，留给他。

时隔不久，当邵华又去看望毛泽东时，在他的案上，她发现了一本《简·爱》，正翻开扣在桌上，后面剩下的页数已经不多了。显而易见，这本书毛泽东即将看完了。《简·爱》有五六百页之厚，邵华对毛泽东在百忙中抽空读书的速度感到惊讶，也为他关心孩子们的思想、志趣而激动，同时更为自己的夸夸其谈感到害羞。邵华红着脸对毛泽东说："这本书您都快看完了，您一定不会同意我上次大发的那顿议论吧？因为我自己现在对这本书也有了一些新的看法。"毛泽东笑笑说："那你就再说说看。"邵华很不好意思地说道："这本书人情味太浓了，两个主人翁由恋爱到结婚，超出了阶级界限，他们的地位相差十分悬殊，他们之间能产生那样真挚的爱情，令人感到不够真实。"

毛泽东望着邵华点点头，并说："读书能不断提出新问题，能动脑筋分析，就是进步。"

从此以后，邵华再也不好意思在毛泽东面前不假思索就信口开河地大发议论了。

畅谈外国影片《红与黑》

毛泽东的晚年，或许因为身体状况不佳，或许因为他的特殊地位，他的客人不多，子女又不在身旁。中央政治局的常委、委员及其他领导，很少来毛泽东这里做客。若谈工作，多半不是面谈，而是用文件、书信、电话的方式进行。

毛泽东的子女、亲属来探望他的机会也是不多的。

因而，毛泽东的客厅里常常是宁静的。他那宽敞的客厅，四季是窗帘垂地，紫红色的天鹅绒窗帘极少拉开，总是遮得严严实实，外面的风霜雨雪，春花秋月，似乎与这里毫无关系。那厚厚的紫红色的纯毛地毯，使用多年总是一尘不染，客厅里装饰的是一种暖暖的色调，灯光柔和，空气新鲜，使人感到宁静、舒适、幽雅。

有时毛泽东在床上躺一段时间后，便来到客厅里坐坐。这个客厅与卧室相连，过一个十几米的通道，便可以来到这里。他晚年接见外宾，召开中央政治局会议也多半是在这里进行的。

毛泽东的客厅里，常常是空荡无人，只有工作人员有时陪他在这里坐坐，毛泽东喜欢在这里看文件，看电影、录像，听京剧、昆曲。

毛泽东的客厅里，挂有一幅很高级的电影屏幕，平时用紫红色的天鹅绒布挡住，放电影时，便轻轻拉开。毛泽东常常和工作人员在这里看电影，看录像，每当看完之后，常常有一番议论。当然，这种议论的气氛是相当活跃的。人们各抒己见，毫无顾虑。因为工作人员与毛泽东生活在一起，也多半是没有什么拘束了。

在这宽大的客厅里，有时也可以听到人们的议论和谈笑，这大半是毛泽东与他身边的工作人员在这里相聚。

有一天，毛泽东和几个工作人员在大厅里看完了电影《宫廷秘史》，这是一部反映拿破仑生活的故事片。也不知是谁起的头，大家对此片展开了议论："拿破仑也有情人，还真没想到。"

"外国人就兴这个，除了自己的老婆之外，男的，女的，都要找自己的情人。"

"这在中国可是行不通，这叫乱搞男女关系。"

大家你一言我一语地议论起来。

"拿破仑的情人可真漂亮啊！"毛泽东最后的护士之一孟锦云发议论时常常从直观上谈起。

书读烂，其义自见

277

听到小孟的话，张玉凤也接着插上了一句："当然啦，拿破仑的情人还能是丑八怪。"

"谁也不会喜欢丑，满脸大麻子，你喜欢？"毛泽东听到他们的议论，也蛮有兴趣地加入人们议论的行列。

小孟好像忽然又想起了什么，眼睛一转，对毛泽东说："还是小时候，我看过一本画册，里面有好几张裸体女人画，我真不明白，艺术家干吗要画这些？"

显然，小孟是向毛泽东提出了自己的疑问。她倒是常常找一些自己不明白的问题，向毛泽东发问，她似乎总想把毛泽东难倒似的。

"外国电影里也常常有些裸体镜头，这些让孩子看了影响太坏。"小俞也表示不满地说。

"前些日子，听说空军大院里放一部外国电影，来看的人特别多，干部、战士都有，坐了满满的一礼堂，对啦，据说是反映拿破仑妹妹生活的，里面有女人洗澡的镜头。放映时，到了这个场面，放映员就拿一张纸挡住镜头。也真是的，要不然就别放，干吗又要放，又要怕呢。"小周又提供了这样的情况。

"这里面有一个美学问题。看来，你们不太懂，当然，我也说不上懂得多少。人是大自然中最完美的造化物，人体美最能从女性身上体现出来，怎么不能画，不能演呢。"毛泽东慢吞吞地说着他的观点。

小孟听了，似乎还是不太明白，她像放连珠炮似的接着说："我有一个表哥，是美术学院的，专门喜欢画女人裸体画。我说，你们学美术的，都够坏的，他也说了您这样的话，什么人体美啊，人体艺术呀，我不明白。"

"看来，我和你表哥的意见是一致的。不让画，不让看裸体的人不一定就不喜欢噢，口是心非的人不少。你不明白的事，可以好好读读这方面的书嘛。"毛泽东依旧慢慢地说着。说完之后，他把头靠在沙发背上，眯起眼睛，像是累了，又像是陷入了沉思。

毛泽东这时把两条胳膊极为松弛地放在沙发扶手上，右手的大拇指在轻轻地弹着食指，一下，两下，三下，不停地弹下去，这是毛泽东常有的一种习惯动作。每当他思考问题时，每当他沉默不语时，会常常有这样一种细小的动作出现。

看到毛泽东的这种神态，小孟和其他工作人员也就不再说什么，有的便悄悄离开了。只有小孟依旧留在毛泽东的身边，静静地坐在那里看报纸。

小孟来到毛泽东身边工作不久，她便发现了他的这个特点，那就是毛泽东在读书、看大参考或看完电影之后，或是等他们谈话之后，常常出现这样一种神态：或是双眼微闭，或是两眼直直地看着前方，大拇指轻轻弹着，显出一种郁闷，一种心灰意懒，一种心事重重的样子。这时，小孟便不再跟他说什么，若再找他说话，他便会极不耐烦，甚至会发脾气。

不知怎的，小孟总感到毛泽东晚年生活里，有一种郁郁寡欢、一种寂寞孤独感。20世纪70年代的毛泽东与60年代的舞会上的毛泽东毕竟有了很大的不同。十年的时光，带走了他的健康，也带走了他许多的理想。看来他对许许多多的事情，已无能为力了。

十年前的毛泽东精力充沛，神采奕奕。那时，毛泽东的性格开朗，可以和人们长时间地谈笑风生，很少显得精力疲惫。他那敏捷的思维，锋利而幽默的话语，他的热情和豪放，他那丰富而广博的知识，他那出口成章和对历史与现实的精辟剖析的本领，简直使天真的孟锦云感到毛泽东像是用知识铸就的一座珠穆朗玛峰。他太丰厚了，太高大了。

小孟还清晰地记得，20世纪60年代的一次舞会之后，她到毛泽东那里去玩。毛泽东问她训练舞蹈的情况，问得那么细致，那么饶有兴趣，反映了毛泽东对生活充满了情趣。

"你每天练功要练几个小时？"

279

"每天至少四个小时，除了教练规定的时间外，我们自己还要加时间呢。"

"为什么自己还要加时间呢？"

"我们学员班的同学都比着练，谁都想把基本功练得扎扎实实，那不加时间怎么行。"

"练功累不累？"

"我开始练功，累得真不想再学舞蹈了。您知道，夏天不用说，即使在冬天，练功流的汗都能把衣服湿透了。"

"噢，流这么多汗，可得多喝点糖水，不然会损害身体。"

"嘿，舞蹈是一门残酷的艺术，怕苦怎么行。"

"要想人前显贵，就得背后流泪。旧戏班子有这么句俗话，你知道吗？看来，你们也是这样的。"

"我倒没想显贵不显贵，不练不行，功夫不好，教练还要批评。"

"为什么不行，反抗嘛，我小时候，就像你这么大的时候，噢，你15岁，我那时才13岁，就反抗老师，反抗我的父亲。我父亲算是位严厉的人，可我有办法反抗他。"

"主席，您小时候，就想过当领袖吗？""想过，小时候，我就有领袖欲。我父亲让我去放鸭，我赶着一群鸭子，好神气噢，看到一群鸭子在我的驱赶下，噗噗下水，我心里就觉得我是在指挥千军万马呢。"

"放鸭，那可真是有意思的事。"

那次和毛泽东聊天的情景，多少年之后在小孟的记忆里还是那么清晰。

风风雨雨的十个春秋过去了。现在的毛泽东与过去相比，显得沉默寡言。这大概是人到暮年的必然现象，特别是对一位经历了坎坷与艰难的领袖人物来说，也许更是如此。

毛泽东的客人不多，但有时也来几个姑娘做客，这多半是20世纪60年代舞会上认识的一些演员。有一天，一名演员来毛泽东这里做客。

这位客人来了一会，毛泽东就向她说："很久没看你们跳舞了，你们几个跳个舞吧。"

于是，小孟、小李，还有那位演员商量了一阵子。跳什么呢？在那个年代里，舞蹈多半是"打打杀杀"的动作，她们知道，毛泽东不会喜欢这样的舞蹈，她们便选择了轻快、活泼，有情趣而又内容健康的"洗衣服"舞。

毛泽东看着，听着，显得特别高兴。这时他又显出了当年的热情。

一天下午，主席和身边的工作人员一块看电影，电影的名字是《红与黑》。看过电影后，大家不免对片中的情节和人物进行议论，客厅里出现了少有的热烈气氛。

毛泽东这时虽然并没有显出疲劳的神态，但只是坐在沙发上，一言不发，不知是在倾听，还是在深思别的事情。

当大家不约而同地看到毛泽东拿起一本书，开始读起来的时候，便都很自觉地离开了，大厅里又恢复了往时的宁静。

毛泽东抬起头来，看了一眼坐在那里的小孟，放下手里的书，问道：

"孟夫子，刚才的电影，有何意见哪？"

毛泽东并没有等小孟回答，也许他根本就不想让小孟现在回答，而是接下去说了一句小孟没有想到的话：

"有何高见，今日可以不谈，你去小周那里借一本《红与黑》的书，看它一遍，然后再谈。书里的东西，有时是电影里无法表达的。你不是读过《红楼梦》吗？还可以再借一本《红楼梦》，对比着看一遍。这样，也许会更有意思。"

毛泽东不止一次读过《红楼梦》，并能对全书及书中各种人物作出独特的评价。当然，总是有他独特的标准，有些评价，猛听起来，似乎像是漫不经心地说笑话，但若细心地咀嚼起来，却又不得不承认，他有他的道理。

281

他对王熙凤的评价甚高，认为王熙凤是当内务部长的材料，称赞她有战略头脑。一次，他风趣地举例说："王熙凤处理尤二姐'事件'，真是有理、有利、有节哟。"

毛泽东还说王熙凤善使两把杀人不见血的飞刀。

"你看，她把个贾瑞弄得死而无怨，至死不悟。"

毛泽东对《红与黑》也颇为喜爱，多次读过。西方的小说，这可能是他读得最仔细的一部。他曾几次建议别人读这部小说。

这一天，又该小孟值班。那是初夏的一个下午，由于主席的房间是终年保持摄氏23度恒温，所以屋里感觉不到外边四季的变化，但透过窗户，还可以看到窗外一片碧绿的世界，还是让人感到了夏日的气息。

毛泽东坐在沙发上，漫谈式地把《红楼梦》和《红与黑》相提并论起来。他戏谑地说："真是无巧不成书，两个书名的第一个字都是'红'，可见东西方都有'红学'。"

接着，毛泽东问小孟："怎么样，两本书都读完了吧？"

小孟点点头。

"今天我们先谈谈西方的'《红楼梦》'。你看了电影，又看了书，现在有发言权了，请先发表高见。"

小孟由于作了认真的准备，便一二三四滔滔不绝地谈起来。

毛泽东知道小孟的习惯，她说话又快又急，不会半截停住的，所以只是静静地听，并不打断。

小孟说：

"我看那个于连是个胆大包天、无事生非的坏蛋，不值得一点点同情。他不安于职守，还想入非非，无耻地勾引市长夫人，破坏别人的幸福家庭……"

看到小孟讲完了，毛泽东再慢慢地，但十分自信而肯定地说出他与小孟的不同看法，并铺陈展开，大谈特谈：

"你说于连胆大包天，我可不这么看。于连是有些胆大，可还没有大到包天。你看他只敢在小桌底下摸夫人的手，还是在夜晚没有人看见的时候。这点儿胆子称不上包天。他到夫人房间里去，也是紧张得很哪。即便是胆大包天，我看也不是什么坏事。男子汉总该有点儿胆量嘛，总比胆小如鼠好吧？我看那夫人是欣赏他这个胆量的。"

"那么，您是说于连是个大好人了？"

当毛泽东停下来的时候，小孟又忙问了这么一句。

"说于连是坏蛋，这要看你站在什么立场上去看，角度不同，结论也不一样。站在这边看看是个坏蛋，站在那边看看，也许又是个大大的好人。"

听到毛泽东的这个说法，小孟又想起了毛泽东平日很少同意别人的看法。总有标新立异之见，因而也觉得不奇怪了。

毛泽东喝了一口水，又继续说下去：

"你说于连不值得一点儿同情！我可还是多少有些同情他。你看他多可怜，想说的话吞吞吐吐不敢全说出来，想干的事躲躲闪闪不敢做出来，这还不可怜吗？你说他不安于职守，这点算你说对了。可那是什么职守？这和感情可是另一回事。人是有理智的动物，可更是有感情的动物，感情来了，可是什么也挡不住。所以，为了感情影响了他那职守，我看也无足深怪嘛。你说对不对呢？"

小孟感到不能同意毛泽东的意见。

"感情的力量有时是不可战胜的。"毛泽东又补充了这样一句，然后，他又接着谈起来：

"你说于连想入非非，可孟子曰，那可是个真的孟夫子说的，'心之官则思'。头脑这个东西天生下来就是要想事的，你让他不想，除非他是个傻子。所以，他要想，还要想得厉害。他是知识分子嘛，脑子里好使得很呢。你说他'非非'，他说'是是'，孰是孰非，很难说呀。

"你还说于连破坏了别人的家庭，还是个幸福家庭。帽子好大呀。真的幸福家庭是破坏不了的，可见不幸福。那个家庭是有压迫的，当然就有反抗。这叫作用力与反作用力。我看于连是个帮助夫人进行反抗的解放者。

"你不了解那时，也就是19世纪的西方家庭，尤其不了解那些家庭里的残忍和虚伪。国外有一种舞会，参加者都戴个假面具跳舞。我看他们不仅在舞会上跳，在家里，在社会上，也还是戴个假面具跳。由于大家都跳，久而久之，习惯成自然了。观者习惯，跳者自然，谁都见怪不怪了。正像人的眼睛，从科学的观点上看，那图像应是倒着的，可为什么大家都觉得是正的呢？那也是习惯使然嘛。大家都这么看，都这么觉得，所以，反的变成正的，正的呢，又成了反的，错的往往成了对的，对的又成了错的。人们常说，旁观者清，当事者迷。这话不能绝对地看，有时可是旁观者迷，当事者清。他深受其害嘛。有一次，有人对我说，《红楼梦》里的贾宝玉真是有福不会享。大观园里那么多的丫头、小姐，哪个都不错，为什么非林妹妹不可？这也是旁观者迷呀。所以，不要以为旁观者就一定清，这要看你怎么观。我看要慢慢观，多观几个面，不然，观不对，不但要迷，有的还执迷不悟。这样的人还不少呢。

"至于家庭，我看东西方加在一起，真正幸福的不多，大多是凑凑合合地过。因为，这些家庭，本来就是凑合起来的，真正独立自主选择和建立家庭的有多少？我看不多。什么父母、兄弟、亲戚、朋友，哪个不想说几句话。这几句话可不是随便说的，不是仅供参考。不听，试试看？建立家庭时都是将就将就的，过起来难免就凑合凑合。表面上平平静静或热热闹闹，内里谁能说得清？越大的家庭，矛盾越多，派系越多，对外越需掩盖，越要装门面。你看，那《红楼梦》里写的是几个家庭，主要是一个家庭。《红与黑》不过也是写了一个家庭，可都是有代表性的。通过家庭反映社会，家庭是社会的缩影。所以，我说过，不看《红楼梦》，就不了解中国的封建社会。书中的那些人，都代表了一定的阶级，得这样来看他们的矛盾冲突、矛盾纠葛、矛盾的产生和发展。"

小孟完全被毛泽东这样漫谈式学术探讨吸引了。但她不甘心自己的观点都被否定，于是，她又提出了自己的看法："那于连把人家的家庭搅得四分五裂总不好吧？"

毛泽东听了，竟然哈哈大笑起来，他边笑边讲他那句讲过不止一次的话："不破不立嘛！"

听到这里，小孟又反驳说："于连到处钻营，一心往上爬，简直不择手段，不像个男子汉，不像个堂堂正正的人。"

毛泽东听了，收起了笑容，也严肃起来，但看得出，这是在探索问题时所常出现的一种神情：

"照你的看法，男子汉，堂堂正正的人，就不应该往上爬，而应该往下爬。人往高处走，水往低处流，关键是不要爬。爬，那是动物的一种动作。狗爬，猴子爬。人嘛，可以走，可以跑，但有时也要手脚并用地爬一下。如上山，也叫爬山。但人只能偶尔爬一下，不能一生总在爬。偶尔爬一下，人们还承认你是人，如果一生都在爬，为了个人的名誉、地位爬个不停，人们就要怀疑你是不是人啰。"

"当然，对于连，还要分析一下，他眼前没有路，都是崖，他要的东西又都在崖上头，看得见而够不着，他不能走，不能跑，所以只好爬，拼命爬，直到从崖上摔下来，粉身碎骨。"

"如果于连是个有权有势的人，而那个夫人又是个穷人家的女奴，结果将会怎样？"小孟没有想到毛泽东会向她提问题，尤其没想到会提出这样的问题，怔了好一会儿，才回答说："那就好办了，于连就娶这个女奴呗。"

毛泽东说：

"换个位置，好办多了，有钱有势就可以得到一切，关键是德瑞

那夫人没有实实在在的钱势。于连虽然失败了，但他的雄心勃勃，是值得赞扬的。说到底，还是阶级压迫、阶级的较量。"

这最后一句，既像是慨叹，又像是在总结。看来，是惯于用他那阶级、阶级斗争的观点去包容一切，解释一切。这是他的深刻，还是他的局限呢？但不管怎么说，这是他的习惯，一生如此，愈到晚年愈见明显罢了。毛泽东观看外国电影片是从一个独特的视角看的。

看京剧、听京剧

毛泽东对京戏可谓情有独钟，他在休息的时候，爱看京戏，爱听著名京戏演员的唱片。从唱腔上对老生的唱段更偏爱，从内容上则对有教育意义的历史戏更感兴趣。

《空城计》、《借东风》、《失街亭》、《斩马谡》、《斩黄袍》、《李陵碑》、《辕门斩子》、《群英会》等老生折子戏唱段，他是比较爱听的，对老旦的戏也比较喜欢听。他多次听过《钓金龟》、《岳母刺字》等，对《霸王别姬》、《白蛇传》、《苏三起解》等很欣赏。

毛泽东对京戏唱腔、乐理是比较内行的，而且可以大段大段地唱，对台词也很熟，工作人员有时趁他吃饭或放下书本拿起烟来短暂休息的时机，给他放一个京戏唱片听，以便调节一下他的紧张情绪。胡琴一响，他马上能说出是什么调子、什么板，他听得很认真，甚至中间打错了一个鼓点他也能听出来，说："少打了一个鼓点。"

在听唱的过程中，如演员又转了板，他往往把视线转向工作人员一边，点一下头，示意："你们听出来了吗？转板了。"继而他打拍子的手势也变了，如二黄倒板、二黄慢板，或慢板、倒板转流水，等等。

在听唱片时，他爱在桌子或沙发扶手上打拍子，有时还兴致勃勃地跟着唱，虽唱得不很准确，但对一位南方口音的老年人来说已经很不简单了。他有时还用手势提示工作人员跟他一起唱，特别是遇到曲调难唱的唱段时，他常常示意工作人员们跟着唱片不换气唱下来，带有比赛的性质。如《逍遥津》有一段唱词是这样唱的："父子们，在宫院，伤心落泪，想起了朝中事，好不悲伤。"在"悲伤"处，毛泽东唱得特别用力。"曹孟德与伏后冤家作对，害得他魂灵儿不能够相随，二皇儿，年岁小，孩童之辈，他不能在灵前奠酒三杯。"在"年岁小"的"小"处，拖音婉转曲折，一口气很难坚持下来，毛泽东和机要员谢静宜谁也不示弱，憋足了一口气，比着唱下来。最后还是小谢年轻，唱得比他老人家连贯，他高兴地笑笑，对小谢点点头，开玩笑地说："你投错了行，别做机要了，去唱京戏吧！"

毛泽东对四平调也比较爱听，曾夸赞梅兰芳先生的《贵妃醉酒》说："这个四平调唱得好。"

在听唱片的过程中，毛泽东常常考问身边的工作人员，让他们先说是什么板，转什么板了？他们说对了，他点头笑笑；要是说错了，他给予纠正，以增长他们的京戏知识。

毛泽东对京戏，不仅是欣赏艺术，更主要的是采取"古为今用"的态度，把历史戏与现实生活联系起来，有的是欣赏，有的是借鉴，有的则联想抒情。大家曾多次听他讲述京戏中的历史故事。

毛泽东很重感情，他看戏听戏时，总爱把自己的感情融入戏剧情节中去，喜怒哀乐任其挥洒。

他在听唱《空城计》时，那种得意之情，逍遥之态，真的是表现得淋漓尽致。

"我正在城楼观山景，耳听得城外乱纷纷……"一句接一句，抑

扬顿挫，有板有眼，这时的毛泽东好像自己在扮演诸葛亮，面对着司马懿，真的在演《空城计》了，这不禁使人想起1948年他在石家庄、西柏坡导演的《空城计》。

随着唱片一直唱完，他对小谢讲起了这段历史故事，说诸葛亮之所以敢对司马懿施这一计，是因为"诸葛亮太了解司马懿了，对他的战术、性格、弱点都分析透了，知道司马懿多疑，料定他不敢进城，所以才把城门敞开"。接着他也说了诸葛亮当时是迫不得已才这样干的。

这时，小谢由此突然联想到解放战争，就问："主席，你是如何领导全军打败蒋介石八百万军队的呢？"毛泽东给小谢讲了"知己知彼，百战不殆"的道理后说："我对蒋介石太了解了，蒋介石一翘屁股，我就知道他拉啥屎！"一句话，把大家都逗乐了。

毛泽东很喜欢听刘鸿声的《斩黄袍》，也时常是边听边跟着唱片唱，特别是后面几句：

"……一见人头珠泪滚，不由孤王痛在心，我哭，哭一声郑三弟，我叫，叫一声郑子明啊……！孤王酒醉将你斩，我那三弟呀……啊……！"

这一句句撕裂人心肺，悔恨莫及的唱腔，毛泽东模仿得悲愤高吭，一直唱完。这个片子，毛泽东听过无数次。

毛泽东听戏常常联想到一些哲理，他对小谢说："听到或看到某一事情感到气愤时，可暂时不作决定，因为这时决定问题容易出差错，怎么办呢？先看别的东西，不理睬它，放一阵子再说。等过几天或睡一觉起来之后，再回过头来看看，就比较冷静了。"毛泽东还对自己作出规定，并向工作人员交代：凡是在他吃安眠药后不作决定；如果作了决定也不算数，等第二天起床后再定。开始小谢不知道这一规定，有一次向他请示事情，不知道他已吃过安眠药，他回答后又说："你第二天等我起床后再来问一下。"小谢问："为什么？"他说："吃安眠药后不作决定是我给自己规定的。"

毛泽东晚年仍很想听一听过去著名演员唱的京戏，但因当时历史条件的限制不好办到。有关部门为了满足他这一愿望，同时也为了推陈出新，保存资料，就请一些老演员重新化装演出，拍下录像片，放给他看。

毛泽东对京戏的兴趣始终未减。1975年有一天毛泽东闭着眼睛听李和曾的《李陵碑》唱片。杨继业在碰碑前，那一声声令人肝胆俱裂的哭诉：

"大郎儿替宋王把忠尽了，二郎儿短剑下命赴阴曹，杨三郎被马踏尸骨未晓，四八郎落番邦无有下梢，杨五郎，在五台学禅修道，七郎儿被潘洪箭射花标。只落得六郎儿随营征剿……可怜我八个子把四子丧了，把四子丧了，我的儿啊！可怜我一家人无有下梢……只落得我老残身难得还巢，我的儿啊！"

毛泽东听后流下了伤心的热泪。这非同寻常的泪，一方面渗透着他对戏剧中的人物的同情。同时也许是唱词勾起了年迈多病的老人家想起了自己的家事，勾起了他对为党为国牺牲的六位亲人的思念。

毛泽东在看《白蛇传》时，那种爱憎分明、出神入化的憨态，在卫士长有关回忆录中描写得惟妙惟肖，以至于看完戏后接见演员时，竟不和法海和尚握手。当时，小谢也在场，使她联想到许多事情。毛泽东一贯反对包办婚姻，主张男女平等，婚姻自主。有一次身边一位医务工作者向他讲述了一个姑娘，因未婚先孕，思想压力大，害怕被别人发觉，就整天勒紧肚子，刚讲到这里，毛泽东发出"哎呀！"的惊叹。当这位医务人员继续往下讲，说到姑娘终于把胎儿勒得流了产，又害怕别人发现，用箱子装起来处理掉的时候，毛泽东连连发出"太残忍了"，"太不公平了"的感叹，他为此难过了好一阵子。还有一次，小谢汇报青年工作时，其中谈到一件事，认为对待普通群众中发生男女之间的问题，不宜在公开场合处理，不然，处理不好会死人的。毛泽东非常同意，他

反对乱批乱斗，主张保护女方的面子，做细致的思想工作，防止意外事故发生。

在对待子女的婚姻问题上，他作为家长是民主的，从不干预子女选择配偶的自由。1970年毛泽东问小谢和李讷去农村插队的事，说李讷下去锻炼是他的意思，他建议李讷："不要在解放军报社了，一个小孩子懂得什么办报啊！下去劳动锻炼去吧。"李讷同意了他的意见，高兴地下去了，先是在江西进贤中办五七干校干了一年多，后来干脆到农村插队锻炼。李讷在农村插队时，得了病，发低烧不退。小谢奉毛泽东之托，前去看望。毛泽东让小谢和李讷交朋友，自然她们之间无话不说，临走时，小谢问李讷，年岁不小啦，对婚姻考虑过没有？李讷说，没有，她不愿让母亲干预，想听父亲的意见。

小谢回来后报告了毛泽东，毛泽东让小谢转告李讷："她的婚姻，父母亲不能管，由她自己决定好了。是工人也行，是农民也行；是党员也行，不是党员也行，不是党员就不革命啦？不是党员也是要革命的嘛；比她大也行，比她小也行，只要他们自己同意就行了。"由此可见，毛泽东对自己子女婚姻大事上的开明态度。也就不难理解他在看《白蛇传》时对小青为什么那样赞赏，对白娘子、许仙为什么那样充满同情，而对老法海那么憎恨的缘由了。

1975年春，毛泽东看了《智取威虎山》后，赞扬这出戏演出很成功，并用《智取威虎山》中八大金刚"老九不能走"这句话，表示了对知识分子的重视。

这一年，有一次他同孟锦云一起听戏，小孟看见毛泽东陶醉在戏中的情节中，便说"主席真是个戏迷"！

"我称不上是戏迷，只是有点迷戏。"

小孟说："我为什么就不爱听戏呢？我听不懂。"

毛泽东说："那是因为你不熟悉历史所以听不懂。"

一天，空政文工团的小丽来看望毛泽东，毛泽东说："我喜欢听京戏。听唱片是一回事儿，听本人唱又是一回事儿。你能不能给我请一个会唱京戏的女孩来，让她唱给我听听。"

"那么多名角，您请谁不行呀，李维康、杨春霞，都唱得不错。"

"我不想惊动这些名人噢。"

也许听惯了名角，再听听无名小辈的戏别有一番风味。这次毛泽东就偏偏不听名角唱戏。过去，他也曾请过名角，像赵燕侠、马连良、李慧芳，都进中南海给他唱过戏。

请个人来唱戏，这个愿望当然不难实现。小丽在空政歌舞团物色了一名会唱京剧的歌剧演员。

又一天下午，小丽带来了那个唱京剧的演员。她姓林，就叫她小林吧。

"主席，您想听京戏，我把小林带来了。"

小丽指着小林，向毛泽东介绍着。

"噢，好啊，欢迎你来我这里玩，你叫什么名字？"

"谢谢主席，我叫林君秋。"

"噢，与四小名旦张君秋同名嘛。只是不同姓，今天你唱一段什么呢？"

"我唱一段穆桂英大战洪卅吧。"

"可以嘛，那就唱唱吧，没人拉二胡，就清唱吧。"

小林清了清嗓子，用不大的声音唱起来。小林虽然多年不唱京戏了，但来之前，练了一阵子。给毛泽东唱戏，可不能唱砸了啊。她有些紧张，但总算是顺利地唱完了。她音色圆润、甜美，听起来确也还动听。

毛泽东听完之后，很高兴。小林坐了下来稍微歇息了一下，喝了一口水。

"小林这段穆桂英唱得蛮好听的，你唱段《霸王别姬》吧。"

"你喜欢听哪一段呢？"

"你最喜欢哪段，就唱哪段。"

白：看大王醉卧帐中，不免去到帐外闲游一番便了。

几句念白，很有味道。毛泽东显出很高兴的样子。

"看大王在帐中和衣睡稳，我这里出帐外且散愁心。轻移步走向前中庭站定，猛抬头见碧落月色清明。"

小林的这段清唱，使毛泽东更有兴致。小林还没唱两句，毛泽东开始用手拍着沙发的扶手，一板一眼地跟着哼了起来，头也摇，身子也晃动。看来，这段戏是对了毛泽东的口味。

小林虽然不是什么名角，但在毛泽东的客厅里，离得这么近，专门给毛泽东一个人演唱，确实使毛泽东感到别有一番情致。这和看舞台上的演出，这和听唱片、磁带，确实是两码子事儿。

《霸王别姬》这段戏唱完之后，毛泽东说："唱得不错，休息会，今天就先唱到这里，以后欢迎你再来。"

京戏成为毛泽东欣赏的国粹瑰宝。

肆

妙文章，扫无敌

写《论持久战》

毛泽东读书的一大特点是，学以致用，把学到的东西用到指导实践中去。

1938年，毛泽东写《论持久战》，已经有两天两夜没有睡觉了，还一个劲儿伏在桌子上写呀写的。实在写得太累太困的时候，才叫卫士给他打盆水洗洗脸，清醒清醒，或者到院子里转一转，要不就在躺椅上闭上眼睛养一会神，又继续写。饭吃得很少，脸色也不好看。大家生怕毛泽东累病了，便在值班时加倍注意，劝毛泽东多休息。

这天，正好翟作军值班。傍黑的时候，翟作军照例走进毛泽东的房间，给毛泽东点燃两支蜡烛，在毛泽东写字桌上的两头各放了一支。有意把点蜡的动作放慢些，打算趁机劝毛泽东休息，不料毛泽东在翟作军点蜡的时候，眼睛根本没离开纸和笔。翟作军不便打搅，一声不响退了出来。半夜光景，该是毛泽东吃饭的时候了，翟作军把炊事员准备好的热腾腾的饭菜给毛泽东端去，对毛泽东说："主席吃饭吧。您已经两天两夜没睡觉了，吃完饭，睡会儿吧。"

"你们先睡吧。我等一会再睡，工作没有搞完，睡不着啊！"一边说，手中的笔仍在写着。

"主席，您身体不大好，像这样熬夜怎么行啊？吃完饭，睡睡吧！"翟作军进一步用恳求的口气说。

毛泽东抬起头来看了翟作军一眼，微笑着说："好，等一会儿就睡。"

翟作军知道不需要再往下说什么了，便走了出来，把门轻轻带上，坐到自己的屋里等着。大约过了一顿饭的工夫，翟作军估计毛泽东该吃完饭了，想去把碗筷收拾收拾，好让毛泽东睡觉。谁知道推开门一

看，毛泽东还在聚精会神地写呢，放在桌子上的饭菜一动没动，只是不冒热气了。翟作军很失望，只好进屋去，把饭菜端出来放到火上热了热，又给毛泽东送去。

"主席，您吃饭吧，天冷，一会就凉了。"翟作军说。

"啊？我还没有吃饭？"毛泽东抬起头，看看眼前的饭菜，好像自己都不大相信，说："好，就吃就吃。"翟作军又回到自己的屋里，有意多等了一会儿，心想这一回毛泽东总该把饭吃了。哪知道过去一看，饭菜还没动。毛泽东呢，还是低着头在写。那专心劲儿，就好像把整个身心都投到那支笔上去了。翟作军过去看他，他根本就没有发觉。

翟作军心里一阵难受，说不清是啥滋味。眼前这种情况，进去打搅主席显然是不合适的，翟作军只好又回到自己的屋子里。

夜，那么安静，万物都好像睡熟了，只能听到身边几个警卫同志甜甜的均匀的鼾声。可掉过头往毛泽东的屋里看看，蜡烛燃得亮亮的，在跳动的烛光下，毛泽东正在为国事操劳。天快亮了，翟作军再一次站起身来到毛泽东屋里去看看，见毛泽东还在写。饭呢，还是一动没动。

毛泽东已经连着五六天没睡好觉了。两只眼睛布满了红丝，宽阔的两颊明显地消瘦下来，颧骨凸了出来，脸上浮起一层淡淡的黑色；饭吃得更少了。警卫班几个人心里都火烧火燎样焦急。

到了第七天，又轮到翟作军值班，毛泽东还是不肯休息，继续在写。这时虽然已是初春，天气还是较冷的，夜间坐久了，还冻脚呢。翟作军怕毛泽东冷，弄了盆炭火搁在毛泽东脚边。又想起毛泽东硬板凳坐着累，就到饲养员那里找了条当马垫子用的毛巾毯给毛泽东垫在椅子上。

不知道过了多少时间，翟作军听得毛泽东在叫："警卫员，你来一下。"

翟作军刚想站起身向毛泽东的房间里走去，忽然闻到一股破布烂棉花的焦糊味儿，心里在奇怪什么东西烧了，走到毛泽东房里一看，毛泽东正微弯着身子在脱棉鞋，两只脚上还微微在冒青烟！原来是毛泽东的棉鞋烤着了。翟作军赶快伸手帮毛泽东把脚上的鞋脱下来，随手用暖壶的水往鞋上一浇，火灭了，焦糊味儿直冲鼻子。毛泽东的一双棉鞋烧破了好几处，棉花都露了出来。棉鞋是没法穿了，翟作军把毛泽东的单鞋找来让主席换上。

"怎么搞的？我一点也没有觉得就烧了。"毛泽东两眼看着那双烧坏了的棉鞋，一边说，一边哈哈大笑。

翟作军也跟着笑了起来，心想要不是火烧痛了毛泽东的脚，毛泽东怕还不知道鞋烧了呢。

"主席，您该睡睡了。您老不休息，把大家都急坏了。"翟作军抓住这个机会，又劝毛泽东。

"好，好，你们先睡，我等一会就睡。"毛泽东还是那句老话。说完，又埋头写起来，就像刚才什么事情都没发生一样。

过了不多久，翟作军发现毛泽东屋子里的灯果然灭了，知道毛泽东已经躺下，心里不由得一阵轻松。又过了一会儿，翟作军想看看毛泽东是不是已经睡着了，轻轻走了过去，看见毛泽东正侧身躺着，用手在捶自己的腰。毛泽东见了翟作军，忽然问道："你们晚上睡得着吗？""睡得着。还睡不够呢！"的确，翟作军那时年轻，正是贪睡的

▲ 1938年春，毛泽东在延安窑洞撰写指导全国抗战的纲领性文献《论持久战》

297

时候，就老老实实回答了毛泽东。

"唉，还是年轻人好啊，没心事，我就不如你们，我时常睡不着。"

翟作军不知道怎么回答好，一声没吭。过了一会儿，毛泽东又问他："翟作军，我问你，你为什么要参加革命哪？""因为家里穷，吃不上饭。"毛泽东听了，点点头说："是啊，要革命，不革命穷人没有饭吃。"说罢，两眼温和地看着翟作军。翟作军心里甜丝丝的，像涂了一层蜜。心想毛泽东多么关心我们穷人的命运啊！

第二天，毛泽东就病倒了：头疼，吃不下饭，也睡不着觉。医生来看了看，说没有旁的病，是累坏了，给毛泽东开了点药，劝毛泽东好好休息。毛泽东吃了药，休息了一天，还没等病全好，又坐到桌边，一手托着头继续写起来了。

大概写到第九天的半夜，毛泽东把翟作军叫去，交给他一卷用报纸卷好的卷卷，叫翟作军过延河送到清凉山解放社去。翟作军拿好卷卷，返身回屋子带上枪，就拼命向清凉山跑。一路上，翟作军高兴得自己对自己说："这回好了，主席可以好好休息休息了。"

过了三两天，解放社送来了校样，毛泽东拿到手以后，又不分昼夜，反反复复地修改。

又过了些日子，解放社给毛泽东送来了一叠书，书皮上写着《论持久战》几个字。这时，翟作军才知道毛泽东前些日子写的原来是《论持久战》。毛泽东拿到这叠书以后，脸上露出了微笑，吩咐翟作军立即把这些书分送给中央几位首长看，请大家提意见，准备再修改。当翟作军兴高采烈挟着书往外去分送时，窗纸上已经透进白蒙蒙的光，天快亮了。

5月底至6月初，毛泽东在延安正式作了《论持久战》的报告，有力地批驳了当时党内外在抗日战争问题上存在的"亡国论"、"速胜论"等错误思想，坚定了全国人民抗日的意志。

从毛泽东写作《论持久战》的全过程，可以看出民族英雄毛泽东，在中华民族生死存亡的关键时刻，是如何在抗日战争的实践中去读书写作，将理论和实践结合起来，去寻找真理，作出科学预见的。

写《新民主主义论》

清晨，毛泽东的警卫员贺清华走进窑洞去收拾东西，看到毛泽东仍然伏在桌上，手中的毛笔很快地挥动着。桌子的一旁，那盏煤油灯发出黯淡的光亮。

贺清华忍不住轻声地说："主席，天都亮了，你怎么还不休息啊！"

"噢，天亮了？"毛泽东专心写作，竟连天亮了都没有察觉。他迅速地向窗户瞥了一眼，一边不停地写着字，一边说："好，好，再写一会就睡。"

到吃早饭的时候了，毛泽东还在工作。贺清华从厨房打来饭菜，对毛泽东说："主席，该吃饭啦。"

毛泽东应了一声，要贺清华把饭菜放在一旁。贺清华怕影响毛泽东工作，轻轻放下碗筷，便走出去了。大约过了半个多钟头，贺清华去收拾碗筷时，只见那些饭菜原样未动。

就再次劝毛泽东说："主席，快吃吧，饭都凉了。"

"噢，我这就吃……"

毛泽东这样说，身子却不动。贺清华只得拿起凉饭冷菜，送到厨房里温热了，再端回来。一顿饭热了好几次，总算盼得毛泽东吃了几口。

毛泽东实在累了，才在布躺椅上靠一会儿，或是在窑洞里走几步，或是要警卫员弄一盆洗脸水，用湿毛巾擦把脸，便又坐在了办公桌旁继续工作。眼看着这种情况，同志们真急得像热锅上的蚂蚁，却没有办法。中央首长来看毛泽东，都说："主席呀，这样下去不行，要把身体累垮的！"

毛泽东只是笑笑，过后照样不分昼夜，废寝忘食地工作。

看看实在没有办法，卫士班把这些情况向组织上反映了。中央的同志们十分重视这件事情，陈龙特地为此召集开会，口气坚决地说："主席不休息不行，我们要对党负责，对人民负责。你们可以对主席说，组织上请他休息。"

陈龙的话给了大家很大的信心，决心想办法让毛泽东得到休息，照护毛泽东的身体。

这天晚上，毛泽东依然在煤油灯下专心地写作《新民主主义论》。叶子龙第一个走进窑洞，劝道："主席，您已经好几天没有睡觉了，党组织决定让您休息，请您停笔吧。"

毛泽东微笑着说："好，好，再有几个字就写完这一段了。"

叶子龙走出来，等待了好一阵，只见毛泽东桌上的灯光仍然亮着。叶子龙无可奈何地摇摇头，对贺清华说："你再进去试试看。"

贺清华"动员"毛泽东休息的结果，和叶子龙一样，心里不免有些灰心了。但是，陈龙的话又在耳边响起："我们要对党负责，对人民负责。"是啊，毛泽东的身体累坏了，岂不是对党、对革命事业的损失吗？于是，叶子龙和大家再想"巧计"。大家觉得光劝说不行，得另想办法，而叶子龙和贺清华都有些不好意思，便把主意打在十几岁的勤务员小王的身上。大家把小王找来，要他如此如此，这般这般。

小王走到毛泽东跟前，坚决地说："主席，您该睡觉啦。"伸手把桌上的煤油灯端起来，放在毛泽东睡觉的炕头上。

桌子上忽然变得昏暗了。毛泽东无可奈何地笑了，放下毛笔，缓缓地站起身来说："好吧，我马上就睡。你这个小鬼，快去休息吧。"

"不，我要等您上了炕才走。"小王坚持着。

在朦胧的灯影中，毛泽东高大的身体走向炕边。

见毛泽东在炕上躺下了，小王如同卸去肩上的重担，顿时觉得一身轻松。他高兴地看了看毛泽东，从窑洞里走出来了。

小王成功了，大家才安心地睡觉。第二天早晨，贺清华刚醒来，听见同志们正在谈论："嗨，主席昨夜又没有睡觉。"

"看他睡下，我才走的！"是小王着急的、有些委屈的声音。

"你刚回来，主席就坐起来了！"

人们沉默了。

毛泽东就是这样争分夺秒地为革命工作着，《新民主主义论》就是这样产生的。他的这种精神，使警卫人员都感动得流下热泪。

写《反对本本主义》

1930年5月，毛泽东经江西会昌来到寻乌县城，他利用红四军一、二、四纵队分兵寻乌、安远和广东平远发动群众的时机，在寻乌开展了大规模的调查工作。因为，在1929年下半年至1930年上半年间，党内的"左"倾思想和"左"倾政策又有新的发展。在农村，主张烧杀政策，提出什么"杀杀杀，杀尽一切反动派的头颅，烧烧烧，烧尽一切反动派的房屋"。把土豪劣绅分子和他们的家属子女混为一谈，一律斗争，打倒。甚至还有人鼓吹什么把小资产阶级变成无产者，然后强迫他们革命。在这种极"左"思想影响下，有的地方乱烧乱杀，执行所谓"地主不分田"、"富农分坏田"的政策，使他们的生活处于极端困难的境地。这样，使得地主、富农看不到出路，拼命来反对共产党，反对革命。在城市，某些存在着"左"倾思想的人，也主张对中、小商人和工商业兼地主的工商业资产实行没收的错误政策。以往，在红军内部曾有过对待城市商店筹款的规定，但是并不了解城市商业的真实情况，不知道什么是资产阶级，什么是自食其力的经营者和手工业劳动者。基于这种情况，毛泽东为了正确制定在农村对待富农的政策和在城市中对待小商业者的政策，亲自选定了地处闽、粤、赣三省的边陲之地——寻乌，进行实地调查。

毛泽东一来到寻乌，就住在县城西关苍天堂，深入实际，进行了

二十天的调查，弄清了当地的基本情况。但他经过反复思考，认为还有不少似是而非的问题，需要进一步研究。于是他和县委书记古柏商量，召开了有五十多人参加的总结调查会，共同探讨这些问题。会上，毛泽东说：我来寻乌调查了近二十天，承蒙诸位先生的指点，使我获得了很多闻所未闻的知识。今天请大家来核对材料，叫做集思广益。毛泽东把没有把握或者不够清楚的问题，一一提了出来，让大家议论，广泛地征询大家的意见。这次调查会开了两天，集中大家的好意见，这样，寻乌调查基本结束。

毛泽东非常重视从实际调查中获得的第一手材料，并不断进行分析研究。1931年2月，他利用第一次反"围剿"胜利的间隙，在宁都小布整理了近十万字的《寻乌调查》，并一直珍藏着，经过长征，带到延安。

在寻乌调查中，毛泽东于1930年5月写下了《调查工作》。毛泽东说：你对某个问题没有调查，就停止你对某个问题的发言权。这不太野蛮了吗？一点也不野蛮，你对那个问题的现实情况和历史情况既然没有调查，不知底里，对于那个问题的发言便一定是瞎说一顿，瞎说一顿不能解决问题是大家明了的。那么，停止你的发言权有什么不公道呢？当时，这篇文章由闽西特委翻印，在红四军中和中央苏区革命根据地广为传播。革命队伍中，无论是干部还是战士，都知道毛泽东的一句名言："没有调查，就没有发言权。"后来，由于作战频繁，很多资料难以保存，这篇重要文章也在反"围剿"中失散了。毛泽东一直为它的遗失而惋惜。直到1957年2月，福建省上杭县茶山公社官山大队一位叫做赖茂基的农民，把自己珍藏了27年之久的一本油印的《调查工作》小册子，作为革命文物贡献出来，这篇重要的历史文献才失而复得。虽然年代久远，这本小册子的纸张已经变得发黄了，但是，它的重新出现，使毛泽东从调查研究中总结出来的科学思想结晶又显现在人们的面前。毛泽东听到这个消息后，非常高兴，他说，失散多年的"孩子"终于找回来了。1961年3月，毛泽东在广州召开的中央工作会议上回忆这篇文章时说：这是1930年写的一篇老文章，是为了反对当时红军中的教条主义而写的。那时没有用"教条主义"这个名称，我们叫做"本本主义"。这篇文章是经过一番大斗争写出来的。我对自己的文章有些并不喜欢，这篇我是喜欢的，看来还有些用处，印若干份供同志们参考。1964年6月，《调查工作》收入《毛泽东著作选读》公开发表，毛泽东为它改了一个名字：《反对本本主义》。

《反对本本主义》是毛泽东多年从事调查研究工作实践经验的理论概括。毛泽东从思想理论上阐明了调查研究在领导工作中的重要意义和科学方法。他强调中国革命斗争的胜利要靠中国同志了解中国情况。不要迷信本本，一切结论产生于调查研究的末尾，而不是它的先头，只有蠢人，才是他一个人，或者邀集一堆人，不作调查，而只是冥思苦想地"想办法"、"打主意"。只有深入实际，深入群众，调查研究，才能取得正确的认识，找到解决问题的正确办法，离开实际调查就要产生唯心的阶级估量和唯心的工作指导，其结果不是机会主义，便是盲动主义。可以说，毛泽东通过调查写出的书籍，对于指导中国的革命具有重大的现实意义和深远的历史意义。

写《卜算子·咏梅》

毛泽东爱读古典诗词，也爱读历代诗话。清朝中叶颇负盛名的诗人袁枚所著的《随园诗话》，是毛泽东圈画最多的一部。袁枚在《随园诗话》中结合自己的创作经验说："余每作咏古咏物诗，必将此题的书籍无所不搜，及诗之成也，仍不用一典。常言：人有典而不用，犹之有权势而不逞也。"袁枚的意思是，有知识而不卖弄知识，掌握典故而不堆砌典故，知识典故只能用来丰富自己的思想和才智，而不能在写诗时让古人替自己说话，就像有权势的人不能只靠权势来行使自己的意志一

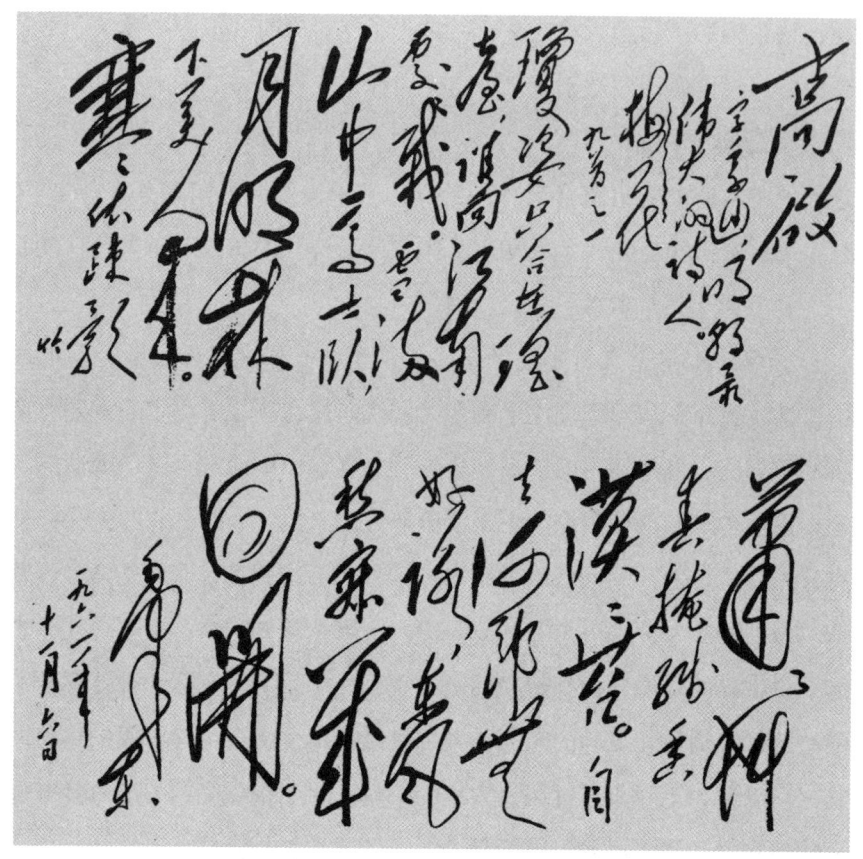

▲ 毛泽东手迹（高启《梅花》九首之一）

样。毛泽东在这一段里做了密密的圈画，同意这个观点。

　　1961年，毛泽东读陆游的《卜算子·咏梅》，萌发了"反其意而用之"的想法。自然想到那位"梅妻鹤子"的北宋诗人林逋，并在寻觅有关诗句时，引起不少联想。于是，在1961年11月6日上午，毛泽东在三个小时之内，三次给他的秘书田家英写信，请他帮助查找一首咏梅的诗。上午6时的信是："田家英同志：请找宋人林逋（和靖）的诗文集给我为盼，如能在本日下午找到，则更好。"田家英很快就找到给了他。毛泽东立即翻阅了有关诗文，上午8时半，又写信说："田家英同志，有一首七言律诗，其中两句是：雪满山中高士卧，月明林下美人来。是咏梅的，请找出全诗八句给我，能于今日下午交来则最好。何时何人写的，记不起来，似是林逋的，但查林集没有，请你再查一下。"信转出后，毛泽东仍在苦思，很快又追加一信："家英同志，又记起来，是否清人高士奇的。前四句是：琼枝只含在瑶台，谁向江南处处栽。雪满山中高士卧，月明林下美人来。下四句忘了。请问一下文史馆老先生，便知。"下署时间是"6日8时"，恐是"9时"之误，因为这封信明显是在8时半那封信以后写的。一个月后，毛泽东便写成《卜算子·咏梅》。

毛泽东写咏梅诗，虽然未必将咏梅的诗句"无所不搜"。但从上述查诗的情况看，肯定由陆游的词引起不少联想，"及诗之成也，仍不用一典"，完全是意趣自辟，辞由己出。明丽峭拔，清俊秀雅，不同凡响。梅花，是历代诗人吟诵的对象，尤其是品格正直的诗词家，往往借梅花以抒发内心未伸之志，喻节操之高洁，表明不与浊世同流合污之骨气。在这方面不乏古代名篇，但古诗人的咏梅诗，在傲骨厌俗中，难免带有孤芳自赏，甚至顾影自怜的气质，感情天地和精神境界毕竟不够广阔。当然，这也不能苛求于前人。毛泽东作为伟大的无产阶级革命家，高瞻远瞩于世界风云变幻，托物言志于日理万机之中，以梅花比喻不畏严寒，蔑敌如鼠的革命战士，在诗词中渗透出乐观主义和必胜信念。"梅花欢喜漫天雪，冻死苍蝇未足奇"，足见对梅花的挚爱之情。

雪，本是严寒的象征，但毛泽东却把它当成迎接春天的使者，尽管冰凌垂挂于危崖，朔风怒号于幽谷，气象森然，望而股栗，梅花偏偏于此时此地坚枝奋挺，花朵繁茂，置寒风于不顾，视冰凌为温床，俏色夺目，使人心为之一振，毛泽东设计的场景是何等瑰伟壮阔，又是何等超拔不凡啊！

《卜算子·咏梅》这首词，短短八句四十四字，由于注入非凡之精魂，精确传神之词采，便透射出诗人的高尚品格和鲜明性格：先行者和公仆的品格，艰危中奋不顾身、转安后乐于奉献的执著性格。这首词，于庄严中寓轻松，于严谨中有跳荡，于明快中富含蓄，于流畅中见丰厚。这就是属于毛泽东的这一个"梅"。

"梅花欢喜漫天雪，冻死苍蝇未足奇。"

废报纸上发现陕北

　　1935年9月21日，红军长征到达哈达铺。哈达铺是个不大的集镇，但有一家邮政代办所。这里有很多种全国的和地方的报纸，对于消息闭塞的红军来说，真是天大的喜讯。

　　毛泽东到哈达铺后，不顾长途跋涉的疲劳，先到邮政代办所取走了所有能找到的报纸，然后到了宿营地和中央其他负责人翻阅报纸，查找消息。据当时《晋阳日报》报道，陕北有红军五万余人。《大公报》也报道：关于农村"赤化"问题，陕北甚于陕南。还报道陕北红军完全占领者有五县城，为延安、延长、保安、安塞等，靖边一度为红军所占。毛泽东一边翻阅报纸，一边把有用的消息勾下来。正在这时，聂荣臻的通讯员也送来一张报纸。这张《山西日报》刊载着阎锡山正在进攻陕北红军刘志丹的消息。此时，叶剑英在驻地也搞到一张报纸，报道"国军"进攻陕北红军的新闻。叶剑英立即对红军总政治部白区工作部部长贾拓夫说："你看看这篇报道。刘志丹在陕北闹革命，他们的力量还不小呢。我们去他们那儿，你看怎么样？"贾拓夫是陕北神木人，他了解陕北的情况。他说："陕北确实是和敌人周旋的好地方，又有刘志丹的根据地，我们应该把这个情况报告毛泽东同志。"叶剑英马上把报纸拿给彭德怀看，彭德怀看后忙赶往毛泽东的住处。

　　毛泽东、周恩来、彭德怀等人通过分析报纸透露的消息，确切知道了陕北有刘志丹领导的红军，而且徐海东的25军也在那里。他们所建立的根据地是红军长征后唯一一块完整保存下来的根据地。毛泽东认为，陕北地域辽阔，群众生活艰苦，又是穷乡僻壤，还有几万红军，是中央红军长征落脚的好地方。他们几个人经过初步讨论研究后，决定把长征落脚点放在陕北。彭德怀把这一消息告诉了叶剑英。他说："你提供的报纸很重要，老毛和其他同志已初步决定去陕北投靠刘志丹。"

22日上午，毛泽东在驻地召开了中央负责人会议。会议经过讨论，中央正式决定到陕北去。为以后革命顺利发展、壮大，奠定了坚实的基础。

读报纸，发现人才之路

1942年1月8日，田家英在延安《解放日报》上发表了《从侯方域说起》一文。毛泽东读后，颇为赞赏。虽说杂文只有千余字，却可以看出作者的文史功底不浅。

侯方域是明末的"四公子"之一，入清后参加河南乡试，中副榜，曾向清总督出谋献策。田家英对这个"生长在离乱年间的书生"，作了犀利的解剖，他写道："两年前读过侯方域文集，留下的印象是：太悲凉了。至今未忘的句子'烟雨南陵独回首，愁绝烽火搔二毛'，清晰地刻画出书生遭变，恣睢辛苦，那种愤懑抑郁，对故国哀思的心情。""一个人，身经巨变，感慨自然会多的，不过只要这人还有血性、热情、不作'摇身一变'才行，不然，便会三翻四覆，前后矛盾。比如侯方域吧；'烟雨南陵独回首'，真有点'侧身回顾不忘故国者能有几人'的口气。然而曾几何时，这位复社台柱，前明公子，已经出来应大清的顺天乡试，投身新朝廷了。这里自然我们不能苛责他的，'普天之下'此时已是'莫非'大清的'王土'，这种人也就不能指

307

为汉奸。况且过去奴奴的奴才已经成为奴隶，向上爬去原系此辈常性，也就不免会企望龙门一跳，跃为新主子的奴才。'后之观今，亦犹今之视昔。'近几年来我们不是看得很多：写过斗争，颂过光明，而现也正在领饷做事，倒置是非的作家们的嘴脸。"

文笔如此深沉老辣，而作者竟然只有二十岁！当毛泽东听说作者田家英的大概情况后，特地把他找去谈了一次话。鼓励他给"大后方"因看不见国家前途消极悲观、空虚颓废的人抽一鞭子，田家英在他的大脑记忆库里便深深地打下烙印。此后，毛泽东就一直注意这个"少壮派"。当需要为毛岸英请一位老师时，毛泽东立刻想到了田家英。田家英精心辅导岸英，师生如同兄弟，几乎形影不离。

当时，正处于历史性胜利的前夜，毛泽东的工作非常忙，需要增加新的秘书。田家英经过毛泽东"面试"当场为毛泽东草拟一份电文，结果获得毛泽东的首肯，于是调为秘书。担任秘书以后，田家英

▲ 1960年春，毛泽东在浙江金华地区视察时看《金华日报》

先后为毛泽东和米高杨会谈担任过记录。进城后，为毛泽东处理群众来信，建议各级领导机关应指定专人或成立专门机构认真处理人民来信来访，加强了党同人民群众的联系。

在十八年的相处中，毛泽东对田家英很器重。最好的例证是：让田家英代他起草"八大"开幕词。让人代笔，对于毛泽东来说，无论是战争年代，还是和平时期，恐怕这是唯一的一次。"虚心使人进步，骄傲使人落后"，这句名言，就出自田家英写的这篇开幕词中，颇受毛泽东的赞许。据毛泽东的卫士长李银桥回忆，毛泽东致词后来到休息室，当他听到许多人称赞开幕词写得好时，毛泽东对大家说："开幕词是谁写的？是个年轻的秀才写的，此人是田家英。"

田家英，原来是毛泽东注意浏览报纸，从报纸上挖掘出来的人才。

用知识教育人启发人

语言，是人们交流思想，达到互相了解的工具。毛泽东博览群书，语言的运用，可以说达到了炉火纯青的程度。他的语言准确、有力、风趣，又能根据不同对象，采取不同风格，有时以幽默风趣；有时像涓涓细流，滋润心田；有时又像黄河巨浪，催人奋起，感染力和鼓动性极强。

毛泽东在闽西时，有人对前途悲观失望，提出"红旗到底能够打多久"的疑问。毛泽东不是用什么社会发展规律的一般道理去解决，而只用了"星星之火，可以燎原"八个字，形象、通俗而又富有哲理地回答了这个问题。当时，有的干部汇报说搞不清参加"三合会"、"三点会"等帮会组织算不算土匪时，他明确指出：参加这些帮会的，除少数会道门头子外，大部分是穷苦人，他们生活困难，没得吃，有的也会自发去抢地主豪绅的东西，但他们不是土匪，不能打，要团结，只有团结一切可以团结的力量，才能孤立和打击真正的地主豪绅。说到这里，毛泽东摊开手掌，做了个手势，启发大家，你们说是这样打出去有劲？还是——他又把手掌紧紧地握成拳头——这样打出去有劲？得到大家肯定答复后，毛泽东又形象地用散沙和湖泥作比喻，进一步向干部强调团结之重要。他说，群众没有组织起来，没有团结起来，好比一堆散沙，缺乏力量，我们要用湖泥把这堆散沙胶在一起，捏成一团，这就团结得很紧，不会散了。

1928年朱毛会师，毛泽东讲，红军不光要打仗，还要发动群众，组织群众。现在，我们虽然在数量上、装备上不如敌人，但我们有马列主义，有群众的支持，不怕打不败敌人。敌人并没有孙悟空的本事，而我们有如来佛的本事，他们总逃不出如来佛的掌心！我们要善于找敌人的弱点，十个指头有长短，荷花出水有高低，敌人也有弱有强，兵力分布也难保没有不周到的地方，我们集中兵力，专打敌人的弱点。打胜了立即分散，躲到敌人背后去玩"捉迷藏"。这样，我们就能掌握主动权，把敌人放在我们手心里玩。一番话，把大家说得心花怒放，顿时信心倍增，全场掌声雷动。

抗战前夕，通信兵队伍不够稳定，许多人老想上前线，毛泽东为了解决这个问题，讲了一个故事：很久以前，有条河上要修座石桥，招了不少能工巧匠，辛辛苦苦干了许多天，桥身修好了，只是桥洞的脊梁处还缺少一块坚固合适的石头嵌进去，没有这块石头，桥就砌不成，石匠跋山涉水，找到了这块石头，石桥终于砌成了。相传这块石头是鲁班

▲ 毛泽东手迹
"希望有更多好作品出世"

路经此地，得知缺少一石，偷偷按尺码凿好后丢下的，从此人们给这块石头起名叫"鲁班石"。毛泽东说，红军今后要大发展，这里要点火种，那里要点火种，一块块被分割的根据地，要靠通信兵从空中架桥连接，你们想想，你们不是红军中的鲁班石吗？从这以后，通信兵们就常用"做革命的'鲁班石'"来鞭策自己，多为党工作。

延安时期，毛泽东常为抗大讲课，他根据学员文化水平参差不齐的特点，讲哲学时，用深入浅出、形象具体的办法讲解。例如，毛泽东讲《矛盾论》时，为了说明内外因的关系，他举了鸡蛋因得适当温度而变化为小鸡，而温度不能使石头变为小鸡的生动例子。讲《实践论》，为了说明要有知识，就得参加变革现实的实践，他举了要知道梨子的滋味，就得亲口吃一吃。把深奥的马列道理，寓于生动的语言之中，听课的新老同志、教员、炊事员全都笑了。还有一次，毛泽东讲到我们有的指挥员，对情况不加分析，别人一鼓动就来了劲，结果事与愿违，成了鲁莽家。有的人越听越感到，毛泽东讲的像自己曾经指挥过的一次失利的战况，于是，一个学员没等毛泽东讲完，就站起来说：主席讲的是我，今后我一定克服鲁莽的毛病。接着，又一个学员说，不！主席讲的是我。从此，"不当鲁莽家，要做勇敢而明智的英雄"成为抗大学员的座右铭。

鲁艺的学员还记得，在毕业典礼上，毛泽东号召从小鲁艺到大鲁艺去学习，即向工农兵学习。同时，他用柳宗元的黔之驴故事，告诉大家不要以为自己是洋包子，瞧不起本地的土包子干部。毛泽东一边讲，一边装作老虎观察毛驴的样子，大家被生动的讲演逗笑了，从而悟明了深刻的道理。

为了给大家讲明革命道理，毛泽东借用了张果老下华山，去蓬莱阁朝圣这个故事。这个人不是凡人，是个仙家，所以他骑毛驴和我们不一样，是倒骑。走着走着，遇到仙人吕洞宾，问张果老去何处？张说去蓬莱。吕洞宾惊诧地问：蓬莱在东，你骑毛驴向西，怎么能到？张果老生气了，认为自己有理，反驳道：我的脸是朝东方蓬莱的！毛泽东讲完，接着说：想要革命的人，如果路线方向不对，革命还是不能胜利的，张果老

311

虽面朝蓬莱，但路线错了，永远也到不了。大家受到很大启发。

国内革命战争时期，部队战士大多是不识字的农民，毛泽东很注意用简单明了的词句来阐述革命道理。一次，他对红军战士说，我们是革命队伍，所以，要懂得革命的道理。马列写了很多书，一下子掌握不了那么多，我现在只讲"二三四"三个字的道理，要求大家记住。二是指两种战争。古今中外，不断打仗，打来打去，只有两种，一种是正义的，一种是非正义的，我们共产党人要用正义战争反对非正义的反革命战争。三是指三大纪律。他强调，我们是革命的队伍，没有纪律不行，否则，不能统一行动，不能打胜仗，哪怕一个小小的鸡蛋也不能拿。四是指革命军队除了打仗，消灭敌人之外，还要做好四件事，第一打土豪分田地，发动群众；第二建立工农武装，主力才会有后备军；第三是建立革命政权，和国民党对立起来，用老百姓的话讲，建立我们的埃（苏维埃）政府；第四是建立地方党组织。这个"二三四"的道理，好懂又好记，一下子就被战士们掌握了。

毛泽东善于运用语言艺术。运用老百姓喜闻乐见的语言，将革命的大道理寓于中国的民族形式、风格之中，使广大干部群众把马列主义和哲学变成自己认识世界和改造世界的锐利武器。

作讲演喻革命道理

毛泽东具有鲜明的哲人气质，他有丰富的想象力，思接千载，视通万里；他有超群的智慧和胆识，设难置疑，一往直前。这些优点集中表现在他的讲演艺术上。

早在建党初期，他给工人夜校和矿工子弟学校上课时，就采用了通俗易懂的比喻给工人们以深刻的启迪。一次，他教"工"字时，先在黑板上写上一个"工"字，然后解释说，上边的一横线是"天"，下边的一条是"地"，中间的竖线代表工人阶级自己，工人是在地上，是顶天立地的，他们的世界是整个宇宙。

在井冈山时期，毛泽东针对游击主义的说法，就"为什么要建立革命根据地"，说："根据地之于红军就像屁股对人一样重要。"如果没有机会坐下来休息，一个人肯定会因疲劳而倒下。毛泽东还把军队比作"鱼"，把老百姓比作"水"，军队与群众是鱼水关系，军队扎根于群众如鱼得水，从而密切了军民关系。1938年，毛泽东在延安抗大上思想修养课时，针对学员中存在的实际思想问题，讲了两个问题：一是所谓"爬山主义"。原来抗大的早操有一个科目是爬山，有些学生身体弱，爬山经常掉队，觉得不光彩；想请假，又怕别人笑话自己落后，于是便发牢骚："我们来延安，为的是学习马列主义，懂得怎样闹革命，你们为什么老搞爬山主义呢？可不可以把马列主义增加点，把爬山主义减少一点？"

毛泽东说：爬山是作战的需要。我军在华北的作战方针是"独立自主的山地游击战"，山地是我们的依托。指战员都应该成为爬山的能手。侵占华北的日军穿着大皮鞋，爬山相当快，就是平时练出来的。动作慢了就要吃亏。练习爬山，绝不是无关紧要的小事。

▲ 毛泽东在抗大发表讲话

他左手叉在腰间，挥动一下右手，继续说：红军长征时，依靠爬山速度快，打了许多胜仗，甩掉了前堵后追的数十万敌人，胜利到达陕北。身体弱要量力而行，循序渐进。开始时掉队，不算丢面子。慢慢来，追上去，需要一段艰苦锻炼的过程。山还是要爬，不能说成是什么主义。

第二个问题是有的学生发牢骚说："什么军政大学，干脆叫劳动大学更加名副其实。"

对此，毛泽东说：抗大不断扩大，学员数量成倍地增加，学校要办，又缺少经费，我们有什么办法呢？只有一个办法，叫做"艰苦奋斗"。不得已而为之呀！他说：你们吃的、穿的、住的、烧的、用的东西很多，大量的服务性工作由谁承

▲ 毛泽东在鲁迅艺术学院讲演

担呢？可不可以调一些战斗队回延安，代替抗大的学生担负这些日常的劳动？如果那样做，是增加抗战的力量呢？还是减少抗战的力量？办抗大是为了抗战，减少抗战力量的事情，咱们能办不能办？毛泽东的话，实话实说，入情入理，抗大学员思想上的疙瘩很快就解开了。1939年初秋，毛泽东去延安马列学院作报告。院党总支书记张启龙、副院长范文澜让教育处长邓力群、教育干事安平生、宣传干事马洪和校务处处长韩世福去杨家岭接毛泽东。

马列学院距杨家岭十来里路，两地之间的中点有一座延河桥。当4人走到桥头时愣住了，毛泽东正从对面走来。

"学院领导派我们来接主席。"邓力群说。

毛泽东听后笑笑说："接我？嗯，我晓得的，是怕我忘了今天有报告吧？你们放心好了，学院给我的任务，那是忘不了的。"

"是要我们来接主席的，我们来晚了，很不像话。"

毛泽东扬起手摆了摆说："这样做有点不好，一个人作报告要四个人接，要不得！要不得！"

"哦，四个人，轿子呢？你们不是抬轿子来接我呀？"毛泽东认真地说，"下回呀，跟你们领导说，再加四个人，来个八抬大轿，又体面，又威风。要是还有人，再来几个鸣锣开道的，派几个摇旗呐喊的，你们说好不好？"大家都笑了。

毛泽东摇摇手："那才不像话嘛，对不对？皇帝出朝，要乘龙车凤辇，官僚出阁，要坐八抬大轿，前簇后拥，浩浩荡荡，摆威风。我们是共产党人，是讲革命的，要革皇帝官僚的命，把旧世界打它个落花流水。我们既要革命，既要和旧的制度决裂，就万万不能沾染官僚习气。从杨家岭到马列学院，十里八里路，二万五千里长征都走过来了，这几步路算得了什么？我又不是不知道路，不要接接送送的嘛！我们要养成一种新的风气，延安作风。我们用延安作风打败西安作风。"

毛泽东在讲"爬山主义"和"劳动大学"时，以实事求是的态度，中肯的语言，磊落耿直，尖锐明快，入情入理。特别是用幽默诙谐的语言，阐述浅显的道理，更使人心悦诚服，起到了意想不到的效果。

笔战蒋介石

1939年1月，国民党五届五中全会确定了"防共、限共、溶共、反共"的方针。同年5月7日，蒋介石在中央训练团党政班做了《三民主义之体系及其实行程序》的演讲，全面歪曲孙中山的三民主义，把他自己的封建法西斯主义思想披上了三民主义的外衣，并且要用这种假三民主义来溶化共产党。这篇文章标志着蒋介石封建法西斯主义思想体系的初步形成。

1939年6月，毛泽东在《反投降纲领》中指出，我党应实行"用真三民主义对抗假三民主义，争取中间性的三民主义"的政策。他还说，国民党"发表了许多不但反对共产主义，而且也是反对真三民主义的'分歧错杂的思想'，亦即假三民主义或半三民主义的思想，应加以严正的批驳！"

由于国共合作之初，共产党曾郑重宣布："孙中山先生的三民主义为中国今日之必需，本党愿为其彻底地实现而奋斗。"所以，当时共产党内部一些人也产生了疑问：实行三民主义，还要不要共产主义？共产党的奋斗目标是否变了？为了回答党内外提出的问题，尤其是反击蒋介石为首的国民党发起的反共浪潮，毛泽东于1940年1月发表了《新民主主义论》。文章从论述中国革命的发展规律入手，亮出了中国共产党人的旗帜——新民主主义，并且以新民主主义理论为依据，深入批驳了蒋介石的

▲ 1945年8月，毛泽东和蒋介石在重庆合影

反共理论。文章正确区别了孙中山的新旧三民主义，揭露了蒋介石的伪三民主义，解释了共产党人信奉三民主义的基本依据，在当时的政治生活中产生了巨大影响。

　　1943年，世界反法西斯战争发生了根本变化，中国的抗日战争也处于胜利的前夜，战后中国的去向问题急迫地摆在国共两党面前。3月，蒋介石抛出《中国之命运》一书，全面表述了国民党统治集团的政治观点和对内对外政策，恶毒咒骂共产党及其领导的人民抗日武装，扬言要在两年内解决共产党。这书一出版，国民党大肆吹捧是什么"思想的明灯"，"今后努力的指针"。

　　1945年4月23日，毛泽东在中共中央七大上所致的开幕词，赫然以"两个中国之命运"为题，其中说道："中国之命运有两种：一种是有人已经写了书的；我们这个大会是代表另一种中国之命运，我们也要写一本书出来。"这本书就是《论联合政府》。《论联合政府》是对蒋介

石鼓吹的"中国之命运"那个黑暗中国的彻底批判和对我党所追求的光明中国的系统论述。这部著作在《新民主主义论》的基础上进一步丰富和完善了党的新民主主义理论。

1947年12月25日，毛泽东发表了《目前的形势和我们的任务》，次年1月初，毛泽东文章的文本被送到南京黄埔路蒋介石官邸的案头。蒋介石从头到尾认真地研究了一番，边看边发出感叹，几天后的一个上午，蒋介石把幕僚长陈布雷召到官邸，把毛泽东的文章朝陈布雷面前一掷。没好气地说："看人家写得多好！"陈布雷其实也看过这篇文章，听蒋介石这么一说，心想，你打了败仗，还怪我写得不好，因此就随口回了蒋介石一句："人家是自己写的。"被陈布雷这么一顶，蒋竟一时说不出话来。蒋介石强压下火气，不吭一声地拂袖而去。

1948年9月，解放军攻克济南，形势对国民党越来越不利。国民党内主张和平的一派，如邵力子、张治中等人，力主先行停战，再与中共进行和平谈判。

因陈布雷与蒋介石关系十分密切，蒋介石的许多重要文章均出自陈布雷的笔下。于是，邵、张等人把希望寄托在陈布雷的身上，想请他向蒋介石多吹吹"和平之风"，并转达他们的意见。

10月10日，蒋介石要发表题为《政府能战能和》的演说，10月初告知陈布雷，要他在几天内赶写出来。陈布雷白天睡觉，晚上动笔。而就在这几天中，邵力子、张治中等人频繁地来到陈布雷公馆，与他谈停战和谈之事，诚恳地请他无论如何向蒋介石进言和平。就这样，陈布雷白天耳朵里灌的是"和平"主张，晚上却在构思草拟关于"能战"的演说。终于，他违心地完成了蒋介石交给的任务。蒋介石拿到文章后大为欣赏，连说写得好。陈布雷回到寓所，彻夜难眠，部下只听到他唉声叹气。经过这两件事的刺激，陈布雷的身心受到了严重的摧残。他陷入御用文人不可名状的矛盾之中，最后决定用自杀来"解脱"自己，了结了自己难堪的角色。

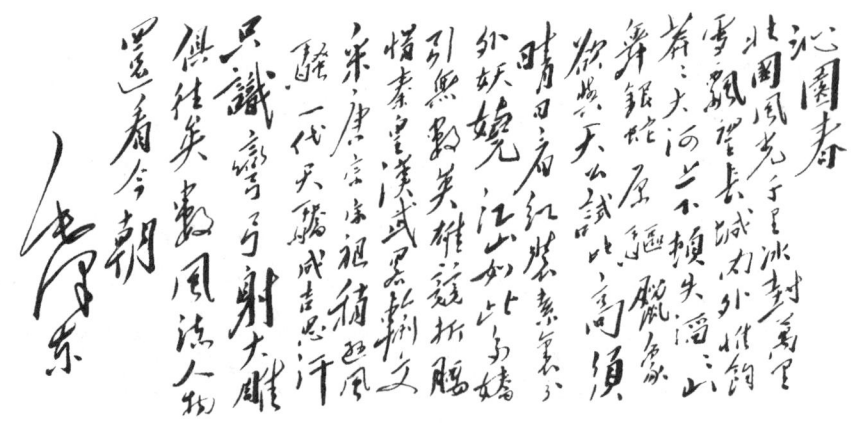

▲ 毛泽东《沁园春·雪》手迹

　　毛泽东与蒋介石除了在军事上不断较量外，在一来一往的政治斗争上，也不间断地进行笔战论争。特别是在重庆谈判期间发表的《沁园春·咏雪》一词，成为惊世之作。毛泽东在中国之命运面临历史抉择的关键时刻，运用他的智慧，有理有利有节，取得了最后的胜利。显然，他的精彩笔战起到了重要的作用。

谈宗教问题

　　1958年8月21日，毛泽东在中共中央政治局北戴河扩大会议上说：

　　"唐朝佛教《六祖坛经》记载，惠（慧）能和尚，河北人，不识字，很有学问，在广东传经，主张一切皆空。这是彻底的唯心论，但他突出了主观能动性，在中国哲学史上是一个大跃进。惠（慧）能敢于否定一切。有人问他：死后是否一定升天？他说不一定，都升西天，西方的人怎么办？他是唐太宗时的人，他的学说盛行于武则天时期，唐朝末年乱世，人民思想无所寄托，大为流行。"

　　由此可见，毛泽东对《六祖坛经》是很有研究的。

　　毛泽东一直关注对宗教的研究，早在1935年10月5日，毛泽东率领中央红军主力部队来到回族聚居地六盘山下的单家集。在到达目的地之前，毛泽东对身旁的警卫人员说："回民有许多规矩，比如他们不吃猪肉，不说'猪'字。我们到了回族地区，买牛羊肉吃可以，对猪肉提都不能提，这叫尊重少数民族习惯。你遵守这些规矩，他们就欢迎你；搞得不好，就会出问题。"毛泽东的话很快传遍了整个部队。5日后半晌，毛泽东兴致勃勃地走在单家集的街道上，他边走边向街旁的回族群众招手致意。当晚，毛泽东就住在单家集一户姓张的人家里。

毛泽东这次到单家集住下后，清真寺的阿訇和寺管会商定，要用回族最隆重的仪式——摆"中合"，欢迎红军的到来。

第二天，天刚亮，寺里的老阿訇和马云清、马进山等九人来到毛泽东住的张家院子。起初，警卫挡住不让进。毛泽东听到外头有动静便走了出来。老阿訇上前一步，朝毛泽东拱起双手道了声："色俩目（阿拉伯语，致敬意）！"毛泽东笑容满面迎上去，也拱起双手，操着浓重的湖南口音答道："回族人民好！"接着，毛泽东又笑着问："你们怕不怕红军呀？"老阿訇忙答道："红军曾来过单家集。我们从那以后知道红军是仁义之师，也就不怕了。"众人听了都笑起来。

老阿訇手指"中合"（用各种油炸食品及核桃仁、瓜子、糖摆成的宴席）请毛泽东食用。毛泽东拈了一小撮白糖放进嘴里，又随手拿起一块回族风味的糕点递给警卫员陈昌奉。这时，人们欢呼起来。

欢迎仪式结束后，老阿訇把毛泽东让进了清真寺的大院内。院中央是座花园，老阿訇撷一束芍药花献给毛泽东。毛泽东立刻将花凑到鼻子眼前闻闻，并连声说："感谢，感谢！"在进入大殿之前，毛泽东先到水房用"汤瓶"净了手、脸，然后脱去鞋，净脚步入殿内。大殿的柱子上，廊檐上都雕有各种花卉图案和阿拉伯文字。毛泽东对此称赞道："雕得真好，回族人民有智慧。"

毛泽东的为人很朴实、真诚、可亲。他在大殿里兴味很浓地给大家讲了个"金脚寺"的故事。他说："南京有一座清真寺，别名叫'金

脚寺'。据说，朱元璋当了明太祖皇帝后，有一次特意去观览清真寺，由回族将军常遇春、胡大海保驾。这位皇帝下轿后就直往清真寺大殿。待他刚要迈进一步时，就被常、胡二将给拉住：'万岁，进大殿内要脱鞋。'朱元璋一听，赶紧退出。他一边脱鞋一边说：'来呀，把这个鞋印挖掉，用金子镶上。'从此，这座清真寺就定名曰：金脚寺。"

老阿訇听了这个故事感动万分，紧紧握住毛泽东的手不放。

出了大殿，毛泽东又被请入西厢房。桌上已摆好了"九席"（用九个碗盛着饭菜，是回族待贵客的一种宴席）。大家一起入座。毛泽东吃得很高兴，他还不时地为别人夹菜。

毛泽东离开单家集时，老阿訇代表回族同胞向毛泽东敬献了"全羊"。

毛泽东对宗教历来是比较重视的。代表中国几个佛教宗派的经典《金刚经》、《六祖坛经》、《华严经》，以及研究这些经典的著述，他都读过。对于禅宗的学说，特别是它的第六世唐朝高僧慧能的思想更注意。禅宗不立文字，通俗明快，它的兴起，使佛教在中国民间广为传播。《六祖坛经》一书，毛泽东要过多次，有时外出还带着，这是一部在慧能死后由他的弟子编纂的语录，哲学刊物上发表的讲禅宗哲学思想的文章，毛泽东几乎都看。基督教的《圣经》，他也读过。毛泽东阅读这些宗教经典，是既作为哲学问题来研究，也当作群众工作问题来看待。

早在井冈山上时，贺子珍问他佛教问题时，毛泽东说："我小时候跟着母亲磕过头，大了就不信了。"又说："中国老百姓有时信，有时不信。不过佛教的确有不少辩证法。它主张吾心则佛，让人们自己觉悟，自己解放自己；又主张普度众生，大有为广大老百姓服务之意呀。它最要不得的是叫人把希望寄托到来世，死后上西天的极乐世界，而放弃改变现实去斗争。这一点就不如我们中国的道教啰。道教的修炼不是为了死后上西天，而是活着成神仙。道家的斗争精神极强，对妖魔鬼怪，魑魅魍魉，毫不留情，是除恶务尽。所以，历来农民起义，都打出'替天行道'的旗号，同反动的封建统治者进行阶级斗争。佛、道、儒是中国文化的三个主要部分。最不好的是儒，是孔孟之道。"

1955年3月8日，毛泽东在与西藏达赖喇嘛谈话时说：

"我们再把眼光放大，要把中国、把世界搞好，佛教教义就有这个思想。佛教的创始人释迦牟尼主张普度众生，是代表当时在印度受压迫的人讲话。为了免除众生的痛苦，他不当王子，出家创立佛教。因此，信佛教的人和我们共产党合作，在为众生即人民群众解除压迫的痛苦这一点上是共同的。"

1964年5月25日，在接见秘鲁等拉美共产党学习代表团时，毛泽东同客人讨论农民信神时说：

"一开始就叫群众去反对宗教，宣传什么'我们是无神论者，你们信神我们不信'，那不行，群众就会和我们闹翻了。群众觉悟是逐渐提高的，要群众丢掉宗教需要很长过程，信宗教不等于不反对帝国主义、封建主义、官僚资本主义。"

这使人想起了1958年6月30日，毛泽东接见胡达法师率领的柬埔寨佛教代表团时，中国佛教协会副会长赵朴初参加了会见。这天，毛泽东穿着灰色中山装，一边等待客人，一边兴致勃勃地和赵朴初聊天。

客人还没有到，毛泽东以开玩笑的口吻对赵朴初说："佛经里有些语言很奇怪，佛说第一波罗蜜，即非第一波罗蜜，是名第一波罗蜜。佛说赵朴初，即非赵朴初，是名赵朴初。先肯定，再否定，再来一个否定的否定，是不是？"

赵朴初一听，连连点头，想，真不容易啊！从这里可以看出，毛泽东读佛经的，至少他熟悉《金刚经》。"佛说"、"即非"、"是名"就是《金刚经》的主题。见毛泽东以自己的名字解释佛经里的话，而且，还和黑格尔的辩证的否定思想联系在一起，赵朴初也不完全同意，心想，自己可不是"非"赵朴初和"名"赵朴初啊，自己可是实实在在的赵朴初。所以，他笑着说："不是。是同时肯定又同时否定。"

平常，赵朴初研究佛法般若时，就发现其中有很多辩证的哲理和辩证方法，如只有利他才能自利的菩萨以救度众生为自救的辩证目的等。他甚至怀疑黑格尔的辩证法与佛教存在某种关系。这回，见毛泽东问辩证法的否定，赵朴初所以有自己的主见。毛泽东很满意赵朴初的回答："看来你们佛教还真有些辩证法的味道……"

正待要继续发话，胡达法师到了，谈话只好中断了。

毛泽东后来指着赵朴初对旁人说："这个和尚懂得辩证法。"

作为彻底的唯物主义者毛泽东，不仅精通辩证法和唯物论，而且还能投出一定的精力，去研读佛法宗教，从内在本质上去寻找它们相通的地方，以利于开展群众工作。他将本来是一对矛盾的信仰，统一到认识论的本源上，开了一代宗师的作用。

"治郡国者以志为鉴"

"盛世修志"，这是中国文化的优良传统。中国的传世志书约八千七百余种，十一万余卷，占古籍的10%左右。方志可谓是"一方之总览"，一方之"百科全书"，能起到"资治、教化、存史"的作用。因而，志书常为历代所重视，遂有"治天下者以史为鉴，治郡国者以志为鉴"之说。

毛泽东认为地方志详细记载了地方的山川气候、物产资源、风俗民情的情况，是极其重要的书籍。如果掌握了这些情况，就知道了情势，就能打胜仗。因此，无论是在艰难困苦的战争环境，还是在社会主义的和平年代，他都非常重视地方志书的搜集、阅读。每到一处，毛泽东都把了解当地的历史情况、地理沿革、文物掌故，及风土人情等作为任务来完成。

毛泽东年轻时就熟读过顾祖禹的《读史方舆纪要》，也泛览了不少地方志书。1929年红军打开兴国县城，毛泽东在县图书馆一住下，就开始专心致志地读《兴国县志》。在瑞金时，毛泽东拿到了清代续修的一部八卷集的《瑞金县志》，虽然残缺一卷，但他却如获至宝，挑灯夜读。在长征途中，环境恶劣，饥困劳苦，战斗频繁，毛泽东也不放弃阅读地方志书。毛泽东在长征途中的机要秘书黄友风在一篇回忆文章中写道，一次部队打了大胜仗，夜间宿营时，毛泽东进来问秘书有没有战利品，秘书把前方刚送来的香烟递了过去，毛泽东说不是这个。这下秘书不解了。毛泽东看着他笑了，"噢，怪我没讲清楚，我要的是书，比如州志啦、县志啦什么的。"秘书这才明白，毛泽东指的战利品是地方志书。在延安时，他常考核警卫人员，当得悉有人是河南沁阳人时，他说："你们那里有一条沁水吧。"警卫人员不得不为他的知识而叹服。

因为毛泽东喜欢这些书，所以每到一处，工作人员都为他去寻找历史、地方志一类的书籍。以后走的地方多了，地方志搜集得越来越多，为了减轻挑夫的负担，他只得利用战争的间隙抓紧时间阅读，读完就忍痛扔掉。直到解放后仍不忘被扔掉的地方志书，经常提及它，十分懊悔。

新中国建立后，毛泽东在1958年成都会议上提倡在全国编修地方志。他多次外出巡视，每到一地，总要开出一批书单，其中就少不了地方志书。在汕头市，索读《汕头县志》、《潮州府志》，就问有汕头，是否有汕尾？到无锡，对当地的风土人情、名胜古迹了如指掌，原来他到无锡的当晚就浏览了《无锡县志》。1958年3月，毛泽东首次到成都，主持中央工作会议。3月4日下午一到成都，立即要来《四川省志》、《蜀本志》、《华阳国志》认真阅读。以后又要《都江堰水利述要》、《灌县志》等地方志书，就连《武侯祠志》也读了。还在书上批、画、圈、点。他还亲自挑选唐、宋、明三朝诗人写的有关四川的一些诗词，连同《华阳国志》一并印发给与会同志。

会议期间，山西省委第一书记陶鲁笳向毛泽东汇报说："山西同

北京商量过解决工农业缺水问题，我们有一个共同的雄心壮志，想从内蒙古的清水河县岔河口处引二百个流量的黄河水，其中一百个流量经桑干河流入官厅水库，另一百个流量注入汾河。水文地质工作者经过勘察，已提出了初步设想。"

"这个雄心壮志不错嘛。"毛泽东饶有兴趣地说，"对嘛，我们不能只是骂黄河百害，要改造它，利用它嘛。其实黄河很有用，是一条天生的引水渠。"说到这里，他笑出声来，"说起来你们的设想也算不得什么雄心壮志，不过是继承了古人的遗志而已。你查查班固的《汉书·沟洫志》，汉武帝时，就有一个人建议从包头附近引黄河水，经过北京，最后东注于海。"

毛泽东又说："山西十年九旱，金木水火土，五行中就是缺水。解决了缺水问题，旱涝都不怕！山西也就和四川一样成为'天府之国'啦。"陶鲁笳兴奋地说，"我们也设想过，引黄入汾，汾河不但可以保证太原的用水，而且可有灌溉之利，舟楫之便。"毛泽东点头称许说："你们山西有个闻喜县，你知道为什么叫闻喜吗？""不知道。"陶鲁笳回答。毛泽东解释说："两千多年前，汉武帝乘楼船到了那里，正好传来在南方打了大胜仗的捷报，汉武帝就给那地方起名闻喜。闻听胜利喜报之意嘛。"他说完这个典故后，又据此分析道，"由此可见，当时汾河水量很大。可现在汾河干了，我们愧对晋民呀！山西出煤，开煤矿，发电，也都得用水。黄河流经山西一千多公里，应该对山西有所贡献，引黄济汾，是理所当然的！"好学不倦的陶鲁笳过后去查《汉书》，果有记载："汉武帝元鼎六年，行东，将幸缑氏，至左邑桐乡，闻南越破，以为闻喜县。"毛泽东的谈话给三省市的领导很大的鼓舞，增强了引黄济京的信心。

就在这次成都会议之前两月，1月28日，毛泽东在最高国务会议讲话中说：明朝那个江苏人，写《徐霞客游记》的，那个人没有官气，他跑了那么多路，找出了金沙江是长江的发源。"岷山导江"，这是经书上讲的，他说这是错误的，他说是"金沙江导江"。同时，我看《水经注》作者也是一位了不起的人。他不到处跑怎么能写得那么好？这不仅是科学作品，也是文学作品。徐霞客二十二岁出游，三十年间足迹及于十六个省区，他以坚忍不拔的毅力，越过千山万水，克服千难万险，对祖国的山川源流、地形地貌、岩石洞壑、动物植物，直至民情风俗等都做了大量调查研究，写下《徐霞客游记》等。毛泽东对徐霞客十分推崇，积极倡导亲身游历和实地考察的精神。

　　1959年6月30日清晨，六十六岁的毛泽东上庐山主持召开中央八届八中全会，稍事休息后就要借《庐山志》读。工作人员借来了民国时期吴宗慈修的《庐山志》，毛泽东看了目录后又要求把吴宗慈编的《庐山志续志稿》也借来。看完后对工作人员侃侃而谈："庐山的山名由来，众说不一，有人说是周文王时由匡欲兄弟在山中结庐而居，周文王去访，只见空空草庐一座。又有人说是周威烈王去访，人去庐存。这两者传说相隔数百年，后人以讹传讹，我们现在不能这样办，对历史的态度要严肃，不能含糊嘛。"转身对周小舟等说："你们是秀才，请你们查一查，研究一下。"又说："这部续志很好，对现代历史有参考价值，蒋介石的庐山谈话都记录下来了。当时梁实秋有意迟到，名单最后是梁实秋，此人到会后两天迟迟登山。他虽然是资产阶级学者，也有爱国的一面，在学术上有才华，对人要一分为二嘛！我欢迎他进步的一面。"接着，他又讲了一个典故。说是历史上朱熹到南康郡（今江西星子县）走马上任，当地属官们轿前迎接，他下轿开口就问《南康志》带来没有，搞得大家措手不及，面面相觑。这就是"下轿伊始问志书"的传说，至今广为流传。

　　毛泽东读志书痴迷不懈，以至有时他了解的地方人文情况甚至比那些长期在地方工作的同志还多。他曾问长期在江西工作的一位同志，说江西铅山有个费丞相墓，可以查《铅山县志》。后来果然在书上找到了，他讲的和县志中记载得一字不差。据书刊导报记，杨尚昆回忆说：毛泽东到石家庄附近的正定县，就说，赵子龙是你们这里的人，你们知道不知道？到河南，他就讲关云长不是山西人，是河南人。1943年春，

妙文章，肆 扫无敌

当薄一波在延安第一次见到毛泽东时，他紧紧地握住薄的手问："你就是薄一波同志？"为了记住薄的名字，他反复地说："如履薄冰，如履薄冰……"又问薄是哪里人，薄说是山西定襄人。他说："汉文帝的母亲也姓薄。她的弟弟叫薄昭；汉文帝曾被立为代王，建都在你们山西中部。"这使薄大为惊奇："这些史书上记载的帝王家常事，毛泽东竟记得这样清楚，他对中国的历史太熟悉了。"

毛泽东谙熟中国历史文化，十分关注地方风物，对地方志所载的历史典故成熟在胸。因此，在指导中国革命和建设时，常常是恰到好处，他的"治郡国者以志为鉴"的经验之谈，成为宝贵的历史遗产。直到晚年，在他的藏书中，还有不少志书。志书成为他了解地方风俗人情，物产资源，人杰渊源的主要渠道。对传统文化中的志书瑰宝，在耄耋之年，仍耕读不辍，成为一个闪光点。

"当今惜无孙仲谋"

孙权是三国时期一个很有作为的人物。《三国演义》里描写他"碧眼紫髯"，很有异相。他知人善任，先后选用四员大将周瑜、鲁肃、吕蒙、陆逊，使他能继长兄之业，雄踞江南，与魏、蜀形成三足鼎立之势，成就了一番英雄事业。

毛泽东很欣赏孙权。宋代词人辛弃疾在他的著名词作的《南乡子·登京口北固亭有怀》中，高度赞扬了孙权，毛泽东非常喜欢这首词，多次圈阅，经常诵读。

1957年3月，毛泽东乘飞机从南京到上海，在飞临镇江上空时，毛泽东俯视当年的京口和滚滚江流，提起笔来，写下了这首词：

何处望神州？满眼风光北固楼。

千古兴亡多少事，悠悠。不尽长江滚滚流。

年少万兜鍪，坐断东南战未休。

天下英雄谁敌手？

曹刘。

生子当如孙仲谋。

写毕，毛泽东向身边的随行人员讲解这首词的意义和所用典故。孙权当年在曹操数十万大军压境之际，力排众议，作出联刘抗曹的决断，得到毛泽东的肯定。毛泽东早年读书时，曾说过"天下无所谓才，有能雄时者，无对手也。以言对手，则孟德、仲谋、诸葛而已。"

1975年5月3日，在中央政治局工作会议上又说："（孙权）是个能干的人，当今惜无孙仲谋。"毛泽东尤其欣赏孙权劝吕蒙读书一事。

他在1958年9月，到安徽视察工作时，对随行的罗瑞卿、张治中说：

"吕蒙是行伍出身的，没有文化，很感不便。后来孙权劝他读书，他接受了劝告，勤读苦读，以后当了东吴的统帅。现在我们的高级军官中，百分之八九十都是行伍出身，参加革命后才学文化的，他们不可不读《三国志》的《吕蒙传》。"

在这前后，毛泽东还说过仅仅从读书和不读书来判断问题是不行的。他说，三国时候吴国的张昭，是一个经济学家，在吴国是一个读书多、有学问的人，可是在曹操打到面前的时候，就动摇，就主和。周瑜读书比他少，吕蒙是老粗，这些人就主战。可见光是从读书不读书、有没有文化来判断问题，是不行的。

《三国志》中《吕蒙传》说吕蒙自幼不曾读书，十五六岁就随孙策出征，作战勇敢，遇事也很有主见，屡立战功。孙策死后，吕蒙也很得孙权器重。为了更好培养他，孙权劝他读书，你现在带兵打仗，负担重任，应当努力学习文化以开阔眼界才行啊！吕蒙一开始有畏难情绪，推脱说：我现在军务在身，恐怕不容许我去读书啊！孙权正色回答他：我并不要求你学成博士，但你应该了解往事，懂得历史。你说事务多，

难道还超过我吗？我自统事以来，已系统学习了各种史书和诸家兵书，自以为大有所益。你并不笨，学必有得，为什么不学呢？你应当尽早去读《孙子》、《六韬》、《左传》、《国语》，及三史……你应该好好地自己勉励自己啊！

从此，吕蒙开始读书，"笃志不倦，其所览见，旧儒不胜"。其见识逐渐超过了有学问的人。后来鲁肃统军，到吕蒙那里议论国事，感到吕蒙已大有长进，有时连自己也觉得不及他了。他感叹地说："以前我以为你只会打仗。想不到你已'学习英博'，再也不是'吴下阿蒙'了。"于是他在衰老的时候，就向孙权推荐吕蒙当了自己的接班人，统领东吴三军。吕蒙经过刻苦学习，览典通经，如虎添翼，胆识俱增，战无不胜。他用"诡计"奇袭荆州，并设计在麦城活捉了不可一世的关羽，为东吴立下了奇功。后来他又推荐比自己年轻的陆逊以自代，陆逊后来成功地指挥了著名的彝陵之战，使自命不凡的刘备遭受重创，不久即死于白帝。孙权夸奖吕蒙：没有人能像我们的吕蒙那样，年长后还能下决心刻苦自学。毛泽东也很欣赏吕蒙的年长后好学，提倡行伍出身的高级军官读《吕蒙传》，提高自己的文化素养和理论水平。

毛泽东对张昭的看法，则是问题的另一个方面。张昭，字子布（公元156—236年），彭城（今江苏徐州）人，少习《左传》，博览群书。孙策起事于江东，委以长史、抚军中郎将，文武之事全权处理，比为管仲。孙权接班时，孙策留下遗嘱："内事不决问张昭，外事不决问周瑜。"然而，张昭有负厚望，赤壁战前为东吴"主和派"之首，战后孙权对他不满，称帝时未拜他为相，仅以辅吴将军、娄侯终。所以毛泽东说："仅仅从读书不读书来判断问题是不行的。"不读书肯定不行，光知道读书也不行。毛泽东既痛多读书之误，又慨不读书之陋，看问题还是要辩证、要全面。

尤其到了晚年，毛泽东每谈及三国时，都把吕蒙和张昭作为读活书与读死书的典型，来教育干部看问题不要偏颇，要正确认识读书的真谛。

用典故铸新词

　　1956年6月的一天，六十三岁的毛泽东从长沙乘专机飞往武汉。一下飞机，毛泽东便兴致勃勃地一挥手对王任重说："游水去！"

　　毛泽东从机场乘汽车到了江汉关码头。"轮渡二号"已经停靠在码头待命。毛泽东上船后，"轮渡二号"即静静地驶离码头，从蛇山，黄鹤楼下边的江面上悄然掠过。那时，长江大桥还正在施工，两三个桥墩已冒出水面。"轮渡二号"避开了大桥工地，稳稳地停泊在远离桥墩的下游江面上，请毛泽东从这里下水。

　　毛泽东在身边卫士的保护下，从"轮渡二号"下到一只小木船上。木船上挂着特制的梯子。毛泽东双手抓着梯子，面对木船，背对江水，一级一级地下了梯子，身体触到了水面，又抓着梯子蹲下去，把身子埋到江水里湿了湿水，才松下手跃入江中。

　　老人家游过了江汉关，又过了滨江公园，一直向下游到一个名叫甚家矶的地方，已经游了一个多小时，大约有四十里，大家请毛主席上船休息，老人家正游在兴头上，还要继续游下去。下边河道有一道沙洲，河道被沙洲分成了两股狭窄的水道，水道里水流很急。大家又力请毛泽东上船，毛泽东才不那么情愿地上了小船，再度由卫士搀扶着，攀缘梯子，回到"轮渡二号"上休息。

　　毛泽东上船后，冲了冲身子，穿上了浴衣，坐上躺椅，卫士给他点了支烟。又喝了一点点茅台酒暖暖身子。

　　毛泽东游水后稍事休息，已经到了下午两点钟，早该吃午饭了。工作人员事先已把厨师、服务员和一个用汽油桶改造的煤炉都带到船上来了。他们还带来了特意从樊口采购来的又大又肥的鳊鱼。这顿午餐就

329

是在船上吃的。

事后，毛泽东诗兴大发，作诗以记此事：

《水调歌头·游泳》

才饮长沙水，又食武昌鱼。

万里长江横渡，极目楚天舒。

不管风吹浪打，胜似闲庭信步，今日得宽余。

子在川上曰：逝者如斯夫！

风樯动，龟蛇静，起宏图。

一桥飞架南北，天堑变通途。

更立西江石壁，截断巫山云雨，高峡出平湖。

神女应无恙，当惊世界殊。

自词体产生后的千余年，咏游泳者不多见，咏长江游泳者更没有听说过。毛泽东写的《水调歌头·游泳》是咏长江游泳之第一词。写游泳又不局限于游泳，而能感物吟志，见景抒情，展望祖国社会主义建设的宏伟前景，的确是一篇述志抒情之力作。此词风格豪放潇洒，气势雄浑奔放，意境开阔深远，想象瑰丽大胆，情调浪漫美妙，语言精彩生动，是毛泽东创作革命现实主义和革命浪漫主义诗词完美结合的代表作之一。

1956年12月，毛泽东将这首新词书赠给黄炎培、周世钊时均题为《水调歌头·长江》。在给周世钊的信中说："……时常记得秋风过许昌之句，无以为答。今年游长江，填了一首，录陈审正。"《诗刊》于1957年在创刊号上发表，改题为《水调歌头·游泳》。

关于词中"才饮长沙水，又食武昌鱼"，1958年12月21日，毛泽东在文物出版社同年9月刻印的大字本《毛主席诗词十九首》书眉上批注说："长沙水：民谣：常德德山山有德，长沙沙水水无沙。所谓无沙水，地在长沙城东，有一个有名的'白沙井'。"

同时又在这本大字本诗词书眉上批注云："武昌鱼：三国孙权一度从京口（镇江）迁都武昌。官僚、绅士、地主及其他富裕阶层不悦，反对迁都，造作口号云：宁饮扬州（建业）水，不食武昌鱼。那时的扬州人心情如此，现在改变了，武昌鱼是颇有味道的。"

1975年5月3日，毛泽东在中央政治局会议上顺口念了两副传世名联："无锡锡山山无锡，平湖湖水水平湖"；"常德德山山有德，长沙沙水水无沙"。接着说："我说'才饮长沙水'，就是白沙井的水。'武昌鱼'不是今天的武昌，是古代的武昌，在现在的武昌到大冶之间，叫什么县我忘了，那个地方出鳊鱼。所以我说'才饮长沙水，又食武昌鱼。……'"

"才饮长沙水"是具有一定含义的。毛泽东的随员说，毛泽东来武昌那天，先在长沙看了清水塘，那是他年轻时代跟他的夫人杨开慧进行革命活动的地方。清水塘有一眼很有名的水井，他看清水塘的时候，又特意喝了这眼井里的"长沙水"，然后从那里乘汽车直奔机场，登上伊柳14型飞机，飞抵汉口王家墩机场。毛泽东从长沙坐飞机到武汉，途中飞行了一个小时零一刻钟；从机场到江汉关码头上船，用了半个小时；下水游长江用了两个小时，从离开长沙清水塘，到中午用餐吃了清蒸鳊鱼，相隔五个多小时，所以"才饮长沙水，又食武昌鱼"是最恰当不过了。

那么，樊口鳊鱼何以成了"武昌鱼"呢？毛泽东诗词一出，注家蜂起，许多学者、专家都去考证，有的却不十分准确。

毛泽东善于用典，他的历史、地理知识十分丰富，众多典故颇费猜测。"武昌鱼"的考证，还得感谢当时香港《大公报》的一位记者。他得知毛泽东"万里长江横渡"后，便找到毛泽东身边的工作人员抢新闻。但是，当时毛泽东游长江属于内部机密，湖北省委和中央公安部都严守机密，不肯透露半点信息。逼得这位记者一头钻进湖北省博物馆里去查找资料，还作了实地考察。一个多月后，他喜滋滋地宣布考察成果说，"又食武昌鱼"的"武昌鱼"应为樊口鳊鱼。他考

331

妙文章，扫无敌
肆

证的结果是樊口古为鄂城管辖之地，鄂城古称为武昌，故而樊口之鳊鱼即武昌鱼也。因为是江、河、湖交界的闸口，里湖外江，此鱼在闸口上进进出出，兼得江、河、湖水的滋养，练就了一身肥而细腻的好肉，特别是鱼头靠肚皮之间，脊背上的那块肉格外鲜嫩好吃。所以工作人员以最好的樊口鳊鱼做给毛主席吃，不料想从此成就了"武昌鱼"的历史地位和赫赫大名。

从中也可以看出毛泽东善于用典铸新词。

伍

藏书中的无限魅力

毛泽东和他的书

中南海丰泽园里四合院的西厢房，是毛泽东藏书的地方。一人多高的黄色木制书柜，背靠背，面对面，肩并肩地布满房间，共有三十六个。书柜里摆着马、恩、列、斯的经典著作，和各种政治、经济、哲学、军事、史地书籍及线装古籍，还有科技、文学等书籍和报刊。西厢房是毛泽东藏书和读书的地方。南、北、西三面，是一个个紧挨着的书柜，靠东窗下有一个单人沙发和一个小茶几，毛泽东常常一个人在这里静静地读书、思考。

藏书，是一切大学问家的共同特点。每个藏书家又有个人的爱好，有的讲究收藏贵重书籍，有的要求各种版本一应俱全。有的一种书备上三册，一本作观赏用，一本自家阅读，一本准备送给别人。毛泽东对这些都无所苛求。他的藏书标准主要的一条是齐全。据说，他曾提出将解放前商务印书馆出的图书配齐。可惜这个要求未能实现。

从西厢房沿走廊向正房走去，正房的门前写着"菊香书屋"四个字。西间是书房，东间是睡眠和后来办公的地方，中间是吃饭和休息的地方。这里依然是一个书的世界。除了书架上摆满各种书籍之外，饭桌上、茶几上、床上，就连卫生间里，无处不是书，无处不放书。这些书都是毛泽东平时喜欢阅读的，例如，床边就放着，大字本的《国家与革命》、《自然辩证法》，线装本的《古文观止》、《孙子兵法》、《唐诗三百首》和《物种起源》，等等。旁边还放着一个放大镜。书上勾画的各种圈点、符号、标记和批语，密密麻麻，历历在目。在卫生间马桶前面的凳子上，也摆着书，书页翻开，似乎是主人刚刚翻阅后离去的样子。

据工作人员介绍，这里的一切都是毛泽东生前的原样。他从不放

过任何一点可以利用的时间，就是上厕所，也要捧起书来读几段。他读书。要是入了神会忘记睡觉吃饭；外出视察，也从不放松读书。

毛岸青、邵华回忆：20世纪50年代初，毛泽东买到一套线装本的《二十四史》，共四百八十五册，这套书他非常爱读，由于经常翻看，许多册的封面和一些地方都磨破了。这套书一直伴随在他身边。毛泽东50年代读过它，60年代又看过，直到1975年病魔已经缠身，写字手都颤抖了，还在许多册上亲手写下了"1975.8再阅"，"1975.9再阅"的字样。

许多人藏书、读书，都喜欢有枚藏书印章，毛泽东也如此。打开他的藏书，首先映入眼帘的就是"毛氏藏书"的印章。毛泽东非常喜欢他这方细朱文藏书印章。

▲ 毛泽东图书馆藏书

这枚印章是上海著名篆刻家吴朴堂精心制作的，毛泽东所有的藏书，几乎都盖有这枚印章的印记。

80年代初，日本首相中曾根康弘的夫人茑子，参观中南海丰泽园毛泽东故居，看到毛泽东睡觉的床上也堆满了书籍，感到诧异。陪同人员向她介绍说，毛泽东生前酷爱读书，为了充分利用时间，随手可读，所以在床上放了些书。茑子感慨地说："一个人要有大学问必须多读书，我要建议我丈夫学习毛主席，多读书。"

毛泽东读书不仅注重内容，而且注意方法。1917年毛泽东为同学肖子升《一切入一》的自学笔记写了一篇《序言》，仅五百字，精辟、系统地叙述了他在青年时期的治学方法。《序言》开宗明义地说："吾生也有涯，而智也无涯。"他主张学习之道，一要积微起纤，日积月累，不要眼高手低，好高骛远；二要广汇百家之流，不要囿于一家之言，偏执于一孔之见；三要梳篦条理，弃其糟粕，取其精华，不要囫囵吞枣，生吞活剥；四要持之以恒，锲而不舍，不要一曝十寒，半途而废。这都是他的切身经验之谈，终其一生，他就是这样做的。

仅以诗词为例，毛泽东一生究竟读了多少诗词？

毛泽东在求学时期，早就广泛地阅读了我国最早的诗歌总集《诗经》，爱国大诗人屈原的《离骚》和《楚辞》，汉代的乐府诗，晋、南北朝、唐、宋、元、明、清历代的诗、词、曲、赋，乃至鲁迅先生的诗作。后来还阅读过诗话、词话、章韵、词律，以及他的战友朱德、董必武、陈毅、叶剑英等人的诗词和有关诗词书籍。

对于毛泽东一生之中阅读了多少诗词这个问题，中南海毛泽东故居工作人员张贻玖曾作过研究和统计：在毛泽东的藏书之中，他亲自圈画批注过的有一千一百八十首诗，三百七十八首词，十二首曲，二十篇赋，总计为一千五百九十首，其中唐诗约六百首，汉、魏、南北朝时期诗人的作品一百五十多首，明诗近二百首。鲁迅诗中圈画过的有四十四首。以上仅限于毛泽东在解放之后逐渐积累起来的藏书中圈画过的诗词。至于毛泽东读过而又未留下印记的究竟有多少？特别是新中国成立前，包括在井冈山中央苏区和延安时期，毛泽东究竟读过多少古典或近代及国外的诗词，就无法统计了。

由此看来，毛泽东并非只"熟读唐诗三百首"，他一生之中阅读的各种诗词至少在两千首以上。

从毛泽东的藏书中，可以窥见他的个人书籍规模，是无人可比的。

毛泽东的藏书

《辽沈晚报》首席记者马为，于1999年8月得知张玉凤正在主编《毛泽东藏书》，于是便专程去采访。

对于从20世纪六七十年代走过来的人，张玉凤的名字并不陌生。她的形象因时常出现在毛泽东会见外宾的纪录影片和照片中而为人们所熟悉。她的名字也因其担任过毛泽东最后一任秘书而广为人知。然而，她今天作为毛泽东藏书研究专家出现在人们的面前，却鲜为人知。张玉凤主编的《毛泽东藏书》业已被山西人民出版社出版，全书二十四卷本五千万字。

话题自然从这篇鸿篇巨制开始。

张玉凤从1962年到1976年，一直在毛泽东身边工作，任宣传干事、主席秘书、调研员等职。1976年毛泽东逝世后，受中共中央办公厅委托，负责整理毛泽东藏书，布置毛泽东中南海故居等工作。故居的布置工作时断时续，最初是在毛泽东刚逝世后的两年内，预备1978年12月26日毛泽东诞辰纪念日展出，但此时恰逢党的十一届三中全会召开，办公厅命令：工作暂停。一直到

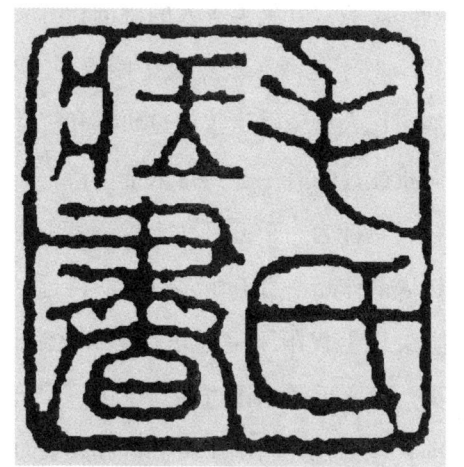

▲ 毛氏藏书 印章（1961年吴朴堂刻）

1980年，又开始重新组织一批人布置，张玉凤自然责无旁贷。这次布置的便是后来供人们参观的丰泽园故居。而毛泽东藏书的整理工作，自始至终地持续着。

毛泽东伟人的一生，书读万卷，藏书卷帙浩繁。那么，毛泽东究竟有多少藏书呢？据张玉凤说，毛泽东藏书目前全部放在中南海故居的菊香书屋中，也就是他晚年经常用来会见外宾的地方。凡一万余种、十万余册，这是一个中小型图书馆的规模。她介绍说，主席藏书来源有多种渠道，有的是自己买的，相当一部分是别人赠送的，也有一部分是战争年代随着他转战南北，一直保存下来的。她说："当年打土豪时，吃的穿的都分给穷苦乡亲或手下将领了，而好的书爱不释手，主席就自

己留了下来。"而毛泽东藏书的种类也繁多，古今中外、经史子集、天文地理，不一而足，甚至连当年比较盛行的小人书（连环画），也在他的收藏之列。这其中所占比例最大的为中国文史类图书，占了总数的30%—40%，马列主义著作也是重要组成部分，相对而言，外国文化内容数量少一些。

说起毛泽东晚年的读书生活来，张玉凤仿佛历历在目、如数家珍。毛泽东有两句名言："我一生最大的爱好是读书。""饭可以一日不吃，觉可以一日不睡，书不可以一日不读。"张玉凤以"嗜书如命，书以伴行，书以伴眠，甚至书以伴厕，直至生命最后一息"来形容毛泽东晚年的读书生活。

她说，主席对工作人员讲，"他们封了我许多头衔，这个'家'、那个'家'的，我只承认两个。一个是'导师'，因为我年轻时是个教书的，再一个是'书生'，我是'孔夫子搬家——全是书'"。毛泽东每次外出前都要开书目，专列上要带书，十几箱，有时二十几箱还不够，还要向当地的档案馆、图书馆去借。

张玉凤是这样形容晚年毛泽东读书的状态："越到晚年，他越是痴迷读书。"这时马为插话："这一时期正处于中国政坛大起大落，极度动荡时期，他能够静得下心来读书吗？"张玉凤说："他一生，什么样的大风大浪没经历过！越是在这种时候，他越是用读书来寻求一种心灵上的安宁。"

张玉凤描述说："他就常常往沙发上那么一靠，一只手举着一本平装书，另一只手举着一只硕大的放大镜，读得非常入神。我们有时便同他开玩笑：'主席呀！您很像举重运动员啊！'后来我们看他这样实在太吃力，就把书撕成一页一页的，读完一页再换一页……"

编撰二十四卷本《毛泽东藏书》这套传世藏书，是从1997年末开始的。

张玉凤从她陪伴毛泽东的经历中，体会到读书已经成为毛泽东生命活动的有机构成，而毛泽东的藏书，不仅体现出伟人选择书籍的慧眼

独具，在一定程度上也折射出他内心世界的丰富多彩。因此便产生了编辑一套《毛泽东藏书》，将毛泽东所读的书有次序、有重点地介绍给大家，就显得非常重要和迫切了。

此前，有关部门曾编辑出版了一套毛泽东圈阅评点的《二十四史》，江泽民主席访美时曾将这样一套书赠给了哈佛大学。此事更增强了张玉凤编辑《毛泽东藏书》的紧迫感。恰恰在这个时候，曾负责主席生前图书管理档案的管理工作，后供职中共中央政策研究室的王德春也向张玉凤提出这一想法，两人不谋而合。就这样，一个由张玉凤担任主编，王德春任副主编的《毛泽东藏书》编委会成立了。他们将毛泽东藏书分成三大部分：一是中国古代文史；二是近代对毛泽东影响较大的书籍；三是马列主义著作。由于中国文史类书籍在毛泽东藏书中占比例最大，且对毛泽东影响最为深远，所以他们将这部分内容率先整理。于是，由张玉凤、王德春提供书目，中共中央政策研究室、中共中央文献研究室、中央档案馆、中央党校、北京大学等单位数百名专家、学者担纲，从设在毛泽东故居的菊香书屋一万余种，十万余册浩瀚藏书中精选100余种毛泽东最爱读的传世藏书中，汇集了五千万字，形成了这套《毛泽东藏书》。

翻开这套《毛泽东藏书》，书目以中国最早的一部典籍《尚书》始，以《鲁迅全集》终，中间包罗了从先秦诸子到唐诗、宋词、元曲、明清小说直至近代作品，既有纯粹意义上的史学著作如《左传》、《战国策》、《史记》等，也有供历代统治者研究借鉴统治经验的《贞观政要》、《资治通鉴》等；既有一个时期一类作品的总集如《唐诗三百首》、《明人百家小说》等，也有优秀作家的别集如《三曹集》、《韩昌黎集》、《李清照集》等，还有单本著作如《红楼梦》等中国古典四大名著；既有学理宏深的文学理论著作如《文心雕龙》等，也有通俗读物甚至武侠小说如《二十年目睹之怪现状》、《中国历史演义全书》、《儿女英雄传》，堪称真正的历史典籍、百科全书，极具收藏价值。

张玉凤介绍说，所选书目都是毛泽东毕生喜爱，反复研读的，其中不少书主席都对其有过精彩的评语，择其要者抄录几句如下：

毛泽东说：

《诗经》大部分是老百姓的民歌。

《论语》有一部分真理。

《老子》中有辩证法。

《墨子》——中国的赫拉克利特的思想录。

《六祖坛经》是劳动人民的佛经。

《史记》严格、准确。

《资治通鉴》叙事有法，历代兴衰治乱本末毕具。

《楚辞》有民主色彩。

《昭明文选》好文宜读。

《聊斋志异》借鬼狐说教。

《三国演义》我的第一本军事教科书。

《水浒传》要当政治书看。

《西游记》有永久的魅力。

《红楼梦》是中国古典小说写得最好的一部。

二十四卷本《毛泽东藏书》出版后，本来这件事可以告一段落了。可是那年的一次南方之行改变了张玉凤的想法。张玉凤的丈夫，从铁道部物资总公司组织部长位子刚退下来的刘爱民说："前些日子我和张玉凤一起去湖南、河南等地走了一趟，参观了韶山等地的毛泽东纪念馆。韶山那里存放了不少毛主席的衣物，南方气候潮湿，这些东西不少都出现了发霉的迹象。要做防腐处理，要置恒温设备，这些都缺乏经费。于是张玉凤想为他们捐点资。但做好事也要实力。于是张玉凤先向出版社预支了十万元，给这个纪念馆。后来我们又想到了签名售书。销一点书，用这个钱为社会、为地方减轻一点负担，也为毛主席纪念馆添置一些设施，这便是我们的初衷。"

通过记者采访张玉凤编辑《毛泽东藏书》的情况，可以看出毛泽东最宝贵的财产就是这些数以万计的藏书。值得一说的是：张玉凤长年工作在毛泽东身旁，曾在毛泽东的教导下习过书法，深得其韵。赋闲后她把大部分时间都用来练字，已颇有成就，专家们评价她的字很有"毛体字"风采，张玉凤说"不敢当"。不过她确曾随中国书画家联谊会一起去深圳，她的身份是顾问。马为等记者此次采访，还临了张玉凤签名的毛体"张玉凤"三字真迹。这次采访，记者们了解到了出版《毛泽东藏书》的全过程，从中也了解到了毛泽东藏书的全貌。

晚年的书房

1973年8月2日下午，美籍华人医生李振翩夫妇走进了中南海"游泳池"。这里是毛泽东最后十年生活工作的地方。

宽敞的书房兼会客厅，满壁一人多高的书橱，整整齐齐地平放着一叠叠线装书，豆腐块大的白色书签纸随书夹着，层层叠叠，十分显眼。客厅中央六七座单人沙发，围成半圆形，间有茶几。一张小圆桌，安放在屋中央。茶几和圆桌上也散放着翻开的线装书，堆了几堆，有的尺把高。

两位老人久久地握着手，心情异常激动。一落座，毛泽东架起左腿，穿着黑布圆口鞋的脚背已明显肿胀。他转向右边，举起左手，伸出四个手指，对李振翩说："有四十多年了吧？"

"有五十多年喽，"李振翩用一口湘乡人的家乡口音说。阔别了半个世纪的两位友人，要说沧桑之变，那该说上几天几夜了。

毛泽东和李振翩握着手久久不放，好像在问候一位失散多年的亲兄弟。毛泽东想起1946年曾经接到李振翩的一封信，是由周恩来转交的。毛泽东说出第一句话："我接到了你的信。但你没有通讯地址，我没法回信。另外，你的信是用国民党的信笺写的。"等毛泽东说完，李振翩就向毛泽东介绍："主席，这是我的夫人汤汉志，她也是学医的……"据说，许多年来只有四位国外来访的女士荣获毛泽东的接见，当汤汉志被引见时，她感到受宠若惊。李振翩接着风趣地说："主席，我们分离了几十年，请你看看我究竟娶了个什么样的夫人！"

"噢，你们夫妇都是医学家，志同道合，真是天生的一对呀！"毛泽东幽默地笑道，接着伸出大手和汤汉志亲切地握着手，问道："在美国有多少华人？"

汤汉志回答："二万五千人。"

"怎么？"毛泽东有点疑惑地说，"杨显东告诉我说是五万……"

李振翩担心汤汉志与毛泽东争辩，赶紧插嘴说，"噢，主席说得对，是五万。"汤汉志转变话题问道："主席，您没有上过正规的军事院校，怎么成为这样伟大的军事战略家呢？"

毛泽东笑着说："外面传说我主要依靠两部中国古书：一部是《三国演义》；另一部是《孙子兵法》。但在那战争年代，我那么忙，哪有时间读书呢！"

毛泽东说着又将话题岔到忆述往事上。他幽默地说："振翩，我们是湖南老乡，你家和我家相隔只有三十华里。你说话的声音像水牛叫一样，我给你起个外号'水牛'。我们湘潭人素有狡猾的名声，你便叫我外号'水老倌'，说我是个机灵鬼……"毛泽东的趣话逗得他们夫妇笑了。

"主席，您比我大五岁，您的活动能力很强，您像一块磁石把我们都吸引到您的身边了。"李振翩忆述说，"我们同学都认为您具有很大的吸引力，具有一个伟大的融合者的协调能力，而这种品格正是我们所缺乏的。第一次见面时，您那种身穿长衫的风度，给我留下了深刻的印象。"

毛泽东和李振翩接着谈到湖南学生驱逐张敬尧运动的故事：1920年年初，毛泽东在长沙发起了推翻湖南反动军阀、省督军张敬尧的学生运动。他还组织建立了"新民学会"，并从他认识的所有学生领袖中，挑选了四十人参加这个组织。"新民学会"成员中，有湘雅医学

院学生李振翩。在到北京请愿开展反张敬尧运动的那些动荡的日子里，李振翩一直站在毛泽东一边，和毛泽东战斗在一起，而且李振翩出头露面较多，甘冒政治风险，不顾个人安危，战斗在斗争的最前列。因此，在反动军阀通缉的"黑名单"中，李振翩居然名列首位……

谈到这里，毛泽东忆述说："振翩，你那时最勇敢，带领驱张请愿团到北京，大步迈进总统府大楼，递交驱张请愿书。当时的总统是直系军阀首领冯国璋，实权却操纵在皖系军阀首领、总理段祺瑞手里。段祺瑞和张敬尧同属皖系，是一丘之貉，显然段祺瑞不会屈从请愿学生的压力，把张敬尧搞下台喽！他们对学生运动疯狂进行镇压，在通缉十三名主要闹事者时，把你的名字列为名单之首，悬赏要你的脑袋，却把我毛润之的名字漏掉了，使我乘机逃脱了虎口。"

李振翩想了想说："主席，那次驱张运动，就充分表现出您的杰出组织才能啦！我们新民学会会员，经常一起到江边漫游，任清风吹拂，抒报国之志。有一次，大家凑了二十个铜板，买了一些肉和湖南出名的苋菜，烧好后大家一起会餐，吃完后一起到江边合影留念。"

他们一起沉浸在缅怀往事的谈话之中。谈到友情，谈到家庭，谈到祖国未来的希望。谈着谈着，李振翩注意到这位比自己年长五岁的德高望重的毛泽东开始面露倦色。

作为医学专家，汤汉志观察毛泽东气色不好，便询问起他的健康情况。毛泽东向她讲了自己的病症，汤汉志取出听诊器听他的胸部，并向他推荐了一些药疗方法，毛泽东面露感激之情。

他们会晤畅谈了三个小时，李振翩觉得应该告辞了。毛泽东劝阻说："天还不晚，不必着急，我们还有许多心里话要说嘛！"李振翩夫妇三次想走，都被毛泽东拦了回来。他们用湖南家乡土话交谈，追忆在湖南乡村的简朴生活，谈到在长沙吃过的几种蔬菜。李振翩问毛泽东现在喜欢吃什么菜，毛泽东说："我最喜欢吃的还是冬苋菜和空心菜。"李振翩说："我也很喜欢吃这两种家乡菜，可惜在我住的地方买不到啊！"他们谈着笑着，忆述往事，情感交融，亲如兄弟，不觉已是深夜十一点。

李振翩从医生的职业目光，一眼看出毛泽东已经衰老了。但举目环顾，八十岁高龄的老人仍像青年时代一样，如牛闯进了草地，沉浸在书的海洋里。手旁茶几上，沙发前圆桌上，到处都是翻开着的书。他关切地对毛泽东说："要尽量减少读书量了……"

"我已经不怎么看书了，眼睛不好使了，但字帖还可以看。"毛泽东说着随即让张玉凤在圆桌上拿来一本字帖，吃力地举到眼前，看了一会儿，嘴唇动了几下，没有念出声来。

"戴上眼镜看吧！"李振翩说。

"不！"毛泽东毅然说道。

终于，他看清了。这是明代书法家董其昌意临怀素的草书。他把字帖递给李振翩，让他也看看，以证实自己的视力。

李振翩接过字帖，一看果然是草书，对毛泽东说："我可不识'草'噢！"

两位老人相视哈哈一笑。使李振翩感到毛泽东仍像当年一样，充满了旺盛的斗志和自信力。

在这个客厅兼他的书房里，毛泽东会见过许多中外宾客。1972年9月，他在这里送给日本首相田中角荣一套《楚辞》。1974年1月，他把一册《怀素自叙帖》送给了日本外相大平正芳。

若细看毛泽东在书房里会见宾客的照片，可以发现，晚年在这里桌上的字帖经常被摄入镜头。

1973年9月，毛泽东和法国总统蓬皮杜之间的茶几上，一堆书上面就摆着翻开的字帖。

1974年2月，他会见赞比亚总统卡翁达的照片上，一本字帖翻开在茶几上。

1974年5月，接见物理学家李政道的照片上，茶几上的字帖更清晰地被摄入了镜头。

字帖伴随在晚年毛泽东的身边，这一点连不懂书法的布什也注意

到了。1975年10月1日下午，当时任美国驻华联络处主任的布什陪同基辛格来到"游泳池"。事后，布什在回忆文章中说："……我们对面的一张桌子上放着一本书法册子。"

是的，就是在这张沙发前的桌子上经常摆放着字帖。1975年5月29日晚，芦荻为毛泽东读书第一次走进客厅，就看到桌子上摊开放着一本宋朝书法家黄庭坚的字帖。毛泽东逝世后，有人看到桌子上还放着一本宋高宗赵构的《草书洛神赋》。这也许是他看的最后一本字帖。

那么，毛泽东在"游泳池"的书房里，有没有留下书法真迹呢？从各种资料的记载看，应该说有，而且并不少。

据悉，在1971年"九一三"事件发生前，周恩来向毛泽东汇报了当时的严峻形势后，毛泽东沉思良久，然后在一柄白丝绸折扇上题写了"各求各志，各行各路；离凡离圣，离因离果"四句话。如果是真实的，那可能是毛泽东唯一的一次题扇书迹。

1972年9月，毛泽东书写了"老头坐凳，嫦娥奔月，走马观花"十二字，送给美国总统尼克松，以作为他访华的纪念。后来，毛泽东在武汉时对一批军队干部说："尼克松没弄懂我写的意思。"

1975年，董必武逝世，毛泽东极为感伤悲痛，数日不思饮食，接连书写了几首辛弃疾、陆游、张元干的词，以排解心中的悲伤，寄托对战友的思念。

1975年，唐由之医生替毛泽东治疗眼疾，由"由之"之名，引起毛泽东随口吟诵了鲁迅的《悼杨铨》诗。因诗中"花开花落两由之"句，与唐由之的姓名相关。所以，他又应唐由之的要求，在一张白纸上亲笔书赠了这首诗。

同年6月7日，会见外宾时，他在谈话中引用了一段古文："木秀于林，风必摧之。堆出于岸，流必湍之。行高于人，众必非之。"应客人的要求，他把这几句话写了下来。

仅芦荻替毛泽东读书期间，就得到了20多页手迹，有诗词、书名、篇名等。

1976年2月12日，毛泽东给刘大杰一封亲笔信，就韩愈的评价和李商隐无题诗的解释，作了回复。

这些书迹，如果汇集起来，已相当可观，很能证实毛泽东晚年是否在书法风格上有进一步演变的可能性。因为，毛泽东还在继续博览群帖，未曾忘怀书法。他晚年独特的心境和神思，有可能像他以往一样寄情于瀚墨。在这间极普通的书房里，展示他那瀚墨飘香的书法艺术。

李振翩夫妇，在这间充满浩瀚墨香的书房里，感到这是一座极不寻常的知识殿堂，给他们留下的印象太深了。

临别时，毛泽东关心地问他们需要什么，李振翩婉言回谢地说："主席，我们什么都不需要，这次荣受主席接见，叙旧谈心，余愿足矣。主席给我们的最好礼物，莫过于促进中美两国人民友谊的发展啊！"

李振翩夫妇回到宾馆后，正当他们准备上床睡觉时，门外有人敲门。毛泽东派来的两位代表站在门口，提着满满一篮子湖南蔬菜，告诉说："毛主席给你们送来的告别礼物。"他甚至还让人关照饭店厨师，说明这些湖南蔬菜的做法。次日，李振翩夫妇将湖南蔬菜转送一份给杨显东家，高兴地说："让我们共同尝尝毛主席送来的湖南蔬菜吧！"

李振翩夫妇回美国后，发起和组织了"全美华人协会"和"美中医学科学中心"。1974年，李振翩成为"美中医学科学中心"的创始人和第一任会长，他高兴地说："我完成了毛主席的委托，实现了自己的夙愿——搭起了中美两国人民友好的桥梁！"李振翩教授在他的晚年，为中美学术交流和人民友好往来做出了重要贡献。

菊香书屋

一个好的书屋，对于创造读书环境，陶冶性情，激发思维，至关重要。所以，古今名流，都喜欢为自己的书斋起名，以励其志，抒其情，明其节。毛泽东的书房是"菊香书屋"。

毛泽东生前居住在中南海"丰泽园"。王鹤滨在《紫云轩主人》中说："我像第一次看到'丰泽园'那块匾额一样，感到惊奇，因而也浮想联翩起来，这又是谁家早为毛主席准备好的书房、卧室？难道建造它的主人具有特异功能，知道毛泽东是紫云轩最合格的主人？知道毛泽东是时代的骄子，知道他不仅在政治上、军事上（无论是理论，还是实践）都是被历史所证明了的当代伟人，就是在文学艺术上，毛泽东的造诣之深，也不愧为中国文学艺术史上的大文豪。"这"'紫云轩'也可能隐喻着帝王、圣贤的祥瑞之气，李白曾有诗句云：'东海泛碧水，西关乘紫云！'"

毛泽东生前喜爱异香扑鼻的菊花。因此，毛泽东的书房"菊香书屋"，正是这位伟大高洁之士的生动写照。"菊香书屋"四面房子形成一个封闭的小院。院内南北、东西两条小路交叉成十字形，把草坪对称分开，整个草坪成一个"田"字形状。百年老树，使院里添几分幽雅。毛泽东十分珍爱菊花，1929年10月曾在《采桑子·重阳》上阕写道："人生易老天难老，岁岁重阳，今又重阳，战地黄花分外香。"菊花秋开。古时，以阴阳五行解释季节的演变，秋属金；金又以黄色为正；重阳时节为9月，又有菊月之称，故"黄花"又称菊花。"黄花分外香"，正是"菊香"之意。毛泽东把自己的书房命名为"菊香书屋"寓意深远。

"菊香书屋"是中南海里一座18世纪中国宫廷建筑的四合院。它飞檐走厦，青砖灰瓦，建筑风格很是古朴。庭院内老槐苍柏，鸟语啾啾，环境十分幽静。它面临碧波涟漪、岸柳依依的南海，毗邻假山叠翠、溪流潺潺的静谷。毛泽东生前，在工作学习疲劳之后，常去静谷休息散步。

在"菊香书屋"内，毛泽东的藏书非常丰富。据他的秘书介绍，至1966年夏天，毛泽东的藏书已达几万册，形成了一个门类比较齐全，又适合他需要的个人藏书室。其中，除马、恩、列、斯和鲁迅的全集以外，一些著名的类书和丛书，如《永乐大典》、《四库全书》、《四部备要》、《万有文库》、《古今图书集成》、《二十四史》，以及各种世界名著、翻译丛书，等等，基本上都有。置身于"菊香书屋"中，犹如在书籍的大海中遨游。毛泽东平时读书的范围很广泛，从社会科学到自然科学，从马列主义著作到西方资产阶级著作，从古代到近代的，从中国到外国的，包括哲学、经济学、军事、文学、地理学，等等，无不涉及。毛泽东使用最多的是《辞海》、《辞源》、《中国地图》、《世界地图》和《中国历史地图》。他最喜爱看的书是鲁迅著作。鲁迅的文章，他反复读过多次。

"菊香书屋"不仅是毛泽东生前读书学习的场所，也是他运筹决策的地方。1971年4月7日，正是第31届世界乒乓球锦标赛的最后一天。这天凌晨，毛泽东的"菊香书屋"还亮着灯光，书桌上摊着外交部和国家体委的请示报告。原来，他老人家还在思考：首先让谁到中国来。最后毛泽东终于作出决策，让美国乒乓球队打头阵，它将为尼克松访华创造一个良好的气氛——就这样，在"菊香书屋"内，举世瞩目的"乒乓外交"拉开了帷幕。此事披露后，更显示出"菊香书屋"的价值。"菊香书屋"不仅是毛泽东读书学习的书屋，而且是他"运筹帷幄"的地方。

读书与图书馆

1912年秋，毛泽东退出湖南省立一中后，到湖南图书馆开始了他的自学生活，从此便与图书馆结下了"良缘"。

湖南图书馆藏书丰富，毛泽东初到图书馆时，看到书架上摆满了琳琅满目的各种中外书籍，便下定决心，尽量多读一些。他每天吃完早饭，就匆匆忙忙地来到湖南图书馆，有时他来得太早，图书馆还关着大门，他就站在门外等着。每天一开门，毛泽东总是第一个走进图书馆看书。他伏在阅览室的桌子上，聚精会神地读，争分夺秒地看，一刻也不

肯休息。图书馆关门时，他又是最后一个离开。中午常常饿着肚子不吃饭；有时口袋里有钱，就到街上买几个烧饼充饥，这就是他一天中唯一的休息时间了。从夏到秋，从秋到冬，毛泽东日复一日地坚持到图书馆去读书，从不间断一天。在北风怒号、大雪纷飞的严冬季节，看书坐久了，脚冻得发痛，他除了活动活动两脚，仍然把全部精力集中到书本上。在这半年的时间里，他先后研读了亚当·斯密的《原富》，达尔文的《物种起源》，赫胥黎的《天演论》，约翰·穆勒的《名学》，卢梭的《民约论》等十八九世纪西方资产阶级启蒙学者的代表性著作。此外还读了一些希腊、罗马的古典文艺作品和世界地理、历史书籍；在这里，他第一次看到了世界大地图，并联系实际很有兴趣地加以研究。通过半年图书馆的自学生活，他不仅增长了许多知识，而且大大提高了思想认识，坚定了为解放穷苦的群众而奋斗的决心。

这是毛泽东学习生活中收获最大、很值得纪念的半年。后来他向友人叙述这段难忘的记忆时说："我没进过大学，也没有留过洋，我读书最久的地方是湖南第一师范，它替我打好了文化的基础。但我学习生活中最有收获的时期却是在湖南图书馆自学的半年。这正是辛亥革命后的一年，我已经十九岁了，不但没有读过几本书，连世界上究竟有些什么样的书，哪些书是我们应该读的，都一点不知道。乃至走进湖南图书馆，楼上楼下，满柜满架都是书，这些书都是我从来没有见过的，真不知应该从哪里读起。后来每读一本，觉得都有新的内容，新的体会，于是下决心要尽最大的努力尽量多读一些。我就贪婪地读，拼命地读，正像牛闯进了人家的菜园，尝到了菜的味道，就拼命地吃个不停一样。"

1918年10月，毛泽东到北京，当上了北京大学图书馆的助理员。他在这里虽然时间不长，但能珍惜分秒的时间，如饥似渴地研读着介绍各种新学说的报章、杂志和书籍，获得了很多马克思主义的新知识。全国解放后，毛泽东来到北京，虽然工作十分繁忙，还是利用点滴时间看书学习。二十多年里，他经常与北京图书馆、北京师范大学图书馆、首都图书馆来往。据不完全统计，进城以后直至1966年9月，他先后从北京图书馆等单位借阅的各种图书达二千余种，五千余册。1974年一年，借阅北京图书馆等单位的书刊就有近六百种，一千一百余册。毛泽东的学识虽然已经很渊博了，但他走到哪里，总是把自己爱看的书带到哪里，另外又常常到当地图书馆去借阅书刊。

毛泽东喜爱图书，与图书馆有着特殊的感情，他生前的住房就是一个小小的图书馆。图书馆在与他拥有的渊博知识之间搭起了一座无形的桥梁。因此，他充分利用图书馆为自己寻求广泛的知识。

读书与借书证

毛泽东个人有一个颇具规模的图书室，就个人藏书来说，已经不算少了，但仍不能满足毛泽东的读书需要。他还经常要身边的工作人员替他向一些图书馆借书，其中到北图借的比较多些。

北京图书馆是中国最大的一座图书馆。藏书量最多，品种最齐全，国内的孤本、善本、珍本也最多。北图不仅在中国首屈一指，在亚洲也是藏书量数一数二的大图书馆，还名列世界的十大图书馆之一。

北图旧馆与中南海大院北门隔街相望的优越地理位置，对于酷爱读书的毛泽东来说，不能不说是一种"地利"，更确切地说，是对负责为毛泽东管理、提供图书的工作人员的一种方便。

中央办公厅的同志经常去为毛泽东借书，引起了北图同志的注意。1958年，北图换发新的借书证，毛泽东身边的同志特地去给他办了一个。北图的同志出于对毛泽东的敬重，把他的借书证编为第1号。此后一直到毛泽东去世，使用的始终是北图的1号借书证。

借书对爱读书的人来说是常事。对于很多图书馆来说，毛泽东虽未办过借书证，却曾去借过书。不仅北京的一些图书馆，杭州、上海、广州、武汉、成都、庐山等地的图书馆，都留有毛泽东在那里借书的记

载。据逄先知介绍，毛泽东有一个习惯，每到一个地方，必要作两个方面的调查。一是向本地作调查，询问现实情况，包括当地的政治、经济、文化生活等各方面的状况；二是向书去作调查，了解当地的历史情况、地理沿革、文物掌故、风土人情，及古人写的有关当地的诗文。

1958年3月，毛泽东首次到成都，参加中央工作会议。3月4日下午，一到这个蜀汉古都，立即要来《四川省志》、《蜀本纪》、《华阳国志》阅读。以后，又要来《都江堰水利述要》、《灌县志》等地方书籍，还在书上批、画、圈、点。会议期间，他亲自挑选唐、宋、明三朝诗人写的有关四川的一些诗词，连同《华阳国志》，一并印发给与会同志。

3月8日，毛泽东曾借阅楹联书十余种，其中有杜甫草堂的对联，还有孙髯作的昆明大观楼长达一百八十字的对联。毛泽东对这副长联甚为赞赏，他能背诵如流。清人梁章巨在《楹联丛话》中，认为此联"究未予冗长之讥也"，毛泽东颇不以为然。他在对此书的批语中写道："从古未有，别创一格，此评不确。近人康有为于西湖作一联，仿此联而较短，颇可喜。"

毛泽东生前多次到杭州，工作之余，常常借阅当地的地方志、当地古人的文集和诗集。例如，他借阅过宋朝林逋（和靖）的诗文集，明朝于谦的文集、传记和有关的小说。林和靖，就是那个隐居西湖孤山，一生不做官只种梅养鹤，被人称为"梅妻鹤子"的诗人。于谦，爱国名将，做过明朝的兵部尚书。毛泽东在杭州还要过历代古人写的有关西湖的诗词。当时在杭州从事文史工作的计退修，收集了自唐至清咏西湖的诗二千多首，从中选出二百首，编成《西湖古诗集粹》，抄送毛泽东阅览。

毛泽东的借书证利用率很高，是他通过图书馆来觅取知识的重要渠道。

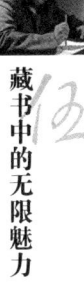

找书、借书、买书与谈书

　　读书，是毛泽东一生中不变的大事，很难想象若一天不看书会成什么样子。哪怕是随手拾来的废纸，只要上面有文字，便能吸引他。翻开毛泽东书信选集，随便翻几页，你便会发现一个特点，几乎无信不涉及书，或送书，或要书，或谈书，几十年一贯。

　　关于找书。

　　1943年12月20日《致胡乔木》

乔木：

　　请你就延安能找到的唯物史观社会发展史，不论是翻译的，写作的，搜集若干种给我。听说有个什么苏联作家写了一本猴子变人的小说，我曾看过一本赖也夫的社会学，张伯简也翻过（或是他写的）一本《社会进化简史》，诸如此类，均请收集。

毛泽东

　　关于借书。

　　1964年9月9日《致××》

××同志：

　　请你向北京图书馆、北大图书馆找一些美国历史给我。不要大部头的，如《美国全史》之类，只要几万字的，十几万字的，至多到三十万字为止。其中要有马克思主义者写

的，也要有资产阶级学者写的。不知能找到否？费神为盼！

毛泽东

关于买书。

1936年10月22日《致叶剑英、刘鼎》

剑英、刘鼎同志：

　　要买一批通俗的社会科学、自然科学及哲学书，大约共买十种至十五种左右，要经过选择真正是通俗的而又有价值的（例如艾思奇的《大众哲学》、柳湜的《街头讲话》之类），每种买五十部，共价不过一百元至三百元，请剑兄经手选择，鼎兄经手购买。在十一月初先行选买几种寄来。作为学校与部队提高干部政治文化水平之用。在外面的人，一面工作，一面要提倡看书报。

　　买来的军事书多不合用，多是战术技术的，我们要的是战役指挥与战略的，请按此标准选买若干。买一部《孙子兵法》来。

关于谈书。1959年12月30日给李讷的信。

李讷：

　　病好了没有？想你。要读浅近书，由浅入深，慢慢积累。大部头书少读一点，十年八年渐渐多读，学问就一定可以搞通了。我甚好。每天读书、爬山。读的是经济学（苏联《政治经济学》（教科书）修订第三版下册）。我下决心要搞通这门学问。天寒，善于保养，不要再感冒。

父亲

由此可见，毛泽东与书结下的难解之缘。

读书与考证

　　唐朝诗人贺知章有一首《回乡偶书》，充满哲理与诙谐，脍炙人口。原诗为："少小离家老大回，乡音无改鬓毛衰。儿童相见不相识，笑问客从何处来。"1958年年初，在一次谈话中，刘少奇同志曾以此诗作为古代官吏禁带家属的例证。毛泽东听了以后，"总觉得不甚妥当"，就记在心中。回家以后，毛泽东便查阅了《全唐诗话》等书，从贺知章的生平分析诗中"儿童"的所指，身边有无家眷的可能性。他还特地找出《旧唐书列传》中的贺知章传进行查对，发现均无带家属的记载。1958年2月10日上午，毛泽东写信给刘少奇，讲了自己考证的经过和所得出的与刘少奇截然不同的判断。

　　毛泽东的这封信写得十分有趣味，充满了学究气，见解又自成一家。我们按毛泽东的原手搞照录如下，供大家赏阅。

　　少奇同志：

　　　　前读笔记小说或别的诗话，有说贺知章事者。今日偶翻《全唐诗话》，说贺事较详，可供一阅。他从长安辞归会稽（绍兴），年已八十六岁，可能妻已早死。其子被命为会稽司马，也可能六七十了。"儿童相见不相识"，此儿童我认为不是他自己的儿女，而是他的孙儿女或曾孙儿女，或第四代儿女，也当有别户人家的小孩子。贺知章在长安做了数十年太子宾客等官，同明皇有君臣而兼友好之遇。他曾推荐李白于明皇，可见彼此惬洽。在长安几十年，不会没有眷属。这是我的看法。他的夫人中年逝世，他就变成独处，也未可

知。他是信道教的，也有可能摒弃眷属。但一个九十多岁像齐白石这样高年的人，没有眷属共处，是不可想象的。他是诗人，又是法家（他的草书《孝经》，至今犹存）。他是一个胸襟洒脱的人，不是一个清教徒式的人物。唐朝未闻官吏禁带眷属事，整个历史也未闻此事。所以不可以"少小离家"一诗便作为断定古代官吏禁带眷属的充分证明。自从听了那次你谈到此事以后，总觉得不甚妥当。请你再考一考，可能你是对的，我的想法不对。睡不着觉，偶触及此事，故写了这些，以供参考。

毛泽东

一九五八年二月十日上午十时

夏寻《唐书·文苑·贺知章传》，亦无不带家属之记载。

近年文学选本注家，有说"儿童"是贺之儿女者，纯是臆测，毫无确据。

随信，毛泽东还给刘少奇送去了那本载有贺知章传的《旧唐书》。贺知章《回乡偶书》中的"儿童"与贺的关系问题，历代注家之间有分歧。刘少奇把"儿童"断为贺的儿女，这在过去的唐诗选注本中是占主流的说法。毛泽东对这一点的解释方式，历史上并非无先例。但像毛泽东这样严密有力的论证（贺的年龄、贺之子的官职），倒不多见。

关于把此诗解释为贺知章为官未带眷属，则是刘少奇的独创，这是一种"唐诗别解"，也不失为一家之言。说公道话，这种解释是牵强了一点。毛泽东独树一帜，自成一家，他的两点考证倒是很有说服力的：1."儿童相见不相识"中的"儿童"不是贺的儿女；2.贺知章身边不会没有眷属。在这封信中，毛泽东论证表达的逻辑美更超过了其论点的正误本身，不妨欣赏分析一下。

毛泽东的论述共分五个层次。首先，以贺知章"老大回"——老年辞官返归故里的年龄为大前提，以他儿子的官职为佐证，推断了"儿童"不是贺自己的儿女。一种可能性是他的孙辈或第四代，另一种可能是邻人家的孩子。这个推理最有说服力。古代的回乡诗中也有这样的诗句"邻人相见不相识，笑问客从何方来"。

第二层是从贺得唐王知遇，在长安为官数十年，推出不会没有眷属。这里省略去的大前提应为"贺不能几十年没有眷属"。第三层是设想意外的可能性，一是中年丧妻，二是信道教，可能摒弃眷属。第四层是进一步的论证，也是对两种特殊情况的排除。这里包含两个理由，一是高龄人生活不能自理，二是贺的性情决定他不是一个清教徒式的人物。这后一个理由恰好是第二层推论——也是整个结论的大前提。最后历史文献方面的否证——没听说过有官吏禁带眷属这么回事。信尾附言，是作具体史证的。

刘少奇顺手拈来，不失为一家之见。毛泽东寻根究底，大有学者风度。他的考证方式，设定的周全程度，推论的严密性，从一个侧面反映出毛泽东在治学严谨、独立思考、运思能力三个方面达到了完美的结合。

这是两位政治领袖之间的一桩文化生活逸事，期间虽无文化人之间唱酬往来那种清雅高致，却也不乏斯文；虽无学者之间切磋琢磨的雄辩之风与君子之谦，倒颇具真诚的直率与虚怀若谷的雅量！

1964年12月29日，毛泽东读《五代史》读到后唐庄宗传时，里面讲到三垂冈战役。由此想起早年读过的一首咏史诗《三垂冈》，由于一时记不起作者的姓名与年代，便写信给他的秘书田家英，请帮助查找。信中说："近读五代史后唐庄宗三垂冈战役，记起年轻时曾读过一首咏史诗，忘记了是何代何人所作。请你查一查，告我为盼！"为了便于查对，毛泽东凭记忆将原诗全文写下附上。毛泽东当时凭记忆写下的《三垂冈》诗全文为：

英雄立马起沙陀，奈此朱梁跋扈何。

只手难扶唐社稷，连城犹拥晋山河。

风云帐下奇儿在，鼓角灯前老泪多。

萧瑟三垂冈下路，至今人唱《百年歌》。

《新五代史·唐纪》解释："（李）存勖（后唐），克用长子也。初用破孟方于邢州，还军上党，置酒三垂冈。伶人奏《百年歌》，至于衰老之际，声辞甚悲，座皆凄怆。时存勖在侧，方五岁。克用慨然捋须，指而笑曰：'吾行老矣。此奇儿也，后二十年，其能代我战于此乎？'"毛泽东在诗后注明："诗歌颂李克用父子。"这首诗是清代诗人严遂成所作。严长于咏史，所著收入《海珊诗抄》。根据现存的《海珊诗抄》查对，毛泽东凭记忆写下的《三垂冈》有两个错字：第四句"连城犹拥晋山河"中的"犹"字应为"且"字；第七句"萧瑟三垂冈下路"中的"下"字应为"畔"字。

但是，在清人袁枚的《随园诗话》卷二第六二则中，袁枚所引的这首《三垂冈》诗，恰好与毛泽东记忆的一样，即将"且"字写作"犹"字，将"畔"字写作"下"字。这种巧合是纯属偶然的吗？如果不是，那么就有两种可能：一种是，毛泽东是从《随园诗话》中读到并记下这首《三垂冈》的；另一种可能是，毛泽东和袁枚所见到的是同一种版本的《海珊诗抄》或收录了严遂成《三垂冈》诗的某种书。换句话说，只有两种可能，或者是缘于袁枚以讹传讹，或者是毛、袁二人的回忆（录）同出一源。二者必居其一。毛泽东完全可能读过袁枚的《随园诗话》。因为毛泽东爱读笔记小说和各种随笔性书。

1944年7月28日，毛泽东在给谢觉哉的信中就说到自己有《容斋笔记》和其他笔记性小说。那时范文澜还曾给他一套《笔记小说大观》，后来他一直带在身边带到北京。据当年负责为毛泽东管理图书的逄先知同志记载。1959年10月23日，毛泽东在外出前点名要带的书籍中，有一类即是自宋元以来"笔记小说"的"主要者"。这些书中可能就包括有袁枚的《随园诗话》。无论是由于袁枚以讹传讹，还是毛、袁记录同出一源，毛泽东对古诗词的爱好程度与修养功夫，以及他那准确的记忆力和认真的考证，都是令人敬佩的。

跋

▲ 晚年的毛泽东在聚精会神读书

晚年读书的毛泽东

凝望眼前晚年毛泽东读书的一幅照片，不禁心潮涌动，浮想联翩，百感交集。

毛泽东一生酷爱读书，他不信"生而知之"，而笃信"学而知之"，因而读起书来孜孜不倦，废寝忘食，不舍昼夜，竟至达到如醉如痴的地步。在日理万机的情况下给我们留下了无数感人的读书佳话。

毛泽东之所以能建立丰功伟绩，这与他热爱读书学习，读有所得，得而能用，用而生巧分不开的。他把读书学习视为精神所在和思想升华的生活常态，是"别无选择"的人生需求，因而能真正做到真学、真懂、真信、真用。

考究毛泽东的渊博知识，不难看出，长期的积累，使他"掌上千

秋史，胸中百万兵。眼底六洲风雨，笔下有雷声"。毛泽东的才能与他勤奋读书学习有着深层次的关系，是读书学习起着"桥"和"船"的作用，是丰富的知识使他成为一位伟大的政治家、思想家、理论家、军事家、演说家、诗人、书法家，成为最有魅力的读书家。

如今，毛泽东虽然已逝世34周年了，当年书房里映照他读书的灯光熄灭了，那张他常年伏案攻读的书桌空闲了，那些他经常用来圈点批注的笔墨干涸了。可是，毛泽东勤奋读书的高大形象，却永驻在亿万人民的心中。

眼前这幅晚年毛泽东读书照片，把我们引入了一个放射着丰富多彩的读书境界里。

毛泽东的脚旁放着两本精装工具书，伴他读书时辨疑解惑。

紧挨着两本工具书的是外文杂志，封面说明他很关心国际大事。

在如山的书堆上，一本书法书正翻开摆放在前排书上，时时供他欣赏。

毛泽东晚年患有白内障，他坐在木板床上，背后放了两盏台灯，床头桌上放着笔和放大镜，背后是装满书籍的书柜。毛泽东在明亮的灯光下正在聚精会神地看一本线装书，右手在翻卷的线装书上指点着，丝毫没有觉察到有人为他摄下这张难得的照片，整个氛围凸显出书香。

在这间简朴的卧室里，毛泽东盖着一条薄毛毯，烟灰缸里似乎没有烟头，上身穿着一件毛衣，衬托出他那魁梧的身躯。在丰泽园内的菊香书屋里，伟人正在书海里汲取五千年"国学"里的智慧，他这种刻苦攻读精神，强烈感染着每个身边的工作人员，警卫战士由衷地唱起："毛主席窗前一盏灯，春夏秋冬夜长明，警卫战士窗前过，心里歌唱东方红"。

毛泽东魅力系列

《毛泽东诗词品鉴》

定价：45.00元

本书带读者探究毛泽东诗词的创作之源及他对诗词的态度，让每一位爱好诗词的读者，跟随毛泽东的脚步，学习诗词创作的方法，把握诗词阅读的脉搏，提高诗词品鉴的能力，享受诗词世界的愉悦。

《毛泽东书法品鉴》

定价：38.00元

清晰的毛主席手迹、专业人士的点评、主席背后的情感故事，书中一应俱全。如果你喜欢毛主席诗词，如果你喜欢"毛体"，如果你想了解书法背后的伟人内心……这本书，不容错过！

《和毛泽东一起学唐诗》

定价：38.00元

毛泽东对唐诗的点评、评论，往往只是三言两语，却闪耀着睿智的光芒。本书中，你会见识到领袖的唐诗情怀，看到"熟读唐诗三百首，不会作诗也会吟"是如何真正成为现实的。

《和毛泽东一起学宋词》

定价：38.00元

毛泽东的词作意境大，气魄更大，他对前人词作的点评与欣赏，更是有独到的、精辟的见解。本书将带读者从毛泽东对宋词的学习方法中挖掘宋词的魅力。

《魅力口才周恩来》

定价：32.80元

一句话可以改变人生命运，一段话可以扭转谈判结果，一席话可以颠覆历史事件，且看周恩来如何以口才创造神奇！

《魅力口才毛泽东》

定价：39.80元

有人称毛泽东的口才为"毛氏口才"。如何能用精练的语言把话讲得恰当得体，如何让语言变得"有味儿""有魅力"，如何循循善诱地说服他人……这些都能在毛氏口才中获得启发。

《毛泽东看八大帝王》

定价：45.00元

毛泽东读史，特别关注历代帝王治国的成败得失，对历史人物的评价多从历史人物对国家、民族发展的贡献来考量。毛泽东曾说："把纣王、秦始皇、曹操看作坏人是完全错误的。"他为这三位被后世称为昏君、奸雄的古代帝王翻案，到底有何原因？

《毛泽东看八大谋臣》

定价：38.00元

谋臣是中国古代知识分子的精英，他们用自己的聪明才智，为帝王献计献策而服务社会。毛泽东从历史事实出发，重新认识谋臣的独特作用。

《毛泽东看八大名将》

定价：39.80元

毛泽东对古今名将的评论，是毛泽东军事思想和军事理论的重要组成部分。研究毛泽东对这些名将的分析评价，加以借鉴，无疑具有重要的现实意义。